Interkulturelle Attributionskompetenz

Schriftenreihe
Internationale Personal- und Strategieforschung: Band 9

herausgegeben von Marion Festing und Susanne Royer

Sassan Yussefi

Interkulturelle Attributionskompetenz

Konzeptualisierung, Operationalisierung
und empirische Testkonstruktion

Rainer Hampp Verlag   München, Mering   2011

Bibliografische Information der Deutschen Nationalbibliothek

Die Deutsche Nationalbibliothek verzeichnet diese Publikation in der Deutschen Nationalbibliografie; detaillierte bibliografische Daten sind im Internet über http://dnb.d-nb.de abrufbar.

ISBN 978-3-86618-614-9 (print)
ISBN 978-3-86618-714-6 (e-book)
Schriftenreihe Internationale Personal- und Strategieforschung: ISSN 1866-5950
DOI 10.1688/9783866187146
1. Auflage, 2011
Zugl.: Diss. der ESCP Europe Wirtschaftshochschule Berlin, 2010

© 2011   Rainer Hampp Verlag   München und Mering
Marktplatz 5   D – 86415 Mering
www.Hampp-Verlag.de

Alle Rechte vorbehalten. Dieses Werk einschließlich aller seiner Teile ist urheberrechtlich geschützt. Jede Verwertung außerhalb der engen Grenzen des Urheberrechtsgesetzes ist ohne schriftliche Zustimmung des Verlags unzulässig und strafbar. Das gilt insbesondere für Vervielfältigungen, Mikroverfilmungen, Übersetzungen und die Einspeicherung in elektronische Systeme.

∞   Dieses Buch ist auf säurefreiem und chlorfrei gebleichtem Papier gedruckt.

Liebe Leserinnen und Leser!
Wir wollen Ihnen ein gutes Buch liefern. Wenn Sie aus irgendwelchen Gründen nicht zufrieden sind, wenden Sie sich bitte an uns.

„**Nur ein Vergleich**

Ein Mensch hat irgendwann und wo,
Vielleicht im Lande Nirgendwo,
Vergnügt getrunken und geglaubt,
Der Wein sei überall erlaubt.
Doch hat vor des Gesetzes Wucht
Gerettet ihn nur rasche Flucht.
Nunmehr im Land Ixypsilon
Erzählt dem Gastfreund er davon:
Ei, lächelt der, was Du nicht sagst?
Hier darfst Du trinken, was Du magst!
Der Mensch ist bald, vom Weine trunken,
An einem Baume hingesunken.
Wie? brüllte man, welch üble Streiche!
So schändest Du die heilge Eiche?
Er ward, ob des Verbrechens Schwere,
Verdammt fürs Leben zur Galeere,
Und kam, entflohn der harten Schule,
Erschöpft ins allerletzte Thule.
Ha! lacht man dort unten, das sind Träume!
Hier kümmert sich kein Mensch um Bäume.
Der Mensch, von Freiheit so begnadet,
Hat sich im nächsten Teich gebadet.
So, heissts, wird Gastfreundschaft missnutzt?
Du hast den Götterteich beschmutzt!
Der Mensch, der drum den Tod erlitten,
Sah: Andre Länder, andre Sitten."
(Roth, 1977, S. 163)

Geleitwort

Dr. Sassan Yussefi beschäftigt sich in seiner Dissertation mit dem Thema „Interkulturelle Attributionskompetenz. Konzeptualisierung, Operationalisierung und empirische Testkonstruktion". Diese Thematik zeichnet sich durch eine hohe praktische Relevanz aus. Wie der Autor richtig feststellt, kommt der interkulturellen Kompetenz insbesondere in Zeiten der Globalisierung, in denen immer mehr Mitarbeiter und Mitarbeiterinnen an internationalen Schnittstellen in Unternehmen tätig sind, eine große Rolle zu. Die Individuen sind in der Regel von ihrem eigenen kulturellen Hintergrund geprägt und müssen Wege finden, mit Interaktionspartnern aus anderen Kulturen effektiv umzugehen. Dies setzt die Wahrnehmung kultureller Unterschiede, ihr Verstehen und die Entwicklung adäquater Handlungsweisen voraus. Solche Facetten werden der interkulturellen Kompetenz zugeschrieben. Nicht nur in multinationalen Unternehmen sondern auch in interorganisationalen Kooperationsformen und Klein- und Mittelbetrieben gilt interkulturelle Kompetenz an internationalen Schnittstellen als erfolgsrelevant. Insofern liegt eine betriebswirtschaftliche hoch relevante Themenstellung vor, die sowohl Implikationen für verschiedenste Bereiche des Internationalen Managements als auch für die Teildisziplin des Internationalen Personalmanagements besitzt.

Die hohe Bedeutung des Themenfeldes spiegelt sich auch in der Forschungsintensität zu dieser Thematik wider. So wird interkulturelle Kompetenz aus verschiedensten Perspektiven in zahlreichen Fachdisziplinen erforscht. Dementsprechend liegt eine Vielzahl an Konzeptionalisierungen des Konstruktes vor. Der Blickwinkel, den Sassan Yussefi anlegt, ist innovativ: Er legt seiner Arbeit eine attributionstheoretische Perspektive zugrunde und stellt dies bereits im Titel klar, indem er von interkultureller Attributionskompetenz spricht und damit eine thematische Eingrenzung und Schwerpunktsetzung aus konzeptioneller Sicht vornimmt. Sassan Yussefi versucht, den besonderen Beitrag interindividueller Unterschiede der Informationsverarbeitung allgemein und der Ursachenattribution im besonderen für interkulturell kompetentes Handeln hervorzuheben und ein Diagnoseinstrument für das von ihm kreierte Konstrukt der „Interkulturellen Attributionskompetenz" zu entwickeln und zu erproben. Die von Sassan Yussefi vorgenommene eigene Konzeptionalisierung, ihre Operationalisierung und die Testkonstruktion stellen höchst anspruchsvolle Herausforderungen dar. Zudem sind mit der Testkonstruktion eine Expertenbefragung, ein Pretest und eine Hauptuntersuchung verbunden, die ein hohes Maß an methodischer Kompetenz erfordern.

Mit dem von Sassan Yussefi entwickelten Konstrukt der interkulturellen Attributionskompetenz gelingt es ihm, den Erkenntnisstand hinsichtlich des Konstruktes interkulturelle Kompetenz um eine neue Perspektive zu erweitern und damit die Diskussion zum Internationalen Personalmanagement theoretisch fundiert zu erweitern. Auch wenn das Testinstrument noch verschiedener Weiterentwicklungen bedarf, für die Sassan Yussefi Ansatzpunkte aufzeigt, liegen dennoch durch die Entwicklung einer Reihe von reliablen Skalen wertvolle Ansatzpunkte zur Messung des Konstruktes vor.

Der vorliegenden Dissertationsschrift von Sassan Yussefi wünsche ich daher sowohl aus wissenschaftlicher Perspektive als auch von Seiten der Praxis des Internationalen Personalmanagements hohe Aufmerksamkeit.

Berlin, Oktober 2010　　　　　　　　　　　　　　　　　　　　　　　　Marion Festing

Vorwort

Nach dreijähriger Tätigkeit als wissenschaftlicher Mitarbeiter am Lehrstuhl für Personalmanagement und interkulturelle Führung an der ESCP Europe Berlin und nach über drei Jahren der Promotion verbleibt als Ergebnis nicht nur eine wissenschaftliche Schrift in Form einer Dissertation, sondern ebenfalls eine Fülle von Erinnerungen an hilfreiche und unterstützende Personen, die die Vollendung dieser Arbeit erst ermöglicht haben.

Mein herzlicher Dank gilt an erster Stelle Frau Prof. Dr. Marion Festing, die mir als Betreuerin der Arbeit jede denkbare Unterstützung zukommen ließ und stets ein offenes Ohr für meine Fragen und Anliegen hatte. Ebenso bedanke ich mich bei Herrn Prof. Dr. Torsten M. Kühlmann herzlich für die Übernahme des Zweitgutachtens.

Des Weiteren möchte ich mich bei allen studentischen Hilfskräften bedanken, die mir bei der Literaturbeschaffung eine enorme Hilfe waren. Ebenfalls danken möchte ich den Experten und allen weiteren Personen, die an den verschiedenen empirischen Untersuchungen dieser Arbeit teilgenommen haben.

Für ihre Geduld und ihren stetigen, uneingeschränkten Rückhalt möchte ich meiner Frau Sara danken, die dadurch maßgeblich zum Gelingen dieser Arbeit beigetragen hat.

Mein größter Dank gilt meinen Eltern, die mich in jeder Phase meiner akademischen Laufbahn unterstützt haben. Durch ihr Vertrauen in meine Fähigkeiten habe ich letztlich mein Ziel, die Promotion, erreicht.

Frankfurt am Main, Oktober 2010   Sassan Yussefi

x

Inhaltsverzeichnis

Abbildungsverzeichnis XVI

Tabellenverzeichnis XVII

Formelverzeichnis XIX

Abkürzungsverzeichnis XX

I EINLEITUNG 1

1 Problemstellung 2
2 Zielsetzung 4
3 Wissenschaftstheoretische Einordnung 5
4 Aufbau der Arbeit 6
5 Wirtschaftliche Bedeutung interkultureller Kompetenz 9
6 Personalwirtschaftliche Bedeutung der Messung
  interkultureller Kompetenz 14
7 Analyse des Forschungsstands zu interkultureller
  Kompetenz 16
  7.1 Listenmodelle 17
    7.1.1 Ansätze mit affektivem Fokus 17
    7.1.2 Ansätze mit kognitivem Fokus 18
    7.1.3 Ansätze mit konativem Fokus 20
    7.1.4 Umfassende Ansätze 23
  7.2 Strukturmodelle 24
  7.3 Prozessmodelle 29
  7.4 Die aktuelle Diskussion in der Forschung 32
    7.4.1 Entwicklungen im US-amerikanischen Raum 33
    7.4.2 Strömungen im deutschsprachigen Raum 35
  7.5 Testverfahren zur Messung interkultureller Kompetenz ... 38
    7.5.1 Punktuelle Testverfahren 39
    7.5.2 Systemisch-prozessuale Testverfahren 40
  7.6 Zusammenfassung: Fünf Anforderungen an die weitere
       Forschung 41
  7.7 Einordnung der Arbeit in die aktuelle Forschung 43

II THEORETISCHE GRUNDLAGEN 44
1 Kultur 45

XI

    1.1   Kulturbegriff und Kulturdefinition 45

    1.2   Kulturfelder 48

    1.3   Kulturkonzepte 49

            1.3.1   Das Ebenenmodell von Schein 50

            1.3.2   Das Kulturkonzept von Adler 52

            1.3.3   Das Konzept der Subjective Culture von Triandis 54

    1.4   Fazit 56

2   **Kompetenz** **58**

    2.1   Kompetenzbegriff und Kompetenzdefinition 58

    2.2   Kompetenzsystematisierung 61

    2.3   Kompetenzmessung 63

    2.4   Fazit 65

3   **Attributionen als Betrachtungsgegenstand** **67**

    3.1   Begründung der Wahl von Attributionsprozessen 67

    3.2   Grundlagen der Attributionstheorie 68

    3.3   Theorien der Kausalattribution 69

            3.3.1   Heiders naive Handlungsanalyse 69

            3.3.2   Jones' & Davis' Theorie der korrespondierenden
                       Schlussfolgerungen 70

            3.3.3   Kovariation und Konfiguration: Kelleys
                       Attributionstheorien 71

    3.4   Verzerrungen im Attributionsprozess 76

            3.4.1   Der fundamentale Attributionsfehler 76

            3.4.2   Die Akteur-Beobachter Divergenz 77

            3.4.3   Die selbstwertstützende Verzerrung 78

    3.5   Kultur und Attribution 78

            3.5.1   Kultur und der fundamentale Attributionsfehler 79

            3.5.2   Kultur und weitere Attributionsverzerrungen 80

    3.6   Implikationen für Attributionen im interkulturellen
          Handlungsraum: Der Begriff der isomorphen Attribution 81

4   **Analyse der Relevanz interkultureller Attributionen in der
      unternehmerischen Praxis** **83**

    4.1   Personalbeurteilung 85

    4.2   Führung 87

    4.3   Motivation 89

    4.4   Fazit 91

III	**TESTKONSTRUKTION**	**92**
1	Testform und Geltungsbereich	93
2	Testtheorie	95
3	Vorgehensweise	96
4	**Konzeptualisierung interkultureller Attributionskompetenz**	**99**
	4.1 Ausgangspunkt: Der Kompetenzbegriff	99
	4.2 Faktoren interkultureller Attributionskompetenz	100
	4.2.1 Der Faktor Wissen: Deklaratives Kulturwissen	101
	4.2.2 Der Faktor Kenntnisse: Kategoriale Weite	102
	4.2.3 Der Faktor Fähigkeiten: Interkulturelle Fähigkeiten	103
	4.2.4 Der Faktor Fertigkeiten: Attributionsfertigkeiten	105
	4.2.5 Der Faktor Erfahrungen: Interkulturelle Erfahrungen	105
	4.3 Modell interkultureller Attributionskompetenz	106
	4.4 Interdependenzen zwischen den Faktoren	108
	4.5 Fazit	110
	4.6 Implikationen für die Testform	110
5	**Operationalisierung**	**112**
	5.1 Grundlagen	112
	5.2 Operationalisierung des Faktors deklaratives Kulturwissen	113
	5.3 Operationalisierung des Faktors kategoriale Weite	115
	5.4 Operationalisierung des Faktors interkulturelle Fähigkeiten	116
	5.5 Operationalisierung des Faktors Attributionsfertigkeiten	118
	5.6 Operationalisierung des Faktors interkulturelle Erfahrungen	119
	5.7 Itempool I	120
6	**Expertenbefragung**	**121**
	6.1 Ziel	121
	6.2 Untersuchungsdesign	121
	6.3 Durchführung der Untersuchung	123
	6.4 Ergebnisse	124
	6.4.1 Faktorübergreifende Ergebnisse	124
	6.4.2 Expertenübereinstimmung	126
	6.4.3 Faktorspezifische Ergebnisse	131
	6.5 Itempool II	132
7	**Voruntersuchung**	**134**
	7.1 Ziel	134

7.2	Provisorischer Testaufbau	134
	7.2.1 Testzusammenstellung	134
	7.2.2 Kodierung und Rohwertermittlung	137
7.3	Untersuchungsdesign	139
7.4	Durchführung der Untersuchung	139
7.5	Aufgabenanalyse	140
	7.5.1 Kennwerte der Aufgabenanalyse	140
	7.5.2 Aufgabenanalyse Sub_Wis	144
	7.5.3 Aufgabenanalyse Sub_Ken	147
	7.5.4 Aufgabenanalyse Sub_Fae	149
	7.5.5 Aufgabenanalyse Sub_Fe	151
	7.5.6 Aufgabenanalyse Sub_Erf	153
7.6	Analyse der Rohwerteverteilungen	153
7.7	Analyse der Durchführungsmodalitäten	154
7.8	Itempool III	155

8 Hauptuntersuchung ... 156

8.1	Ziel	156
8.2	Testaufbau	156
	8.2.1 Testzusammenstellung	156
	8.2.2 Kodierung und Rohwertermittlung	160
8.3	Untersuchungsdesign	162
8.4	Durchführung der Untersuchung	162
8.5	Aufgabenanalyse	162
8.6	Reliabilitäten der Subtests	163
	8.6.1 Methoden der Reliabilitätsbestimmung	163
	8.6.2 Berechnung der Subtestreliabilitäten	166
8.7	Validitäten der Subtests	166
	8.7.1 Methoden der Validitätsbestimmung	167
	8.7.2 Berechnung der Subtestvaliditäten	168
8.8	Reliabilität der Testbatterie	171
	8.8.1 Methoden der Reliabilitätsbestimmung	171
	8.8.2 Berechnung der Reliabilität der Testbatterie	172
8.9	Validität der Testbatterie	172
	8.9.1 Methoden der Validitätsbestimmung	172
	8.9.2 Berechnung der Validität der Testbatterie	173

9 Zusammenfassung, Beurteilung der Testgüte und Diskussion ... 174
9.1 Zusammenfassung der Testkonstruktion ... 174
9.2 Hauptgütekriterien des Tests ... 174
9.2.1 Objektivität ... 174
9.2.2 Reliabilität ... 175
9.2.3 Validität ... 175
9.3 Nebengütekriterien des Tests ... 176
9.3.1 Skalierung ... 177
9.3.2 Normierung ... 177
9.3.3 Testökonomie ... 177
9.3.4 Nützlichkeit ... 177
9.3.5 Zumutbarkeit ... 177
9.3.6 Unverfälschbarkeit ... 178
9.3.7 Fairness ... 178
9.4 Zusammenfassung der Testgüte ... 178
9.5 Kritische Diskussion und Limitationen ... 179
9.5.1 Allgemeine Limitationen ... 179
9.5.2 Diskussion einzelner Faktoren bzw. Subtests interkultureller Attributionskompetenz ... 180
9.5.3 Diskussion der Validität des gesamten Testverfahrens ... 182
9.5.4 Diskussion des Modells interkultureller Attributionskompetenz ... 183

IV SCHLUSSBETRACHTUNG ... 184
1 Theoretische Implikationen ... 185
2 Methodische Implikationen ... 188
3 Praktische Implikationen ... 192
4 Ausblick ... 195

ANHANG ... 196

LITERATURVERZEICHNIS ... 205

Abbildungsverzeichnis

Abbildung 1:	Aufbau der Arbeit	8
Abbildung 2:	Ebenen kultureller Vielfalt	9
Abbildung 3:	Vier Formen der Zuordnung von Personen und Arbeitsplätzen.	14
Abbildung 4:	Das Performanzmodell der interkulturellen Kompetenz	24
Abbildung 5:	Das Kompetenz-Performanz-Modell als Kausaldiagramm	26
Abbildung 6:	Das eklektische Strukturmodell interkultureller Kompetenz	28
Abbildung 7:	Komponenten internationaler Management Kompetenz	30
Abbildung 8:	Entwicklung interkultureller Sensitivität	32
Abbildung 9:	Prozessmodell interkultureller Kompetenz	34
Abbildung 10:	Das Ebenenmodell von Schein	51
Abbildung 11:	Das Kulturmodell von Adler	53
Abbildung 12:	Subjective Culture	55
Abbildung 13:	Schematische Darstellung der Determinanten sozialen Verhaltens	56
Abbildung 14:	Kompetenzmodell	61
Abbildung 15:	Kompetenzsystematisierung	63
Abbildung 16:	Methodische Zugänge zur Erfassung sozialer Kompetenzen	65
Abbildung 17:	Attributionstheorien und attributionale Theorien	69
Abbildung 18:	Datenwürfel zur Kausalattribution	72
Abbildung 19:	Das ANOVA Modell der Kovariation	73
Abbildung 20:	Kausale Schemata	75
Abbildung 21:	Weiners attributionale Theorie der Emotion und Motivation	84
Abbildung 22:	Assessment Center unter Berücksichtigung des Faktors Kultur	86
Abbildung 23:	Attributionales Modell disfunktionalen Führungsverhaltens	88
Abbildung 24:	Attributionales Modell disfunktionalen Führungsverhaltens unter Berücksichtigung des Faktors Kultur	89
Abbildung 25:	Konsequenzen isomorpher Attributionen	91
Abbildung 26:	Phasen der Testkonstruktion	96
Abbildung 27:	Vorgehensweise bei der Entwicklung des Messinstruments	98
Abbildung 28:	Modell interkultureller Attributionskompetenz	108
Abbildung 29:	Schematische Darstellung der Analysebereiche einer künftigen attributionalen Theorie interkultureller Attributionskompetenz	186
Abbildung 30:	Beispiel einer MTMM-Matrix	189

Tabellenverzeichnis

Tabelle 1:	Die drei Dimensionen der „Expatriate Acculturation"	22
Tabelle 2:	Vermutete Zusammenhänge zwischen den Faktoren	109
Tabelle 3:	Operationalisierung und Beispielitems des Faktors Deklaratives Kulturwissen	114
Tabelle 4:	Operationalisierung und Beispieldistraktoritems des Faktors Deklaratives Kulturwissen	114
Tabelle 5:	Beispielitems der Category Width Scale	116
Tabelle 6:	Operationalisierung und Beispielitems des Faktors Interkulturelle Fähigkeiten	117
Tabelle 7:	Operationalisierung und Beispielitems des Faktors Interkulturelle Fertigkeiten	118
Tabelle 8:	Operationalisierung und Beispielitems des Faktors Interkulturelle Erfahrungen	119
Tabelle 9:	Itempool I	120
Tabelle 10:	Beispielitems mit Itemkriterien der Expertenbefragung	122
Tabelle 11:	Beispiel einer Frage nach der generellen Einschätzung in der Expertenbefragung	122
Tabelle 12:	Bewertungsmöglichkeiten der Experten	123
Tabelle 13:	Überblick über die Experten	124
Tabelle 14:	Übersicht über die generellen Bewertungen	125
Tabelle 15:	Überblick über die itemspezifischen Beurteilungen	126
Tabelle 16:	Kolmogorov-Smirnov-Tests auf Normalverteilung der Expertenurteile	128
Tabelle 17:	Inter-Experten-Korrelationen	129
Tabelle 18:	Korrigierte Trennschärfen und Alphas der Experten	129
Tabelle 19:	Cohens κ für die Items der einzelnen Faktoren	130
Tabelle 20:	Veränderungen am Faktor deklaratives Kulturwissen	131
Tabelle 21:	Veränderungen am Faktor kulturallgemeine Kenntnisse	132
Tabelle 22:	Veränderungen am Faktor interkulturelle Fähigkeiten	132
Tabelle 23:	Itempool II	133
Tabelle 24:	Itemanordung für die erste Testversion	136
Tabelle 25:	Kodierung von Sub_Erf am Beispiel von Item E4	138
Tabelle 26:	Kodierung und Rohwertermittlung der einzelnen Subtests	138
Tabelle 27:	Aufgabenanalyse Sub_Wis	145
Tabelle 28:	Aufgabenanalyse Sub_Ken	148

Tabelle 29:	Aufgabenanalyse Sub_Fae	150
Tabelle 30:	Aufgabenanalyse Sub_Fe	152
Tabelle 31:	Statistische Kennwerte sowie Kolmogorov-Smirnov-Tests auf Normalverteilung der Subtestrohwerte	153
Tabelle 32:	Itempool III	155
Tabelle 33:	Itemanordung für die zweite Testversion	157
Tabelle 34:	Single-Items	158
Tabelle 35:	Kriteriumsitems	159
Tabelle 36:	Darbietungsreihenfolge der Subtests und der Validierungsitems	160
Tabelle 37:	Reliabilitätskoeffizienten der Subtests	166
Tabelle 38:	Korrelationen zwischen den einzelnen Subtests	168
Tabelle 39:	Validitätskoeffizienten der einzelnen Subtests	169
Tabelle 40:	Minderungskorrigierte Subtest-Validitäten mit Krit_MT	170
Tabelle 41:	Minderungskorrigierte Subtest-Validitäten mit Krit_S	170
Tabelle 42:	Überblick über die Reliabilitätskoeffizienten	175
Tabelle 43:	Zusammenfassung der Testgüte	178
Tabelle 44:	Vermutete und tatsächliche Korrelationen zwischen den Faktoren bzw. Subtests	181

Formelverzeichnis

Formel 1:	Einfache Rohwertermittlung	137
Formel 2:	Ermittlung des Rohwertes mit Ratekorrektur	137
Formel 3:	Die Berechnung des Rohwertes für Sub_Ken	137
Formel 4:	Schwierigkeitsindex für dichotome Items	140
Formel 5:	Schwierigkeitsindex mit Ratekorrektur	141
Formel 6:	Schwierigkeitsindex für mehrstufige Items	141
Formel 7:	Trennschärfekoeffizient für intervallskalierte Daten	142
Formel 8:	Selektionskennwert S	142
Formel 9:	Itemspezifische Homogenität	143
Formel 10:	Die Berechnung des Rohwertes der Testbatterie	161
Formel 11:	Cronbachs Alpha	165
Formel 12:	Einfache Minderungskorrektur	170
Formel 13:	Berechnung der Reliabilität einer Testbatterie	171
Formel 14:	Berechnung des multiplen Validitätskoeffizienten	172

Abkürzungsverzeichnis

AC	Assessment Center
Aufl.	Auflage
bspw.	beispielsweise
bzw.	beziehungsweise
d.h.	das heißt
ebd.	Ebenda
etc.	et cetera
f.	folgend
ff.	fortfolgend
FK	Führungskraft
ggf.	gegebenenfalls
i.A.a.	in Anlehnung an
IAC	interkulturelles Assessment Center
IAK	interkulturelle Attributionskompetenz
ICC	Intraklassenkorrelation
IDI	Intercultural Development Inventory
IK	interkulturelle Kompetenz
insb.	insbesondere
MA	Mitarbeiter
MTMM	Multitrait-Multimethod
o.ä.	oder ähnlich (-e/-es)
resp.	respektive
S.	Seite
s.o.	siehe oben
s.u.	siehe unten
Std. Abw.	Standardabweichung
TN	Teilnehmer
u.a.	unter anderem
überarb.	überarbeitete
usw.	und so weiter
uvm.	und vieles mehr
vgl.	vergleiche
vollst.	vollständig

vs.	versus
z.B.	zum Beispiel
zit. n.	zitiert nach

I EINLEITUNG

Teil I Einleitung

1 Problemstellung

Die fortschreitende Globalisierung der Weltwirtschaft resultiert aus einer immer stärkeren und immer schnelleren Internationalisierung der Geschäftstätigkeit vieler einzelner Unternehmen.[1] Grenzüberschreitende Entsendungen von Mitarbeitern[2], internationale Projekte, Kooperationen und Fusionen, Übernahmen, Gründungen eigener Auslandstochtergesellschaften uvm. führen dazu, dass immer mehr Mitarbeiter internationaler Unternehmen zwangsläufig in interkulturellen Überschneidungskontexten agieren, in denen ihre kulturell geprägten und oftmals unterschiedlichen Denk- und Verhaltensweisen, Normen, Werte usw. aufeinandertreffen. Dies führt nicht unbedingt zu einem „Clash of Civilizations" (Huntington, 1996), oft jedoch zu Schwierigkeiten wie etwa problematischen Verhandlungen mit ausländischen Geschäftspartnern, Missverständnissen an interkulturellen organisatorischen Schnittstellen, unvorhergesehenen Problemen bei der Integration ausländischer Fusions- oder Akquisitionsprojekte und nicht zuletzt zum Scheitern vieler Auslandsentsendungen; kurz: Zu Herausforderungen mit zum Teil erheblichen unternehmerischen und finanziellen Risiken (vgl. bspw. Reinecke, 2001, S. 5).

Als eine Konsequenz dieser Entwicklung hat der Stellenwert interkultureller Kompetenz auch in der betriebswirtschaftlichen Forschung in den letzten Jahren stetig zugenommen (vgl. Graf, 2004). So wird interkulturelle Kompetenz zwar zunehmend als Wettbewerbsfaktor (Stark, 2005) oder auch Wettbewerbsvorteil (Herbrand, 2000) international tätiger Unternehmen bezeichnet; was genau unter dem Begriff jedoch zu verstehen ist, darüber herrscht in der Literatur bis heute keinesfalls Einigkeit (vgl. Müller & Gelbrich, 2001). Oft stellen Ansätze zur interkulturellen Kompetenz lediglich mittels „list technique" (Spitzberg, 1989, S. 243) zusammengetragene Aufzählungen unterschiedlichster Fähigkeiten und Charakteristika dar (vgl. Dinges & Baldwin, 1996), die jedoch nicht die Identifikation tatsächlich relevanter Eigenschaften erlauben (vgl. Graf, 2004, S. 4).

Bei genauerer Betrachtung der Mehrzahl der Ansätze zeigt sich, dass vielen eine grundsätzliche Konzeptualisierung fehlt. So setzen nur wenige Autoren an zumindest einem oder gar beiden der das Konstrukt konstituierenden Begriffe an: Ausführungen zum zugrundeliegenden Kulturverständnis fehlen oft gänzlich, und auch eine Orientierung an den Erkenntnissen der aktuellen Kompetenzforschung findet sich nur selten. Vielmehr stellen die meisten Ansätze eine Fortführung von Annahmen und Erkenntnissen früherer Forschungsarbeiten dar, die mitunter unkritisch übernommen werden, obwohl diese heute zum Teil von den ursprünglichen Autoren selbst kritisch und als fraglich angesehen werden (vgl. Deardorff, 2004).

Ein ähnliches Bild zeigt sich bei der Betrachtung der auf dem Markt erhältlichen, wissenschaftlichen Instrumente zur Messung interkultureller Kompetenz. Zunächst kann jedwedes Messverfahren lediglich so gut sein, wie es seine konzeptionelle Fundierung erlaubt. Aufgrund der Ungenauigkeiten einiger Ansätze sind somit auch die entsprechenden Messinstrumente nur bedingt brauchbar. Darüber hinaus beinhalten andere auch Mängel, die sich aus ihrer Konstruktion ergeben. Dabei sind genaue, d.h. reliable, und gültige, d.h. valide Verfahren insbesondere für das internationale Personalmanagement zur Erfüllung seiner Aufgaben von zentraler Bedeutung. Denn letztlich sind es die Menschen in internatio-

---

[1] Die Globalisierung kann aus einzel-, ebenso wie aus gesamtwirtschaftlicher Perspektive, als Steigerung der Internationalisierung aufgefasst werden (vgl. Kutschker & Schmid, 2005, S. 166).

[2] In der vorliegenden Arbeit werden Mitarbeiter und Mitarbeiterinnen, Teilnehmer und Teilnehmerinnen etc. geschlechtsneutral als Mitarbeiter bzw. Teilnehmer usw. bezeichnet.

nalen Organisationen, die in multinationalen Projektteams zusammenarbeiten, Verhandlungen mit Geschäftspartnern führen, als Entsandte eine Auslandsniederlassung leiten oder ausländische Abnehmer einer technischen Anlage schulen (vgl. Mayrhofer, Kühlmann & Stahl, 2005, S. 1). Das Personalmanagement internationaler Unternehmungen benötigt diagnostische Verfahren, die eine Identifikation und spätere Auswahl geeigneter Personen erst möglich macht, so dass es seine Aufgabe, die Unternehmensziele und die Unternehmensstrategie bestmöglich umzusetzen und zu erreichen zu helfen, erfüllen kann.

Obgleich die Bedeutung interkultureller Kompetenz für die internationale Geschäftstätigkeit und somit das internationale (Personal-) Management also erkannt wird, bedarf es eines Beitrages sowohl zur begrifflichen Klärung des Konstrukts, als auch zu einer validen und reliablen Messung. Hierzu soll die vorliegende Arbeit beitragen.

2 Zielsetzung

Die vorliegende Arbeit setzt an den aufgezeigten Problemstellungen an und hat im Wesentlichen drei sich gegenseitig bedingende und ergänzende Zielsetzungen. Alle drei gründen auf der Betrachtung interkultureller Attributionsprozesse im internationalen bzw. interkulturellen Handlungsfeld multinationaler Unternehmen.[3]

Erstens soll die bisher lediglich skizzierte und noch näher auszuführende wirtschaftliche Bedeutung interkultureller Kompetenz für Unternehmen um eine Analyse der Relevanz von Attributionen in der interkulturellen unternehmerischen Praxis ergänzt werden. Attributionale Theorien dienen hierfür als Basis.

Zweitens soll aufgrund der wirtschaftlichen Bedeutung und aufbauend auf dem bisherigen, durchaus kritisch betrachteten Stand der Forschung zur interkulturellen Kompetenz, ein neues (Teil-) Konstrukt interkultureller Kompetenz aus theoretisch fundierten Überlegungen abgeleitet werden. Aufgrund des Fokus auf Attributionsprozesse stehen auch hier attributionstheoretische Überlegungen im Zentrum.

Drittens soll der Versuch unternommen werden, dieses konzeptualisierte und attributionstheoretisch als bedeutsam analysierte Konstrukt schließlich messbar zu machen. Die Operationalisierung des Konstrukts und erste Entwicklungsschritte eines neuen Tests stellen somit die dritte Zielsetzung der Arbeit dar.

Durch diese drei wesentlichen Zielsetzungen leistet die Arbeit zum einen einen Beitrag für die praktisch orientierte Personalarbeit, indem die Konstruktion eines neuen Testverfahrens begonnen wird, dessen Einsetzbarkeit noch zu zeigen sein wird. Zum anderen findet sie aufgrund der tiefgehenden Konzeptualisierung ihren Platz in der aktuellen betriebswirtschaftlichen Forschung zur interkulturellen Kompetenz und trägt zur Klärung des Begriffes bei. Denn „nur, was vergleichend beschrieben, qualitativ charakterisiert und wo möglich noch quantitativ verglichen werden kann, wird wirklich begriffen, bleibt nicht bloß Begriff" (Erpenbeck & Von Rosenstiel, 2003, S. IX).

---

[3] Die Auswahl von Attributionsprozessen wird im Laufe der Arbeit begründet sowie erläutert.

3 Wissenschaftstheoretische Einordnung

Aus den Zielsetzungen der Arbeit ist die wissenschaftstheoretische Einordnung unmittelbar ersichtlich. So wird der Arbeit generell die Deduktion des kritischen Rationalismus als wissenschaftliche Methodologie zugrunde gelegt (vgl. hierzu Popper, 2002). Die Ableitung von Hypothesen, ein wesentlicher Teilaspekt dieses Paradigmas, steht in der vorliegenden Arbeit zwar nicht im Zentrum – doch sollen aus bestehenden Theorien und theoretischen Konzepten ein neues Konstrukt abgeleitet und aufbauend auf forschungsleitenden Annahmen schließlich ein Test entwickelt werden, womit dem deduktiven Vorgehen Folge geleistet wird.

Bezüglich des Geltungsanspruches ist diese Arbeit sowohl im Entdeckungs-, als auch im Begründungszusammenhang anzusiedeln. Dabei sind die attributionstheoretische Analyse sowie die deduktive Ableitung des Konstrukts im Entdeckungszusammenhang zu sehen. Es wird konzeptionell sowohl die Bedeutung der betrachteten Prozesse aufgedeckt, als auch ein neues Konstrukt erkannt bzw. postuliert. Die Testentwicklung hingegen liegt, als Bestätigung der deduktiven Konzeptualisierung, im Begründungszusammenhang (vgl. hierzu Mittelstraß, 2004, S. 549 f.). Die am Ende der Arbeit aus den Ergebnissen abgeleiteten Implikationen und Schlussfolgerungen liefern wie bereits erwähnt Impulse für die weitere Forschung sowie die personalwirtschaftliche Praxis. Sie sind somit im Verwendungszusammenhang anzusiedeln.

Die mit der ersten Zielsetzung der Arbeit verbundene attributionstheoretische Analyse stellt eine verhaltenswissenschaftliche Argumentation dar. Diese folgt der Auffassung Wächters, nach der das Personalwesen seinen „ökonomischen Nutzen um so mehr nachweisen [kann], als es sich verstärkt verhaltenswissenschaftlicher Modelle und Methoden bedient" (Wächter, 1992, S. 333). Hierin implizit enthalten ist die Erkenntnis, dass die Betriebswirtschaftslehre im Allgemeinen und das Personalmanagement im Speziellen sich vermehrt (grundlagenwissenschaftlicher) Erkenntnisse aus Nachbardisziplinen bedienen sollten. Denn, so Martin (1980): „The economist may attempt to ignore psychology, but it is a sheer impossibility for him to ignore human nature, for his science is a science of human behaviour" (zit. n. Graf, 2004, S. 23). Deshalb werden attributionstheoretische Ansätze aus der Grundlagenforschung der Psychologie zur Erklärung der ökonomischen Relevanz attributionaler Prozesse im interkulturellen Kontext als zielführend betrachtet.

4 Aufbau der Arbeit

Die Arbeit ist zunächst in vier große *Teile* untergliedert, die mit *römischen Ziffern* nummeriert sind. Jeder diese Teile setzt sich aus einer bestimmten Anzahl an *Kapiteln* zusammen, die aus Gründen der Übersichtlichkeit für jeden Teil separat fortlaufend *lateinisch* nummeriert sind. Der Großteil der Kapitel wiederum untergliedert sich in eine Vielzahl von *Abschnitten*. Dabei werden die Kapitel maximal in zwei weitere Unterebenen aufgeteilt, um eine gute Orientierung innerhalb der Arbeit zu gewährleisten.

Der vorliegende *Teil I* stellt die Einleitung und die Einführung in die Arbeit dar. So wurde in *Kapitel 1* zunächst die Problemstellung herausgearbeitet und aus ihr die Zielstellung der Arbeit abgeleitet (*Kapitel 2*), die wiederum die wissenschaftstheoretische Einordnung der Arbeit bedingt (*Kapitel 3*). Nach der hier erfolgenden Darstellung des Aufbaus der Arbeit (*Kapitel 4*) beginnt die eigentliche inhaltliche Einführung in das Themenfeld.

So wird in *Kapitel 5* zunächst die ökonomische Bedeutung interkultureller Kompetenz dargestellt. Dabei wird auf die Bedeutung einer hoch ausgeprägten interkulturellen Kompetenz im Außenverhältnis einer Unternehmung ebenso eingegangen wie im Innenverhältnis.

Aus dieser betriebswirtschaftlichen Einbettung des Konstrukts ergibt sich in *Kapitel 6* mittelbar die personalwirtschaftliche Bedeutung der Messung interkultureller Kompetenz. So wird der diagnostische Nutzen anhand der einzelnen Felder des Personalmanagements erläutert.

Kapitel 7 gibt einen Einblick in den Stand der Forschung zum Konstrukt interkultureller Kompetenz. Die historischen Ursprünge der Forschung auf diesem Gebiet finden hier ebenso Erwähnung wie aktuelle Entwicklungstendenzen. Kritische Forderungen an die zukünftige Forschung sowie die Einordnung der vorliegenden Arbeit in die Forschungslandschaft schließen das Kapitel und somit den ersten Teil der Arbeit ab.

In *Teil II* werden die theoretischen Grundlagen für den weiteren Fortgang der Arbeit dargestellt. Parallel werden in den *Kapiteln I1 & 2* die Begriffe Kultur und Kompetenz erläutert sowie für diese Arbeit geltende Arbeitsdefinitionen festgelegt. In *Kapitel 3* werden (unabhängig von den Begriffsklärungen) Attributionen als Betrachtungsgegenstand erläutert. Nach einer kurzen Begründung für die Auswahl von Attributionen stehen hier insbesondere die einzelnen Attributionstheorien, -Verzerrungen sowie der Einfluss der Kultur auf Attributionen und hieraus abgeleitete Implikationen für interkulturelle Attributionen im Mittelpunkt.

Aus diesen ersten drei Kapiteln leitet sich in *Kapitel 4* die Analyse der Relevanz von Attributionen in der unternehmerischen Praxis ab. Sie erweitert die ökonomischen Erläuterungen aus dem ersten Teil um eine verhaltenstheoretische Perspektive. Alle vier Kapitel aus diesem zweiten Teil bedingen letztlich die weitere Testentwicklung.

Diese erfolgt in *Teil III*. Aufgrund der Komplexität der Testkonstruktion und für eine bessere Nachvollziehbarkeit des Vorgehens wird dabei eine lineare Darstellungsform gegenüber einer inhaltlich Orientierten bevorzugt. Die einzelnen konstituierenden Kapitel decken unter anderem die testtheoretische Einbettung, die Konzeptualisierung und Operationalisierung des zu messenden Konstrukts, eine Expertenbefragung, eine Vor- und eine Hauptuntersuchung sowie eine Beurteilung in Form von aufgezeigten Limitationen ab.

In *Teil IV* schließlich werden aus den vorangegangenen Teilen Implikationen für die Zukunft abgeleitet. Dabei werden sowohl theoretische (*Kapitel I1*), methodische (*Kapitel 2*) als auch praktische Implikationen (*Kapitel 3*) berücksichtigt. Ein Ausblick (Kapitel 4) rundet die Arbeit ab.

Die vorliegende Arbeit setzt sich also aus einander bedingenden und ergänzenden Teilen zusammen. Dabei haben einige Kapitel einen deskriptiven, andere einen konzeptionellen, und wieder andere einen empirischen Schwerpunkt. Alle Abschnitte, Kapitel und Teile bilden somit auf ihre jeweilige Art wichtige Bausteine der gesamten Arbeit, deren komplexer Aufbau in Abbildung 1 grafisch dargestellt ist.

Teil I Einleitung

I Einleitung

- 1 Problemstellung
- 2 Zielsetzung
- 3 Wissenschaftstheoretische Einordnung
- 4 Aufbau der Arbeit
- 5 Wirtschaftliche Bedeutung IK
- 6 Personalwirtschaftliche Bedeutung IK-Messung
- 7 Einblick in den Stand der Forschung zur IK

II Theoretische Grundlagen

- 1 Kultur
- 2 Kompetenz
- 3 Attributionen als Betrachtungsgegenstand
- 4 Attributionstheoretische Analyse

III Testkonstruktion

- 1 Testform
- 2 Testtheorie
- 3 Vorgehensweise
- 4 Konzeptualisierung
- 5 Operationalisierung
- 6 Expertenbefragung
- 7 Voruntersuchung
- 8 Hauptuntersuchung
- 9 Zusammenfassung und Beurteilung der Testgüte

IV Schlussbetrachtung

- 1 Theoretische Implikationen
- 2 Methodische Implikationen
- 3 Praktische Implikationen
- 4 Ausblick

deskriptiv — konzeptionell — empirisch — konzeptionell

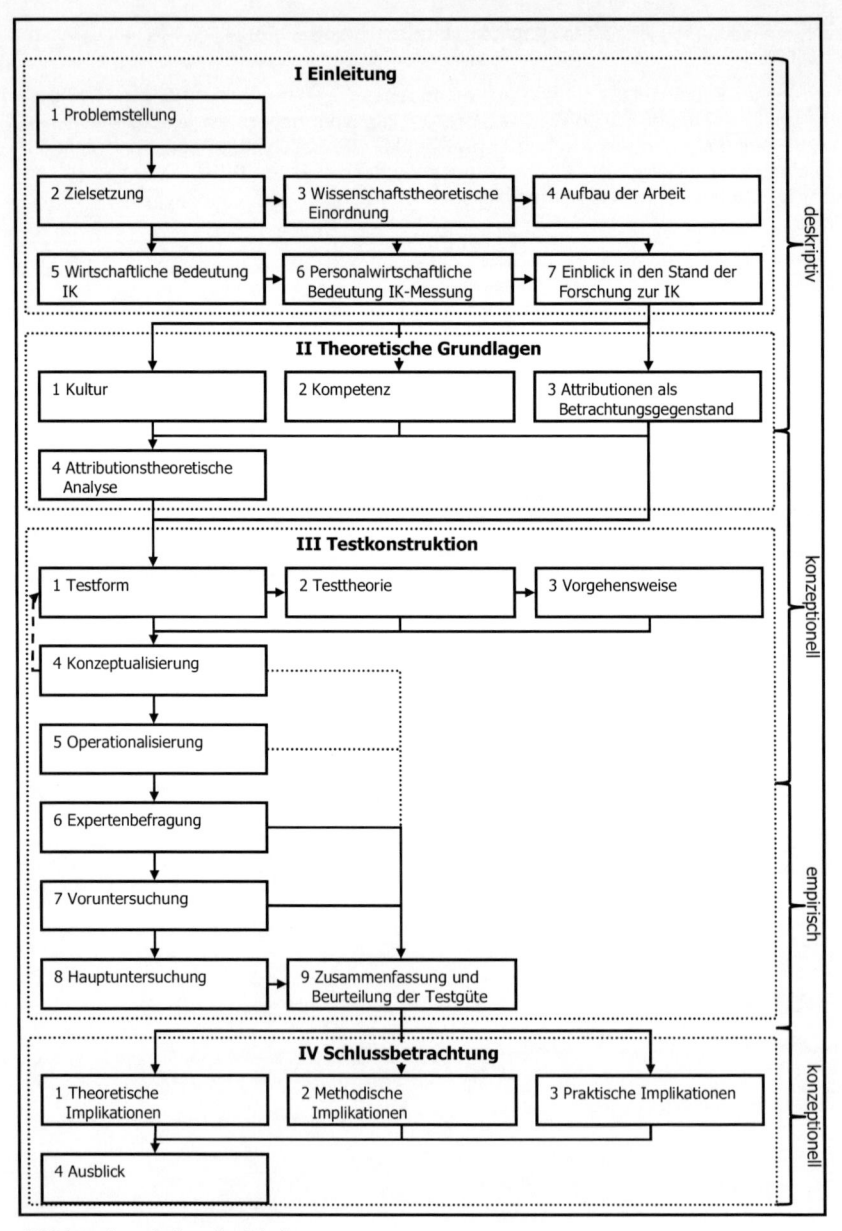

Abbildung 1: Aufbau der Arbeit
Eigene Darstellung

5 Wirtschaftliche Bedeutung interkultureller Kompetenz

Bevor mit einer Analyse der wirtschaftlichen Bedeutung interkultureller Kompetenz begonnen werden kann ist zunächst festzustellen, dass in der vorliegenden Arbeit ausschließlich die individuelle Ebene kultureller Vielfalt und interkultureller Kompetenz betrachtet werden soll. Neben dieser individuellen Ebene sind auch die Gruppen- oder oganisationale Ebene als Betrachtungsgegenstand möglich, wie Abbildung 2 zeigt. Die einzelnen Ebenen sind dabei nicht als unabhängig voneinander zu verstehen.

Ebenen kultureller Vielfalt		
Individuum	**Team**	**Gesamtorganisation**
Multiple Teilidentitäten im Selbstkonzept	Vielfalt hinsichtlich bestimmter Merkmale/ Strukturen, bspw. unterschiedlicher Kulturen	
Entwicklung interkultureller Kompetenz	Entwicklung einer gemeinsamen Verständnisbasis auf Teamebene	Entwicklung einer multikulturellen Organisation

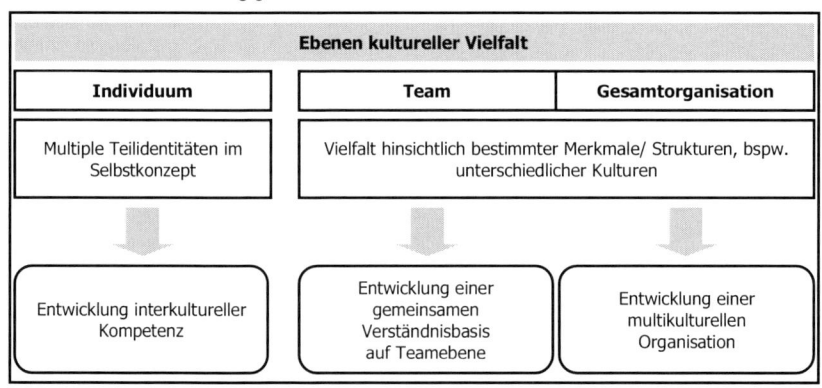

Abbildung 2:   *Ebenen kultureller Vielfalt*
                 i.A.a. Stark (2005, S. 60)

Darüber hinaus ist bereits an dieser Stelle eindeutig Position zu beziehen, ob Managementprinzipien als kulturspezifisch oder kulturübergreifend angesehen werden, ob also das Management je nach kulturellem Setting angepasst oder aber in allen kulturellen Kontexten identisch beibehalten werden kann. Diese beiden kontroversen Positionen in der kulturvergleichenden Managementforschung werden üblicherweise als *universalistisch* vs. *kulturalistisch* bezeichnet (vgl. Keller, 1982, S. 539 ff.). Nach Auffassung der Universalisten sind Managementprinzipien unabhängig von kulturellen Bedingungen und somit immer und überall gültig (culture-free-These), wohingegen die Kulturalisten betonen, dass unterschiedliche Bedingungen, Werthaltungen und Motive jeweils unterschiedliche Managementstile erfordern (culture-bound-These) (vgl. Bergemann & Bergemann, 2005, S. 22). In der vorliegenden Arbeit werden, entsprechend den Forschungsparadigmen im interkulturellen Management, die Kultur und die kulturelle Sozialisation einer Person als wesentliche Kontextfaktoren unternehmerischen Handelns erkannt und gewürdigt. Somit wird ein kulturalistischer Standpunkt eingenommen.

Für eine einführende Analyse der wirtschaftlichen Bedeutung ist außerdem ein vorläufiges Verständnis interkultureller Kompetenz unerlässlich. Bezogen auf die Individualebene wird unter interkultureller Kompetenz in der Literatur im Allgemeinen ein in fremden Kulturen bzw. im Umgang mit fremden Kulturen *angemessenes* und *effektives* Verhalten verstanden (vgl. bspw. Collier, 1988; Chen & Starosta, 1996; Müller & Gelbrich, 2001). Thomas, Hagemann & Stumpf definieren interkulturelle Kompetenz als die „... Fähigkeit, kulturelle Bedingungen und Einflussfaktoren im Wahrnehmen, Urteilen, Empfinden und Handeln bei sich selbst und anderen Personen zu erfassen, zu würdigen, zu respektieren und produktiv einzusetzen im Sinne von wechselseitiger Anpassung, von Toleranz gegenüber Inkompatibilitäten, sowie einer Entwicklung synergetischer Formen des Zusammenlebens und der Weltorientierung" (2003, S. 240). Nach dieser Auffassung sollten interkulturell kompetente Personen also die Fähigkeit besitzen, kulturellen Erwartungen und auch Regeln zu entsprechen und im Kontakt mit Angehörigen einer anderen Kultur Arbeitsaufgaben erfolgreich wahrzunehmen (vgl. Fritz, Möllenberg & Chen, 2004, S. 236).

Bei diesem sehr weit gefassten Begriffsverständnis wird deutlich, dass interkulturelle Kompetenz sowohl im Außenverhältnis einer Unternehmung, als auch in ihrem Innenverhältnis wichtig ist. Im Außenverhältnis treten Kontaktsituationen mit Angehörigen fremder Kulturkreise beispielsweise mit Kunden, Lieferanten, sonstigen Geschäftspartnern oder auch Mitarbeitern auf, d.h. also vor allem dann, wenn Mitarbeiter eines Unternehmens ins Ausland geschickt werden, ganz gleich, ob es sich dabei um einen kurzfristigen Aufenthalt (bspw. eine Geschäftsreise für einen Vertragsabschluss), oder eine längerfristige Auslandsentsendung handelt. Insbesondere längere Auslandsentsendungen bringen jedoch viele interkulturelle Überschneidungssituationen mit sich, in denen interkulturelle Kompetenz besonders wichtig wird; die Anzahl der längerfristig ins Ausland entsandten Mitarbeiter, so genannter Expatriates, nimmt als Folge der eingangs skizzierten Globalisierung dabei stetig zu (vgl. Graf, 2004, S. 1; GMAC, 2005).

Diese Entsendungen von Mitarbeitern bergen für die Unternehmen eine ganze Vielzahl an Unsicherheiten und Risiken bezogen auf die Erfolgsaussichten und somit auch auf die damit in Zusammenhang stehenden Kosten. Eine Auslandsentsendung ist nicht nur dann als Misserfolg zu interpretieren, wenn ihr ursächliches Ziel aufgrund inhaltlicher Fehler o.ä. nicht erreicht wird,[4] sondern auch dann, wenn das Ziel aufgrund interkultureller Probleme nicht erreicht oder sie gar vorzeitig abgebrochen wird. Dabei herrscht in der Literatur keinesfalls Einigkeit darüber, wann eine Auslandsentsendung als abgebrochen bzw. gescheitert gilt. Häufig wird eine Entsendung dann als gescheitert bezeichnet, wenn der Entsandte frühzeitig, das heißt vor dem offiziell geplanten Ende seines Auslandsaufenthaltes, in sein Heimatland zurückkehrt (vgl. bspw. Dowling, Festing & Engle, 2008, S. 112). Fukuda & Chu (1994, S. 38) beispielsweise fassen den Begriff jedoch weiter und bezeichnen einen Auslandseinsatz bereits dann als gescheitert, wenn der entsandte Mitarbeiter eine geringe Performance aufweist oder sich nur schlecht und ineffektiv an seine neue Arbeits- und/ oder Lebensumwelt anpassen kann. Noch weiter geht das Verständnis Adlers (2002), die auch ein unplanmäßiges Beenden des Arbeitsverhältnisses eines Expatriates bis ca. ein Jahr nach der Rückkehr in sein Heimatland noch als Folge der Entsendung auffasst und diese somit als fehlgeschlagen bezeichnet.

Abhängig von der Definition einer abgebrochenen oder fehlgeschlagenen Auslandsentsendung finden sich in der Literatur mitunter sehr hohe Abbruchraten. Unter Zugrundelegung der erwähnten Definition Adlers beispielsweise lässt sich feststellen, dass geschätzte 15% bis 40% zurückgekehrter Expatriates ihr Unternehmen innerhalb der ersten 12 bis 18 Monate verlassen (vgl. Allerton, 1997, S. 7). Diese hohe „expatriate attrition" (ebd.) beinhaltet jedoch noch nicht die eigentlichen Abbruchquoten, die unter Zugrundlegung der üblichen Definition (d.h. ähnlich Dowling, Festing & Engle (2008)) berichtet werden. Hier werden die höchsten zu findenden Quoten mit 30% bis 40% (Fukuda & Chu, 1994; Birdseye & Hill, 1995) bzw. mit bis zu 70% angegeben (Shay & Tracey, 1997; Lindner, 1999). Quoten hinsichtlich ungenügend erfüllter Ziele der Auslandsentsendung variieren zwischen 16%-40% (Shaffer, Harrison & Gilley, 1999), 20%-40% (Solomon, 1996), 30% bis 50 % (Black, Mendenhall & Oddou, 1991) und 50 % (Allerton, 1997).

---

[4] Etwas, das ja auch im monokulturellen Umfeld nicht selten vorkommt.

Die entstehenden Kosten abgebrochener oder ungenügend erfüllter Auslandsentsendungen können für das Unternehmen mitunter sehr hoch sein, wenngleich diese natürlich variieren, abhängig beispielsweise von der betroffenen Position des Entsandten, des Gastlandes, Wechselkursen, etwaiger Begleitung durch die Familie, der Anzahl der Entsandten, oder auch davon, ob ein Ersatz für den zurückgekehrten Expatriate entsendet wird oder nicht (Misa & Fabricatore, 1979, S. 42; Dowling et al., 2008, S. 115). Zudem muss bei der Kostenbetrachtung zwischen *direkten* und *indirekten* Kosten unterschieden werden.

Die direkt mit der fehlgeschlagenen Auslandsentsendung zusammenhängenden Kosten wie Gehalt, Reisekosten, Ausgaben für die Familien, Training & Entwicklung, Mentoring belaufen sich im günstigsten Fall auf etwa US$55.000 - US$85.000 (vgl. bspw. Edwards, 1978; Misa & Fabricatore, 1979; Mendenhall, Dunbar & Oddou, 1987) und können sich auf bis zu US$1.000.000 steigern, etwa dann, wenn der Entsandte wie beschrieben das Unternehmen noch während der Wiedereingliederungsphase verlässt (Harvey, 1989; Swaak, 1995). Aktuelle Studien liefern Durchschnittswerte dieser direkten Kosten, die sich auf US$311.000 pro Jahr belaufen (vgl. bspw. PriceWaterhouseCoopers, 2006, S. 7).[5]

Diese direkten Kosten werden durch indirekte, oder auch unsichtbare bzw. „hidden costs" (Swaak, 1995, S. 51) ergänzt, die weitaus schwerer zu quantifizieren sind und bedeutend höher sein können. Hierzu zählen beispielsweise das verlorene Geschäft, potenzieller Schaden an Kunden, Zulieferern und Kontaktpersonen in Regierungskreisen bzw. sogar der Verlust dieser Kontakte (vgl. bspw. Lanier, 1979; Shay & Tracey, 1997; Bennett, Aston & Colquhoun, 2000; Dowling, 2005). Hinzu kommen nicht-monetäre, in der Regel nur schwer messbare persönliche und psychische Folgen eines gescheiterten Auslandseinsatzes für einen Expatriate. Genannt seien hier exemplarisch der Verlust des Selbstwertgefühls und –bewusstseins, des Vertrauens in die eigenen Managementfähigkeiten, sowie der Verlust von Prestige und Annerkennung seitens Vorgesetzten und Kollegen (Mendenhall & Oddou, 1985; Mendenhall et al., 1987), die wiederum zu einer verminderten Motivation und somit zu einer verminderten Produktivität führen können (vgl. Dowling & Welch, 2004, S. 89). Ebenso sind familiäre Probleme denkbar.[6]

Die dargestellten hohen Abbruchquoten und –kosten werfen selbstverständlich die Frage nach ihren Ursachen auf. Insbesondere bei Entsendungen in Entwicklungsländer sind hohe Abbruchraten festzustellen (Graf, 2004), so dass eine mögliche Ursache in den schwierigen Lebensbedingungen und dem geringen Lebensstandard vor Ort gesehen werden kann. Insbesondere amerikanische Expatriates erheben großen Anspruch darauf, ihren Lebensstandard auch im Gastland beizubehalten (vgl. Birdseye & Hill, 1995, S. 787). Als zentrale Ursache für den Abbruch oder den unbefriedigenden Ausgang ihrer Entsendung werden von Expatriates jedoch oft Schwierigkeiten mit der Gastlandkultur angegeben (vgl. bspw. Bennett et al., 2000; Forster, 2000; Weber, Festing, Dowling & Schuler, 2001). Dabei können derartige Anpassungsprobleme sowohl die Expatriates selbst, als auch ihre Familienangehörigen betreffen – in beiden Fällen kann der beschriebene Abbruch der Auslandentsendung die Folge sein (vgl. Bergemann & Sourisseaux, 2003). Somit stellt

---

[5] Interessanterweise übersteigen auch die Personalmanagementkosten für einen Expatriate die Durchschnittlichen um ein Vielfaches. So belaufen sich die jährlichen Kosten für einen durchschnittlichen Mitarbeiter auf etwa US$3.000, wohingegen ein das Management eines Expatriates mit durchschnittlich US$23.378 zu Buche schlägt (vgl. PriceWaterhouseCoopers, 2006, S. 21).

[6] Forster (1997) beispielsweise setzt ebenfalls hier an und stellt heraus, dass zwar die nach der klassischen Abbruchauffassung zu findenden Abbruchraten bzw. failure rates für britische Expatriates niedrig sind, sich aber stark vergrößern, wenn die Abbruchdefinition in dem erwähnten Sinn weiter gefasst und/ oder die berichteten persönlichen Folgen mit berücksichtigt werden.

interkulturelle Kompetenz eine wichtige Einflussgröße auf den Erfolg einer Auslandsentsendung im Speziellen und auf internationale Geschäftstätigkeit im Allgemeinen dar. Neben Auslandsentsendungen wird interkulturelle Kompetenz zunehmend auch im Rahmen internationaler Kooperationen als signifikante Variable erkannt. Häufig werden kulturelle Unterschiede zwischen den Nationen der kooperierenden Unternehmen als wesentlicher Faktor für die Instabilität und teilweise auch den Misserfolg identifiziert (vgl. bspw. Lane & Beamish, 1990; Zahra & Elhagresey, 1994; Fedor & Werther Jr, 1996; Barkema & Vermeulen, 1997; Hebert & Beamish, 2002; Li, Xin & Pillutla, 2002; Meyer, 2004). Da jede Unternehmenskooperation letztlich auf Kooperationen zwischen einzelnen Personen beruht, ist es nicht verwunderlich, dass einige Misserfolge direkt auf kulturell basierte, interpersonelle Konflikte zwischen Einzelnen zurückzuführen sind (vgl. Gordon & Salganik, 2001).

Im Zuge der Internationalisierung vieler Unternehmen werden nicht nur vermehrt Mitarbeiter ins Ausland entsandt, sondern auch ausländische Mitarbeiter und Geschäftspartner im eigenen Land empfangen. Darüber hinaus ist es beispielsweise innerhalb vieler Unternehmen üblich, Mitarbeiter im Rahmen der so genannten „Job Rotation", d.h. im Rahmen des systematischen, Erfahrungen und Kenntnisse der Mitarbeiter prüfenden und Lernprozesse ermöglichenden Arbeitsplatztausches (vgl. bspw. Scholz, 2000, S. 515), international auszutauschen, so dass auch im Stammhaus und somit im *Innenverhältnis* eines internationalen Unternehmens vermehrt Mitarbeiter aus unterschiedlichen Kulturen anzutreffen sind (vgl. Dülfer, 1997). Somit sind auch Mitarbeiter, die in ihrem jeweils eigenen Kulturkreis tätig sind, verstärkt mit Kollegen aus fremden Kulturen in Kontakt.

Generell lässt sich zunächst postulieren,[7] dass mangelnde interkulturelle Kompetenz auch im Innenverhältnis zu sowohl materiell wie personell hohen Kosten führen kann, aus den gleichen Gründen wie im Außenverhältnis. Darüber hinaus kann von teamspezifischen Auswirkungen ausgegangen werden, obgleich interkulturelle Kompetenz als individuelles Konstrukt zu verstehen ist und die vorliegende Arbeit ausschließlich die Individualebene behandeln soll.[8] Selbst kulturell homogene Teams müssen in der Regel recht viel Zeit und Sorgfalt aufbringen, um sich auf gemeinsame Standards der Aufgabenbearbeitung und des Umgangs miteinander zu einigen. In kulturell heterogenen Teams ist der Konsensbereich kleiner und die Vorstellungen dessen, was „normal" ist gehen weiter auseinander, so dass hier der Einigungsprozess als noch langwieriger und komplexer angesehen werden kann (vgl. Zeutschel & Thomas, 2003, S. 31). Zudem kann kulturelle Vielfalt im Unternehmen bzw. im Team sowohl positive, als auch negative Konsequenzen mit sich bringen (vgl. hierzu bspw. Herbrand, 2000, S. 76). Denkbare negative Folgen wären bspw. eine erhöhte Komplexität aufgrund unterschiedlicher Erwartungen und Zielvorstellungen, Konflikte aufgrund gruppendynamischer Prozesse (etwa im Sinne einer In- und Outgroup Differenzierung), eine erschwerte Konsensfindung sowie Kommunikationsprobleme. Als Folge ist eine Abnahme der Leistung bzw. des Leistungspotenzials anzunehmen. Als positive Konsequenzen sind exemplarisch die Freisetzung neuer Kreativitätspotenziale oder eine wechselseitige Kompensation von Defiziten durch Nutzung kulturspezifischer Stärken zu nennen, die eine höhere Qualität der Teamleistungen mit sich bringen. Interkulturelle

---

[7] Hier wird bewusst die Form eines Postulats gewählt, da auf diesem Forschungsgebiet verhältnismäßig wenig quantitative und qualitative Ergebnisse vorliegen.

[8] Die Zuordnung bestimmter Ursache- Wirkungsbeziehungen zu einzelnen Ebenen wird insbesondere im Rahmen eines so genannten Multi-Level-Ansatzes in der Erfolgsfaktorenforschung angewendet. Hierdurch soll eine bessere Ursachenallokation des Unternehmenserfolges ermöglicht werden, derer es in der herkömmlichen Erfolgsfaktorenforschung mangelt (vgl. Nicolai & Kieser, 2002).

Kompetenz der einzelnen Mitarbeiter kann somit als zentral identifiziert werden, interkulturelle Synergien optimal zu erreichen und zu nutzen. Sie trägt maßgeblich dazu bei, „die unterschiedlichen, kulturell geprägten Interaktionsmuster [der Teammitglieder] wahrzunehmen und damit umzugehen" und ist somit ein entscheidendes Kriterium für kulturelle Synergieeffekte und den Erfolg multikultureller Teams (Moosmüller, 1997, S. 282). Darüber hinaus ist sie elementar wichtig beispielsweise für die Vermeidung von Koordinationsproblemen (Kashima, 2000) sowie generell zum Erreichen einer guten Performanz des gesamten Teams (Jentsch, Hoeft, Fiore & Bowers, 2004).

Aufgrund der Ausführungen sowohl zum Außen- als auch zum Innenverhältnis kann interkulturelle Kompetenz als eine *Schlüsselqualifikation für Mitarbeiter im internationalen/ interkulturellen Kontext* bezeichnet werden. Unter dem Begriff der Schlüsselqualifikation werden gewöhnlich „solche Kenntnisse, Fähigkeiten und Fertigkeiten [verstanden], welche nicht unmittelbaren und begrenzten Bezug zu bestimmten, disparaten praktischen Tätigkeiten erbringen, sondern vielmehr a) die Eignung für eine große Zahl von Positionen und Funktionen als alternative Optionen zum gleichen Zeitpunkt, und b) die Eignung für die Bewältigung einer Sequenz von (meist unvorhersehbaren) Änderungen von Anforderungen im Laufe des Lebens" (Mertens, 1974, S. 40). Ihr kommt auf der Individualebene eine wichtige Funktion zu, mit Auswirkungen auf die Gruppen- und letztlich auch auf die Unternehmensebene und somit auf die Wirtschaftlichkeit des gesamten Unternehmens.

6 Personalwirtschaftliche Bedeutung der Messung interkultureller Kompetenz

Neben der wirtschaftlichen Bedeutung interkultureller Kompetenz an sich soll auch kurz auf den *personalwirtschaftlichen* Nutzen ihrer Messung bzw. Diagnostik eingegangen werden. Dieser kann, wie der generelle personalwirtschaftliche Nutzen einer validen Diagnostik, in der Unterstützung personalwirtschaftlicher Zuordnungsentscheidungen auf Basis von Prognosen zukünftiger beruflicher Leistungen gesehen werden (vgl. Schuler, 1996, S. 153). Unter Zuordnungsentscheidungen sind dabei Personalentscheidungen im Personalmanagement zu verstehen, also Prozesse der Problemdiagnose und Problemlösung bei unterschiedlichen Personalfunktionen (vgl. Jungermann, 1995, S. 811). Insofern ist zwischen Personalentscheidungen insbesondere im Rahmen der Personalauswahl, des –einsatzes und der –entwicklung zu differenzieren. Die Zielsetzung liegt grundsätzlich darin, Positionen mit geeigneten Personen zu besetzen, d.h. Personen Arbeitsplätzen zuzuordnen bzw. entsprechende Maßnahmen organisatorischer oder personeller Art vorzunehmen, um ggf. zu einem späteren Zeitpunkt eine optimale Besetzung zu ermöglichen. Abbildung 3 zeigt vier mögliche Zuordnungsformen im Personalmanagement.

Formen der Zuordnung

Selektion	Beratung	Klassifikation	Klassifikation mit Selektion
P P	P	P P	P P P
\/	/\	⋈	⋈ (mit Kreuzungen)
A	A A	A A	A A

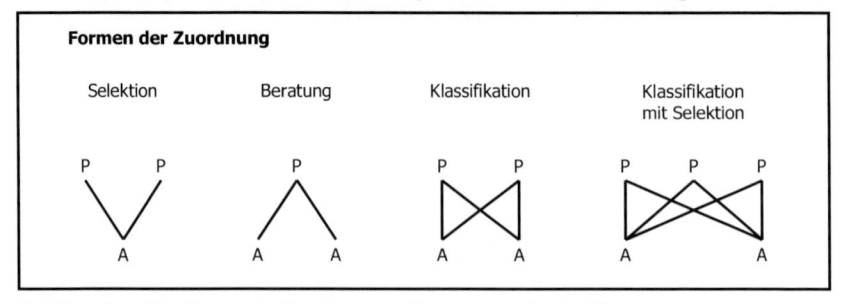

Abbildung 3: Vier Formen der Zuordnung von Personen und Arbeitsplätzen.
P= Personen
A= Arbeitsplätze
(Schuler, 1996, S. 153)

Bei der *Selektion* geht es um die Auswahl eines oder mehrerer geeigneter Kandidaten für eine bestimmte Aufgabe aus einer größeren Anzahl von Bewerbern, bei der *Beratung* wird für einen oder mehrer Bewerber die passende Aufgabe aus einer größeren Anzahl von Aufgaben ausgewählt, bei der *Klassifikation* geht es um eine ähnliche Entscheidung, nur existieren hier gleich viele Bewerber und Aufgaben, und die *Klassifikation mit Selektion* schließlich stellt eine Kombination dar.

Die Diagnostik soll eine Prognose zukünftigen Verhaltens und zukünftiger Leistung ermöglichen, so dass derartige personalwirtschaftliche Entscheidungen effizienter getroffen werden können (Maukisch, 1995). Eine optimale Zuordnung beginnt jedoch schon früher. Zunächst gilt es aus personalwirtschaftlicher Sicht, durch ein möglichst optimal gestaltetes Personalmarketing das Arbeitsplatzangebot so darzustellen und potenzielle Mitarbeiter so anzusprechen, dass die für die Organisation und für die entsprechende Stelle besten potentiellen Mitarbeiter angesprochen, gewonnen und später möglichst auch gehalten werden können, und so möglichst viel zum Erfolg des Unternehmens beitragen können. Ist dies erfolgt, so soll durch eine optimale Personalauswahl derjenige potentielle Mitarbeiter aus diesem Pool von Kandidaten identifiziert werden, der am wahrscheinlichsten den Anforderungen an die Position gerecht wird (Selektion). Doch auch im Rahmen der Personalentwicklung ergeben sich ständig Zuordnungseinscheidungen. Eine Grundlage für diese bildet häufig auch hier eine valide Diagnostik. Anhand ihrer Ergebnisse können Beratung, Klassifikation und auch Klassifikation mit Selektion besser erfolgen.

Entsprechend leistet auch eine valide Diagnostik interkultureller Kompetenz einen wichtigen Beitrag zur effektiven Personalwirtschaft. Durch sie können aus einer Vielzahl von Kandidaten beispielsweise die richtigen für eine anstehende Auslandsentsendung identifiziert und selektiert werden. Darüber hinaus kann sie wertvolle Impulse für Personalentwicklungsentscheidungen wie etwa der Beratung oder Klassifikation, beispielsweise hinsichtlich einer internationalen Job Rotation, liefern. Die Messung der interkulturellen Kompetenz eines (zukünftigen) Mitarbeiters kann sowohl wertvolle Hinweise auf den potenziellen Erfolg seiner internationalen Tätigkeit liefern, als auch mögliche Trainingsnotwendigkeiten identifizieren helfen. Der hieraus resultierende ökonomische Nutzen ist nicht zuletzt aufgrund der Ausführungen in Kapitel 5 offensichtlich. So kann beispielsweise die Zahl der Entsendungsabbrüche durch eine frühzeitige Diagnostik vermindert werden, da diese (wie ausgeführt) oftmals aus interkulturellen Schwierigkeiten resultieren. Zudem können Trainingsnotwendigkeiten für multikulturelle Teams identifiziert werden, um potenzielle Synergien optimal zu fördern usw. Darüber hinaus gründet der ökonomische Nutzen einer validen und reliablen personalwirtschaftlich genutzten Diagnostik interkultureller Kompetenz in der Annahme, dass eine Erhöhung der Qualität personalwirtschaftlicher Zuordnungsleistungen zu Zuwächsen bei der betrieblichen Leistung der Beschäftigten führt, gemessen etwa in Prozentzuwächsen des Outputs, erhöhtem Geldwert des Outputs und Erwerb berufsbezogener Kenntnisse, Fähigkeiten und Fertigkeiten (vgl. Schmidt & Hunter, 1998, S. 15). Eine methodisch gestützte, valide und reliable Kompetenzdiagnostik und somit auch eine Diagnostik interkultureller Kompetenz kann somit personalwirtschaftliche Zuordnungsentscheidungen unterstützen, erleichtern und im Extremfall sogar erst ermöglichen, und trägt somit entscheidend zu ökonomisch relevanten Personalentscheidungen bei.

7 Analyse des Forschungsstands zu interkultureller Kompetenz

Trotz der dargestellten unternehmerischen und auch personalwirtschaftlichen Bedeutung interkultureller Kompetenz ist sie bisher nur unzureichend Gegenstand von Personalentwicklungsmaßnahmen in der unternehmerischen Praxis - ein Grund hierfür liegt sicher in dem unbefriedigenden Stand der empirischen Managementforschung, die nur einen kleinen Teil der wissenschaftlichen Forschungsaktivitäten in diesem Feld ausmacht (vgl. Fritz et al., 2004, S. 235). Traditionell dominieren hier andere Wissenschaften mit jeweils unterschiedlichen Erkenntnisinteressen. So beschäftigen sich beispielsweise seit längerem die Ethnologie bzw. Anthropologie, die Psychologie sowie die Kommunikationswissenschaften intensiv mit interkultureller Kompetenz. Mit zunehmender Globalisierung und Internationalisierung findet das Forschungsfeld nun auch in der Betriebswirtschaftslehre immer stärkere Beachtung. In allen genannten Fachrichtungen kann der Forschung aus dem angloamerikanischen Raum die größte Aktivität attestiert werden, und der wissenschaftliche Erkenntnisstand ist gekennzeichnet durch eine enorm große Vielfalt unterschiedlicher Definitionen, Konzepte, Modelle und empirischer Arbeiten von zum Teil unterschiedlichster Qualität.

Bis heute existiert kein einheitliches Begriffsverständnis oder gar ein allgemein anerkanntes, empirisch validiertes und zugleich praktisch nutzbares Gesamtmodell des Konstrukts interkulturelle Kompetenz (vgl. bspw. Fritz, 2001; Müller & Gelbrich, 2001; Bergemann & Bergemann, 2003). Eine erste Betrachtung des Forschungsfeldes offenbart zunächst die große Vielfalt an Begriffen, die in einem äußerst engen inhaltlichen Zusammenhang stehen: Cross-Cultural Adjustment (Benson, 1978), Cross-Cultural Effectiveness (Kealey, 1989), Cross-Cultural Competence (Ruben, 1989), Cross-Cultural Communication Effectiveness (Hammer, Gudykunst & Wiseman, 1978; Cui & Van Den Berg, 1991), Intercultural Competence (Dinges, 1983), Intercultural Communication Competence (Wiseman, Hammer & Nishida, 1989; Chen & Starosta, 1996; Spitzberg, 1997) oder neuerdings auch Cultural Intelligence (Earley & Mosakowski, 2004; Brislin, Worthley & Macnab, 2006) sind nur einige der in der englischsprachigen Literatur verwendeten Begriffe, die seit einigen Jahren allgemein unter interkultureller Kompetenz zusammengefasst werden, auch wenn die zugrundeliegenden Studien dem Namen entsprechend spezifische Konstrukte als Untersuchungsgegenstand hatten. Im deutschsprachigen Raum finden sich nicht minder viele Synonyme. Gleichwohl zeugt diese große Wissenschafts-, Forschungsziel- und Begriffsvielfalt jedoch von der großen Bedeutung und Aktualität des Konstrukts. Bolten (2007) bescheinigt interkultureller Kompetenz denn auch, „en vogue" zu sein (S. 21).

Einen erschöpfenden Überblick über den gesamten Stand der Forschung zur interkulturellen Kompetenz aller Wissenschaftsdisziplinen kann und soll diese Arbeit nicht geben. Ein solches Vorhaben hätte den Umfang einer eigenen Dissertation.[9] Vielmehr werden zunächst die historischen Ursprünge der interkulturellen Kompetenzforschung sowie zentrale, d.h. in der Literatur stark beachtete Ansätze und Arbeiten kritisch erläutert und so ein Überblick über das Forschungsfeld und die wesentlichen Erkenntnisse gegeben. Diese kritische Darbietung wird bewusst einer rein Referierenden vorgezogen. Dabei orientiert sich die Klassifikation an Bolten (2007), der das Spektrum in Listen-, Struktur- und Pro-

---

[9] Einen recht guten ersten Überblick über das Forschungsfeld ermöglichen bspw. die Arbeiten von Dinges & Baldwin (1996), Müller & Gelbrich (2001), Yamazaki & Kayes (2004), Deardorff (2004) sowie Rathje (2006).

zessmodelle differenziert.[10] Es folgen die Darstellung weiterer, aktueller Forschungsaktivitäten, –strömungen und –diskussionen sowie ein Einblick in bestehende Testverfahren zur Messung interkultureller Kompetenz. Eine kritische Zusammenfassung ermöglicht eine Einordnung der vorliegenden Arbeit, die eigenen, zuvor aus dem Stand der Forschung abgeleiteten Anforderungen, entsprechen soll.

7.1 Listenmodelle

Konzeptualisierungen interkultureller Kompetenz waren lange Zeit meist deskriptive Beschreibungen von Persönlichkeitsmerkmalen erfolgreicher Expatriates (vgl. Dinges, 1983). Diese folgten jedoch keiner einheitlichen Forschungsstrategie, weder bezogen auf die Außen- bzw. Erfolgskriterien, noch auf die interessierenden Eigenschaften einer Person. Vielmehr handelte sich bei diesen, in der Literatur häufig als „Overseasmanship-Ansatz" zusammengefassten Ansätzen (vgl. Müller & Gelbrich, 2001) meist um grobe Einteilungen spezifischer Traits und Skills, die nach Überzeugung der Autoren mit unterschiedlichem Anpassungserfolg einhergehen (vgl. Stahl, 1998, S. 46). Als einer der ersten untersuchte Lysgaard (1955) die Charakteristika erfolgreicher norwegischer Studierender in den USA, weitere Untersuchungen zu anderen Personen- und Berufsgruppen folgten.

Wenngleich sich erste Hinweise auf eine empirische Beziehung zwischen den Eigenschaften und Fähigkeiten einer Person und ihrer Anpassungsfähigkeit an fremde kulturelle Kontexte ableiten ließen, so offenbart der explorative Charakter des Overseasmanship-Ansatzes gewisse Unzulänglichkeiten. Typischerweise wurden lange Listen mit einzelnen Eigenschaften und Fähigkeiten a posteriori identifiziert, ohne a priori ein formuliertes theoretisches Modell erarbeitet zu haben, anhand dessen Erfolgskriterien hätten abgeleitet und die Validität der Befunde überprüft werden können. Deshalb können diese deskriptiven Studien bestenfalls als „empirizistisch" gelten (Müller & Gelbrich, 2001, S. 249). Ohne Zweifel müssen jedoch die Verdienste dieser Pionierstudien ausdrücklich anerkannt werden.

Spätere Ansätze sollten meist faktorenanalytisch diejenigen (Persönlichkeits-) Faktoren erschließen, welche eine interkulturell kompetente Person auszeichnen. Sie basierten jedoch im Gegensatz zu den rein deskriptiven Studien in der Regel auf theoretischen Vorannahmen und folgten somit dem deduktiven Wissenschaftsparadigma. Häufig wird interkulturelle Kompetenz hier entweder als affektives, kognitives oder konatives (behaviorales) Konstrukt konzeptionalisiert.[11]

7.1.1 Ansätze mit affektivem Fokus

Analog zum Einstellungsbegriff der Psychologie unterscheidet die Gruppe um Gudykunst (Gudykunst, Wiseman & Hammer, 1977; Hammer et al., 1978; Abe & Wiseman, 1983; Wiseman & Abe, 1984; Hammer, 1987, 1989) im *Cross-Cultural Attitude Approach* eine af-

---

[10] In der Literatur finden sich auch andere Klassifikationen, etwa die kommunikationswissenschaftliche Unterteilung in ethnografische, Einstellungs-, Verhaltens- und Kulturidentitätsansätze (vgl. etwa Collier, 1989) oder die häufig vorgenommene Unterteilung in partielle (affektive, kognitive und konative) und umfassende Ansätze (vgl. Müller & Gelbrich, 2001), die in der weiteren Untergliederung des Kapitels aufgegriffen wird.

[11] Eine Systematisierung der Ansätze gemäß dieser Konzeptualisierung bietet sich daher an und findet sich beispielsweise auch bei Müller & Gelbrich (2001). Es sei jedoch darauf hingewiesen, dass sich die einzelnen Ansätze resp. Arbeiten nicht immer trennscharf nur einem Ansatz zuordnen lassen.

fektive, eine kognitive und eine konative Dimension interkultureller Kompetenz, die untereinander korrelieren. Demnach bedeutet interkulturelle Kompetenz primär, eine positive Einstellung gegenüber der fremden Kultur zu entwickeln, die sich in Zufriedenheit beispielsweise mit einer Auslandentsendung zeigt. Die affektive Dimension bezeichnet hierbei die psychologische Perspektive, die während der Bewertung fremdkulturellen Handelns eingenommen wird, die kognitive Dimension beinhaltet die Stereotype einer Person von einer fremden Kultur und ihrer Mitglieder und die konative Dimension setzt sich aus den Verhaltenstendenzen einer Person gegenüber Angehörigen der Fremdkultur zusammen (vgl. Gudykunst et al., 1977, S. 416). Dabei betonen die Autoren insbesondere die Bedeutung der affektiven Dimension. Die Bildung positiver Stereotype und Verhaltenstendenzen ist ihrer Ansicht nach lediglich eine Konsequenz des Affekts, der sich aus der Evaluation der Fremdkultur, ihrer Menschen und interkulturellen Interaktionen bildet. Dabei erfolgt diese Bewertung im optimalen Fall weder aus der eigenen, noch aus der jeweiligen fremdkulturellen Perspektive. „[This] 'Third-Culture' perspective acts as a psychological link between the sojourner's own cultural perspective [...] and the perspective of another culture" (S. 416).

In einer Folgearbeit identifizierten Hammer et al. (1978) aus Ergebnissen früherer, vornehmlich deskriptiver Forschungsarbeiten 24 ihrer Ansicht nach zentrale Persönlichkeitseigenschaften, die wesentlich zu interkultureller Effektivität beitragen. Diese Persönlichkeitseigenschaften konnten sie durch geeignete Indikatoren operationalisieren und mittels einer explorativen Faktorenanalyse schließlich drei zentrale Fähigkeiten erschließen: „The Ability to Deal with Psychological Stress", „The Ability to Communicate Effectively" und „The Ability to Establish Interpersonal Relations". Dabei werden diese Fähigkeiten erst durch Einnahme der (affektiven) Third-Culture-Perspective ermöglicht (Hammer et al., 1978, S. 390). Eine konfirmatorische Faktorenanalyse bestätigte den Modell-Fit der Faktoren für eine US-amerikanische Stichprobe (Hammer, 1987), eine interkulturelle Replizierung der Dimensionen an einer japanischen Stichprobe lieferte jedoch fünf anstelle der ursprünglichen drei Faktoren (Abe & Wiseman, 1983).

7.1.2 Ansätze mit kognitivem Fokus

Einige Autoren sehen *kognitive* Fähigkeiten und Wissen als entscheidend für interkulturell kompetentes Handeln. Aufbauend auf dem Cross-Cultural-Attitude-Approach Ansatz identifizierten Wiseman, Hammer & Nishida (1989) in einer großen Studie an US-amerikanischen und japanischen Studierenden (N=887) geringen Ethnozentrismus, also die affektive Dimension des Modells, als stärksten Prädiktor kulturspezifischen Verstehens. Sie konnten jedoch einen signifikanten Einfluss kulturspezifischen Wissens auf generelles Kulturverständnis nachweisen. Collier (1988, S. 127 f.) ermittelte in einer Untersuchung farbiger, hispanischer und weißer Amerikaner die Faktoren „Behaving politely", „Following Role Presctiptions", „Content", „Expression" und „Appropriate Relational Climate" als allgemeine Prädiktoren hoher Verhaltensangemessenheit.[12]

Andere kognitive Ansätze verfolgen einen anderen Weg. In ihnen wird nicht versucht, listenweise Eigenschaften, Fähigkeiten oder andere Persönlichkeitsvariablen zu identifizieren. Vielmehr stehen in ihnen „echte" kognitive Variablen im Zentrum des Interesses. Von wesentlicher Bedeutung sind hier Untersuchungen zum interkulturellen *Attributionsprozess*, also zur kognitiven Informationsorganisation bzw. -verarbeitung und der Ursachen-

---

[12] Obwohl die Autorin Verhaltensweisen beschreibt, so sieht sie doch kognitive Regeln und Muster als Ursachen dieses Verhaltens (vgl. Müller & Gelbrich, 2001, S. 254).

zuschreibung beobachteten Verhaltens. Detweiler (1975) konnte entsprechend seiner Annahmen einen Zusammenhang zwischen kategorialer Weite („Category Width") und interkulturell richtigen Attribuierungen nachweisen.[13] Personen mit geringer kategorialer Weite attribuieren demnach Verhaltensursachen auf Basis ihres eigenen kulturellen Referenzsystems. Sie beurteilen das Verhalten des fremdkulturellen Interaktionspartners so, als wüssten sie viel über ihn. Personen mit größerer kategorialer Weite hingegen attribuieren vorsichtiger, unsicherer und weniger extrem. Sie sind sich darüber bewusst, nicht genug über die fremde Kultur zu wissen, um angemessen attribuieren zu können. In einer Folgeuntersuchung konnte Detweiler später (1978) interessanterweise zeigen, dass es nicht nur *intra*kulturelle Varianz im Attributionsprozess aufgrund unterschiedlicher kategorialer Weite gibt, sondern auch *Inter*kulturelle: Die durchschnittlichen kategorialen Weiten einiger Kulturen unterscheiden sich teilweise signifikant voneinander.

Triandis (1975; 1977b; 1977a) entwickelt aufbauend auf seinem kulturanthropologischen Konzept der Subjective Culture (Triandis, 1972)[14] die attributionstheoretischen Überlegungen weiter bzw. rückt diese explizit in den Mittelpunkt. Ausgangspunkt seines Ansatzes ist die Annahme, dass eine Person insbesondere dann im fremdkulturellen Handlungsraum angemessen und effektiv interagieren kann, wenn sie als Verhaltensursache für unbekannte Verhaltensweisen die kulturspezifische Sozialisation des Interaktionspartners attribuiert. Unbekannte Verhaltensweisen werden dann nicht primär auf internale Ursachen der handelnden Person zurückgeführt, sondern auf kulturelle Normen, Werte oder Traditionen. In Triandis Ansatz steht somit das Verständnis fremden Handelns im Mittelpunkt.

Wiseman und Abe (1986) untersuchten den Zusammenhang zwischen kognitiver Komplexität und interkultureller Effektivität. Dabei war also nicht die kategoriale Weite von primärem Interesse, sondern die Komplexität kognitiver Differenzierung zwischen unterschiedlichen Objekten oder auch Ereignissen.[15] Als Maß interkultureller Effektivität verwendeten sie eine modifizierte Form des erwähnten Verfahrens von Hammer et al. (1978). Interessanterweise widersprechen ihre Ergebnisse ihren a priori festgelegten Annahmen: Kognitiv simpel strukturierte Personen empfanden ihre Interaktion als effektiver als kognitiv komplex Strukturierte. Als Begründung hierfür diskutieren sie, dass kognitiv komplexe Personen a) möglicherweise mit Informationen überlastet sind und diese nicht in eine Gesamtansicht zu integrieren vermögen, b) ihre Gesprächspartner differenzierter wahrnehmen und so anfälliger sind für mehrdeutige Informationen und Perspektiven, und c) dass vielleicht kognitiv simpel strukturierte Personen eine Interaktion als effektiver erleben und bewerten weil sie weniger sensibel für Probleme sind (vgl. Wiseman & Abe, 1986, S. 618 f.).

---

[13] Die kategoriale Weite einer Person bezieht sich dabei auf den Begriff der kognitiven Kategorie. Diese ist „a set of specifications regarding what events will be grouped as equivalent" (Bruner, 1957, S. 133). Kognitiver Input wird nach bestimmten Kriterien klassifiziert. Erfolgt diese Kategorisierung recht strikt und ohne Abweichungen, so deutet dies auf eine geringe kategoriale Weite hin. Flexiblere Kategorien und Offenheit für unbekannten Input sprechen für größere kategoriale Weite.

[14] vgl. hierzu Teil II Abschnitt I1.3.3

[15] Die Autoren verwendeten ein qualitatives Maß für kognitive Komplexität: Die Versuchspersonen sollten schriftlich zwei Personen beschreiben, eine, die sie mögen, und eine, die sie nicht mögen. Die Beschreibungen wurden hinsichtlich der Anzahl nicht wiederholter, spezifischer Attribute ausgezählt. Die Summe dieser zwei Auszählungen ergab das Maß kognitiver Komplexität.

7.1.3 Ansätze mit konativem Fokus

Der sogenannte *Behavioral Skills Approach* (vgl. Fritz et al., 2004) der Forschergruppe um Ruben (Ruben, 1976, 1977; Ruben & Kealey, 1979; Hawes & Kealey, 1981; Hammer, 1984; Nishida, 1985) stellt einen zentralen konativen Ansatz im Forschungsfeld interkultureller Kompetenz dar. Nach Auffassung der Autoren sind nicht kognitive oder affektive Skills, sondern vielmehr konkrete Verhaltensweisen und –fähigkeiten zentral für kulturelle Anpassung, da „[only] few of us regularly operate in a manner that is totally consistent with what we know, believe, understand, or intend" (1976, S. 336). Die Bedeutung anderer Faktoren wird zwar anerkannt; ihre Qualität als Verhaltensprädiktoren jedoch angezweifelt: „Although [...] attitudes, values, motives, beliefs, and cognitions certainly play an important role in the dynamics of human interaction, it is likely that, in terms of prediction, what one *does* is the best indication of what one *will do* at some future time or place" (Ruben, 1976, S. 345).

Nach Auswertung der vorhandenen Literatur zu interpersonaler und interkultureller Kompetenz identifizierte Ruben (1976) sieben Dimensionen behavioraler Fähigkeiten für eine erfolgreiche Anpassung an eine fremde Kultur: *Display of respect, Interaction Posture, Orientation to Knowledge, Empathy, Self-Oriented Role Behavior, Interaction Management* und *Tolerance for Ambiguity*. Diese Dimensionen werden als Kontinuum konzeptionalisiert; ihre Operationalisierung mittels multipler Indikatoren soll die Performancebeurteilung von Entsandten durch Beobachtung ermöglichen. So konnte ein Einfluss dieser Fähigkeiten auf den Grad der Anpassung an eine fremde Kultur, den Kulturschock oder die Effektivität des Auslandseinsatzes nachgewiesen werden (Ruben & Kealey, 1979).

Auch der Behavioral Skills Approach bietet Anlass zur Kritik. So basieren die als wichtig identifizierten Dimensionen auf Ergebnissen früherer (deskriptiver) Forschung und übernehmen somit deren erwähnte Unzulänglichkeiten. Darüber hinaus wird dem Ansatz ein spezifisches Menschenbild zugrunde gelegt, dass zumindest hinterfragt werden kann: Im Behavioral Skills Approach wird angenommen, dass „humans are goal directed and choice making beings, and that humans can distinguish between skills which will be effective and skills which will not be effective" (Collier, 1989, S. 294). Ferner beruht die Untersuchung von Ruben & Kealey (1979) auf einer Stichprobengröße von lediglich N=14 Personen, die weder die Berechnung von Korrelationen noch multivariater Verfahren erlaubt. Die Güte der empirischen Ergebnisse muss somit angezweifelt werden.

Ein weiterer Ansatz mit konativem Fokus stammt aus der Expatriateforschung. Auf Grundlage empirischer Forschungsergebnisse und theoretischer Überlegungen unterscheiden Mendenhall und Oddou (1985) in ihrem konzeptionellen Modell der „Expatriate Acculturation" drei Verhaltensdimensionen, die mit dem Anpassungserfolg zusammenhängen: Eine personenbezogene Dimension („Self-Orientation"), eine soziale bzw. interaktionistische Dimension („Others-Orientation") und eine Wahrnehmungsdimension („Perceptual-Orientation"). Als mediierende Variable bezeichnen sie die „cultural toughness", die den Grad der Unterschiedlichkeit zwischen der eigenen und der fremden Kultur ausdrückt.

Tabelle 1 zeigt die teilweise schon aus den Darstellungen früherer Arbeiten bekannten Fähigkeiten, Einstellungen und Persönlichkeitseigenschaften, die die Autoren den einzelnen Dimensionen zuordnen.

Teil I Einleitung

Tabelle 1: Die drei Dimensionen der „Expatriate Acculturation"
Quelle: Mendenhall, Dunbar & Oddou (1987, S. 333).

Self-Orientation	Others-Orientation	Perceptual-Orientation
Stress Reduction	Relationship Skills	Flexible Attributions
Reinforcement Substitution	Willingness to communicate	Broad Category Width
Physical Mobility	Non-Verbal Communication	High Tolerance for Ambiguity
Technical Competence	Respect for Others	Being Non-judgemental
Dealing with Alienation	Empathy for Others	Being Open-Minded
Dealing with Isolation		Field-Independence
Realistic Expectations prior to departure		

In Abhängigkeit der Ausprägungen auf den einzelnen Dimensionen können sieben Typen von Entsandten entschieden werden (vgl. Mendenhall & Oddou, 1986, S. 75 f.) (vgl. hierzu auch Stahl, 1998, S. 47):

1. Der „Ideal Expatriate" weist auf allen drei Verhaltensdimensionen hohe Werte auf (+ | + | +)
2. Der „Academic Observer" fühlt sich zwar im Gastland wohl und erledigt seinen Arbeitsauftrag, unterhält jedoch keine Kontakte zu Einheimischen (+ | - | +)
3. Der „Well-Intentioned Missionary" richtet trotz bester Absichten aufgrund seiner mangelnden Sensibilität beim Umgang mit Gastlandangehörigen Schaden an (+ | + | -)
4. Der „Type A Expatriate" bringt zwar alle Vorraussetzungen für einen erfolgreichen Auslandseinsatz mit, kann jedoch nicht mit Stress umgehen (- | + | +)
5. Der „Introvert" isoliert sich aus Unsicherheit sozial, obwohl er gern Kontakte zu Gastlandangehörigen unterhalten würde (- | - | +)
6. Der „Ugly American" ist von seiner kulturellen Überlegenheit überzeugt und begegnet Einheimischen mit Herablassung (+ | - | -)
7. Der „Dependent Expatriate" klammert sich aus Unsicherheit an Landsleute oder auch Gastlandsangehörige und ist dann auf deren Hilfe angewiesen (- | + | -)

Mendenhall und Oddou vertreten die Ansicht, dass ihre Taxonomie die Ermittlung eines Kompetenzprofils und darauf aufbauend eine Prognose des Auslandserfolgs erlaubt (Mendenhall & Oddou, 1986). Doch beinhalten Taxonomien dieser Art meist auch Probleme: „Reduzierung der Vielzahl von Anpassungsmustern auf wenige Kategorien, Vernachlässigung situativer Einflussfaktoren, rein ergebnis- statt prozessorientierte Betrachtung, geringer Erklärungswert und schwache empirische Bestätigung" (Stahl, 1998, S. 47). Darüber hinaus stellt der Ansatz kein eigenes Konzept dar, sondern lediglich eine Systematisierung bestehender Ansätze und empirischer Erkenntnisse. Die erwähnten Schwächen und Mängel der jeweiligen Ansätze werden somit übernommen.

7.1.4 Umfassende Ansätze

In den letzten Jahrzehnten haben sich vor allem Ansätze durchgesetzt, in denen interkulturelle Kompetenz als ein dreidimensionales Konstrukt konzeptionalisiert wird. Anders als in den bisher vorgestellten Ansätzen wird das Konstrukt also nicht bloß als mehrfaktoriell und eindimensional aufgefasst: Die konative, kognitive und affektive Dimension sind vielmehr Teil eines mehrdimensionalen und somit auch mehrfaktoriellen Gesamtkonstrukts interkultureller Kompetenz.[16]

Gertsen (1990) entwickelt als eine der ersten ein dreidimensionales Modell interkultureller Kompetenz. Ihrer Ansicht nach setzt sich das Konstrukt aus einer affektiven, einer kognitiven und einer kommunikativen bzw. behavioralen (konativen) Dimension zusammen, welche sie als Wichtigste ansieht. Interessanterweise berücksichtigt Gertsen auch situative Variablen wie technische Fähigkeiten, familiäre Umstände oder auch den Gesundheitszustand als Einflussfaktoren in ihrem Ansatz. Entsprechend der Ergebnisse aus der Expatriateforschung sind diese bei ihr jedoch eher zweitrangig. Gertsens Ansatz kann ein innovativer Charakter bescheinigt werden, genauere Ausführungen zu den einzelnen Dimensionen, ihren korrelativen Beziehungen o.ä. fehlen jedoch, ebenso wie eine empirische Her- oder Ableitung ihres Modells.

Chen & Starosta (1996) gehen weiter und integrieren in ihrem Ansatz den bis dato vorhandenen Kenntnisstand der interkulturellen (Kommunikations-) Kompetenz. Sie vereinen somit konzeptionell Merkmale des Behavioral Skills-, des Cross Cultural Attitude- sowie weiterer Ansätze zu einem dreidimensionalen Ansatz. *Intercultural Sensitivity* bezeichnet hier die affektive Dimension, gekennzeichnet durch ein positives Selbstkonzept, Offenheit, Vorurteilsfreiheit und soziale Entspanntheit. Die kognitive Dimension, *Intercultural Awareness*, umfasst sowohl kulturelles- als auch Selbstbewusstsein und betont somit das Verständnis sowohl der eigenen als auch der fremden Kultur. Sie umfasst Eigenschaften wie Selbstwahrnehmung, Selbstkontrolle und die Wahrnehmung von Kultur. Als *Cultural Adroitness*, die konative Dimension des Ansatzes, wird das Vermögen einer Person bezeichnet, in einer interkulturellen Interaktion Kommunikations- und Handlungsziele zu erreichen. Im Einzelnen setzt sie sich u.a. aus den Eigenschaften Sprachkenntnisse, Steuern und Beenden einer Interaktion, Empathie, Selbstöffnung sowie einem breiten Verhaltensrepertoire zusammen. Durch eine empirische Überprüfung der affektiven Dimension mittels einer explorativen Faktorenanalyse konnten fünf Faktoren erschlossen werden: Interaction Enjoyment, Respect for Cultural Differences, Self Confidence, Self-Esteem sowie Interaction Attentiveness (Chen & Starosta, 2000). Fritz et al. (2004) führten eine konfirmatorische Prüfung des Modells in Deutschland durch, bei der sie die Faktoren im Wesentlichen replizieren konnten, wenngleich mit relativ schwachen Skalenwerten.

Positiv hervorheben lässt sich die Bezugnahme Chen und Starostas (1996) auf den Kompetenzbegriff. Anders als der überwiegende Großteil der früheren Autoren nehmen sie eine Begriffsklärung vor, bevor sie ihr Konstrukt überhaupt erst entwickeln. Dabei beziehen sie sich auf eine häufig zitierte kommunikationswissenschaftliche Arbeit von Spitzberg & Cupach (1984), in der unterschiedliche Kompetenztypen unterschieden werden. Die Übernahme anderer, teilweise mit einigen Schwächen belegter Faktoren interkultureller Kompetenz jedoch bietet Anlass zur Kritik, ebenso wie ihre Art der konzeptionellen Vorgehensweise: Ihr Modell stellt keine echte Integration, sondern vielmehr ein Konglomerat früherer Ansätze dar. Theoretisch unterschiedlich fundierte Faktoren interkultureller Effek-

---

[16] Zur Konzeptualisierung von Konstrukten vgl. bspw. Homburg & Giering (1996), Albers (2006) oder Eberl (2006).

tivität oder Anpassung werden zu Teilkompetenzen interkultureller Kommunikationskompetenz.

Zusammenfassend lässt sich in den letzten Jahren ein Paradigmenwechsel in der Forschung zur interkulturellen Kompetenz beobachten, den Stahl (1998, S. 53) als einen „Wandel ausgehend vom personalistischen über den situationistischen hin zum interaktionistischen Ansatz" beschreibt (vgl. hierzu auch Thomas, 2003a).[17]

7.2 Strukturmodelle

Aufbauend auf den vorgestellten Ansätzen von Gertsen (1990) und Chen & Starosta (1996) haben sich in letzter Zeit Strukturmodelle interkultureller Kompetenz etablieren können (vgl. Zülch, 2004, S. 22). In ihnen werden Teilkonstrukte interkultureller Kompetenz aus der Literatur identifiziert und der affektiven, kognitiven oder konativen Dimension zugeordnet (vgl. Bolten, 2007, S. 23). Diese Systematisierungen in Form eines Strukturgleichungsmodells ermöglichen schließlich, anders als die rein konzeptionellen umfassenden Ansätze, eine empirische Überprüfung, beispielsweise mit Hilfe des LISREL-Verfahrens.

Fritz (2001) entwickelt aufbauend auf dem dargestellten Konzept von Chen & Starosta (1996) ein *Performanzmodell interkultureller Kompetenz*. Dieses enthält neben dem eigentlichen Kompetenzmodell drei Performanzvariablen des Handlungserfolgs (=Außenkriterien): Angemessenheit, Effizienz und Effektivität. Das sich hierdurch ergebende Performanzmodell ist in Abbildung 4 dargestellt.

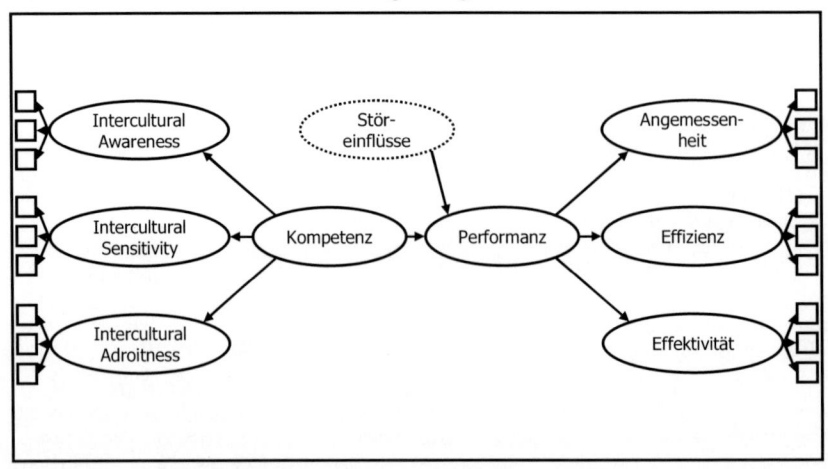

Abbildung 4:   *Das Performanzmodell der interkulturellen Kompetenz*

(Fritz, 2001, S. 96)

Die generellen Eigenschaften des Modells werden in dieser Abbildung deutlich. So unterscheidet Fritz interessanterweise und bis dato in der interkulturellen Kompetenzforschung

---

[17] Vgl. zum Paradigmenkonzept und –wechsel Kuhn (1979).

nur unzureichend beachtet zwischen der eigentlichen Kompetenz und der letztlich gezeigten Performanz.[18] Die Abbildung visualisiert dabei die einzelnen Faktoren des Modells.

Eine differenzierte Darstellung des Modells als Strukturgleichungsmodell erlaubt zum einen eine genauere Analyse der Modellgültigkeit, zum anderen die spätere empirische Prüfung mit Hilfe leistungsfähiger Software (z.B. LISREL, AMOS, Smart PLS etc.). Abbildung 5 zeigt deshalb das Modell als Kausalmodell. Es wird deutlich, dass interkulturelle Kompetenz als Konstrukt zweiter Ordnung konzeptionalisiert wird, das sich reflektiv aus den schon bekannten Dimensionen des Modells von Chen & Starosta (1996) zusammensetzt. Diese Dimensionen ihrerseits bilden latente Konstrukte erster Ordnung, die wiederum durch reflektive Indikatoren operationalisiert werden.[19] Das Kompetenz-Performanz-Modell kann somit als ein Modell zweiter Ordnung, Typ I identifiziert werden (vgl. hierzu Albers & Götz, 2006, S. 670 ff.).

---

[18] Vgl. zum Unterschied zwischen Kompetenz und Performanz die Ausführungen in Teil II Kapitel I2.

[19] Generell lässt sich eine reflektive von einer formativen Modellspezifikation unterscheiden. Bei einem reflektiven Messmodell wird das latente Konstrukt als Ursache seiner beobachtbaren Indikatoren interpretiert. Eine Veränderung des Konstrukts wird demnach in einer Veränderung aller Indikatoren angezeigt. Bei einem formativen Messmodell hingegen wird das latente Konstrukt als eine gewichtete Zusammensetzung seiner Indikatoren betrachtet. Hier bedingt somit nicht das latente Konstrukt seine Indikatoren, sondern die Indikatoren bilden das latente Konstrukt. Eine Veränderung eines oder mehrerer Indikatoren bewirkt somit eine Veränderung des latenten Konstrukts. Zur Unterscheidung reflektiver und formativer Messmodelle vgl. bspw. Christophersen & Grape (2006) oder Eberl (2006).

Teil I Einleitung

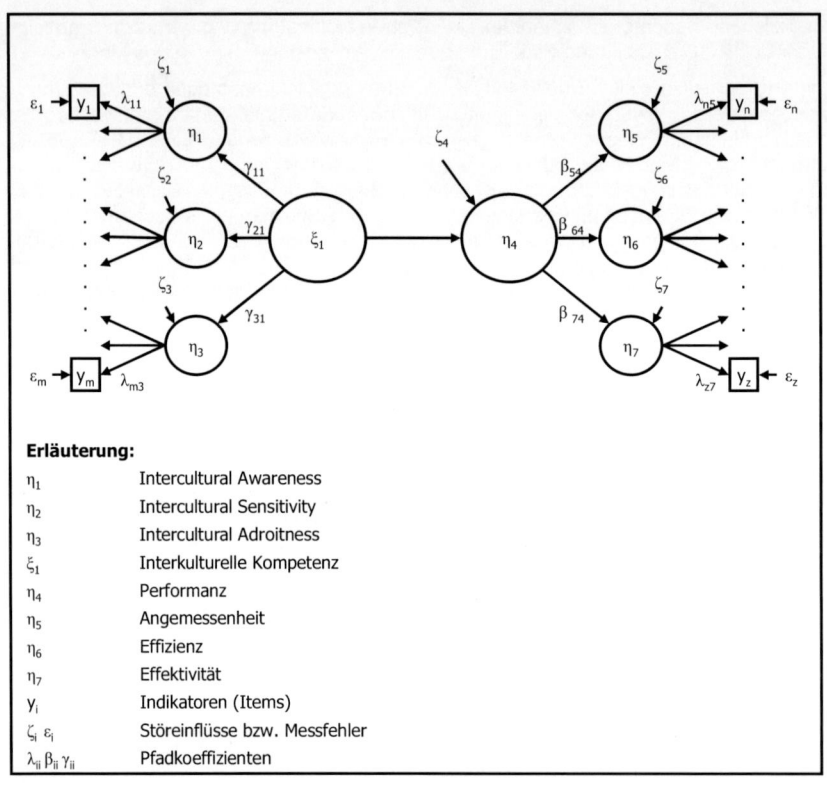

Erläuterung:

η_1	Intercultural Awareness
η_2	Intercultural Sensitivity
η_3	Intercultural Adroitness
ξ_1	Interkulturelle Kompetenz
η_4	Performanz
η_5	Angemessenheit
η_6	Effizienz
η_7	Effektivität
y_i	Indikatoren (Items)
ζ_i ε_i	Störeinflüsse bzw. Messfehler
λ_{ii} β_{ii} γ_{ii}	Pfadkoeffizienten

Abbildung 5: Das Kompetenz-Performanz-Modell als Kausaldiagramm
(Fritz, 2001, S. 97)

Die dargestellte Modellspezifikation ist aus mehreren Gründen problematisch. Zum einen kann an Modellen des Typ I generell kritisiert werden, „dass es keinen Sinn macht, reflektive Dimensionen wiederum durch reflektive Indikatoren zu operationalisieren. Vielmehr müssten dann eigentlich alle Indikatoren auf der nullten Ebene austauschbar sein und man könnte diese eindimensional für die Messung des ursprünglichen Konstrukts zweiter Ordnung verwenden. Dies macht deutlich, dass es wenig sinnvoll ist die Modellkomplexität aufgrund eines mehrdimensionalen Messmodells zu erhöhen, wenn das zu untersuchende Konstrukt auch eindimensional definiert werden kann. [...] [Deshalb sind] die bisher vorherrschenden Konzeptualisierungen vom Typ I und III in der betriebswirtschaftlichen Forschung nicht sinnvoll" (Albers & Götz, 2006, S. 672 f.). Darüber hinaus lassen sich noch weitere Einwände anbringen. Zunächst lässt sich der Sinn einer einfachen Übernahme des Modells von Chen & Starosta (1996) mit den genannten Schwächen zumindest hinterfragen. Ein derartiges Vorgehen stellt lediglich eine methodische Systematisierung und Konkretisierung dar. Diese Konkretisierung wirft jedoch mehr Fragen auf, als dass sie Antworten liefert. So ist zunächst die reflektive Beziehung zwischen interkultureller Kompetenz und den Dimensionen nicht ohne weiteres nachvollziehbar. Sie unterstellt eine Beeinflussung sowohl der Intercultural Sensitivity, der Intercultural Awareness als auch der

Intercultural Adroitness durch interkulturelle Kompetenz. Bildet sich interkulturelle Kompetenz jedoch nicht erst durch die drei Dimensionen? Demnach müsste interkulturelle Kompetenz somit formativ, d.h. als gewichtete Zusammensetzung seiner Dimensionen, spezifiziert werden, so dass eine Änderung auf einer der Dimensionen auch eine Änderung der gesamten IK bewirkt. Auf der Seite der Performanz ergeben sich die gleichen Fragen, auch hier erscheint eine reflektive Modellspezifikation fraglich. Daneben handelt es sich auch hier um ein Modell zweiter Ordnung vom Typ I. Eine empirische Überprüfung des Modells steht noch aus. Sie dürfte sich jedoch aufgrund der komplexen Modellstruktur als schwieriges Unterfangen offenbaren, da sowohl eine kaum überschaubare Menge Items erhoben werden, als auch eine für die Berechnung derartiger Kausalmodelle erforderliche große Stichprobengröße erreicht werden muss.

Müller & Gelbrich (2001) entwickeln in ihrem Überblicksartikel ebenfalls ein Strukturmodell interkultureller Kompetenz, dass zentrale und auch schon in dieser Arbeit dargestellte Ansätze der Literatur gliedert und um verschiedene Außenkriterien ergänzt. Interkulturelle Kompetenz wird hier als mehrfaktorielles, mehrdimensionales Konstrukt verstanden, das, wie in den anderen umfassenden- und Strukturmodellansätzen auch, aus einer affektiven, einer kognitiven und einer konativen Dimension besteht. Dabei weisen die Autoren auf den Ursprung dieser Dreidimensionalität in der Einstellungsforschung der Sozialpsychologie hin und diskutieren u.a. die Interdependenzen zwischen den drei Dimensionen. Gleichwohl sie den eklektischen Charakter ihres Modells explizieren, wirft auch dieses Strukturmodell einige Fragen auf. So wird zunächst nicht deutlich, weshalb sie bei der Vielzahl der in der Literatur vorhandenen Ansätze gerade diese Auswahl treffen. Ebenso gehen sie nicht auf die einzelnen Mängel der jeweiligen Ansätze ein. Vielmehr übernehmen sie Konstrukte und integrieren sie in ein neues Gesamtmodell, ähnlich wie schon Chen und Starosta (1996). Dabei nehmen sie jedoch keinerlei konzeptionelle Erweiterung vor und kombinieren Ansätze mit unterschiedlichster theoretischer Fundierung. Eine eigene theoretische Einbettung bleiben sie schuldig. Abbildung 6 zeigt das Modell.

Teil I Einleitung

Faktoren — **Struktur-Dimensionen** — **Konstrukt** — **Außenkriterien**

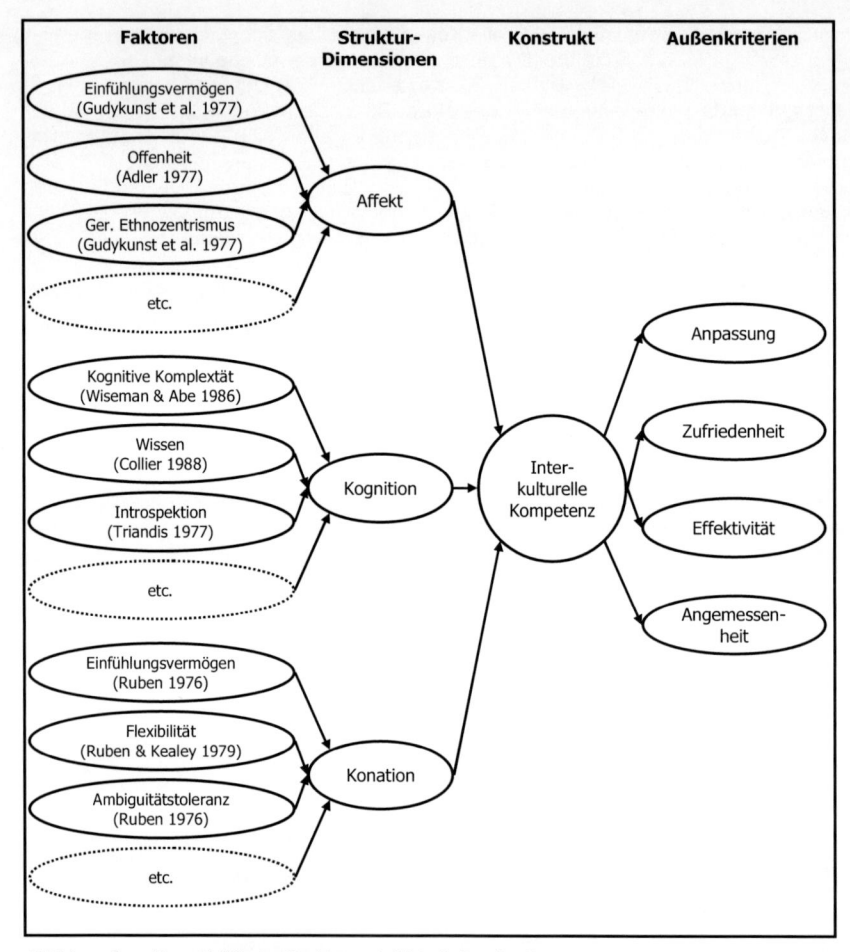

- Einfühlungsvermögen (Gudykunst et al. 1977)
- Offenheit (Adler 1977)
- Ger. Ethnozentrismus (Gudykunst et al. 1977)
- etc.

→ Affekt

- Kognitive Komplextät (Wiseman & Abe 1986)
- Wissen (Collier 1988)
- Introspektion (Triandis 1977)
- etc.

→ Kognition

- Einfühlungsvermögen (Ruben 1976)
- Flexibilität (Ruben & Kealey 1979)
- Ambiguitätstoleranz (Ruben 1976)
- etc.

→ Konation

→ **Interkulturelle Kompetenz** →
- Anpassung
- Zufriedenheit
- Effektivität
- Angemessenheit

Abbildung 6:   Das eklektische Strukturmodell interkultureller Kompetenz
(Müller & Gelbrich, 2001, S. 252)

Im Gegensatz zu Fritz (2001) bildet sich hier interkulturelle Kompetenz formativ aus den einzelnen Strukturdimensionen bzw. den einzelnen Faktoren. Die einzelnen Strukturdimensionen stellen dabei keine eigenen latenten Variablen dar, sondern strukturieren lediglich die einzelnen Faktoren.

Eine im Zuge einer empirischen Untersuchung vorgenommene Konstruktvalidierung des Modells durch Gelbrich (2004) liefert keine zufriedenstellenden Resultate. So weisen die verwendeten Skalen der einzelnen Faktoren nahezu durchweg niedrige interne Konsistenzen auf, und selbst diese werden häufig nur durch methodisch fragwürdiges Vorgehen erzielt: Cronbach's Alpha-Werte bis .6 werden als zufriedenstellend akzeptiert (vgl. zu akzeptablen Alpha Werten die Ausführungen in Teil III, Abschnitt 8.6.1) und aus Skalen werden so viele schwache Items eliminiert, bis lediglich Zwei-Item oder auch Single-Item-

Skalen übrig bleiben. Später werden zudem einige der ursprünglich in das Modell aufgenommenen Faktoren aufgrund nicht signifikanter Pfadkoeffizienten entfernt. Eine konzeptionelle Anpassung des Modells bleibt jedoch aus, es wird weiterhin als Modell interkultureller Kompetenz bezeichnet. Die Mehrdimensionalität des Konstrukts soll mittels einer explorativen Faktorenanalyse ermittelt werden. Dieses Vorgehen ist jedoch nur bei einer reflektiven Spezifikation der einzelnen Dimensionen interkultureller Kompetenz zulässig. Da diese Modellspezifikation nicht vorliegt, und im Gegenteil im ursprünglichen Modell die drei Dimensionen formativ spezifiziert sind, ist dieses Vorgehen methodisch nicht unproblematisch.[20] In jedem Falle kann die Mehrdimensionalität in der Untersuchung nicht bestätigt werden, weshalb die Autorin vorschlägt, IK nicht als multidimensionales-, sondern als multifaktorielles Konstrukt zu konzeptionalisieren (vgl. Gelbrich, 2004, S. 274).

7.3 Prozessmodelle

Anders als Vertreter der Strukturmodelle beschreibt Bolten (2005; 2007) interkulturelle Kompetenz nicht als Synthese, sondern als synergetisches Produkt eines permanenten Wechselspiels einzelner Teilkompetenzen. Dabei spricht er von einer übergreifenden Handlungskompetenz, die sich aus den interdependenten Bereichen der individuellen, sozialen, fachlichen und strategischen Kompetenz konstituiert. Interkulturelle Kompetenz begreift er schließlich als Handlungskompetenz, welche das synergetische Resultat des Interdependenzverhältnisses der einzelnen Teilkompetenzen darstellt (vgl. Bolten, 2007, S. 24). „Es geht also beispielsweise nicht nur um Empathie, wie sie auch in jedem intrakulturellen Handlungskontext notwendig ist, sondern darum, Einfühlungsvermögen in Hinblick auf Kontexte zu zeigen, die sich der Erklärbarkeit z.B. aus der eigenen Sozialisation heraus entziehen" (Bolten, 2005, S. 312). Abbildung 7 zeigt eine grafische Darstellung des Modells.

---

[20] Vgl. zu der generellen Problematik falscher Modellspezifikation in der betriebswirtschaftlichen Forschung Diller (2006).

Fachkompetenz

- Markt-, Rechts und Betriebskenntnisse
- Fachkenntnisse im Aufgabenbereich
- Internationale Berufserfahrung
- Kenntnisse des zielkulturellen Technologiestands

Strategische Kompetenz

- Kosten-, Ertrags und Risikobewusstsein
- Wissensmanagement
- Organisationsfähigkeit
- Problemlöse- und Entscheidungsfähigkeit; Synergie

Interkulturelle Kompetenz

- Beschreibungs- und Erklärungsfähigkeit in Bezug auf eigen-, fremd- und interkulturelle Prozesse, Fremdsprachenkenntnis
- Metakommunikationsfähigkeit, interkulturelle Lernbereitschaft, kulturbezogene Ambiguitätstoleranz, Polyzentrismus

Soziale Kompetenz

- Teamfähigkeit
- Assimilationsfähigkeit
- Initiativfähigkeit
- Kommunikationsfähigkeit
- Empathie, Toleranz
- Führungsfähigkeit

Individuelle Kompetenz

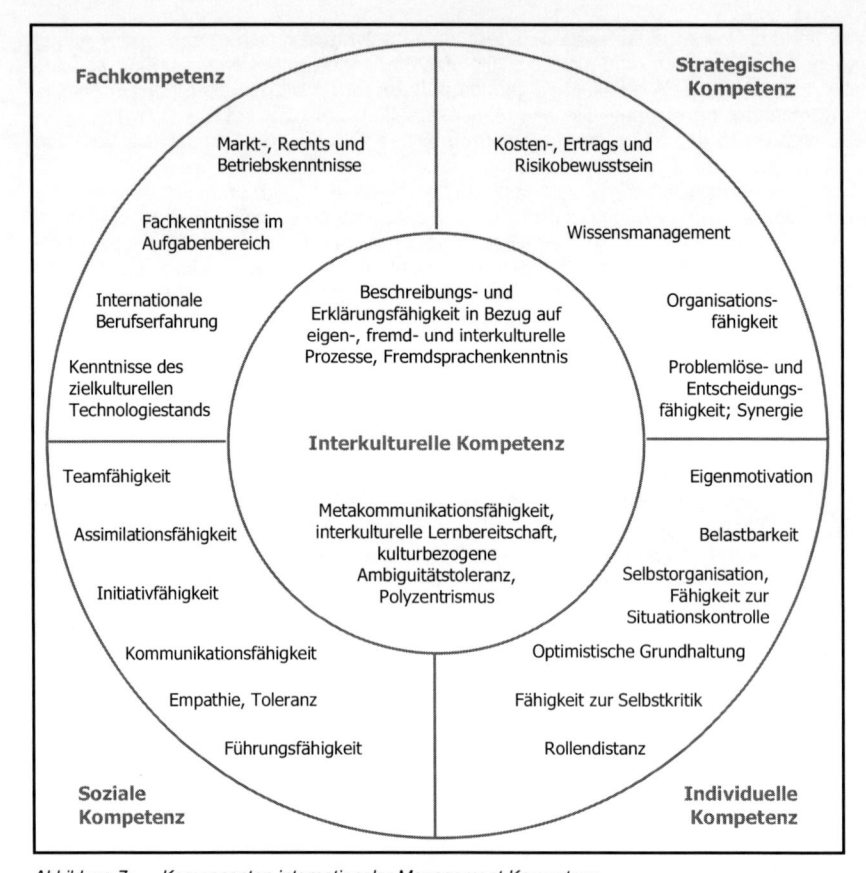

- Eigenmotivation
- Belastbarkeit
- Selbstorganisation, Fähigkeit zur Situationskontrolle
- Optimistische Grundhaltung
- Fähigkeit zur Selbstkritik
- Rollendistanz

Abbildung 7: Komponenten internationaler Management Kompetenz
(Bolten, 2005, S. 313)

Das Interdependenzverhältnis der einzelnen Teilkompetenzen wird deutlich, ebenso die Situations- und Umweltgebundenheit interkultureller Kompetenz. Es gelingt Bolten somit, das Konstrukt in einen dynamischen Prozess einzubinden und so die Komplexität interkultureller Handlungen besser abzubilden. Dennoch übernimmt auch er das aus früheren Arbeiten abgeleitete Verständnis interkultureller Kompetenz als dreidimensionales Konstrukt, obwohl er sogar explizit auf die Vagheit der Forschungsresultate hinweist (vgl. Bolten, 2005, S. 311).

Bennett (1993) verfolgt in seinem Modell einen anderen, eigenständigen Weg. Er bedient sich nicht der Forschungsergebnisse früherer Listenmodelle sondern definiert interkulturelle Kompetenz als „Developmental Model of Intercultural Sensitivity". Im Zentrum stehen individuelle Reaktionen auf kulturelle Unterschiede bzw. Andersartigkeit. Interkulturelle Sensitivität bezeichnet nicht eine positive Einstellung gegenüber fremden Kulturen oder den Wunsch gute Beziehungen zu ihren Mitgliedern aufzubauen, sondern die Fähigkeit, kulturelle Andersartigkeit zu erleben. Dabei argumentiert Bennett lerntheoretisch, dass ein

Mehr an Erfahrung kultureller Andersartigkeit die interkulturelle Kompetenz einer Person erhöht, so dass diese auf einem Kompetenzkontinuum das Ziel einer „successful acquisition of the international perspective" (S. 24) mit der Zeit erreicht bzw. sich dorthin entwickelt. Dieser Entwicklungsprozess erfolgt jedoch keinesfalls automatisch. Vielmehr beschreibt Bennett diesen Prozess mit Kelly aus konstruktivistischer Perspektive:

> „A person can be a witness to a tremendous parade of episodes and yet, if he fails to keep making something out of them…, he gains little in the way of experience from having been around when they happened. It is not what happens around him that makes a man experienced; it is the successive construing and reconstruing of what happens, as it happens, that enriches the experience of his life" (Kelly, 1963, zit. n. Bennett, 2001, S. 218).

Das Modell setzt sich aus insgesamt sechs Entwicklungsphasen zusammen: Die ersten drei sind *ethnozentrische* Phasen: Die Weltsicht der eigenen Kultur wird hier als zentral für alle Realitäten angenommen (vgl. Bennett, 1993, S. 30).

1. Die erste Phase, *Denial*, beschreibt eine generelle Leugnung kultureller Unterschiede. Die Welt entspricht der individuellen, persönlichen Erfahrung, Alternativen hierzu sind schlicht unvorstellbar. Ferner ist diese Phase gekennzeichnet durch Desinteresse an und Abwertung von fremden Kulturen.
2. *Defense*, also Ablehnung kultureller Unterschiede, kennzeichnet die zweite Phase. Die Welt lässt sich zwar schon in „wir" und „die anderen" ordnen, die eigene Kultur wird jedoch als die einzig Wahre angesehen. Obwohl kulturelle Andersartigkeit erkannt wird, so ist sie doch beängstigend.
3. *Minimization*, die letzte ethnozentrische Phase, zeichnet sich durch die Minimalisierung kultureller Unterschiede aus. Fremde Kulturen werden oft trivialisiert oder romantisiert, und Menschen in dieser Phase sehen in ihrem Handlungspartner oft eine ihnen selbst eigentlich recht ähnliche Person. Da sie sich ihrer eigenen kulturellen Identität jedoch nicht bewusst sind, erkennen sie oft nicht, dass ihre Charakterisierungen auf ihren eigenen kulturellen Werten basieren (vgl. zu den einzelnen Phasen auch Bennett, 2001).

Die zweiten drei Phasen Bennetts Developmental Model of Intercultural Sensitivity werden als *ethnorelative* Phasen bezeichnet. Unter Ethnorelativismus versteht Bennett, dass „cultures can only be understood within a cultural context" (1993, S. 46).

4. In der ersten ethnorelativen Phase, *Acceptance*, sind sich Menschen ihres eigenen kulturellen Kontextes bewusst und können deshalb die Existenz kultureller Unterschiede akzeptieren. Dabei wird die eigene Kultur als eine unter vielen gleich Komplexen erkannt. Die Akzeptanz kultureller Unterschiede ist in dieser Phase jedoch keinesfalls gleichzusetzen mit einem Einverständnis: kulturelle Andersartigkeit kann negativ beurteilt werden, jedoch nicht mehr ethnozentrisch.
5. In der *Adaptation* Phase vermag eine Person ihren kulturellen Referenzrahmen zu ändern – sie kann „die Welt mit anderen Augen sehen" und das eigene Verhalten äußeren, d.h. fremdkulturellen Umständen anpassen, um effektiver zu kommunizieren. Dieser bewusste Prozess ist eng mit Empathie verbunden.
6. Die *Integration* Phase ist die letzte Entwicklungsstufe hin zu interkultureller Sensitivität. Das Wechseln kultureller Perspektiven ist hier normal, ja sogar Teil der eigenen Identität. Bennett bewertet diese Phase nicht notwendigerweise besser als die Adaptionsphase, bezeichnet sie jedoch als häufig für Personen aus nicht dominanten Minderheiten, Langzeit Expatriates sowie „global Nomads" (vgl. auch zu diesen Phasen wieder Bennett, 2001, S. 222 ff.).

Abbildung 8 verdeutlicht den Entwicklungsgedanken Bennetts. Dabei ist die Entwicklung im Regelfall unidirektional von links nach rechts möglich, auch wenn einige Personen innerhalb der ethnozentrischen Phasen Rückentwicklungen durchlaufen können.

Development of Intercultural Sensitivity

Experience of Difference →

Denial — Defense — Minimization | Acceptance — Adaptation — Integration

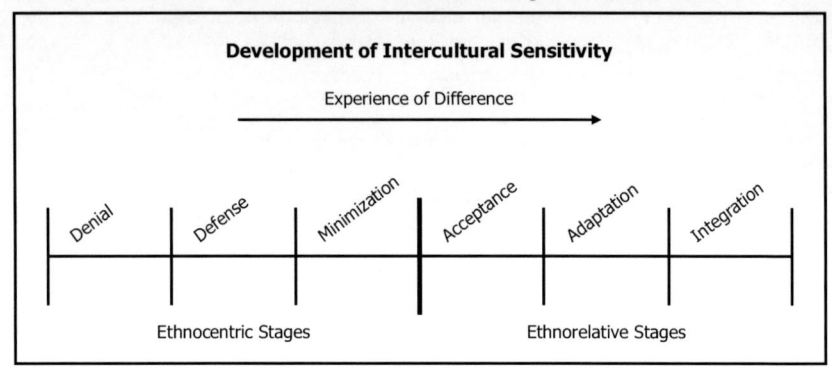

Ethnocentric Stages | Ethnorelative Stages

Abbildung 8:   *Entwicklung interkultureller Sensitivität*
                 (Bennett, 2001, S. 219)

Qualitative Inhaltsanalysen sowie quantitative Untersuchungen mit dem Intercultural Development Inventory[21] unterstützen die Existenz und Sequenz der einzelnen Phasen (Bennett, 1993, 2001). Darüber hinaus bietet Bennetts Ansatz eine neue Perspektive. Allerdings sind auch hier Kritikpunkte auszumachen: Die theoretische Fundierung des Konzepts ist nicht klar. Eine einfache konstruktivistische Argumentationslogik ersetzt keine lerntheoretisch fundierte Konzeptionalisierung des Konstrukts. Spätestens nach ersten qualitativen Untersuchungen sollte diese erfolgen. Ferner wird weder auf inter*individuelle* Unterschiede wie beispielsweise die Entwicklungsgeschwindigkeit, noch auf inter*kulturelle* Unterschiede wie etwa den Gültigkeitsbereich des Modells (durchlaufen Angehörige aller Kulturen diese Phasen gleich?), noch auf konstituierende Umweltbedingungen wie etwa den Grad der Andersartigkeit der Fremdkultur eingegangen. Zudem erscheinen Ethnozentrismus und Ethnorelativismus bei genauerer Betrachtung als Konsequenz mangelnder resp. ausgebildeter interkultureller Kompetenz, und nicht als Antezedenzien bzw. konstituierende Elemente des Konstrukts. Bennetts Modell erscheint daher auf den ersten Blick zwar recht einleuchtend und liefert wichtige Forschungsimpulse, hat jedoch aufgrund seiner Struktur und der doch recht schwachen theoretischen Fundierung eher Anwendungs- denn Wissenschaftscharakter.

7.4 Die aktuelle Diskussion in der Forschung

Nachdem grundlegende und häufig zitierte Ansätze einen ersten Einblick in die Vielfalt der Forschungsaktivitäten auf dem Gebiet der interkulturellen Kompetenz ermöglicht haben, soll nun die aktuelle wissenschaftliche Diskussion in diesem Feld kurz dargestellt werden. Aus Gründen der Übersichtlichkeit und aufgrund der Andersartigkeit der Debatten werden dabei die Diskussionen im US-amerikanischen und im deutschsprachigen Raum getrennt beschrieben.

---

[21] Vgl. Abschnitt I7.5.1

7.4.1 Entwicklungen im US-amerikanischen Raum

Die aktuelle wissenschaftliche Diskussion im US-amerikanischen Raum lässt sich, ergänzend zu den bisherigen differenzierten Ausführungen in Kapitel 7, recht gut anhand der Arbeit von Deardorff (2004) erkennen, die neben der Darstellung des Forschungsstandes eine interessante Delphi-Befragung unter ausgewiesenen Experten durchführte. Ein Ziel dieser Untersuchung war die Identifikation einer gemeinhin akzeptierten Definition interkultureller Kompetenz, um so etwas Klarheit und Struktur in das undurchsichtige Forschungsfeld zu bringen. Beurteilungsgegenstand waren hierbei aus der Literatur abgeleitete definitorische Ansätze des Konstrukts. Insgesamt wurden 23 Experten[22] befragt, die der Definition von interkultureller Kompetenz als „Fähigkeit, effektiv und angemessen in interkulturellen Situationen zu kommunizieren, auf Grundlage eigenen kulturellen Wissens, eigener Fähigkeiten und Einstellungen" am häufigsten zustimmten (vgl. auch Deardorff, 2006). Andere, teilweise redundante Definitionen, erhielten ebenfalls Zustimmung. Ferner wurden die Experten um eine Beurteilung mehrerer Teilelemente des Konstrukts gebeten, die ebenfalls aus der Literatur abgeleitet wurden und somit größtenteils den hier Vorgestellten entsprechen. Aus den Ergebnissen der Befragungen entwickelt Deardorff ein Prozessmodell interkultureller Kompetenz, das in Abbildung 9 dargestellt ist. Es verdeutlicht den schon im vorigen Abschnitt dargestellten prozessualen Charakter interkultureller Kompetenz (vgl. Deardorff, 2004, S. 197).

---

[22] Die Experten sind allesamt namhafte Wissenschaftler mitunter unterschiedlicher Fachrichtungen aus dem Gebiet der interkulturellen Vergleichsforschung: Janet Bennett, Michael Byram, Guo-Ming Chen, Mary Jane Collier, Mitchell Hammer, Daniel J. Kealey, Jolene Koester, L. Roberts Kohls, Bruce la Brack, Josef Mestenhauser, Robert Moran, R. Michael Paige, Paul Pedersen, Margaret Push, Brian Spitzberg, Craig Storti, Harry Triandis, Gary Weaver, Richard Wiseman, und vier weitere Experten, die nicht namentlich genannt werden wollten (vgl. Deardorff, 2004, S. 321).

Teil I Einleitung

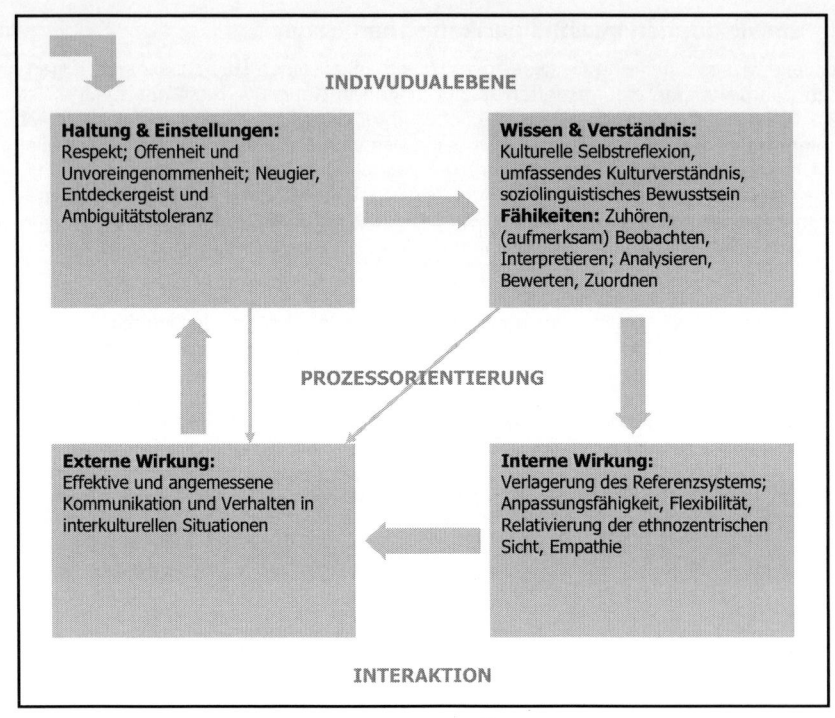

```
┌─────────────────────────────────────────────────────────────────┐
│   ⬐                    INDIVUDUALEBENE                          │
│  ┌──────────────────────┐       ┌──────────────────────────┐    │
│  │ Haltung &            │       │ Wissen & Verständnis:    │    │
│  │ Einstellungen:       │       │ Kulturelle               │    │
│  │ Respekt; Offenheit   │       │ Selbstreflexion,         │    │
│  │ und Unvoreingenommen-│  ⟹   │ umfassendes              │    │
│  │ heit; Neugier,       │       │ Kulturverständnis,       │    │
│  │ Entdeckergeist und   │       │ soziolinguistisches      │    │
│  │ Ambiguitätstoleranz  │       │ Bewusstsein              │    │
│  │                      │       │ Fähikeiten: Zuhören,     │    │
│  │                      │       │ (aufmerksam) Beobachten, │    │
│  │                      │       │ Interpretieren; Analy-   │    │
│  │                      │       │ sieren, Bewerten,        │    │
│  │                      │       │ Zuordnen                 │    │
│  └──────────────────────┘       └──────────────────────────┘    │
│           ⬆                    PROZESSORIENTIERUNG     ⬇        │
│  ┌──────────────────────┐       ┌──────────────────────────┐    │
│  │ Externe Wirkung:     │       │ Interne Wirkung:         │    │
│  │ Effektive und        │       │ Verlagerung des          │    │
│  │ angemessene          │   ⟸  │ Referenzsystems;         │    │
│  │ Kommunikation und    │       │ Anpassungsfähigkeit,     │    │
│  │ Verhalten in         │       │ Flexibilität,            │    │
│  │ interkulturellen     │       │ Relativierung der        │    │
│  │ Situationen          │       │ ethnozentrischen         │    │
│  │                      │       │ Sicht, Empathie          │    │
│  └──────────────────────┘       └──────────────────────────┘    │
│                         INTERAKTION                             │
└─────────────────────────────────────────────────────────────────┘
```

Abbildung 9: *Prozessmodell interkultureller Kompetenz*[23]
(Deardorff, 2004, S. 198; 2006, S. 21)

Interessanterweise unterteilt Deardorff ihr Modell in verschiedene Ebenen. So wird hier die in den vorigen Abschnitten der vorliegenden Arbeit bereits geäußerte Kritik umgesetzt, einzelne individuelle Elemente nicht als konstituierende Bedingungen, sondern als Wirkung interkultureller Kompetenz zu betrachten. Die weiteren zentralen Ergebnisse der Expertenbefragungen sowie deren Implikationen für die weitere Forschung sollen an dieser Stelle ebenfalls wiedergegeben werden, da sie einen recht guten Überblick über den aktuellen Forschungsstand liefern. Deardorff resümiert die folgenden Punkte (vgl. Deardorff, 2004, S. 191 ff.):

1. Die Experten ziehen breit gefasste definitorische Ansätze interkultureller Kompetenz spezifischen Komponentenaufzählungen vor.

2. Die Experten kommen zu der Einschätzung, interkulturelle Kompetenz sei messbar, insbesondere einzelne Teilkompetenzen. Um sie in ihrer gesamten Komplexität zu erfassen, ist die Verwendung multimethodischer Ansätze sinnvoll; dabei wird eine Ergänzung quantitativer Instrumente (z.B. Tests) um qualitative empfohlen.

---

[23] Der Pfeil links oben stellt den auf das Modell treffenden interkulturellen Reiz dar. Die dicken Pfeile skizzieren den Prozessablauf im Modell, die dünnen Pfeile mögliche direkte Auswirkungen einzelner Elemente der Individualebene auf die externen Wirkungen interkultureller Kompetenz.

3. Das Konstrukt interkulturelle Kompetenz unterliegt einem steten Weiterentwicklungs- und Veränderungsprozess. Forschungsergebnisse und Aufsätze von vor 10-15 oder mehr Jahren werden deshalb mitunter von den Autoren dieser Aufsätze selbst für nicht mehr zeitgemäß und nicht mehr gültig angesehen. Dies wurde der Autorin mehrfach explizit mitgeteilt.
4. Interkulturelle Kompetenz bleibt ein komplexes Konstrukt, das durchaus kontrovers diskutiert wird. Über folgende Punkte herrscht weiterhin Uneinigkeit unter den Wissenschaftlern:

- Die Verwendung quantitativer Methoden, um interkulturelle Kompetenz zu erfassen.
- Die Verwendung standardisierter Kompetenztests.
- Der Wert eines angemessenen theoretischen Rahmens für interkulturelle Kompetenz.
- Die Verwendung von Vorher/ Nachher Tests und Wissenstests um interkulturelle Kompetenz zu messen.
- Die Rolle und die Bedeutung von Sprache für interkulturelle Kompetenz.
- Ob interkulturelle Kompetenz Kontext-, Situations- und Beziehungsabhängig ist.
- Ob das Konstrukt ganzheitlich oder in Teilen gemessen werden sollte.

Einige Punkte der andernorts in der vorliegenden Arbeit geäußerten Kritik an früheren Ansätzen finden sich in dieser Auflistung wieder und werden somit bestätigt. Darüber hinaus bieten die einzelnen Punkte gute Einordnungsmöglichkeiten für die vorliegende Arbeit an späterer Stelle.

7.4.2 Strömungen im deutschsprachigen Raum

Die aktuelle Forschungsdebatte im deutschsprachigen Raum lässt sich exemplarisch gut anhand einer Diskussion um einen Überblicksartikel zum Thema interkulturelle Kompetenz von Thomas (2003a) beleuchten. Über dreißig Stellungnahmen und Kommentare von Wissenschaftlern unterschiedlichster Disziplinen zu diesem Artikel finden sich in der Zeitschrift *Erwägen, Wissen, Ethik* (Heft 14(1), 2003) und belegen somit die bereits angesprochene Aktualität und den Anreizwert des Themas (vgl. Thomas, 2003c, S. 221). Eine erste oberflächliche Betrachtung der einzelnen Beiträge bestätigt darüber hinaus die zuvor beschriebene Heterogenität der Ansichten zum Thema und vermittelt weitergehend sogar den Eindruck einer regelrechten Konfrontation unterschiedlicher Meinungen und Auffassungen. Mit Rathje (2006) lassen sich folgende grundlegende Fragen um das Konzept interkulturelle Kompetenz aus den Beiträgen herausarbeiten:

1. Welches *Verständnis des Kulturbegriffs* liegt dem Konzept zugrunde?
2. Was ist das *Ziel interkultureller Kompetenz*, wofür ist sie gut?
3. Ist interkulturelle Kompetenz eher als *kulturspezifisches oder –universelles Konstrukt* aufzufassen?
4. Welches sind die entscheidenden *Anwendungsgebiete interkultureller Kompetenz*, wann wird sie gebraucht?

Ad 1: *Verständnis des Kulturbegriffs.*
Für viele Autoren geht Thomas mit seiner Definition von Kultur als „universelle[m], für eine Gesellschaft, Organisation und Gruppe aber sehr typische[m] Orientierungssystem" (2003a, S. 138) von einem zu kohärenten Kulturverständnis aus. Insbesondere Thomas' „Kulturstandards" (vgl. hierzu bspw. Thomas, 1991, 2003b) und die in der Definition verankerte Homogenität von Kulturen erscheint fragwürdig: „Eine jede interkulturell tragfähige und kommunikationsfördernde Definition der Kultur muss [...] die Konzeption der totalen Reinheit einer Kultur als Fiktion zurückweisen" (Mall, 2003, S. 196). Zudem entspringe ein solch homogenes Kulturverständnis einer rein westlich geprägten Perspektive. So entpuppten sich angeblich sehr homogene Kulturen als in Wirklichkeit sehr hybrid: „Die Einheit einer Kultur verliert ihre Evidenz, sobald man sie hinterfragt" (Mae, 2003, S. 195). Ferner müsse zu einem zu kohärenten Kulturverständnis angemerkt werden, dass „[...] so, wie diese Kultur nach innen homogen ist, bildet sie nach außen eine klare Grenze; d.h. es geht um Nationalkultur [...] Dabei steht doch die Frage, ob es diese Nationalkultur je gegeben hat, wichtiger aber noch: ob und zu welchem Grade es sie heute noch gibt. [...] sind die Normierungen und Vorstellungen von Normalität in der Mehrzahl der Alltagsbereiche nicht [...] in hohem Maße hybrid?" (Geiger, 2003, S. 172 f.). Kultur sei überdies nach Meinung der meisten Experten nicht starr, sondern unterliege einem steten Veränderungs- und somit Modifikationsprozess, da „Individuen kulturellen Normen einen je persönlichen Sinn geben und sie in der Anwendung modifizieren" (Auernheimer, 2003, S. 155). Straub erweitert die Differenzdiskussion unter Zuhilfenahme der sozialen Identitätstheorie Tajfels und erachtet die aktive Differenzierung der eigenen Person als zentral für die soziale Identitätsbildung, jedoch nicht nur interindividuell (also auch interkulturell), sondern auch intraindividuell (und somit auch intrakulturell) (vgl. Straub, 2003, S. 208). Somit sollte für künftige Forschung zu interkultureller Kompetenz ein angemessenes, kohärenz- und divergenzorientiertes und vor allem expliziertes Kulturverständnis angestrebt werden.

Ad 2: *Ziel interkultureller Kompetenz.*
Aus den Listenmodellen und den umfassenden Modellen interkultureller Kompetenz lassen sich vier wesentliche Ziele und somit Außenkriterien interkultureller Kompetenz ableiten: Effektivität, Anpassung, Angemessenheit und Zufriedenheit (vgl. hierzu auch Müller & Gelbrich, 2001). Oftmals bleiben dabei die jeweiligen Autoren dieser Ansätze eine genaue Begriffsspezifikation schuldig. Die geringe Trennschärfe der Begriffe wird schon bei einer Klärung des Anpassungsbegriffes deutlich. So bedeutet beispielsweise „kulturelle Anpassung" subjektives Wohlbefinden, die Zufriedenheit bereits beinhaltet (vgl. Stahl, 1998, S. 44 f.). Gemein ist diesen somit nicht überschneidungsfrei formulierten Begriffen, „dass interkulturelle Kompetenz zu einer wie auch immer gearteten Zielerreichung der Interaktionspartner führen soll" (Rathje, 2006, S. 3). Dieser Zweckrationalismus interkultureller Kompetenz stößt jedoch nicht nur auf Zustimmung: „Man zögert, in diesen Prädikaten,[24] oder besser: *ausschließlich in ihnen* angemessene (normative) Qualifizierungen einer gelingenden Praxis zu sehen" (Straub, 2003, S. 207). Die an anderer Stelle bereits angesprochene und im Laufe der Arbeit noch als sehr wichtig herauszuarbeitende Trennung von Kompetenz und letztlich gezeigter Performanz verwischt ebenfalls bei der Verwendung dieser Indikatoren: „Die Anreicherung des Kompetenzbegriffs mit Erfolgskriterien vermehrt [...] die begriffliche Not, da zwischen Kompetenz und Performanz nicht mehr unterschieden werden kann. Auch bei Personen, die [...] interkulturell kompetent sind, ist kaum davon auszugehen, dass jede Interaktion zu Verständigung und Zusammenarbeit

---

[24] Gemeint sind Thomas' Prädikate *intra*kultureller Kommunikation als „zügig, störungsfrei, ohne Reibungsverluste und damit höchst effizient" (Thomas, 2003a, S. 138), die er gewissermaßen als vorbildhaft *inter*kultureller Kommunikation aufführt.

führt" (Herzog, 2003, S. 179). Hieran schließt sich ein häufig übersehenes Element interkultureller Interaktion an. „Es geht nicht immer nur um das interkulturelle Verstehen im Sinne des Vermeidens von Missverständnissen. Manchmal werden diese Missverständnisse im Interesse der Kontrolle und der Macht in der interkulturellen Kommunikation auch bewusst provoziert. Jene, die zu solchen Provokationen in der Lage sind, besitzen durchaus auch interkulturelle Kompetenz. Sie nutzen sie nur in einem anderen […] Sinne" (Frindte, 2003, S. 171). Es wird somit deutlich, „dass Zieldefinitionen interkultureller Kompetenz, die Effizienz-Kriterien miteinbeziehen, das Konzept überfrachten. […] interkulturelle Kompetenz [wird] damit moralisch haftbar gemacht für sämtliche, auch negative Folgen einer interkulturellen Interaktion. […] Es erscheint daher problematisch, interkulturelle Kompetenz als Konzept zu positionieren, das im Rahmen interkultureller Kommunikation Paradiese schafft, die es schon in der *intra*kulturellen Kommunikation gar nicht gibt" (Rathje, 2006, S. 4).

Andere Ansätze, etwa das Prozessmodell Bennetts (1993) oder auch das aus der US-amerikanischen Debatte abgeleitete (ebenfalls Prozesse beschreibende) Modell von Deardorff (2004), beinhalten *neben* diesen Effizienzkriterien auch die persönliche Weiterentwicklung der Interaktionspartner als ein wesentliches Ziel interkultureller Kompetenz. Interkulturelle Fähigkeit wird dann auch als Fähigkeit der Interaktionspartner verstanden, kulturelle Überscheidungssituationen als Reflexionssituationen zu begreifen und „im Erfolgsfall eine Veränderung ihrer selbst" zu vollziehen (vgl. Wierlacher, 2003, 215 f.). Aus der aktuellen Forschungsdebatte lassen sich somit Forderungen einer enger gefassten Zieldefinition interkultureller Kompetenz resümieren.

Ad 3: *Kulturspezifität vs. Kulturuniversalität.*
Weiterer Klärungsbedarf lässt sich ebenfalls bezogen auf den Gültigkeitsbereich interkultureller Kompetenz ausmachen. So herrscht bisher keinesfalls Einigkeit darüber, ob interkulturelle Kompetenz als kulturübergreifende, also universelle Kompetenz, oder als kulturspezifische Kompetenz konzeptionalisiert werden sollte. Selbstverständlich ist der jeweils vertretene Standpunkt stark abhängig von der verwendeten (Ziel-) Definition interkultureller Kompetenz (vgl. Rathje, 2006, S. 5). Dabei können kulturspezifische Ansätze seltener in der Literatur ausgemacht werden als kulturgenerische. Vertreter der spezifischen Sichtweise argumentieren, „wer sich in *zwei* Kulturen zurechtfindet, […] der ist noch nicht *inter*kulturell kompetent, sondern lediglich in Bezug auf die beiden Kulturen. […] [Es] bleibt offen, weshalb eine bikulturelle Kompetenz Ausdruck einer interkulturellen Kompetenz sein soll. […] [Somit] zerfällt der Begriff der interkulturellen Kompetenz in eine unendliche Fülle von Partialkompetenzen: Aus dem Gesamtgefüge aller Kulturen lassen sich unübersehbar viele Zweier-Kombinationen herausschneiden, denen allen das Etikett ‚interkulturelle Kompetenz' angehängt werden müsste" (Herzog, 2003, S.179). Letztlich sei eine allgemeine interkulturelle Kompetenz „genau so ein leerer Begriff" wie eine „allgemeine Fremdsprachenkompetenz" und daher ohne theoretischen Nutzen (vgl. ebd.). Rathje (2006) verweist in diesem Zusammenhang jedoch auf Forschungsergebnisse, die Fremdheitserfahrungen einen kulturübergreifenden Nutzen nachweisen konnten. Sie attestiert deshalb kulturspezifischen Ansätzen interkultureller Kompetenz „im Bemühen um die Erhaltung des Konzepts und seine sinnvolle Anwendung wenig hilfreich" zu sein (S. 5). Kulturübergreifende Konzeptionalisierungen des Konstrukts erscheinen zielführender. Diese weisen oft Überschneidungen mit anderen, etwa sozialen Kompetenzdefinitionen auf oder suchen sie gar direkt. So plädiert bspw. Bolten für eine Interpretation interkultureller Kompetenz als „generelle Handlungskompetenz mit ‚interkulturellem Vorzeichen'" und hinterfragt die Existenz „genuin ‚interkulturelle[r]' Teilkompetenzen" (vgl. Bolten, 2003, S. 157) in seinem in

Teil I Einleitung

Abschnitt 7.3 vorgestellten Modell. Die überwiegende Mehrheit der Forscher plädiert ähnlich für eine kulturübergreifende Konzeptionalisierung interkultureller Kompetenz.

Ad 4: *Anwendungsgebiete interkultureller Kompetenz.*
Abhängig vom jeweils verwendeten Kulturbegriff und in bester Tradition der Debatte um den Begriff der Landes- bzw. Nationalkultur[25] lassen sich innerhalb der Forschergemeinde zwei wesentliche Gruppen ausmachen, die sich hinsichtlich ihrer Auffassung des Anwendungsgebietes interkultureller Kompetenz unterscheiden. Die eine Diskussionsseite beschränkt interkulturelle Kompetenz auf Interaktionen zwischen Individuen unterschiedlicher nationaler Herkunft, die andere Gruppe weitet den Begriff auf interkollektive Interaktion allgemein aus (vgl. Rathje, 2006). Als typischer Vertreter der ersten Gruppe verwendet Thomas (bspw. 2003a) oft Interaktionsbeispiele zweier Personen unterschiedlicher nationaler Herkunft. Diese Zweckrationalität derartiger Ansätze (Auernheimer, 2003, S. 154) birgt jedoch die Gefahr, interkulturelle Handlungssituationen und Probleme innerhalb von Gesellschaften auszublenden (vgl. Rathje, 2006, S. 8). Hieraus ergibt sich auch die Argumentationslogik, interkulturelle Kompetenz vielmehr auf inter*kollektive* Interaktion auszuweiten. Der Verweis auf „subkulturelle Zugehörigkeiten oder Organisations- und Unternehmenskulturen" (Frindte, 2003, S. 169) erscheint berechtigt. Es erscheint daher sinnvoll, interkollektive Überlegungen in die Diskussion interkultureller Kompetenz mit aufzunehmen, jedoch sollte die dadurch entstehende Gefahr der Identifikation kleinster Kollektive und die daraus resultierende Einstufung sämtlicher Interaktion als „interkulturell", nicht übersehen werden (vgl. Rathje, 2006, S. 9).

Zusammenfassend lässt sich festhalten, dass sowohl im US-amerikanischen, als auch deutschsprachigen Raum eine mitunter heftige Debatte über ein einheitliches Begriffs- und Konstruktverständnis interkultureller Kompetenz zu verfolgen ist. Anforderungen an die weitere Forschung und somit auch an die vorliegende Arbeit werden in Abschnitt 7.6 abgeleitet.

7.5 Testverfahren zur Messung interkultureller Kompetenz

Die teilweise bereits zum Ausdruck gebrachte[26] Kritik an einzelnen Ansätzen zur interkulturellen Kompetenz macht eine dezidierte Auseinandersetzung mit allen existierenden Testverfahren obsolet, denn schließlich kann ein Test nur (maximal) so gut sein, wie seine theoretische Fundierung. Dennoch sollen hier zumindest einzelne Verfahren kurz vorgestellt werden.

Den Großteil empirischer Arbeiten bilden Studien, die einzelne, unterschiedlich konzeptionalisierte Aspekte interkultureller Kompetenz erfassen (sollen). Tests oder Inventare im diagnostischen Sinne bilden eine kleinere Untergruppe. Dabei finden sich wissenschaftlich fundierte Inventare und umfassende Verfahren neben kommerziell orientierten Tests, denen nur selten eine theoretische Fundierung oder auch Erfüllung messtheoretischer Gütekriterien bescheinigt werden kann. Aus diesem Grund beschränkt sich die Darstellung des Forschungsstandes zu Test- bzw. Messverfahren interkultureller Kompetenz auf wissenschaftliche Ansätze, von denen einige – wenngleich nur wenige – auch ihren Weg in die praktische Anwendung gefunden haben. Dabei fällt zunächst auf, dass der Großteil interkultureller Testverfahren kulturspezifisch ist. Sie sind an einer bestimmten Stichprobe ermittelt und für eine spezifische kulturelle Zielgruppe entwickelt worden. Die meisten In-

---

[25] Vgl. hierzu Teil II Abschnitt I1.2 sowie bspw. Boyacigiller, Kleinberg, Phillips & Sackmann (2004).

[26] und in Abschnitt I7.6 zu verdichtende

strumente sind US-amerikanischen Ursprungs und aufgrund des zugrundeliegenden Konstrukts und der Kulturspezifizität nur schlecht oder gar nicht auf andere Länder übertragbar (vgl. bspw. Loo & Shiomi, 1999), von sprachlichen, d.h. Übersetzungsschwierigkeiten einmal abgesehen. Aufgrund ihrer unterschiedlichsten theoretischen Grundlagen sind die einzelnen Verfahren nur bedingt vergleichbar. Eine inhaltliche Systematik wird daher zugunsten einer methodischen Einteilung verworfen, die sich an Bolten (2007) orientiert, der zwischen 1) punktuellen und 2) systemisch-prozessualen Testverfahren unterscheidet.

7.5.1 Punktuelle Testverfahren

Punktuelle Verfahren basieren auf Listen- oder Strukturmodellen interkultureller Kompetenz. Dementsprechend steht die Messung einzelner Teilmerkmale wie Empathie, Ambiguitätstoleranz etc. oder einer Kombination derselben im Zentrum des Interesses.

Exemplarisch für ein punktuelles Verfahren kann hier das *Intercultural Sensitivity Inventory ICSI* (Bhawuk & Brislin, 1992) genannt werden. Das Ziel des Tests besteht in der Erfassung spezifischer Verhaltensweisen und nicht einzelner Einstellungen, um so die Fähigkeit der Verhaltensmodifikation an fremdkulturelle Kontexte als Indikator interkultureller Sensitivität zu messen (vgl. ebd., S. 420). Aufgabe der Testpersonen ist es, zweimal die gleichen 26 Items zu beantworten: Einmal während sie sich vorstellen, sie lebten in den USA, und einmal während sie sich vorstellen, sie lebten in Japan. Diese beiden Länder sind dabei nach Auffassung der Autoren geeignete und vor allem bekannte Repräsentanten individualistischer bzw. kollektivistischer Kulturen nach Hofstede (1980). Zusätzlich bekommen die Testpersonen Items zur Flexibilität und Offenheit, die abgeleitet wurden aus kritischen Interaktionssituationen kultureller Kulturassimilatoren (vgl. Abschnitt 7.5.2). Kontrolliert wird die soziale Erwünschtheit. Aufgrund des Antwortverhaltens je kulturellem Setting wird auf die interkulturelle Sensitivität der Person geschlossen. So sollte eine interkulturell sensitive Person auf das Item „I prefer to be direct and forthright when dealing with people" in dem individualistischen Setting (der Vorstellung, sie lebten in den USA) zustimmen, wohingegen sie unter dem kollektivistischen Setting das Item ablehnen sollte.

Die psychometrische Qualität des Tests kann als gut bewertet werden (Bhawuk & Brislin, 1992). Dennoch lassen sich einige Kritikpunkte anbringen: So müssen die Testpersonen über mindestens grundlegende Kenntnisse der beiden Kulturen (USA und Japan) verfügen. Zudem scheinen die Items nicht ausschließlich Unterschiede hinsichtlich der Individualismus/ Kollektivismus Dimension zu erfassen; ihre inhaltliche Validität ist somit fraglich. So ist beispielsweise nicht klar, weshalb eine zustimmende Beantwortung des Items „I would offer my seat in a bus to my supervisor" nicht in beiden kulturellen Settings eine hohe interkulturelle Sensitivität indizieren sollte – hier und bei weiteren Items gibt es starke Überschneidungen mit kulturübergreifenden Persönlichkeitseigenschaften.

Das *Cross-Cultural Adaptability Inventory (CCAI)* soll hier als weiteres Testverfahren genannt werden, insbesondere da es in der Praxis verbreitet Anwendung zur Erfassung der Effizienz von Trainingsprogrammen findet (vgl. bspw. Goldstein & Smith, 1999; Majumdar, Keystone & Cuttress, 1999; Cornett-DeVito & McGlone, 2000; Kitsantas & Meyers, 2001; Paige, Jacobs-Cassuto, Yershova & DeJaeghere, 2003). Vier Subskalen (Flexibilität/ Offenheit, emotionale Belastbarkeit, Wahrnehmungsschärfe sowie persönliche Autonomie) sollen die individuelle Effektivität in interkulturellen Interaktions- sowie Kommunikationssituationen erfassen. Leider fehlt dem Test eine Validierung, was die Annahme seiner Gültigkeit streng genommen verbietet. Eine aktuelle Untersuchung (Davis & Finney, 2006) erbrachte den Nachweis *fehlender* Reliabilität sowie Validität des Instruments. Somit erübrigt sich weitere Kritik: Ein Messverfahren ohne psychometrische Qualität sollte nicht weiter berücksichtigt und nicht mehr praktisch angewendet werden.

Zu dem in Abschnitt 7.3 vorgestellten Developmental Model of Intercultural Sensitivity wurde ein Testverfahren entwickelt, das ebenfalls in der personaldiagnostischen Praxis relativ häufig zum Einsatz kommt. Das *Intercultural Development Inventory (IDI)* (Hammer, Bennett & Wiseman, 2003) ist ein 50 Items (plus 10 Demographie-Items) umfassender Paper-&-Pencil Test und erfasst die individuellen Orientierungen hinsichtlich kultureller Andersartigkeit wie in dem Modell beschrieben. Mit Hilfe des Testergebnisses lässt sich somit eine Einordnung der Testpersonen auf den jeweiligen Stufen von Ethnozentrismus und Ethnorelativismus vornehmen. Konzeptionell abgeleitete Items wurden zunächst einer Panel-Bewertung von Experten unterzogen; weitere Itemselektionen anhand zweier unterschiedlicher Stichproben führten schließlich zu dem finalen Itempool, dessen Items fünf reliablen Faktoren zugeordnet werden können, die alle ausreichende bis gute Werte interner Konsistenz aufweisen. Die Autoren berichten von hoher Inhalts- und nachgewiesener Konstruktvalidität, signifikante Einflüsse von Kontrollvariablen wie beispielsweise Geschlecht, Alter oder Bildung konnten nicht gefunden werden (p=.01). Diese äußerst zufriedenstellende psychometrische Qualität des Instruments, ebenso wie die methodisch vorbildliche Vorgehensweise der Autoren, machen das IDI zu einem attraktiven Test zur Messung interkultureller Kompetenz. Lediglich die schon geäußerte Kritik am eigentlichen Konstrukt sollte bedacht werden. Zudem ist das Verfahren auf englisch und nur nach Absolvierung eines (kostenpflichtigen) Seminars einsetzbar.

7.5.2 Systemisch-prozessuale Testverfahren

Systemisch-prozessuale Testverfahren haben nicht das Ziel, einzelne Teilkompetenzen in isolierter Form zu überprüfen, sondern sollen die Fähigkeit erfassen, „diese Teilkompetenzen in ein ausgewogenes, prozesshaftes Zusammenspiel zu bringen und in konkreten Handlungskontexten zu realisieren" (Bolten, 2007, S. 29 f.). Ein Beispiel derartiger Verfahren stellen interkulturelle Assessment Center (IAC) dar, die als erfolgversprechend eingestuft werden und daher verstärkt Beachtung in der Personalauswahl (bei der Besetzung internationaler Stellen) finden (vgl. Deller, 1996, S. 307). Ähnlich wie herkömmliche Assessment Center (AC) enthalten auch die IAC typischerweise Einzel- und Gruppenübungen, beurteilende Interviews, Tests usw. Exemplarisch soll hier das IAC von Kühlmann & Stahl (1998) skizziert werden. Nach einer zweistufigen Vorauswahl[27] beobachten und bewerten mehrere Assessoren (Beurteiler) das Verhalten mehrerer Entsendungskandidaten in mehreren Übungen anhand mehrerer für den Einsatz bedeutsamer Anforderungsmerkmale. Dabei sind die Mehrzahl der verwendeten Übungen Simulationen interkultureller Begegnungen im Geschäftsleben, die das Verhalten der Kandidaten in kulturellen Überschneidungssituationen sichtbar machen sollen (vgl. Kühlmann & Stahl, 1998, S. 220). Ergänzt wird das IAC durch einen Fragebogen zur Selbsteinschätzung einzelner Teilkompetenzen interkultureller Kompetenz sowie durch Peer-Ratings, in denen andere Kandidaten bewertet werden sollen. Die Dauer eines IAC wird mit einem Tag angegeben (Kühlmann & Stahl, 1998, S. 221). Dies kann im unternehmerischen Alltag als relativ aufwändig angesehen werden, insbesondere dann, wenn viele Kandidaten an dem IAC teilnehmen. Hinzu kommt der zeitliche Aufwand der ersten beiden Phasen, die ja vor dem eigentlichen IAC durchlaufen werden. Inhaltlich orientiert sich auch das IAC an den mittlerweile be-

---

[27] In dieser zweistufigen Vorauswahl werden 1) potenzielle Kandidaten von ihrem jeweiligen Vorgesetzten danach bewertet, ob sie fachlich für die zu besetzende Position qualifiziert sind und 2) die individuelle und familiäre Haltung des Kandidaten und seines Umfeldes gegenüber einem Auslandseinsatzes erkundet.

kannten Teilkompetenzen und Kriterien der Listenmodelle interkultureller Kompetenz. Bei kritischer Haltung ihnen gegenüber muss somit auch das IAC kritisch betrachtet werden. Allerdings werden in einem IAC – entsprechend einer Trennung von Kompetenz und Performanz – keine Kompetenz, sondern vielmehr Stichproben des Zielverhaltens erfasst. Genau dieses kann als großer Vorteil interpretiert werden, sofern von einer klaren Kompetenzdefinition Abstand genommen wird. Ein starker Bezug zur eigentlichen Tätigkeit oder Handlung ist gerade für die Personalauswahl von hohem Wert.

Ebenfalls der Gruppe der systemisch-prozessualen Tests können so genannte *Culture Assimilators* (Fiedler, Mitchell & Triandis, 1971) zugerechnet werden, wenngleich sie strenggenommen keine reine Testform, sondern vielmehr eine spezifische Form eines attributionsorientierten Trainingskonzepts darstellen (vgl. Thomas, 2003b, S. 474). Hierbei hat der Proband mehrfach folgende Aufgabe (vgl. ebd.): Zunächst werden ihm so genannte kritische Interaktionssituationen vorgelegt. Dies sind schriftliche Beschreibungen etwa konfliktträchtiger, unverständlicher oder auch bloß für ihn ungewöhnlicher Interaktionen zwischen einer Person seiner Heimatkultur und Angehörigen einer fremden Kultur. Gleichzeitig werden den Teilnehmern eine bestimmte Anzahl mögliche Erklärungen für das Verhalten der fremdkulturellen Interaktionspartner mit dem Auftrag angeboten, daraus kulturadäquate, „richtige" Begründungen für das Verhalten auszuwählen. Die kulturell richtige Attribution von Verhaltensursachen (isomorphe Attribution) steht hier also im Mittelpunkt. Jede Auswahlalternative beinhaltet zudem noch weiterführende Erklärungen, so dass die Testperson eine unmittelbare Rückmeldung auf ihre Auswahl erhält. Durch diese Erklärungen wird der Testperson mit der Zeit die Zielkultur nähergebracht; sie kann somit Kulturspezifika erlernen. Im Regelfall sind solche Kulturassimilatoren kultur*spezifisch* konzipiert und sollen somit Personen auf den richtigen Umgang mit bzw. in einer bestimmten Kultur vorbereiten. Brislin (1986) entwickelte einen Culture General Assimilator, der ein kulturunspezifisches Training erlauben soll.[28] Dieser besteht aus ähnlichen Übungsformaten wie die kulturspezifischen Assimilatoren, jedoch behandeln die Übungen kritische Interaktionen verschiedener Kulturen. Cushner (1989) kann die Wirkung eines Trainings mit dem Culture General Assimilator nachweisen, das sich insbesondere für Personen eignet, die in mehrere unterschiedliche Länder entsandt werden und somit in relativ kurzer Zeit mit unterschiedlichen Kulturen in Kontakt kommen (vgl. Cushner, 1989, S. 142).

Die Vorteile der Kulturassimilatoren sind vor allem in der großen Verhaltensnähe zu sehen. Für Trainingsmaßnahmen konzipiert, messen sie nicht die einem Verhalten zugrundeliegende Kompetenz, sondern vielmehr das Zielverhalten direkt. Die kulturgenerelle Variante kann darüber hinaus vielfältig eingesetzt werden. Der Aufwand eines solchen Trainings ist jedoch recht groß, zudem eignet sich der Einsatz des Culture General Assimilators als Messinstrument zur Messung kulturisomorpher Attributionen aufgrund der recht hohen Ratewahrscheinlichkeit nicht, die bei in der Regel vier zur Wahl stehenden Antwortalternativen $p=0.25$ beträgt.

7.6 Zusammenfassung: Fünf Anforderungen an die weitere Forschung

In den vorangegangenen Abschnitten konnten sowohl der Stand der Forschung zur interkulturellen Kompetenz als auch einige Ansätze zu ihrer Messung dargestellt werden. Dabei wurde auf die jeweiligen Schwächen und Problemfelder der einzelnen Arbeiten und Verfahren gesondert hingewiesen. Im vorliegenden Abschnitt werden aus dieser Kritik so-

---

[28] Die einzelnen Übungen dieses Culture General Assimilators finden sich als neuere Auflage bei Cushner & Brislin (1996).

wie aus weiteren, eigenen Überlegungen fünf Anforderungen an die weitere Forschung abgeleitet, denen sich selbstverständlich auch die vorliegende Arbeit stellen muss. Mehrere Begrifflichkeiten werden in der Forschung oft nur ungenau und undifferenziert verwendet. Das betrifft zunächst den Begriff der „interkulturellen Kompetenz" an sich: Interkulturelle Kompetenz per se ist ein zieloffener Begriff, es fehlt die Handlungs- oder Aktionskomponente, weshalb sie auch als Schlüsselqualifikation oder –kompetenz identifiziert wurde. Ursprünglich beispielsweise als Studien zum Anpassungserfolg oder zur Effektivität von Auslandseinsätzen bezeichnete Arbeiten werden nachträglich häufig zur Konzeptionalisierung interkultureller Kompetenz herangezogen, was dem eigentlichen Sinn des Begriffs als Schlüsselkompetenz nicht entspricht. Daneben findet sich eine schier unüberschaubar große Vielzahl weiterer, oft synonym verwendeter Begriffe. Zudem werden nur in Ausnahmefällen der Kompetenz- oder auch Kulturbegriff explizit geklärt. Hieraus leitet sich die erste Anforderung ab (vgl. hierzu auch Göller, 2003, S. 175):

> *Eine semantische, erkenntnistheoretische bzw. epistemologische Absicherung der verwendeten Begrifflichkeiten ist anzustreben.*

Die überwiegende Mehrzahl der Autoren bedient sich der „List Technique", also der Auflistung mehr oder weniger oberflächlich recherchierter oder erhobener Eigenschaften, Fähigkeiten etc. (vgl. Spitzberg, 1989, S. 243). Oft fehlt es diesen Listen an einer definitorischen Abgrenzung des Konstrukts. Viele weisen Überschneidungen mit ähnlichen Listen inter- oder aber auch intrakultureller Kompetenzen auf (vgl. Spitzberg & Cupach, 1984; zur Überschneidung mit intrakulturellen Kompetenzen vgl. auch Graf, 2004). Autoren jüngerer Ansätze bedienen sich oft älterer Listen und übernehmen somit deren Schwächen und auch Probleme, die mittlerweile zum Teil von den Verfassern selbst eingeräumt werden (vgl. Deardorff, 2004). Daraus ergibt sich die zweite Anforderung:

> *Eine auf den Begrifflichkeiten aufbauende, theoretisch fundierte konzeptionelle Ableitung einzelner Faktoren interkultureller Kompetenzen ist der ungeprüften Übernahme nachgewiesenerweise schwacher Ergebnisse vorangegangener Forschung vorzuziehen.*

Aus einigen Konzeptionalisierungen des Konstrukts wird nicht klar, ob es sich bei den einzelnen Komponenten interkultureller Kompetenz um Antezedenzien, konstituierende Faktoren oder Wirkungen interkultureller Kompetenz handelt. So kann beispielsweise Ambiguitätstoleranz sowohl als Bedingung, als auch als Konsequenz interkultureller Kompetenz interpretiert werden. Methodische Fehlspezifikationen der Modelle können die Folge sein. Ferner sollte das Konstrukt nicht mit breit definierten Effizienzkriterien wie Anpassung oder Effektivität überfrachtet werden, die sicher noch von einer Reihe weiterer Faktoren abhängen (vgl. hiezu auch Abschnitt 7.4.2). Der Schwierigkeit des Findens geeigneter Kriterien interkultureller Kompetenzen (vgl. Bhawuk & Brislin, 1992) kann bereits durch eine Eingrenzung des Konstrukts auf einen spezifischen Handlungsbereich begegnet werden. Hieraus folgt:

> *Eine Konzeptualisierung interkultureller Kompetenz sollte eindeutig zwischen Antezedenzien, konstituierenden Faktoren sowie Folgen unterscheiden und zudem klare Zielkriterien beinhalten, die sich spezifisch erfassen lassen.*

Eine mehrdimensionale, mehrfaktorielle Modellspezifikation (vgl. zu unterschiedlichen Modellspezifikationen bspw. Christophersen & Grape, 2006) erweist sich als zu komplex und konnte darüber hinaus (wenngleich auch methodisch nicht korrekt umgesetzt) nicht nachgewiesen werden (vgl. Gelbrich, 2004). Auch in der Kompetenzforschung wird bemängelt, dass viele Kompetenzen derart komplex zusammengesetzt sind, dass „man sie für Zwecke seriöser Messung entsprechend ‚entknäueln' muss" (Sarges, 2002, S. 288). Es ergibt sich:

> *Interkulturelle Kompetenzen sollten eindimensional aber durchaus mehrfaktoriell konzeptualisiert und gemessen werden.*

Einige Modelle interkultureller Kompetenzen lassen sich nur schwer methodisch prüfen, einigen bereits erfolgten Modellprüfungen konnten Mängel nachgewiesen werden. Jede empirische Modellprüfung oder auch Testentwicklung sollte sich eindeutig nach der Konzeptualisierung des Konstrukts richten, um Fehler zu vermeiden:

> *Eine empirische Überprüfung oder Entwicklung eines Tests muss sich nach den Spezifika der Konzeptualisierung des Konstrukts richten.*

7.7 Einordnung der Arbeit in die aktuelle Forschung

Aufgrund der Ausführungen in den vorangegangenen Abschnitten kann eine Einordnung der vorliegenden Arbeit in aktuelle Forschungstrends vorgenommen werden.

Auf *theoretischer Ebene* folgt die Arbeit aktuellen Trends und Entwicklungen. So wird die Konzeptualisierung eines eindimensionalen Konstrukts geringer Komplexität angestrebt. Dabei wird das Konstrukt auf der kognitiven Dimension angesiedelt sein, wie noch zu zeigen sein wird. Zudem werden in der Arbeit klare definitorische Festlegungen getroffen: Sowohl das zugrundeliegende Kulturverständnis, als auch der verwendete Kompetenzbegriff werden explizit hergeleitet. Des Weiteren werden auf der einen Seite listenartige Aufzählungen früherer Forschung nicht übernommen, auf der anderen Seite aber frühere Forschungserkenntnisse und Ansätze, die sich als richtig erwiesen haben, weiterverfolgt und –entwickelt. Dabei liegt der Fokus, wie bereits mehrfach erwähnt, auf interkulturellen Attributionsprozessen. Der Forderung nach einem klaren Zielkriterium interkultureller Kompetenz wird dabei entsprochen, wobei auch dieses Zielkriterium deduktiv hergeleitet wird.

Modellspezifisch lässt sich die Arbeit ebenfalls in neuere Entwicklungen eingliedern. Da in ihr klar zwischen Antezedenzien, konstituierenden Faktoren sowie Folgen bzw. Kriterien getrennt wird, wird dem Ansatz Deardorffs (2004) gefolgt. Außerdem stimmt die Auffassung interkultureller Kompetenz als Schlüsselkompetenz mit den Modellannahmen bspw. Boltens (2005) überein, wonach interkulturelle Kompetenz andere Handlungen und die Entfaltung anderer Kompetenzen im interkulturellen Handlungsraum erst ermöglicht. Darüber hinaus wird auf eine methodisch korrekte Modellspezifikation geachtet.

Die *Einordnung auf Ebene der Testverfahren* ergibt sich aus den beiden bereits vorgenommenen Einordnungen. So wird aufgrund der eindimensionalen Konzeptualisierung der Forderung Folge geleistet, insbesondere Teilkompetenzen zu messen. Der zu entwickelnde eindimensionale Test soll dann vorselektiv, konstituierend oder ergänzend vor, in, oder nach einem interkulturellen Assessment Center eingesetzt werden können. Somit soll zum einen ein diagnostisches Instrument entwickelt werden, zum anderen wird auch der Forderung nach einer Möglichkeit der Einbindung dieses Tests in die multimodale Messung interkultureller Kompetenz explizit Folge geleistet.

II THEORETISCHE GRUNDLAGEN

1 Kultur

Eine gründliche Konzeptionalisierung interkultureller Kompetenz setzt zunächst die differenzierte Auseinandersetzung mit den beiden wesentlichen Teilbegriffen *Kultur* und *Kompetenz* voraus. So beschäftigt sich dieser Teil der Arbeit mit dem Kulturbegriff. Im ersten Abschnitt wird zunächst eine Vielzahl der in der Literatur verwendeten Kulturbegriffe dargestellt, um darauf aufbauend eine eigene, auf bestehenden Ansätzen aufbauende Kultur*arbeitsdefinition* zu erarbeiten. Im Anschluss werden kurz unterschiedliche Kultur*felder* und ihre gegenseitigen Wechselwirkungen vorgestellt; zum einen, um die Komplexität des Kulturbegriffs verständlicher zu machen, zum anderen, um später den Geltungsbereich des Tests klarer abgrenzen zu können. Ein über den bloßen Begriff hinausgehendes, tieferes Verständnis von Kultur wird durch das Vorstellen und Erläutern einiger für das Ziel der Arbeit relevanter Kultur*konzepte* angestrebt. Dabei steht neben den allgemeinen Grundlagen vor allem der Einfluss der Kultur zunächst auf das Verhalten und später die Wahrnehmung im Vordergrund. Das Kapitel schließt mit einem zusammenfassenden und teilweise kritischen Fazit zum Kulturbegriff.

1.1 Kulturbegriff und Kulturdefinition

Die Festlegung einer eigenen, der betriebswirtschaftlich-managementorientierten, psychologisch fundierten Zielsetzung der vorliegenden Arbeit dienlichen Kulturarbeitsdefinition erscheint für ein angemessenes begriffliches Verständnis und die weitere Konzeptualisierung unerlässlich. Dabei wird aus dreierlei Gründen die literaturbasierte Ableitung einer eigenen Arbeitsdefinition dem Heranziehen einer bereits Existenten vorgezogen: *Erstens* kann durch diese Art des Vorgehens der aktuelle Stand der Forschung zum Kulturbegriff in einer Definition größtenteils zusammengefasst werden. Hierdurch kann *zweitens* eine zielgerichtete, hinreichende Konzeptionalisierung des Begriffs sichergestellt werden. Und *drittens* wird durch eine semantisch konsistente Verwendung von Begrifflichkeiten eine höhere Verständlichkeit bei der impliziten wie expliziten Verknüpfung unterschiedlicher Begriffe und Konzepte angestrebt.

Der Begriff Kultur wird seit jeher aus der Perspektive und mit der Zielsetzung verschiedener Wissenschaftsdisziplinen untersucht. Neben der klassischen Anthropologie widmen sich auch Forschungsarbeiten der Ethnologie, Soziologie, Psychologie und seit einiger Zeit auch der Betriebswirtschaftslehre bzw. der interkulturellen Managementforschung dem Begriff (vgl. Maletzke, 1996, S. 15 f.; Dülfer, 1997, S. 231). Nicht zuletzt aufgrund der unterschiedlichen Forschungsfelder und -ziele dieser Disziplinen findet sich in der Literatur eine schier unüberschaubare Vielzahl unterschiedlicher Definitionen des Kulturbegriffs. Je nach Zielsetzung ist deshalb eine klare begriffliche Abgrenzung anzustreben. Insbesondere im durch Zahlen und Kennwerte gekennzeichneten betriebswirtschaftlichen Umfeld, in dem Kultur oft als zu weiches, zu vages, und nur schwer zu greifendes Konstrukt wahrgenommen wird, ist eine eindeutig Begriffsbestimmung sinnvoll (vgl. Schneider & Barsoux, 2003, S. 21). Allerdings lassen sich auch innerhalb der interkulturellen Managementforschung unterschiedliche Zielsetzungen und damit verbunden unterschiedliche Ansätze und Paradigmen ausmachen. So unterscheiden sich Forschungsrichtungen mit „cross-national comparison", „intercultural interaction" sowie „multiple cultures" Perspektive (vgl. Boyacigiller et al., 2004, S. 101). Bei der *kulturvergleichenden* (Management-) Forschung stehen kulturelle Unterschiede und der Umgang mit ihnen im Mittelpunkt. Die *interkulturelle* Interaktionsrichtung hat ihren Schwerpunkt in der Untersuchung und Optimierung (bspw. durch Ableitung von Handlungsempfehlungen) interkultureller Handlungsfelder, und die Perspektive *multipler* Kulturen erforscht die Wechselwirkungen zwischen unterschiedlichen Kulturfeldern.[29]

Eine ähnliche Unterscheidung kann innerhalb der kulturvergleichenden Psychologie getroffen werden (vgl. Helfrich, 2006, S. 429).[30] Die kulturvergleichende Psychologie im engeren Sinne („Cross-Cultural Psychology") impliziert die Annahme, dass universelle psychische Strukturen und Prozesse kulturspezifische Modifikationen aufweisen.[31] Die Kulturpsychologie („Cultural Psychology") hingegen nimmt grundlegende kulturbedingte Divergenzen psychischer Strukturen und Prozesse an,[32] und die Interkulturelle Psychologie („Intercultural Psychology") hat eine anwendungsorientierte Untersuchung interkultureller Begegnungen zur Bewältigung von Kommunikations- und Interaktionsproblemen zum Gegenstand (vgl. Thomas, 2003b). Für die vorliegende Arbeit sind insbesondere Ergebnisse der interkulturellen Interaktionsforschung und der interkulturellen Psychologie relevant, wie im bisherigen Verlauf der Arbeit bereits deutlich wurde und im Weiteren noch deutlicher werden wird. Zunächst sollen jedoch historisch bedeutsame Meilensteine der Kulturforschung sowie übergreifende Verständnisse dargestellt werden.

Bereits Anfang der fünfziger Jahre des 20. Jahrhunderts erstellten die Anthropologen Kroeber und Kluckhohn eine umfangreiche Literaturstudie, die noch heute oft als Grundlage für den Versuch einer Kulturdefinition herangezogen wird. In ihr trugen sie 164 verschiedene Kulturdefinitionen zusammen und stellten sie ausführlich dar, mit dem Hinweis, noch 300 weitere Varianten dieser Definitionen gefunden zu haben (vgl. Kroeber & Kluckhohn, 1952). Sie unterteilen die einzelnen Ansätze dabei im Wesentlichen in deskriptive Definitionen, historische Konzepte, normative Konzeptionen, psychologische Ansätze, strukturalistische Definitionen und genetische Betrachtungsweisen.[33] Ihre Studie verdeutlicht die schon damals enorm große Vielfalt an zum Teil sehr unterschiedlichen Begriffsverständnissen, und gilt noch heute als Meilenstein in der Ausdifferenzierung dieses Forschungsfeldes.[34] In ihrer Studie erarbeiten Kroeber und Kluckhohn eine in den Folgejahren und bis heute oft zitierte Kulturdefinition:

> „Culture consists of patterns, explicit and implicit, of and for behavior acquired and transmitted by symbols, constituting the distinctive achievement of human groups, including their embodiment in artefacts; the essential core of culture consists of traditional (i.e. historically derived and selected) ideas and especially their attached values; culture systems may, on the one hand, be considered as products of action, on the other hand as conditioning elements of future action." (Kroeber & Kluckhohn, 1952, S. 180).

---

[29] Vgl. Abschnitt I1.2.

[30] Beide Wissenschaftsdisziplinen ergänzen sich eher und profitieren voneinander als dass sie konkurrieren.

[31] Eine Einführung in die Cross-Cultural Psychology bieten beispielsweise Shiraev und Levy (2004).

[32] Vgl. für diese Forschungsrichtung auch Cole und seine gute Einführung in diese junge und doch bedeutsame Disziplin (Cole, 1998).

[33] Vgl. zu der Unterteilung auch Dülfer (, 1992, S. 1882)

[34] Ein ähnlich umfassender Literaturüberblick kann und soll hier nicht gegeben werden, vielmehr sei auf weitere Ausführungen zum Thema in Primärliteratur (bspw. Kluckhohn, 1951; Kluckhohn & Strodtbeck, 1961), sowie in Sekundärliteratur verwiesen (bspw. Weber et al., 2001, S. 33 f.; Thomas, 2003b, S. 435 f.; Boyacigiller et al., 2004; Kutschker & Schmid, 2005, S. 666 f.).

Mit der Unterscheidung zwischen expliziten und impliziten Kulturelementen greifen sie die Unterteilung Osgoods zwischen „Perceptas" und „Konzeptas" auf (vgl. Osgood, 1951, S. 209f.). Dabei bedeuten Perceptas bewusste und wahrnehmbare Objekte und soziale Interaktionen innerhalb einer Kultur wie etwa, Essen, Architektur, Kleidung, Sprache, Sitten und Gebräuche. Konzeptas hingegen umfassen nicht beobachtbare und nur zum Teil bewusste, in einer Gesellschaft historisch gewachsene Grundannahmen im Sinne kollektiv geteilter Einstellungen, Werthaltungen und Verhaltensnormen. Ein eher deskriptives Kulturverständnis ist deshalb auf der Perzepta, ein Explikatives hingegen auf der Konzepta Ebene anzusiedeln (vgl. Keller, 1982, S. 123). Auch deshalb richtete die spätere interkulturelle Managementforschung den Forschungsschwerpunkt auf Elemente der Konzepta und hebt dadurch die Bedeutung kognitiver Kulturkomponenten hervor. Dabei hat Kultur in jedem Falle eher idealtypischen Charakter und weist einen hohen Abstraktionsgrad auf (vgl. Kluckhohn, 1951, S. 98). Diese Auffassung teilt Hofstede, wonach Kultur dem Handelnden stets ein gewisses Maß an Flexibilität in der Auslegung bzw. Anwendung kultureller Inhalte lässt. So gibt Kultur nach Hofstede als „mentale Software" zwar vor, welche Reaktionen aufgrund der persönlichen Vergangenheit *wahrscheinlich* und *verständlich* sind; sie programmiert Verhalten jedoch nicht starr vor und lässt jedem Menschen grundsätzlich die Möglichkeit, auf eine neue, kreative wie destruktive oder auch unerwartete Weise zu reagieren (vgl. Hofstede, 1997, S. 3). Somit gehen die kulturellen kognitiven und affektiven Prozesse einer Person den Konativen, also der letztlich gezeigten Handlung, voraus, müssen jedoch letztlich das Handeln nicht zwangsläufig direkt determinieren.

Kultur als Teil jedes individuellen Menschen ist mit Hofstede zudem kein angeborenes, genetisch verankertes Konstrukt, sondern wird im Laufe des (sozialen) Lebens über die Jahre als Muster des Denkens, Fühlens und potentiellen Handelns erlernt (Hofstede, 1997, S. 2). Als elementarer Teil eines jeden Individuums beeinflusst sie sämtliche sozial- wie individualpsychologischen Prozesse (vgl. Triandis, 1972; vgl. auch Triandis, 2004, S. 89), so dass gezeigtes Verhalten immer auch zu einem Teil aus kulturspezifischen Kognitionen und Affekten resultiert bzw. durch sie moderiert wird.[35]

Darüber hinaus existieren auch kulturell geteilte Verhaltenweisen (Graham, 1985, S. 82). Diese werden durch Lern- und Sozialisationsprozesse innerhalb einer Kultur von Generation zu Generation weitergegeben und somit erlernt (Graham, 2001, S. 505). Kultur manifestiert somit stets das, was in der Erfahrung einer Gesellschaft „funktioniert hat" und Wert ist, weitergegeben zu werden (vgl. Triandis, 2006, S. 208).

Diese Sozialisationskomponente bringt die wichtige Funktion von Kultur zum Ausdruck, den inneren sowie äußeren Zusammenhalt und die Funktionsfähigkeit einer Gruppe zu bewahren (vgl. Keller, 1982). Kultur kommt eine Orientierungsfunktion bei, die den Mitgliedern einer kulturellen Gruppe ihre eigene Umweltbewältigung ermöglicht (vgl. Thomas & Stumpf, 2003, S. 70) und ihnen hierdurch Identität stiftet bzw. ihre Zugehörigkeit zur Gesellschaft definiert (vgl. Thomas, 1995, S. 87). Kultur kann damit als Orientierungssystem bezeichnet werden (Thomas, 2002, 2003b; Thomas et al., 2003; Thomas & Stumpf, 2003), dass dabei hilft, Probleme der externen Anpassung sowie der internen Integration zu bewältigen (vgl. Schneider & Barsoux, 2003,

---

[35] Es sei an dieser Stelle ausdrücklich betont, dass individuelles Verhalten durch eine Vielzahl unterschiedlicher, häufig voneinander unabhängiger Variablen (beispielsweise der Persönlichkeit, der Stimmung, der sozialen Umwelt) beeinflusst und mitunter auch generiert wird. Kultur stellt in diesem Wirkungsgefüge nur eine Variable dar (vgl. Kluckhohn, 1951, S. 87).

S. 34). Dieses Orientierungssystem ist keinesfalls statisch, sondern befindet sich in einem Wandlungs- und Entwicklungsprozess, da die kulturellen Grundannahmen immer und überall durch Menschen gelebt und weiterentwickelt werden (vgl. Thomas, 2002, S. 88).

Zusammenfassend aus den obigen Ausführungen kann der vorliegenden Arbeit folgende Arbeitsdefinition von Kultur zugrunde gelegt werden, die die wesentlichen Merkmale von Kultur vereint:[36]

> **Kultur ist ein dynamisches, über die Zeit herausgebildetes und erlerntes, von einer sozialen Einheit geteiltes Orientierungssystem, das aus expliziten und impliziten Grundannahmen, Werten, Normen, Einstellungen und Überzeugungen besteht, die zu spezifischen affektiven, kognitiven und konativen Mustern führen, mittels Artefakten manifestiert werden, und den Mitgliedern dieser sozialen Einheit ihre interne Integration sowie externe Adaption ermöglichen.**

Die Ausführungen und die Definition offenbaren ein *emisches* Kulturverständnis.[37] Demnach ist Kultur kein außerhalb einer Person liegender Faktor, kein Satz „unabhängiger Variablen", die das Handeln einer Person beeinflussen, sondern integraler Bestandteil allen menschlichen Denkens und Handelns (vgl. Helfrich, 2006, S. 430). Diese Auffassung impliziert, dass auch die Wahrnehmung anderer Kulturen stets durch die eigene Kultur geprägt ist, und somit ein universelles, kulturunabhängiges Interaktionsverständnis nicht möglich ist.

1.2 Kulturfelder

Die im vorangegangenen Abschnitt erarbeitete Definition besitzt einen hohen Abstraktionsgrad und grenzt ihren Geltungsbereich deshalb nur schwach ein. In diesem Teil wird kurz auf unterschiedliche Kulturfelder eingegangen, um den Bezugsrahmen der Definition klarer zu fassen.

Primär findet der Kulturbegriff Verwendung bei der Beschreibung von Kulturen unterschiedlicher Nationen oder Länder. In diesem Falle ist von *Landeskulturen* die Rede. Eine hierin implizierte Gleichsetzung von Kultur- und Landesgrenzen ist jedoch nicht unproblematisch und wurde in der Literatur bereits oft diskutiert und kritisiert (vgl. bspw. Graham, 2001; Weber et al., 2001; Boyacigiller et al., 2004), da auch innerhalb

---

[36] Diese semantische Definition beansprucht keinesfalls Vollständigkeit oder gar Wahrheit. Vielmehr ist sie als festsetzende Definition zu verstehen und dient dieser Schrift als Arbeits- und Verständnisgrundlage (vgl. zum Definitionsbegriff Dubislav, 1981; Gabriel, 1995). Zudem soll für diese Arbeit explizit das Verständnis von Boyacigiller et al. (2004) übernommen werden, wonach Kulturforschung stets eklektischen Charakter hat (und auch beibehalten sollte) und jedwede Art einer Kulturdefinition immer nur eine Abstraktion darstellt.

[37] Generell lassen sich eine *etische* (oder kulturübergreifende) Außenansicht und eine *emische* (oder kulturangepasste) Innenansicht von Kultur unterscheiden. Die Unterscheidung hat ihren (begrifflichen) Ursprung in der Linguistik: Die Phon*etik* erforscht diejenigen Lautmerkmale, mit denen sich das Lautbild aller Sprachen beschreiben lässt, und die Phon*emik* identifiziert diejenigen Lautmerkmale, die innerhalb der jeweils untersuchten Sprache zur Bedeutungsdifferenzierung beitragen. Pike (1967) gebrauchte die beiden Begriffe als erster in Zusammenhang mit der Beschreibung menschlichen Verhaltens, indem er eben die etische Außenperspektive von der emischen Innenperspektive zur Verhaltensbeschreibung unterscheidet (S. 37 f.). Die beiden Sichtweisen schließen sich jedoch bezogen auf die Kulturforschung nicht aus – vielmehr stellen sie sich wechselseitig ergänzende Stufen im Forschungsprozess dar (vgl. Helfrich, 2003, S. 117).

derselben Nationengrenzen mitunter sehr unterschiedliche Kulturen existieren können (als Beispiele derartiger Kulturheterogenität innerhalb einer Nation seien hier Indien, Iran, Kanada, Spanien oder Belgien genannt). Die Diversität einer Population wird somit durch den Begriff der Landeskultur künstlich homogenisiert (vgl. Goto & Chan, 2003, S. 13). Aus pragmatischen Gründen wird diese Gleichsetzung jedoch häufig in der Literatur fortgesetzt, und auch in dieser Arbeit sollen Kulturgrenzen mit Landesgrenzen im Wesentlichen gleichgesetzt werden, insbesondere vor der betriebswirtschaftlichen bzw. management- und damit anwendungsorientierten Zielsetzung dieser Schrift. Das Wissen ob dieser Problematik sollte jedoch stets präsent sein und auch für intranationale Kulturunterschiede sensibilisieren.

Im betriebswirtschaftlichen Kontext sind neben der Landeskultur noch weitere Kulturfelder von zentralem Interesse. So können Unternehmen als eine Art Miniaturgesellschaft mit eigener *Unternehmungskultur* aufgefasst werden (vgl. Kutschker & Schmid, 2005, S. 670). Eine Anwendung von ursprünglich für die Beschreibung von Landeskulturen entwickelten Kulturdefinitionen auf die Kultur einer Unternehmung ist möglich (vgl. bspw. Thomas, 1995, S. 87), weshalb auch mit Auswirkungen der Unternehmungskultur auf das Verhalten und die Wahrnehmung fremdkulturellen Verhaltens zu rechnen ist. Auch eine Unternehmungskultur ist jedoch nicht als homogene, konsistente Einheit aufzufassen. Vielmehr setzt sie sich aus funktions- und ebenenbezogenen Subkulturen zusammen und ist gleichzeitig Teil eines übergreifenden Systems, in dem diverse Unternehmenskulturen sowohl untereinander als auch mit einer Vielzahl anderer Organisationskulturen (etwa Vereinen, Politik etc.) interagieren (vgl. Scholz, 2000, S. 806). Als weitere Kulturfelder seien am Rande exemplarisch die Branchenkultur, Professionskultur oder auch die Hierarchiekultur genannt, zudem noch die auch soziologisch interessanten Generations- oder auch Geschlechterkulturen. Alle Kulturfelder stehen in direktem Bezug zueinander und beeinflussen sich gegenseitig, was zu einem äußerst komplexen kulturellen Setting führt, in dem sich jede Organisation und jede in ihr tätige Person befindet (vgl. Schneider & Barsoux, 2003, S. 51 f.). Diese „Cultural Complexity" (Sackmann, 1997) wird bei Sackmann ausführlich diskutiert und erarbeitet[38] und wurde in Abschnitt 1.1 bereits als „multiple cultures" Perspektive bezeichnet (vgl. auch Sackmann & Phillips, 2003). Die Landeskultur als Einflussfaktor auf das menschliche Wahrnehmen und Verhalten ist somit keineswegs leicht zu isolieren, ist doch von einer Vielzahl zeitgleicher kultureller Einflüsse auszugehen, die wiederum gegenseitig miteinander interagieren und diese Interaktion letztlich auch die Landeskultur mit beeinflusst (vgl. Scholz, 2000, S. 806). Aufgrund der in der Definition explizierten Lern- bzw. Sozialisationskomponente kann jedoch für die Landeskultur die größte Verhaltensrelevanz angenommen werden, da innerhalb eines Volkes von den stärksten Interaktionen der einzelnen Personen untereinander ausgegangen werden kann, gefolgt von der (sofern stark ausgeprägt) Unternehmungskultur.[39]

1.3 Kulturkonzepte

Definitionen, insbesondere semantische, dienen primär der Begriffs*klärung* und *-festsetzung*. Ein tiefer gehendes *Verständnis* von Kultur vermitteln Kulturkonzepte,

---

[38] Für eine Übersicht vgl. ebd., insbesondere die Abbildung auf S. 3.

[39] Diese Annahme stützen auch auf der sozialen Identitätstheorie basierende Überlegungen und Untersuchungen, wonach die Landeskultur als „a primary form of identity" angesehen werden kann (vgl. Salk & Brannen, 2000, S. 192).

die einen vielseitigeren und vielschichtigeren Zugang erlauben. Dabei stellen auch Kulturkonzepte Versuche dar, das Phänomen Kultur zu beschreiben und zu verstehen, so dass sie nicht trennscharf von anderen Formen der Konzeptionalisierung, wie sie in Abschnitt 1.1 dargestellt wurden, abzugrenzen sind. Einige Autoren nehmen eine derartige Trennung deshalb auch nicht vor. Hier werden sie jedoch separat erläutert, da durch sie einzelne Elemente einer Definition vertieft oder auch ergänzt werden können. Zudem wird durch Konzepte die Dynamik des Konstrukts deutlicher als durch eine per definitionem recht starre und komplexe Definition. Die dargestellten Kulturkonzepte stellen die für diese Arbeit Relevanten dar. Diese bauen zwar nicht explizit aufeinander auf; für diese Arbeit soll jedoch der ihnen immanente Aufbaucharakter hervorgehoben werden. Aus Gründen der Übersichtlichkeit und für ein besseres Verständnis werden die Ausführungen bewusst in einzelne Gliederungsabschnitte unterteilt.

1.3.1 Das Ebenenmodell von Schein

Schein (1992)[40] entwickelte ein Kulturmodell, das durch seine Drei-Ebenen-Struktur eine tiefgehende Analyse von Kulturen ermöglicht. Insbesondere das Verständnis des Bewusstseins über unterschiedliche kulturelle Teilkomponenten sowie deren wechselseitige Beeinflussungen werden mit diesem Modell erleichtert. Obwohl durch Schein ursprünglich für die Analyse von Unternehmungskulturen entwickelt, kann das Konzept auch andere Kulturfelder und somit auch für das Verständnis von Landeskulturen verwendet werden (vgl. neben Ausführungen in Abschnitt 1.2 bspw. Scholz, Messemer & Schröter, 1991). Abbildung 10 zeigt das Modell.

---

[40] Schein veröffentlichte seine Ausführungen zum Thema erstmals 1984. In dieser Arbeit wird jedoch auf die Auflage aus dem Jahre 1992 Bezug genommen.

Teil II Theoretische Grundlagen

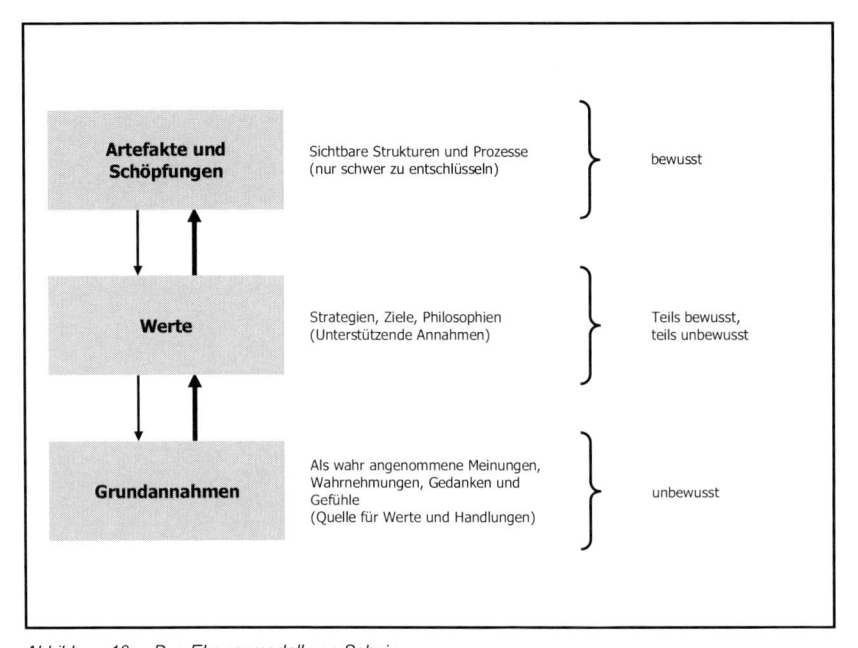

Artefakte und Schöpfungen	Sichtbare Strukturen und Prozesse (nur schwer zu entschlüsseln)	bewusst
Werte	Strategien, Ziele, Philosophien (Unterstützende Annahmen)	Teils bewusst, teils unbewusst
Grundannahmen	Als wahr angenommene Meinungen, Wahrnehmungen, Gedanken und Gefühle (Quelle für Werte und Handlungen)	unbewusst

Abbildung 10: Das Ebenenmodell von Schein
In Anlehnung an Schein (1992, S. 17)
Ergänzende Darstellung; Übersetzung des Verfassers.

Lediglich die erste kulturelle Ebene, die der Artefakte und Schöpfungen, ist bewusst und somit auch seh-, hör- oder generell erfahr- und wahrnehmbar. In ihr finden sich die von der kulturellen Gruppe erschaffenen Artefakte wie Musik und Produkte, architektonische Besonderheiten, aber auch ihre Sprache und typischen Verhaltensformen. Diese erste Ebene ist zwar als einzige direkt beobachtbar; sie ist für Außenstehende allerdings nur äußerst schwer zu entschlüsseln; die Bedeutung der wahrgenommenen Subjekte und Verhaltensformen kann nicht unmittelbar erkannt werden. Rückschlüsse auf tiefer liegende Werte oder Grundannahmen allein durch eine Interpretation der sichtbaren Artefakte führen unausweichlich zu reinen Projektionen der *eigenen* Gefühle und Reaktionen (vgl. Schein, 1992, S. 18), die wiederum stark durch die eigene Kultur des Wahrnehmenden geprägt sind, und somit keineswegs eine (korrekte) Interpretation beispielsweise fremdkulturellen Verhaltens ausschließlich durch Verhaltensbeobachtung erlauben.

Die Analyse der zweiten Ebene, die der Werte, Normen und Regeln, ist daher entscheidend und für ein grundlegendes und nach Möglichkeit korrektes sowie adäquates Kulturverständnis unerlässlich. Diese Werte, Normen und Regeln reduzieren Unsicherheiten des Verhaltens in kritischen Situationen und werden erst über die Zeit bewusst (Schein, 1992, S. 20). Mit ihnen lassen sich viele Verhaltensformen auf der Artefaktebene vorhersagen, was sie zum Schlüssel sowohl einer detaillierten und erfolgreichen Kulturanalyse als auch einer richtigen Einordnung des Einflusses der Kultur auf das fremde sowie das eigene Verhalten macht. Ursprünglich individuelle Werte oder auf individuellen Werten beruhende Verhaltensweisen werden über die Zeit durch Lernprozesse zu kulturellen, von der Gruppe geteilten Werten. So manifestieren sich insbesondere jene Werte, die von individuellen „leaders" in die Gruppe eingebracht werden und sich als wahr oder gut herausstellen und akzeptiert werden (vgl. Schein, 1992, S. 19). Schein spricht in diesem Falle von „social validation" (S. 20), die jedoch nicht automatisch, sondern lediglich durch die geteilte soziale Erfahrung einer kulturellen Gruppe vonstatten geht. Diejenigen Werte, die sozial validiert wurden, manifestieren sich in wahrnehmbaren Annahmen, Normen, oder auch Verhaltensregeln und sind somit bewusst. Sie haben vor allem die normative und moralische Funktion, Mitgliedern der Kultur das für ihre Gruppe richtige Verhalten in Schlüsselsituationen vorzugeben und neuen Gruppenmitgliedern ein kulturadäquates Verhalten zu erleichtern (vgl. ebd.). Derart bewusste Werte können helfen, eine Vielzahl des auf der Artefakteebene gezeigten Verhaltens vorherzusagen (vgl. Schein, 1992, S. 20)

Die dritte Ebene im Kulturmodell Scheins ist die der Grundannahmen. Diese werden weder in Frage gestellt, noch diskutiert, und sind somit äußerst schwer zu verändern (vgl. Schein, 1992, S. 22). Sie definieren die Beobachtungsgegenstände einer kulturellen Gruppe, deren Bedeutung, und bilden die Grundlage für emotionale Reaktionen und somit letztlich für das Verhalten in einer Vielzahl von Situationen (vgl. ebd.). Die Grundannahmen einer Kultur bilden eine „mental map" (ebd.) und erleichtern den Umgang mit Personen, die über die gleiche „map" verfügen. Umgekehrt kann sich eine interkulturelle Interaktion, also eine Interaktion mit Personen mit anderen Grundannahmen, einer anderen „map", mitunter unangenehm und schwierig gestalten, etwa weil die Verhaltensursachen der anderen nicht korrekt wahrgenommen bzw. falsch interpretiert werden. Der in Abschnitt 1.1 dargestellte dispositionelle Charakter von Kultur ist demnach im Modell Scheins auf den Ebenen der Grundannahmen und Werte anzusiedeln, da diese die Grundlage für letztlich gezeigtes Verhalten darstellen. Im Modell Scheins sind jedoch alle drei Ebenen Teilbereiche vom Gesamtkonstrukt Kultur, die sich zwar wechselseitig beeinflussen, der geschilderte Wirkungszusammenhang von den tieferen auf die höheren Schichten jedoch als weitaus stärker angenommen werden kann als umgekehrt (vgl. Weber et al., 2001, S. 38).[41] [42]

1.3.2 Das Kulturkonzept von Adler

Nancy Adler (2002) rückt in ihrem Konzept den Einfluss von Kultur auf das Verhalten in den Mittelpunkt, indem sie individuelles Verhalten zum einen als Resultante einer Wirkungskette, zum anderen als deren Ursache darstellt, so dass sich ein Wirkungskreislauf ergibt, der Aussagen und Annahmen des Modells von Schein und auch der Kulturdefinition aus Abschnitt 1.1 aufgreift und verdeutlicht. Abbildung 11 zeigt das Modell.

---

[41] Dieses wird auch in Abbildung 10 durch die unterschiedliche Stärke der Pfeile angedeutet.

[42] Hatch (1993) entwickelt aufbauend auf den Kulturebenen von Schein ihr so genanntes Cultural Dynamics Modell. In diesem konstituiert sich Kultur in einem stetigen, dynamischen Prozess aus Grundannahmen, Werten, Artefakten und Symbolen. Der Wirkungszusammenhang Schein's wird in ihrem Modell zirkulär aufgegriffen und erweitert. Das Cultural Dynamics Modell setzt den ursprünglichen Ansatz Schein's fort und bezieht sich in erster Linie auf Organisations- oder Unternehmenskulturen.

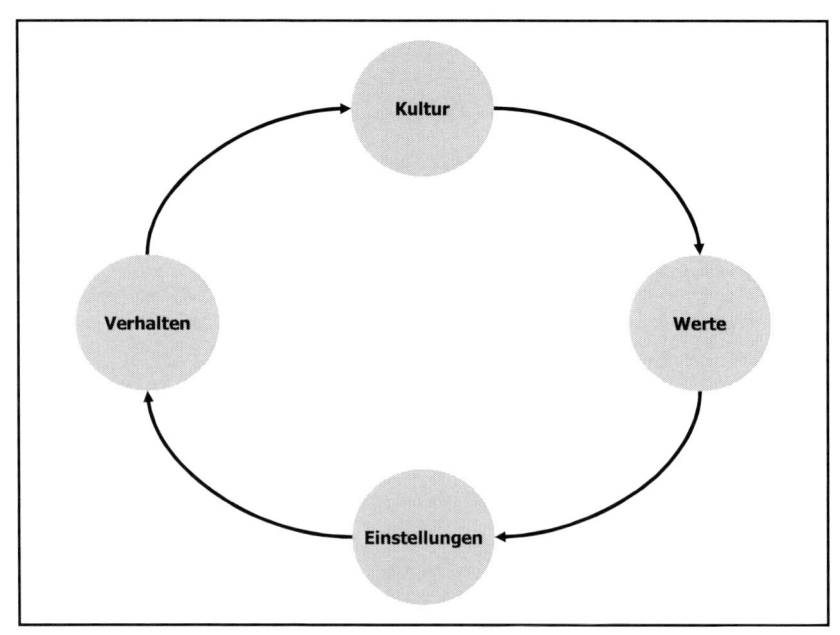

Abbildung 11: Das Kulturmodell von Adler
(Adler, 2002, S. 17)
Übersetzung des Verfassers

Nach Adlers Verständnis resultieren aus einer Kultur bestimmte Werte gegenüber Objekten und Personen, die zu Einstellungen führen. Diese Einstellungen wiederum können ein bestimmtes Verhalten zur Folge haben. Der Wirkungskreis schließt sich mit dem Einfluss dieses Verhaltens auf die Kultur. Dabei folgt Adler den Gedanken Scheins, wonach Werte teils bewusst, teils unbewusst sind (Adler, 2002, S. 18). Einstellungen drücken nach Adler diese Werte aus und führen zu kulturspezifischem Verhalten einer Person.

Eine derart normative Beziehung zwischen Einstellungen und Verhalten einer Person ist keinesfalls selbstverständlich. In der Sozialpsychologie wird seit geraumer Zeit eine Debatte über den letztendlichen Einfluss von Einstellungen auf Verhalten geführt, und der Zusammenhang zwischen beiden wird mitunter heftig diskutiert und auch kritisiert. Einstellungen werden dort generell als „a psychological tendency that is expressed by evaluating a particular entity with some degree of favor or disfavor" definiert (Eagly & Chaiken, 1993, S. 1) die sich über affektive, kognitive oder konative Reaktionen und Verhaltensweisen erschließen lassen (vgl. Stahlberg & Frey, 1996, S. 220; Bolten, 2005, S. 311). Die Ursache für den teilweise lediglich unterstellten, teilweise auch empirisch (zumindest auf den ersten Blick) „bestätigten" mangelnden Zusammenhang zwischen Einstellungen und Verhalten ist jedoch meist in leider häufig festzustellenden methodischen Schwächen von Untersuchungen zu sehen, die sich diesem Thema widmen (vgl. Six, 1992). Seriöse Studien konnten diese Kritik entkräften und insbesondere dann signifikante Zusammenhänge nachweisen, wenn die Einstellungen ein hohes Maß an Bestimmtheit, Stabilität, Zugänglichkeit, sowie affektiv-kognitiver Konsistenz aufweisen (vgl. Krauss, 1995). Darüber hinaus gelten überdauernde und intensivere Einstellungen (und als solche können kulturell bedingte aufgrund der Sozialisations- und Lernkomponente durchaus angesehen werden) als bessere Verhaltensprädiktoren als Kurzfristige und Schwache (vgl. Smith & Fabrigar, 2000, S. 304).[43]

Adler folgt also in ihrem Modell durchaus berechtigt der Annahme, dass Einstellungen das Verhalten beeinflussen. Die sich kontinuierlich verändernden Verhaltensmuster von Individuen ebenso wie von kulturellen Gruppen beeinflussen wiederum die Kultur. Dadurch wird in dem Modell Adlers der stete Wandel von Kultur noch besser bzw. expliziter veranschaulicht wird als in der Kulturdefinition oder bei Schein. Hierzu kann jedoch kritisch angemerkt werden, dass bei Adler nicht explizit deutlich wird, ob Werte, Einstellungen und Verhaltensweisen als Teile oder als abhängige Variablen von Kultur aufzufassen sind (vgl. Weber et al., 2001, S. 37).

Ausgehend von dem in Abschnitt 1.1 dargestellten emischen Kulturverständnis könnte Adlers Modell als Gesamtmodell von Kultur interpretiert werden. Das Ersetzen des Kulturbegriffs *innerhalb* des Modells beispielsweise durch den Begriff der Grundannahmen ähnlich wie bei Schein könnte das Modell ein wenig konkretisieren.

1.3.3 Das Konzept der Subjective Culture von Triandis

Ein weiteres für diese Arbeit bedeutendes Kulturkonzept stammt von Triandis. Mehr noch als in den beiden vorangegangenen Konzepten wird bei Triandis der Einfluss der Kultur nicht nur auf das Verhalten, sondern auch und insbesondere auf die Wahrnehmung deutlich.[44]

Triandis unterscheidet innerhalb des Kulturbegriffs zunächst zwischen materieller Kultur, also die durch den Menschen geschaffene Umwelt („the man-made part of the environment") wie etwa Essen, Kleidung, Architektur und Maschinen,[45] und „Subjective Culture", die er als „characteristic way of percieving the man-made part of its environment" einer kulturellen Gruppe bezeichnet (Triandis, 1972, S. 4; 1977b, S. 423).[46] In dieser Auffassung von Kultur als Subjective Culture wird zum einen der Einfluss von Kultur auf die eigene Wahrnehmung und das eigene Verhalten deutlich (vgl. Triandis, 1977b, S. 423), zum anderen unterstreicht es die Kulturspezifität sowohl von Verhaltenserwartungen als auch und vor allem von Attributionen der Verhaltensursachen anderer (vgl. Triandis, 1977b, S. 423). Somit werden Verhaltensursachen von Personen nicht nur der eigenen, sondern auch einer fremden Kultur stets

---

[43] Die bereits im Abschnitt I1.1 erwähnten, vielfältigen Einflussfaktoren neben der Kultur auf das Verhalten benennt Ajzen (1991) in seiner Theorie des geplanten Verhaltens als subjektive Normen sowie wahrgenommene Verhaltenskontrolle. Erst das Zusammenspiel aller drei Faktoren führt nach seiner Auffassung zu einem bestimmten Verhalten.

[44] Triandis und seine Arbeiten können als äußerst bedeutend für die Kulturforschung im Allgemeinen und für die Kulturvergleichende Psychologie im Speziellen angesehen werden (vgl. etwa Jahoda, 2007), und die Bedeutung seiner Auffassung von Kultur sowie weiterer Arbeiten für die vorliegende Schrift soll hier explizit betont werden. Aus diesem Grund wird sein Kulturkonzept ausführlicher dargestellt als die beiden Vorherigen.

[45] Dülfer (1997, S. 231 f.) teilt diese generelle, dichotome Unterscheidung zwischen Kultur als „man-made" und Natur als dem Menschen vorgegebene Umweltbedingungen.

[46] Moghaddam, Taylor und Wright (1993) folgen dieser in der Kulturforschung mittlerweile weit verbreiteten und etablierten Auffassung, ersetzen jedoch das „man-made" durch den politisch korrekteren Ausdruck „human-made".

aus der eigenen Subjective Culture attribuiert.[47] Trotz dieser Kulturspezifizität definiert Triandis das Konzept der Subjective Culture an sich als *etisch*, d.h. jede Kultur beeinflusst das Verhalten und die Wahrnehmung einer Person (vgl. Triandis, 1977b, S. 419).

Die Subjective Culture einer Person besteht aus Kategorien, Evaluationen, Assoziationen, Überzeugungen, Einstellungen, Stereotypen, Erwartungen, Normen, Idealen, Rollen, Aufgaben und Werten (vgl. Triandis, 1972, S. 10 f.). Diese Elemente der jeweiligen Subjective Culture einer Person führen zum einen mittelbar durch ihren Einfluss auf innere kognitive sowie affektive Prozesse, zum anderen unmittelbar und direkt zu bestimmten, kulturspezifischen Verhaltensweisen.[48] Die Elemente subjektiver Kultur werden demnach in klassische psychologische Reiz-Reaktions-Prozesse miteinbezogen und unterschiedliche Einflussstärken und Richtungen prognostiziert.[49] Abbildung 12 soll diesen Gedanken veranschaulichen und fasst die grundlegenden Aussagen zur Subjective Culture zusammen.

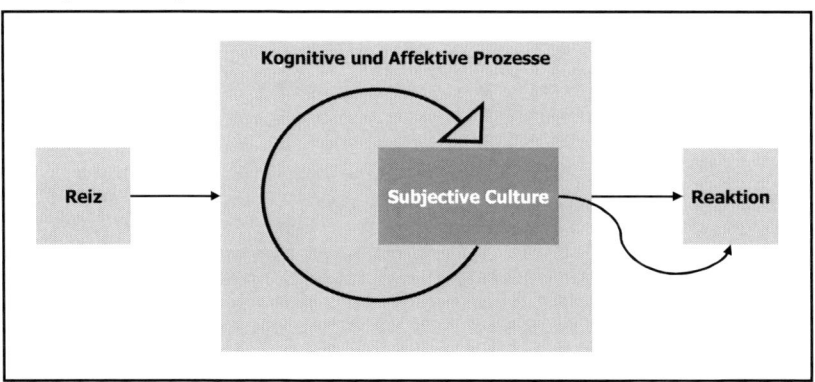

Abbildung 12: *Subjective Culture*
Eigene, stark vereinfachende Darstellung des Konzepts.

Ähnlich wie bei Adler beinhaltet auch das Konzept von Triandis eine zirkuläre Komponente. So interagieren beispielsweise Personen der gleichen Subjective Culture häufiger miteinander, etwa weil sie die gleiche Sprache und die gleichen Gewohnheiten teilen. Dies führt wiederum zum Auf- und Ausbau einer gemeinsamen sowohl materiellen als auch subjektiven Kultur. Ebenso haben etwa das gleiche Geschlecht, Alter usw. einen Einfluss auf die Interaktionshäufigkeit und können subkulturelle Ausprägungen der Subjective Culture hervorrufen (vgl. Triandis, 1972, S. 10). Zwischenmenschliche Interaktion trägt somit maßgeblich zur Ausgestaltung kultureller Elemente bei und macht Kultur dadurch zu einem dynamischen, in stetem Wandel befindlichen Konstrukt.

---

[47] Der Einfluss der Kultur auf die Wahrnehmung bezieht sich in der vorliegenden Arbeit in erster Linie auf die Attribution von Verhaltensursachen. Eine gute Übersicht empirischer Befunde zu kulturellen Einflüssen auf die Wahrnehmung allgemein findet sich etwa bei Thomas & Helfrich (2003).

[48] Beispielsweise erzwingen manche Rollen oder Stereotype direkt und unmittelbar bestimmte Verhaltensweisen.

[49] Diese können an dieser Stelle nicht vertieft dargestellt werden Es sei auf die Arbeit von Triandis verwiesen (1972, S. 23 f.).

Die bereits mehrfach angesprochenen anderen Einflussfaktoren auf das menschliche (Sozial-) Verhalten neben der Kultur werden bei Triandis ebenso deutlich. Abbildung 13 zeigt eine schematische Darstellung der Determinanten sozialen Verhaltens.

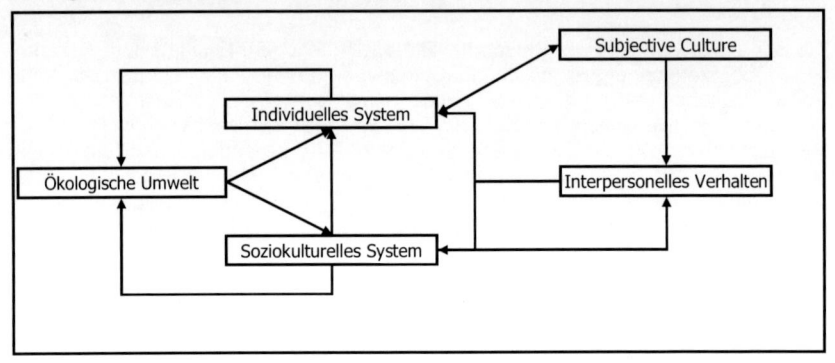

Abbildung 13: Schematische Darstellung der Determinanten sozialen Verhaltens
(Triandis, 1977b, S. 426)
Übersetzung des Verfassers

In Abbildung 13 wird zunächst deutlich, dass die Kultur bzw. die Subjective Culture das soziale Verhalten sowohl direkt, als auch indirekt über das individuelle System und somit auch über die Wahrnehmung beeinflusst. Dieses *individuelle System* beinhaltet dabei spezifische Formen der Wahrnehmung sowie Denk- und Verhaltensweisen, das *soziokulturelle System* hingegen typische Aktivitäten von Mitgliedern einer Kultur bezogen auf politische, religiöse, soziale und wirtschaftliche Aspekte, die somit die Normen, Rollen und Werte einer kulturellen Gruppe bestimmen. Unter die *ökologische Umwelt* fallen die Flora und Fauna, das Klima, Terrain, Bodenschätze etc. Das *interpersonelle Verhalten* resultiert schließlich aus dem Wechselspiel dieser Variablen und beinhaltet Attributionen, Stereotype, interpersonelle Anziehung, Unterschiede in der Unterordnung, Intimität etc.

1.4 Fazit

Die unterschiedlichen Aspekte und Facetten des Kulturbegriffs und seine äußerst diffizile Beschreibbarkeit konnten in den vorangegangenen Abschnitten dargestellt und verdeutlicht werden. Dennoch wurde in Abschnitt 1.1 eine begriffsklärende, festsetzende Arbeitsdefinition literaturbasiert hergeleitet sowie in Abschnitt 1.3 wesentliche Kulturkonzepte dargestellt. Beides dient der Arbeit als theoretische Grundlage, die zwar essentiell wichtig für ein tiefgreifendes Verständnis ist, die jedoch unmöglich in dem zur Verfügung stehenden Rahmen weder der ganzen Vielfalt und dem gesamten Bedeutungsreichtum des Kulturbegriffs, noch der Kulturforschung gerecht werden kann, geschweige denn diese erschöpfend wiedergeben kann.

Die Kulturforschung hat sich über die meisten Wissenschaftsdisziplinen hinweg in der jüngeren Vergangenheit zunehmend vom starren Kulturbegriff entfernt und den prozessualen Charakter von Kultur verstärkt hervorgehoben. Damit einher geht die interaktive und dynamische Komponente des Kulturbegriffs, die auch in der Definition und den weiteren Ausführungen expliziert wurde. Ferner konnte der Einfluss von Kultur auf das menschliche Verhalten deutlich gemacht werden. Insbesondere die Konzepte von Schein und Triandis erlauben eine differenzierte Betrachtung dieses Einflusses und offenbaren die stete Bedeutung kultureller Elemente für (zwischen-) menschliches Verhalten. Durch das Konzept der Subjective Culture von Triandis konnte überdies die Beeinflussung der Wahrnehmung und der Attribution von Verhaltensursachen durch die Kultur herausgearbeitet werden. Demnach nimmt jeder Mensch seine Umwelt kulturell geprägt, wie durch eine kulturelle Brille, wahr. Diese kulturtypische Wahrnehmung wiederum führt zum einen zu kulturspezifischen Handlungen und Verhaltensweisen; zum anderen jedoch auch zu einer möglichen, kulturbedingten Fehlinterpretation von Verhaltensursachen anderer. Beruht ein Verhalten auf grundlegenden Annahmen und Werten einer Kultur, und wird eine Ursache für dieses Verhalten aus einer gänzlich anderen Subjective Culture Perspektive gesucht bzw. attribuiert, so wird die Ursache nicht nur häufig nicht gefunden, sondern oft eine falsche Kausalattribution vorgenommen. Da dieses Phänomen den Kern der vorliegenden Arbeit darstellt, wurde dem Ansatz Triandis' verstärkt Bedeutung gewidmet. Das Phänomen wird zudem im weiteren Verlauf der Arbeit verstärkt behandelt.

2 Kompetenz

Der zweite wesentliche Teilbegriff interkultureller Kompetenz, der einer Einordnung, Abgrenzung und definitorischen Festlegung bedarf, ist *Kompetenz*. Analog zu Kapitel 1 des vorliegenden Teils werden auch hier zunächst die in der Literatur erkennbaren Schwierigkeiten eines einheitlichen Kompetenzverständnisses dargestellt, um aufbauend auf den Gemeinsamkeiten der Vielzahl an Begrifflichkeiten eine Kompetenz*arbeitsdefinition* zu erarbeiten, die dieser Arbeit letztlich zugrunde gelegt werden kann. Im Anschluss wird eine Kompetenzsystematik eingeführt, in der unterschiedliche Kompetenz*typen, -klassen, –gruppen* sowie *–ebenen* vorgestellt werden. Dies gestattet die spätere präzise Ein- bzw. Zuordnung des eigenen, zu entwickelnden Konstrukts.

2.1 Kompetenzbegriff und Kompetenzdefinition

Kompetenz ist gegenwärtig begrifflich sehr unklar gefasst und kann nicht zuletzt deshalb auch nur sehr schwer messend zugänglich gemacht werden (vgl. Erpenbeck & Von Rosenstiel, 2003, S. IX). Ein Grund dafür ist auch hier wieder in den unterschiedlichen Betrachtungsweisen verschiedener Wissenschaftsdisziplinen zu sehen, die sich mit dem Kompetenzbegriff und Kompetenzen beschäftigen (vgl. Weinert, 2001, S. 45; Scheitler, 2005, S. 75). Auch das seit längerer Zeit beobachtbare, rege Forschungsinteresse auf diesem Gebiet konnte bisher noch keine Einigung auf ein allgemein akzeptiertes Begriffsverständnis hervorbringen.

Bereits 1959 widmete sich White der Kompetenz aus der Perspektive der Motivationspsychologie. Er definierte Kompetenz zunächst grob als all diejenigen Verhaltensweisen, die mit einer effektiven Interaktion mit der Umwelt zusammenhängen (White, 1959, S. 317). Kompetenz bezeichne hierbei die Entwicklung grundlegender Fähigkeiten, die weder angeboren, noch das Ergebnis eines Reifungsprozesses sind, sondern vom Individuum selbstorganisiert und intrinsisch motiviert hervorgebracht werden, um mit der Umwelt interagieren zu können (vgl. ebd., S. 318). Dabei können diese Fähigkeiten sehr wohl im Sinne psychologischen Lernens erlernt werden, wonach Lernen keine Handlung, also keine zielgerichtete Aktivität, sondern einen nichtbeobachtbaren, nicht zielgerichteten, internalen Prozess beschreibt. Dadurch ist Kompetenz auch zwingend von bloßer Qualifikation abzugrenzen. Kompetenz stellt im Grunde eine Weiterentwicklung der Qualifikation dar (vgl. Grootings, 1994), da Qualifikationen in von der Handlung abgetrennten, normierbaren Prüfungssituationen sichtbar werden und somit das aktuelle Wissen und die vorhandenen Fertigkeiten widerspiegeln (vgl. Erpenbeck & Von Rosenstiel, 2003, S. XI). Kompetenz hingegen zeigt sich in der Handlung und belegt die Kombination und Anwendung verschiedener Kenntnisse, Fertigkeiten, und Erfahrungen (vgl. Weinert, 2001, S. 45; Scheitler, 2005, S. 95). Sie umfasst das für die Handlung erforderliche Wissen und Können, weshalb Kompetenz als kognitives Konstrukt einzustufen ist (Weinert, 2001). Diese Kognitionen sind jedoch stets aktivitätsorientiert und Kompetenzen somit als *Handlungsdispositionen* zu bezeichnen (vgl. Weinert, 2001, S. 45), die häufig als Dispositionen selbstorganisierten Handelns oder auch Selbstorganisationsdispositionen eingestuft werden (vgl. etwa Bunk, 1994, S. 11; Erpenbeck & Von Rosenstiel, 2003, S. XI). Dabei lassen sich generelle von kontextspezifischen Dispositionen unterscheiden (vgl. Hartig & Klieme, 2006, S. 128), wobei letztere einer genau definierten Zielhandlung dienen. Beide stellen ein Bindeglied zwischen der reinen Kognition und der Handlung dar, und insbesondere die generellen Dispositionen machen den Menschen sowohl in vertrauten als auch in fremdartigen Situationen handlungsfähig, sind also in einem gewissen Maß über ähnliche Situationen generalisierbar (vgl. Hartig & Klieme, 2006, S. 129). Sie beinhalten somit eine situationsübergreifende Handlungs- und Problemlösefähigkeit (vgl. Wilkens, Keller & Schmette, 2006, S. 5).

Obgleich Kompetenzen nicht mit bestimmten Handlungen gleichzusetzen sind, manifestieren sie sich doch in ihnen und lassen sich über die Handlungen interpretierend erschließen (vgl. Scheitler, 2005, S. 81). Einer physisch und psychisch selbstorganisiert handelnden Person werden demnach auf Grund beobachtbarer Verhaltensweisen bestimmte Dispositionen als Kompetenzen zugeschrieben (Erpenbeck & Von Rosenstiel, 2003, S. XI), die sich im Laufe der Zeit entwickeln und wie bereits angedeutet folglich entwickelbar oder lernbar sind. Entscheidend für das Ausmaß dieses Erlernens ist unter anderem die Menge der im jeweiligen Bezugsfeld gemachten Erfahrungen (vgl. Weinberg, 2001).

Kompetenzen erhalten ihren Sinn jedoch erst durch ihre Rückbindung in ein Wertesystem (vgl. Scheitler, 2005, S. 80), weshalb ein und dieselbe Handlung in Abhängigkeit der Situation mal als kompetentes, mal als inkompetentes Verhalten wahrgenommen und bezeichnet werden kann.[50] Deswegen sind Kompetenzen per se auch nicht mit kompetentem Verhalten gleichzusetzen.

Die Klärung des Kompetenzbegriffs schließt demnach eine Auseinandersetzung mit der letztendlichen Performanz mit ein. Der Linguist Stemmer geht in seiner Arbeit (1971) sogar soweit zu sagen, dass eine bestimmte Kompetenztheorie in letzter Konsequenz von der jeweiligen Performanz abhängt. Ausführlich behandelt er die Unterschiede und Zusammenhänge beider Begriffe später (Stemmer, 1983), wichtig für das fortlaufende Verständnis ist die an Stemmer anknüpfende Auffassung Hubers, nach der Performanz immer (mehr oder weniger) Kompetenz voraussetzt, so dass das Verhältnis zwischen Kompetenz und Performanz dasjenige einer Teil-Ganzes-Beziehung wird (Huber, 2001). Die Performanz eines Individuums ist nicht ausschließlich auf seine individuellen Kenntnisse, Fähigkeiten, Fertigkeiten und so fort zurückzuführen, sondern stets auch im Zusammenhang mit moderierenden sozialen und (beispielsweise kulturellen) Umweltvariablen zu sehen. Entgegengesetzt gilt jedoch auch, dass eine wahrnehmbare und gegebenenfalls messbare Performanz nicht notwendigerweise das gesamte Ausmaß der ihr zugrunde liegenden Kompetenz widerspiegelt. Nach einem Verständnis von Kompetenz als angelegtem Vermögen und Performanz als dem, was ein Akteur unter gegebenen Bedingungen daraus macht, muss die Performanz nicht notwendigerweise ein zuverlässiger Indikator der ihr zugrunde liegenden Kompetenz mit all ihren Facetten sein (vgl. Moldaschl, 2006, S. 10), weshalb das angesprochene interpretierende Erschließen von Kompetenzen durch beobachtbare Handlungen problematisch ist. Ein hohes Ausmaß an (genereller) Kompetenz erlaubt vielmehr eine Vielzahl unterschiedlicher Performanzen, etwa zielorientiertes Handeln, gute Argumentation, erfolgreiches Lernen oder eine effektive Interaktion mit der Umwelt (vgl. Weinert, 2001, S. 46) Eine ähnliche Auffassung vertritt Sarges mit Kompetenzen als berufs- bzw. tätigkeitsrelevanten, verhaltensnahen und auch messbaren Charakteristika einer Person (vgl. Sarges, 2002, S. 288).

---

[50] So könnte beispielsweise das in einem Kulturkreis als kompetent geltende selbstorganisierte Arbeiten eines Mitarbeiters in einem anderen (je nach Wertesystem) als inkompetent und vorlaut wahrgenommen werden.

Die ausgeführte Performanz weist somit immer einen Bezug zu einem klar definierten Kriterium auf.

Zusammenfassend kann dieser Arbeit nun folgende Arbeitsdefinition von Kompetenz zugrunde gelegt werden:

> **Kompetenzen sind kognitive Dispositionen selbstorganisierten Handelns, die verschiedene Arten verfügbaren Wissens, Kenntnisse, Fähigkeiten, Fertigkeiten und Erfahrungen miteinander kombinieren, in umfassende Wertbezüge eingebettet sind, und deren Anwendung zu Performanz sowohl in vertrauten wie in fremden Handlungssituationen befähigt.**

Wie bereits in Abschnitt 1.1 erläutert hat auch diese Definition den Charakter einer Arbeitsgrundlage. Die konstituierenden Begriffe bedürfen – dies mag der kritische Leser einwenden – mitunter selbst einer Definition, auch wenn dies gewöhnlich vermieden werden sollte (vgl. Dubislav, 1981). Es würde dadurch jedoch eine Diskussion angeregt, die weder dieser Arbeit dienlich, noch für ihr Verständnis nötig ist, und die in der derzeitigen Erkenntnistheorieforschung der Philosophie ohnehin ausführlich und aller Wahrscheinlichkeit nach auch besser geführt wird. Für diese Arbeit soll hingegen die differenzierte Auseinandersetzung mit den Teilbegriffen dieser Definition erst bei ihrer ersten Anwendung, also im Rahmen der Konzeptualisierung, erfolgen (vgl. Teil III Kapitel 4).

Um das durch eine rein semantische Definitionsdarstellung erschwerte Verständnis ihrer Inhalte und deren Beziehungen untereinander jedoch etwas aufzuweichen, wird die Kompetenzdefinition zusätzlich in Form eines generellen Kompetenzmodells dargestellt. Abbildung 14 zeigt dieses grundlegende Kompetenzmodell.

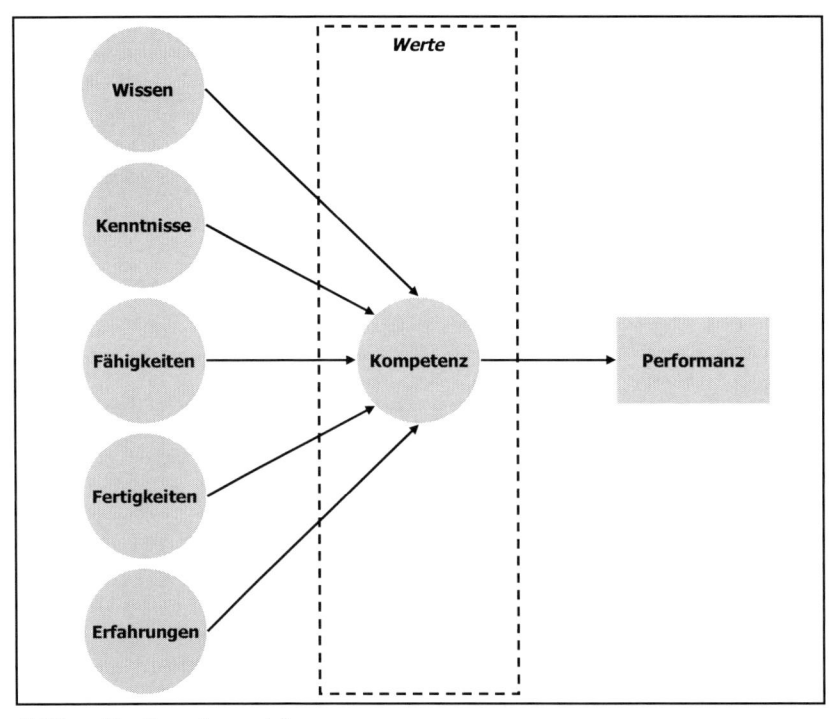

Abbildung 14: Kompetenzmodell

Grafische Darstellung der Kompetenzdefinition; moderierende Effekte und wechselseitige Abhängigkeiten werden der Einfachheit halber bewusst noch nicht berücksichtigt.
Eigene Darstellung

Kompetenz setzt sich nach diesem Verständnis aus mehreren Faktoren zusammen, und erst diese Vereinigung kann zu einer letztlich gezeigten Performanz führen. Damit wird eine klare Positionierung vorgenommen, anders als oftmals in der Literatur, wo Kompetenzen mal als Verhaltenspotenziale, mal als konkretes Verhalten, und mal als Konsequenzen desselben zu finden sind (vgl. Kanning, 2003, S. 12). Zudem wird deutlich, dass sich Kompetenz zwar durch wahrnehmbare Performanz erschließen lässt, dieses Vorgehen einen differenzierten Rückschluss auf die Ausprägung einzelner eine Kompetenz konstituierende Faktoren jedoch nicht erlaubt. Auf diesen Punkt wird im Abschnitt der Kompetenzmessung noch näher einzugehen sein.

2.2 Kompetenzsystematisierung

Auch der Kompetenzbegriff bleibt trotz definitorischer Eingrenzung sehr komplex und ist in der bisher definierten Form für eine Vielzahl unterschiedlicher Bereiche anwendbar. Deshalb soll der Kompetenzbegriff kurz systematisiert werden. So kann Kompetenz zunächst auf mehreren organisationalen Ebenen angesiedelt sein, etwa auf der Individual-, Gruppen-, Organisations- oder auch Netzwerkebene (vgl. Wilkens et al., 2006).[51] Auf organisationaler Ebene ist die Kompetenzdiskussion hauptsächlich vom Resource Based View (Barney, 1991)[52] getragen und weißt deutliche Mängel auf, weshalb Moldaschl (2006) für eine institutionelle Reflexivität als Alternativkonzeptionalisierung organisationaler Kompetenz plädiert. Im vorliegenden Kontext ist Kompetenz ausschließlich als ein auf der Individualebene angesiedeltes Konstrukt zu verstehen.

Für eine tiefer gehende Systematik der individuellen Kompetenzen wird der Einteilung durch Erpenbeck und von Rosenstiel gefolgt (vgl. Erpenbeck & Von Rosenstiel, 2003, S. XIII f.), die Kompetenzen primär anhand verschiedener *Kompetenztypen* und *Kompetenzklassen* unterscheiden. Die Unterscheidung mehrerer Klassen kann über die reine Klassifikation hinaus zudem als grundlegende Taxonomie zur Kompetenzmessung herangezogen werden, wie in Abschnitt 2.3 deutlich werden wird.

Hinsichtlich der Kompetenztypen kann eine dichotome Unterscheidung vorgenommen werden. *Kompetenztyp I* beschreibt Kompetenzen, die primär für Selbststeuerungsstrategien unter Zielkenntnis notwendig sind. Hierbei wird implizit davon ausgegangen, dass es einen schnellsten Weg zu einem eindeutig definierten Optimum gibt. Dem gegenüber stehen Kompetenzen des *Kompetenztyp II*, die bei Problemlösungen mit mehreren Optima, also bei Zieloffenheit, zum Einsatz kommen. Kreative Selbstproduktionen geeigneter Lösungsarten zeichnen diesen Typ ebenso aus wie die Fähigkeit, die erzeugten Lösungen auszubauen und beizubehalten. Somit bezeichnen Kompetenztypen Vorstellungen unterschiedlicher Selbstorganisation.

Demgegenüber stehen Kompetenzklassen, die eine Einordnung unterschiedlicher Kompetenzen hinsichtlich ihrer Subjekt-Objekt-Struktur zulassen und somit das Handlungsobjekt ins Licht der Aufmerksamkeit rücken. Als zentrale Kompetenzklassen können mit Erpenbeck und von Rosenstiel *Personale-, Aktivitäts- und umsetzungsorientierte, Fachlich-methodische* sowie *Sozial-kommunikative* Kompetenzen unterschieden werden. Personale Kompetenzen zeichnen sich durch Dispositionen aus, die zu einem reflexiven, also auf die eigene Person bezogenen, selbstorganisierten Handeln befähigen. Aktivitäts- und umsetzungsorientierte Kompetenzen richten den Fokus auf die Umsetzung von Absichten oder Plänen, sowohl für sich selbst als auch für und mit anderen. Sie integrieren alle anderen Kompetenzklassen in den eigenen Willen. Fachlich-methodische Kompetenzen hingegen bezeichnen die Fähigkeit, Probleme durch fachlich instrumentelle Kenntnisse, Fähigkeiten und Fertigkeiten kreativ und selbstorganisiert zu lösen, und sozial-kommunikative Kompetenzen schließlich bezeichnen Dispositionen, sich mit anderen Personen kreativ auseinander- und zusammenzusetzen und sich beziehungsorientiert zu verhalten. Die Unterteilung Kannings (2003, S. 14 f.) von sozialer Kompetenz als Durchsetzungsfähigkeit, als Anpassungsfähigkeit und als Kompromiss zwischen beiden macht deutlich, dass es bei sozial-kommunikativen Kompetenzen weder um eine Dominanz, noch um eine Unterwerfung gegenüber dem Interaktionspartner geht.[53]

---

[51] Siehe hierzu auch Jacob (2006)

[52] Dieser wurde später differenziert und weiterentwickelt, etwa zu Ansätzen des Competence Based View und Knowledge Based View.

[53] Neben dieser Systematisierung und über sie hinausgehend findet sich eine Vielzahl weiterer. Aus Gründen der Übersichtlichkeit und Verständlichkeit werden diese hier jedoch nicht aufgeführt. Ein exzellenter Überblick über die Begriffs- und Klassifikationsvielfalt und in der Kompetenzforschung findet sich beispielsweise bei Weinert (2001).

Abbildung 15 fasst die vorgenommene Systematisierung unterschiedlicher Kompetenzbereiche grafisch in Form einer Matrix zusammen. Dabei ist es wichtig zu erwähnen, dass eine Zu- und Einordnung zu den bzw. in die einzelnen Felder keinesfalls ausschließenden Charakter haben muss – Mischformen und Überscheidungen sind durchaus denkbar.

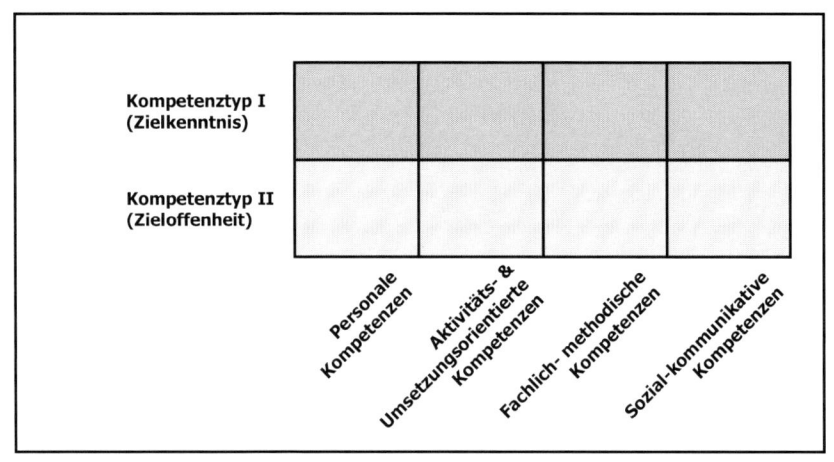

Abbildung 15: Kompetenzsystematisierung
Eigene Darstellung

Diese Kompetenzsystematisierung erlaubt im weiteren Verlauf der Arbeit eine Zu- und Einordnung des zu erarbeitenden Konstrukts, und hierüber ein klareres Verständnis desselben. Wird zudem die Messung einer Kompetenz angestrebt, so gibt eine Kompetenzsystematisierung Hinweise oder Vorgaben hinsichtlich der Art der Messung bzw. des für die jeweilige Kompetenzklasse richtigen Messinstruments.

2.3 Kompetenzmessung

Jede Kompetenzmessung ist aufgrund der vorangegangenen Ausführungen zum Kompetenzbegriff zunächst als eine Messung des aktuellen Ist-Standes individueller Ausprägungen kontinuierlicher oder diskontinuierlicher Merkmale von Kompetenzklassen zu interpretieren. Kompetenzen lassen sich, wie in Abschnitt 2.1 dargestellt, erlernen, ausbauen, und verbessern. Solch ein dynamisches Begriffsverständnis impliziert jedoch auch die Möglichkeit des Verlernens oder des sich Verschlechterns. Erneute Kompetenzmessungen zu einem späteren Zeitpunkt müssen also nicht notwendigerweise zu denselben Ergebnissen führen. Dies ermöglicht eine Kompetenz*entwicklungsmessung* (vgl. Erpenbeck & Von Rosenstiel, 2003, S. XVIII), also der Messung einer Kompetenzänderung beim jeweiligen Subjekt. In jedem Falle ist die Messung einer Kompetenz stets von der Zielsetzung und vor allem vom Wertesystem abhängig, in dem sie vorgenommen wird (vgl. Abschnitt 2.1). Ein und dasselbe Verhalten kann mal als kompetent, mal als inkompetent bezeichnet werden, und der Bezug zu einem klar definierten Ziel bzw. Kriterium ist demnach sehr wichtig. Er erlaubt letztlich erst eine adäquate Kompetenzmessung (vgl. Sarges, 2002, S. 288).

Eine Kompetenzmessung richtet sich zunächst nach der Zuordnung der zu messenden Kompetenz zu den einzelnen Kompetenztypen und –klassen. Eine derartige

Klassifikation trägt bereits maßgeblich zur Wahl einer geeigneten Messmethode bei. Grundlegend lassen sich diese Methoden in *subjektive*, also Beobachter bzw. Forscherabhängige, und *objektive* Verfahren unterteilen. Subjektive Messverfahren haben meist eine qualitative Zielsetzung in der Kompetenzforschung. Verhaltensbeobachtungen, (ggf. standardisierte) Einzelinterviews, andere qualitative Verfahren oder deren Kombination sollen Aufschluss über die Kompetenz eines einzelnen Subjekts bringen. Stellt hingegen eine forscherunabhängige, objektive Untersuchung mehrerer Subjekte das Forschungsziel dar, so kann auf eine Vielzahl unterschiedlicher quantitativer Messverfahren zurückgegriffen werden. Neben Fragebogen kommen auch andere Verfahren der psychologischen Diagnostik zum Einsatz.[54] Die Wahl der geeigneten Messstrategie und des korrespondierenden Messverfahrens richtet sich also zunächst nach der Klassifizierung der interessierenden Kompetenz.

Des Weiteren kann eine Kompetenzmessung nur dann valide sein, wenn sie dem zugrunde liegenden Kompetenzverständnis gerecht wird. Entscheidend ist hierbei etwa die Unterscheidung zwischen Kompetenz und kompetenten Verhalten. Beide Auffassungen bedingen letztlich gänzlich verschiedene Verfahren. Ein Beispiel soll dies verdeutlichen. Steht etwa die Messung sozial-kommunikativer Kompetenz im Vordergrund, so können unterschiedliche Verfahren, je nach Begriffsverständnis, zum Einsatz kommen. Diese Verfahren unterscheiden sich in ihrer Anwendung primär hinsichtlich der Nähe der erhobenen Daten zu den interessierenden Kompetenzen (vgl. Kanning, 2003, S. 26). Die größte Nähe zur eigentlichen Kompetenz weisen hiernach Verfahren auf, „die den Anspruch erheben, die Kompetenzen direkt zu erfassen. Sie beschränken sich allerdings auf die Messung kognitiver Kompetenzen. Bei allen übrigen Verfahren werden die Kompetenzen aus dem Sozialverhalten erschlossen" (Kanning, 2003, S. 26). Diese indirekten Verfahren können beispielsweise Verhaltensbeobachtungen, häufig angewendet in Assessment Centern, oder die Messung von Kompetenzindikatoren sein. Am direktesten lässt sich die sozial-kommunikative Kompetenz bei einem sehr kognitiven Begriffsverständnis also durch einen sie direkt messenden Test erfassen. Die Möglichkeit einer geringen Korrelation der Ergebnisse mit dem Verhalten in realen Situationen gilt es hierbei jedoch zu berücksichtigen (vgl. Neubauer & Fink, 2006, S. 328). Ebenso muss bei der Wahl beispielsweise einer Verhaltensbeobachtung berücksichtigt werden, dass das gezeigte Verhalten das Resultat einer zugrunde liegenden Kompetenz sein *kann*, jedoch nicht sein *muss*, und dass ein differenzierter Rückschluss auf einzelne Kompetenzfaktoren nicht möglich ist (vgl. Abschnitt 2.1). Durch einen solch interpretativen Rückschluss ist keine Aussage möglich, welcher Kompetenzbereich stark, welcher schwach ausgeprägt ist. In der Folge können auch nur sehr undifferenzierte Maßnahmen zur Kompetenzentwicklung zum Einsatz kommen. Abbildung 16 gibt einen Überblick.

---

[54] Eine gute Übersicht findet sich beispielsweise bei den schon bekannten Autoren Erpenbeck und von Rosenstiel (2003).

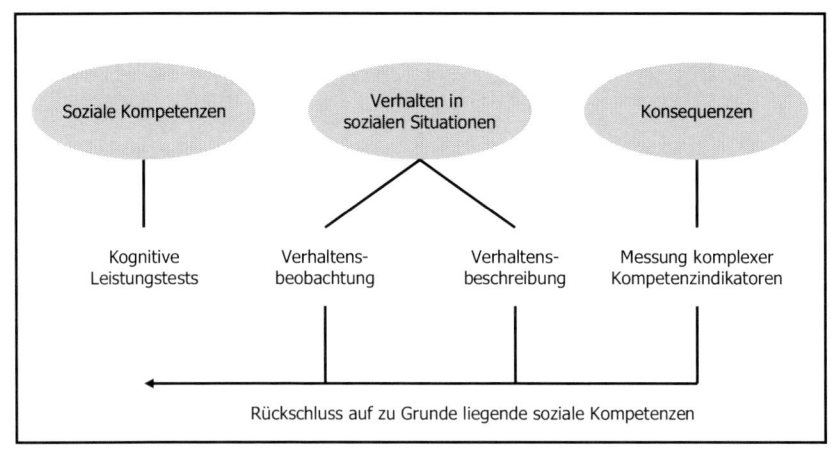

```
┌─────────────────────────────────────────────────────────────────────────┐
│                                                                         │
│   ╭─────────────╮      ╭─────────────╮      ╭─────────────╮             │
│   │   Soziale   │      │ Verhalten in│      │             │             │
│   │ Kompetenzen │      │  sozialen   │      │Konsequenzen │             │
│   │             │      │ Situationen │      │             │             │
│   ╰─────────────╯      ╰─────────────╯      ╰─────────────╯             │
│                            ╱     ╲                                      │
│                                                                         │
│     Kognitive         Verhaltens-     Verhaltens-      Messung komplexer│
│   Leistungstests      beobachtung     beschreibung    Kompetenzindikatoren│
│         │                 │                │                 │          │
│         └─────────────────┴────────────────┴─────────────────┘          │
│    ◄────                                                                │
│          Rückschluss auf zu Grunde liegende soziale Kompetenzen         │
└─────────────────────────────────────────────────────────────────────────┘

*Abbildung 16:* Methodische Zugänge zur Erfassung sozialer Kompetenzen
(Kanning, 2003, S. 26)

In der Literatur wird oft die Forderung nach einer Multimethodalität in der Kompetenzmessung gestellt, etwa einer Kombination aus quantitativen und qualitativen Messansätzen (vgl. bspw. Sarges, 2002). Diese Forderung erscheint durchaus berechtigt, und die einem multimethodischen Vorgehen unterstellte größere Genauigkeit der Messung darf zu Recht angenommen werden. Mehrere Methoden erschließen stets mehr und unterschiedliche Facetten einer Kompetenz, als dies ein einzelnes Verfahren je könnte. Zudem können so weitere, über die bloße Kompetenz hinausgehende Aussagen getroffen werden. Die Kombination eines kognitiven Leistungstests mit einer Verhaltensbeobachtung etwa würde nicht nur eine genauere Kompetenzmessung erlauben, sondern auch noch eine Aussage über den Zusammenhang zwischen der Kompetenz und dem gezeigten Verhalten. Vor dem Hintergrund einer praktisch orientierten und personalwirtschaftlich anwendbaren sowie kosteneffizienten Kompetenzmessung gestaltet sich ein solcher Ansatz jedoch oft als schwierig. Der hohe Aufwand und die damit verbundenen Kosten führen dazu, dass derartige Vorstellungen als unökonomisch angesehen werden müssen. Ein möglichst nahe am Konstrukt ansetzendes und durch hohe Güte gekennzeichnetes, unimethodales Messverfahren wird daher als zielführend betrachtet.[55]

## 2.4 Fazit

In der Literatur herrscht keineswegs Einigkeit über eine einheitliche Belegung und Verwendung des Kompetenzbegriffs. In diesem Kapitel wurde deshalb eine eigene Arbeitsdefinition abgeleitet. Dabei wird Kompetenz als vorrangig kognitives Konstrukt aufgefasst, das einer Handlung vorausgeht. Andere Auffassungen wurden erwähnt und sind ebenfalls denkbar.

---

[55] Unimethodische Verfahren bergen stets das Problem des so genannten „Common Method Bias", also der Verzerrung der Messwerte aufgrund der verwendeten Messmethode (vgl. hierzu insb. Podsakoff, MacKenzie, Lee & Podsakoff, 2003), worauf bereits Capell & Fiske (1959) hinweisen. Das Problem wird in Teil IV, Kapitel I2 aufgegriffen und im Zusammenhang der Konstruktvalidität diskutiert.
```

Kritik zum Kompetenzbegriff erscheint vor allem dann gerechtfertigt, wenn dieser sich nicht signifikant von verwandten Begrifflichkeiten abhebt und in seiner Aussagekraft vage und unpräzise bleibt. In einem solchen Fall sollte lieber an bereits vorhandenen Begriffen und Beschreibungen festgehalten und diese weiter differenziert werden, um mögliche begriffliche Unklarheiten zu vermeiden. Schuler (2006a) äußert in diesem Zusammenhang eine Fundamentalkritik, allerdings am Begriff so genannter Kompetenz-*Modelle*,[56] die hier zustimmend wiedergegeben werden soll:

> „Der Typische Weg, ‚competencies' zu postulieren, besteht darin, ein Sammelsurium von Fähigkeiten, Fertigkeiten und Erfahrungen, Verhaltensbereitschaften und Verhaltensergebnissen zusammenzustellen, dabei Voraussetzungen und Konsequenzen – also Prädiktoren und Kriterien – zu vermischen, taxonomische Oberbegriffe und ihre Teilaspekte aneinanderzureihen, Synonyme nicht als solche zu erkennen und auch in jeder weiteren Hinsicht hinter alle Entwicklung zurückzufallen, die die Arbeits- und Anforderungsanalyse in den letzten 50 Jahren genommen hat" (Schuler, 2006a, S. 62).

Sicher stellen derartig zusammengestellte Kompetenzmodelle einen Sonderfall dar, und Sarges (2002) schafft mit seinem Artikel, in dem er sich auf eine ältere Ausgabe der Kritik Schulers bezieht, etwas Klarheit. Dennoch wurde bereits in Abschnitt 7 des ersten Teils auf ähnliche, wenngleich nicht derart gravierende Schwächen der Forschung zur interkulturellen Kompetenz hingewiesen und diese kritisiert, beispielsweise die ungenaue Differenzierung zwischen Prädiktoren, Faktoren und Kriterien. Die in dieser Arbeit eingeschlagene, differenzierte Auseinandersetzung mit den zu Grunde liegenden theoretischen Konzepten allgemein und dem Kompetenzbegriff im Speziellen erscheint vor dem Anspruch genauer Forschung notwendig, ja sogar unabdingbar. Erst die spezifische Klärung des Kompetenzbegriffs sowie der ihn konstituierenden Begriffe erlaubt es letztlich, seine Stärken und Möglichkeiten zu nutzen. Der Kompetenzbegriff an sich wurde im vorliegenden Abschnitt behandelt, die konstituierenden Begriffe folgen bei der Konzeptualisierung des eigenen Konstrukts in Teil III Kapitel 4.

---

[56] Unter Kompetenz-Modellen werden in diesem Zusammenhang die Ergebnisse des in der Personalpraxis zu beobachtenden Trends bezeichnet, „nach Gutdünken eine Liste von Merkmalen zusammenzustellen […] die Voraussetzung erfolgreicher beruflicher Tätigkeit sein sollen (vgl. Schuler, 2006a, S. 62).

3 Attributionen als Betrachtungsgegenstand

Nach der Erläuterung und definitorischen Festsetzung der beiden zentralen Begriffe Kultur und Kompetenz in den vorangegangenen Abschnitten soll nun der Betrachtungsgegenstand interkultureller Interaktionen ausgewählt und differenziert dargestellt werden. Zunächst wird die schon in Abschnitt 1.3.3 erläuterte Bedeutung von Attributionen im interkulturellen Handlungsprozess aufgegriffen und ergänzt, um so die Wahl des Attributionsprozesses als Betrachtungsgegenstand zu begründen. Anschließend werden zentrale Attributionstheorien zunächst in ihrer ursprünglichen, grundlagentheoretischen Form erläutert und anschließend in einen interkulturellen Rahmen integriert.

3.1 Begründung der Wahl von Attributionsprozessen

Bereits in Teil I Kapitel 7 der Arbeit wurde die oft zu findende konzeptionelle Schwäche von Ansätzen zu interkultureller Kompetenz kritisiert. Vielen Konzepten fehlt ein klarer Zielbezug, d.h. ein konkreter Betrachtungsgegenstand, auf den sich die Analyse interkultureller Interaktion bezieht und somit auch beschränkt. Diesen Zustand soll die vorliegende Arbeit nicht aufweisen. Deshalb wird sich diese Arbeit, wie in der Einleitung angekündigt, auf die *Analyse von interkulturellen Attributionsprozessen* beschränken.

Attributionen können als ein zentraler Schlüssel zu interkulturell kompetentem Verhalten angesehen werden. Insbesondere Triandis (1972; 1977b) stellt die Bedeutung von Attributionen als wichtige Prozesse in interkulturellen Interaktionen in seinen Arbeiten heraus. Detweiler (1975; 1978) greift diesen Ansatz auf und kann diese Stellung empirisch nachweisen. Aktuell basiert im deutschsprachigen Raum bspw. Thomas (2003a) seine Überlegungen zu interkultureller Kompetenz auf attributionstheoretischen Argumentationen, und auch Loenhoff (2003, S. 193) bspw. stimmt einer Favorisierung attributionstheoretischer Forschung explizit zu.

Diese „prominente" Stellung von Attributionsprozessen in der Forschung zu interkultureller Kompetenz und interkultureller Interaktion kommt nicht von ungefähr. Wie in den weiteren Ausführungen zu Attributionen deutlich werden wird, sind Personen ständig bestrebt, Ursachen für das Verhalten anderer zu attribuieren, auch und insbesondere im fremdkulturellen Raum. Unbekannte Verhaltensweisen, neue Umgangsformen, allgemein fremdartiges Gebaren werden laufend analysiert. Dabei stellt dieses Analysieren eine der primären kognitiven Aktionen in der interkulturellen Interaktion überhaupt dar: Emotionen sind oft als Resultat einer Attribution aufzufassen (vgl. Kapitel 4), und Verhalten ist immer einer Kognition und somit eben auch oft einer Attribution nachgeschaltet. Der interkulturelle Attributionsprozess und die hieraus resultierenden Attributionen können somit als eine wesentliche Grundlage für weitere Reaktionen sowohl auf der emotionalen, der kognitiven, als auch der konativen Ebene angesehen werden. Daher bilden speziell sie den Betrachtungsgegenstand der vorliegenden Arbeit. Dieses Vorgehen entspricht darüber hinaus einem aktuellen Trend in der Forschung zum Verständnis von Arbeitsverhalten in Organisationen (vgl. hierzu Weinert, 1998, S. 178 ff.), und erweitert diese gewissermaßen um eine (inter-) kulturelle Komponente.

Die Darstellung grundlagenpsychologischer Attributionstheorien ist in diesem Zusammenhang wichtig, da sie den Attributionsprozess an sich verständlich und nachvollziehbar macht. Hierauf aufbauend können im Anschluss sowohl die kulturellen

Eigenheiten als auch die interkulturellen Besonderheiten von Attributionen dargestellt werden. Insgesamt bildet diese Darstellung der Attributionstheorien und -prozesse einen wichtigen Rahmen für die spätere Erarbeitung eines Konstrukts.

3.2 Grundlagen der Attributionstheorie

Attributionstheorien haben die Beantwortung von verhaltensbezogenen Warum-Fragen zum Gegenstand. Aufgrund des menschlichen Bestrebens, die Zukunft vorhersagen und Ereignisse kontrollieren zu können, sollen Ursachen des eigenen Verhaltens, des Verhaltens anderer, oder von Ereignissen erkannt werden (vgl. Fiske & Taylor, 1991, S. 23). Diese Ursachenzuschreibung, die so genannte *Kausalattribution* (vgl. Hewstone & Fincham, 1996, S. 178; Fincham, 2001, S. 3), kann nicht bloß aufgrund der offensichtlich vorhandenen verbalen und nonverbalen Informationen erfolgen. Diese lassen eine beträchtliche Mehrdeutigkeit hinsichtlich der tatsächlichen Bedeutung, und die tatsächlichen Ursachen sind somit aus ihnen nicht unmittelbar ersichtlich. Es müssen also Folgerungen aus den Beobachtungen gezogen werden, welche wirklichen Gründe letztlich für das eigene oder das fremde Verhalten ausschlaggebend sind. *Attributionstheorien* haben die Beschreibung und Erklärung dieser Ursachenzuschreibung menschlichen Verhaltens zum Gegenstand (vgl. Aronson, Wilson & Akert, 2004, S. 115). Mit ihrer Hilfe soll das Zustandekommen von Attributionen erklärt werden können, also die Frage beantwortet werden, aufgrund welcher Wissensbestände, Informationen, Mechanismen oder auch Prozesse Menschen einem Sachverhalt eine bestimmte Ursache zuschreiben. Demgegenüber befassen sich *attributionale Theorien* mit den Folgen der gemachten Attributionen auf das Erleben, die Motivation und das Verhalten (vgl. Fiske & Taylor, 1991). Im interkulturellen Handlungskontext ist zunächst ein Verständnis der Verhaltensursachen wichtig; es geht also in erster Linie darum zu verstehen, wie und weshalb dem Verhalten anderer Personen aus einer fremden Kultur (richtige) Verhaltensursachen zugeschrieben werden. Demzufolge stehen die Attributionstheorien hier im Mittelpunkt der Betrachtung. Die unternehmerischen Folgen richtiger respektive falscher Attributionen sind für diese Arbeit erst an zweiter Stelle wichtig. Sie bilden in Kapitel 4 die Basis der attributionstheoretischen Analyse der ökonomischen Bedeutung des Konstrukts. Abbildung 17 ordnet die beiden Begriffe ein. Dabei gründet die Auswahl der einzelnen Theorien zum einen in ihrer Relevanz für die allgemeine sozialpsychologische Forschung (vgl. bspw. Fiske & Taylor, 1991; Hewstone & Fincham, 1996; Aronson et al., 2004),[57] zum anderen in der ihnen für die Konzeptualisierung beigemessenen Bedeutung.

---

[57] Eine ausführliche Darstellung der Attributionsforschung unter Berücksichtigung auch anderer Theorien findet sich etwa bei Effler (1986).

```
┌─────────────────────────────────────────────────────────────────┐
│                                                                 │
│  ┌──────────────┐      ┌──────────────┐      ┌──────────────┐  │
│  │              │      │              │      │ Wirkungen auf│  │
│  │  Bedingungen │ ───► │  Attribution │ ───► │   Erleben,   │  │
│  │              │      │              │      │ Motivation und│ │
│  │              │      │              │      │   Verhalten  │  │
│  └──────────────┘      └──────────────┘      └──────────────┘  │
│            _____UV - AV_____/    _____UV - AV_____/       │
│                                                                 │
│            Attributionstheorien     Attributionale Theorien     │
│            z.B.                      z.B.                       │
│            Heider, 1958              Weiner, 1985               │
│            Jones & Davis, 1965                                  │
│            Kelley, 1967                                         │
└─────────────────────────────────────────────────────────────────┘
```

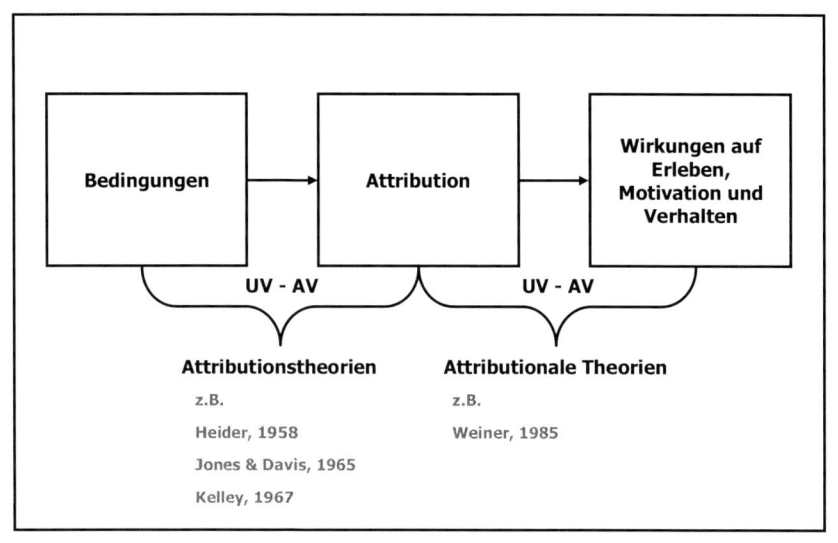

Abbildung 17:   Attributionstheorien und attributionale Theorien
               Schematische Darstellung und wichtige Vertreter.
               UV = Unabhängige Variable; AV = Abhängige Variable
               Eigene Darstellung

Auch wenn die wesentlichen Theorien und Forschungsarbeiten auf diesem Gebiet bereits vor einigen Jahren entwickelt wurden, so ist die Attributionsforschung nach wie vor eines der am stärksten beachteten Gebiete der Sozialpsychologie (vgl. Hewstone & Fincham, 1996, S. 178),[58] und moderne, anwendungsbezogene Forschungsbereiche, beispielsweise die Führungsforschung, greifen auf Erkenntnisse dieser Grundlagenforschung zurück.[59]

3.3 Theorien der Kausalattribution

Im Folgenden werden die wesentlichen Attributionstheorien dargestellt. Diese bauen explizit aufeinander auf, eine chronologische Ordnung und Gliederung ist also sinnvoll. Gleichwohl werden die ersten, grundlegenden Theorien nur kurz dargestellt. Wichtig erscheint für diese Arbeit, die Hauptaussagen der jeweiligen Theorien herauszustellen.

3.3.1 Heiders naive Handlungsanalyse

Der Ursprung der Attributionsforschung kann in der deskriptiven Arbeit von Fritz Heider gesehen werden (1958), in der er jeden Menschen als „naiven Psychologen" be-

---

[58] Der Jahresdurchschnitt der Veröffentlichungen unter dem Schlagwort „Attribution" stieg seit den 1970er Jahren kontinuierlich an und hat sich derzeit bei etwa 300 eingependelt (vgl. Finchham, 2001, S. 3).

[59] So kann beispielsweise Führungsverhalten attributionstheoretisch betrachtet und Handlungsempfehlungen abgeleitet werden (Attributionsmodell der Führung, vgl. Weinert, 1998, S. 469), vgl. Kapitel I4.

trachtet und bezeichnet. Dieser ist nach Heider ständig bestrebt, das beobachtbare Verhalten anderer mit nichtbeobachtbaren Ursachen zu verbinden und zu erklären, um letztlich die eigene Umwelt vorhersagen und kontrollieren zu können. Heider führt dabei die grundlegende, in vielen späteren Attributionstheorien übernommene Unterscheidung potentieller Handlungsursachen ein: Bei der *internalen* Attribution werden die Ursachen des eigenen oder des fremden Verhaltens in der (eigenen) Person gesehen, bei der *externalen* Attribution hingegen werden situationale oder Umweltfaktoren für die Erklärung des Verhaltens herangezogen (Heider, 1958; vgl. auch Fiske & Taylor, 1991; Hewstone & Fincham, 1996, S. 178; Aronson et al., 2004, S. 116). Als Beispiele internaler Verhaltensursachen können etwa Fähigkeiten, Anstrengung, Intention, Einstellungen und Persönlichkeit genannt werden; Umweltbedingungen, Glück oder die Schwierigkeit einer Aufgabe hingegen gelten als externale Ursachen einer Handlung, die auch bei anderen Menschen zu ähnlichen Verhaltensweisen und -ergebnissen führen würden (vgl. Aronson et al., 2004, S. 116). Dabei besteht nach Heider eine gegenläufige Beziehung zwischen personaler und situationaler, also internaler und externaler Kausalität: Je mehr Kausalität der Person zugeschrieben wird, desto weniger wird die Situation als ursächlich für die Handlung angenommen und umgekehrt (vgl. auch Hewstone & Fincham, 1996, S. 186). Bereits Heider selbst jedoch weist auf die Tendenz des Menschen hin, Verhaltensursachen eher internal als external zu attribuieren. Der Mensch ist das Wahrnehmungsobjekt, und die oftmals schwer zu beobachtende Umwelt wird häufig übersehen oder vernachlässigt.

3.3.2 Jones' & Davis' Theorie der korrespondierenden Schlussfolgerungen

Nach der Theorie der korrespondierenden Schlussfolgerungen (Jones & Davis, 1965) korrespondiert beobachtbares Verhalten zunächst mit einer Handlungsabsicht einer Person, und diese wiederum stets mit einer stabilen Eigenschaft dieser Person, einer Disposition. Die Kenntnis eben jener dispositionaler Eigenschaften wiederum ermöglicht nicht nur ein Verständnis des Verhaltens anderer, sondern auch deren Vorhersage oder Antizipation (vgl. Fiske & Taylor, 1991, S. 27). Der Attributionsprozess läuft nach Jones und Davis demnach in zwei Stufen ab: Im ersten Schritt wird dem beobachteten Verhalten eine zugrundeliegende Handlungsabsicht zugeschrieben. Dies kann nur unter der Annahme getroffen werden, dass sich der Handelnde den Konsequenzen seiner Handlung bewusst ist (vgl. Hewstone & Fincham, 1996, S. 179). Nach dieser Absichtsattribution wird in einem zweiten Schritt eine korrespondierende Schlussfolgerung auf die zugrundeliegende Disposition gezogen. Diese fällt insbesondere dann besonders stark aus, wenn die beobachtende Person davon ausgehen kann, dass sich andere handelnde Personen in derselben Situation nicht gleich verhalten hätten, wenn also das beobachtete Verhalten als sozial unerwünscht einzustufen ist (vgl. Effler, 1986, S. 150. f.; Hewstone & Fincham, 1996, S. 179). Dieses „zu starke" korrespondierende Schlussfolgern auf Dispositionen ist lediglich eine mögliche im Attributionsprozess. Explizit nennen Jones und Davis (1965) noch zwei weitere mögliche – motivationale und kognitive Verzerrungen. Die persönliche Betroffenheit des Beobachters durch die Handlungen der Beobachteten Person etwa kann zu motivationalen Verzerrungen führen. Schlussfolgerungen auf Dispositionen bei der beobachteten Person werden aufgrund dieses als *hedonistischen Relevanz* bezeichneten Umstands schneller und/ oder stärker gezogen (vgl. auch Effler, 1986, S. 157 f.). Eine kognitive Verzerrung des Attributionsprozesses ist die typische Überbewertung von Persönlichkeitsfaktoren relativ zu situationalen Faktoren (vgl. auch Hewstone & Finchham, 1996, S. 180). Menschen tendieren dazu, Ursachen für ein beobachtbares Verhalten voreilig internal zu attribuieren und situativen Faktoren wenig Bedeutung beizumessen. Diese als „fundamentaler Attributionsfehler" bezeichnete Verzerrung im Attributionsprozess wird in Abschnitt 3.4.1 noch näher betrachtet werden.

3.3.3 Kovariation und Konfiguration: Kelleys Attributionstheorien

Kelley (Kelley, 1967, 1973) legt seinen Schwerpunkt auf den ersten Schritt im Prozess der Attribution und führt eine Systematisierung und Weiterentwicklung Heider's Gedanken durch (Kelley, 1967, S. 192). Die Unterteilung in internale und externale Attribution von Verhaltensursachen steht demnach im Mittelpunkt, und zwar in Abhängigkeit der zur Verfügung stehenden Information. Zunächst (1967) entwickelt Kelly eine Attributionstheorie, nach der Attributionen aufgrund von Informationen aus mehreren Quellen getroffen werden (*Kovariationsprinzip*), später (1973) folgt eine Theorie für den Fall, in dem der Beobachter über lediglich eine Informationsquelle verfügt (*Konfiguration* oder *kausale Schemata*) (vgl. Kelley, 1973, S. 108; vgl. auch Fiske & Taylor, 1991, S. 32; Hewstone & Finchham, 1996, S. 181). Beide Ansätze werden im Folgenden näher erläutert.

Nach dem Kovariationsprinzip ist ein „effect [...] attributed to the one of its possible causes with which, over time, it covaries" (Kelley, 1973, S. 108). Schlussfolgerungen auf dem beobachteten Verhalten zugrunde liegende Ursachen werden also aufgrund gemeinsamer Veränderungen (daher Kovariation) des Ereignisses (des Verhaltens) und seiner möglichen Ursachen (seiner Faktoren) gezogen. Um Veränderungen überhaupt feststellen zu können, müssen die Faktoren also zu mehreren Zeitpunkten gegeben sein. Die Häufigkeit der Informationsperzeption kann dabei minimal sein, also zweimal.[60] Das Ziel eines Beobachters besteht nun darin zu unterscheiden, welche Effekte welchen Faktoren zugeschrieben werden können. Dabei wendet der Beobachter zunächst grundlegend folgendes Kovariationsprinzip an: Ein Effekt wird derjenigen Ursache zugeschrieben, die zur gleichen Zeit wie der Effekt zu beobachten ist und die fehlt, wenn auch der Effekt fehlt (vgl. Kelley, 1973, S. 109). Dabei versucht der Beobachter, die Veränderungen einer abhängigen Variable (des Effekts) mit Hilfe von Variationen der unabhängigen Variablen (den Bedingungen oder Faktoren) zu erklären. Kelly geht also davon aus, dass jeder Mensch ähnlich vorgeht wie die Varianzanalyse in der Statistik. Zur Illustration dieses doch recht komplex wirkenden (ANOVA-) Modells sei ein Beispiel von McArthur (1972, S. 174 f.) übernommen: Gegeben sei die Beobachtung „John lacht über den Komiker". Die Ursache für dieses Verhalten könnte entweder in der Person selbst (John), den Umständen (etwa der Situation), dem Objekt (dem Komiker) oder einer Kombination der genannten Faktoren zu finden sein.[61] Ob John lacht oder nicht ist somit abhängig von einem oder mehrerer dieser Faktoren (den unabhängigen Variablen). Die abhängige Variable stellt das Auftreten oder Nicht-Auftreten des Effekts (des Lachens) dar. Aus den drei identifizierten unabhängigen Variablen ergeben sich drei Möglichkeiten, Variationen im Verhaltensergebnis zu prüfen. Demnach ist ein „response to [a] particular stimulus [...] a valid one if (a) my response is associated *distinctively* with the stimulus, (b) my

---

[60] Es ergibt sich hieraus jedoch implizit das Problem des exakten zeitlichen Zusammenhangs zwischen Ursache und Effekt. Dies ist bereits Kelley bewusst (Kelley, 1973, S.109).

[61] Dabei gilt es zu beachten, dass lediglich zeitlich stabile Merkmale der Person bzw. des Objekts in die jeweilige Ursachenklasse fallen.

response is similar to those made by other persons to the same stimulus (there is *consensus*) and (c) my response is *consistent* over time" (Kelley, 1973, S. 112). Distinktheit, Konsens und Konsistenz im Verhalten in Abhängigkeit zu den Faktoren ermöglichen demnach eine Interpretation der Verhaltensursachen. Distinktheitsinformationen sind dabei Informationen darüber, ob sich ein und derselbe Agierende gegenüber verschiedenen Stimuli auf dieselbe Art und Weise verhält, Konsensinformationen beschreiben das Ausmaß, in dem sich andere Personen gegenüber demselben Stimulus genauso verhalten wie der Agierende, und Konsistenzinformationen geben Aufschluss darüber, ob das Verhalten des Agierenden gegenüber ein und demselben Stimulus zu allen Zeiten und unter anderen Umständen gleich bleibt (vgl. Aronson et al., 2004, S. 118). In zahlreichen empirischen Untersuchungen konnte die Annahme bestätigt werden, dass diese drei Informationstypen oft als Basis für die Annahme der Richtigkeit eigener Urteile, also als Validitätskriterien, herangezogen werden, und sich somit als Bewertungskriterien für Attributionsprozesse sehr gut eignen (für eine Übersicht der Studien s. Kelley, 1973, S. 112). Mit Hilfe eines Würfels lassen sich verschiedene mögliche Ursachen für den Effekt aus obigem Beispiel gut darstellen. Abbildung 18 zeigt zunächst den generellen Rahmen mit dessen Hilfe sich Ursachenzuschreibungen durchführen lassen.

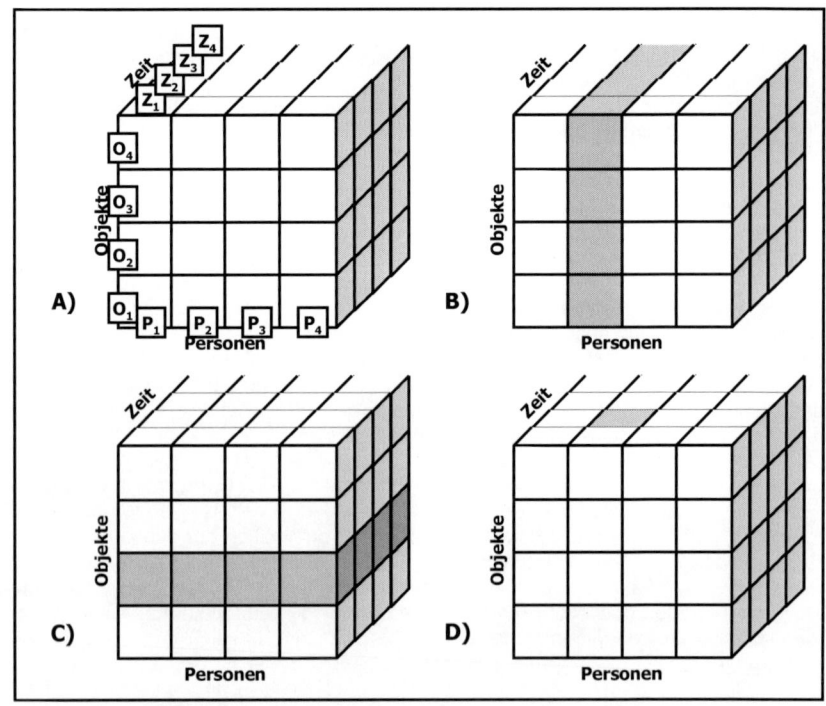

Abbildung 18: Datenwürfel zur Kausalattribution

Erläuterung im Text.
In Anlehnung an Kelley (1973, S. 110 f.).

Die drei erläuterten, in Frage kommenden unabhängigen Variablen sind in Würfelform angeordnet (Würfel A). Die Wahrscheinlichkeit, dass eine internale Attribution vorgenommen wird, ist bei der mit Würfel B dargestellten Datenstruktur sehr hoch. Der Konsensus und die Distinktheit der Handlung sind niedrig, die Konsistenz hingegen hoch. Bezogen auf das obige Beispiel bedeutet dies, dass von den beobachteten Personen ausschließlich John nicht nur über diesen, sondern über jeden Komiker lacht, und das immer. Es ist also sehr wahrscheinlich anzunehmen, dass John Komiker allgemein sehr lustig findet und deshalb bei jeder sich bietenden Gelegenheit über sie lacht. Würfel C hingegen deutet eine hohe Wahrscheinlichkeit einer externalen Attribution an. Alle drei Kriterien (Konsens, Distinktheit und Konsistenz) sind hoch ausgeprägt. Bezogen auf das Beispiel würden hier alle Personen immer und ausschließlich über diesen Komiker lachen, wahrscheinlich ist die Ursache für das Lachen also im Objekt zu sehen. Die Information in Würfel D schließlich erlaubt keine eindeutige Attribution, wenngleich sie eine externale nahe legt, jedoch eine so genannte situationsbedingte Attribution (vgl. Aronson et al., 2004, S. 118). Dass nur John über diesen Komiker lacht (niedriger Konsens), und das zum ersten mal (hohe Distinktheit), wo er doch allgemein sonst nie über Komiker lacht (niedrige Konsistenz), legt die Vermutung nahe, dass die Ursache in situativen Faktoren zu sehen ist.

Eine Darstellung des Kovariationsprinzips in Form eines Würfels ist sehr anschaulich und ermöglicht eine recht schnelle Zuschreibung wahrscheinlicher Ursachen zu Ereignissen. Die auch der Würfelform zugrundeliegende Beziehung der drei unabhängigen Variablen kann auch in folgender Form dargestellt werden, die den Schluss auf insgesamt acht mögliche Informationskombinationen verdeutlicht.

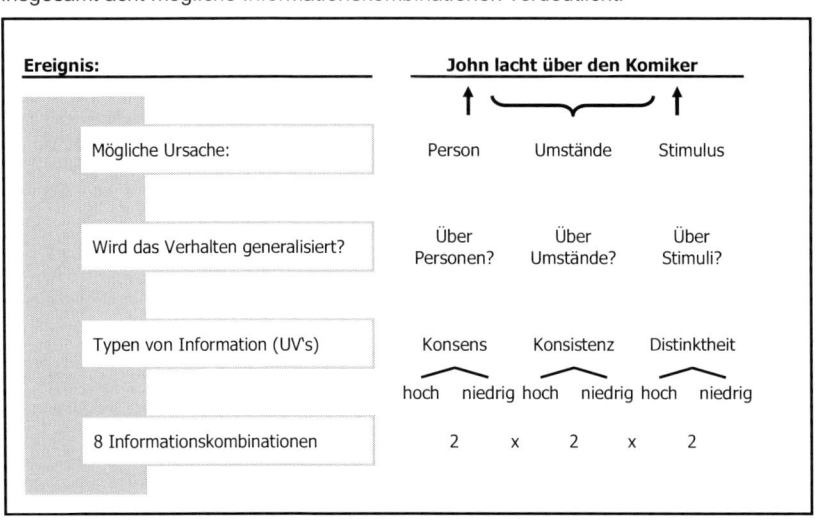

Abbildung 19:   Das ANOVA Modell der Kovariation
            i.A.a. Hewstone & Finchham (1996, S. 182).

Eine empirische Überprüfung des Modells durch McArthur (1972) bestätigt die von Kelley angenommene Beeinflussung von Kausalattributionen durch Konsens, Konsistenz und Distinktheit im beobachteten Verhalten, weitere Untersuchungen stützen diese Ergebnisse (für eine Übersicht vgl. Fiske & Taylor, 1991, S. 36). Dennoch lassen sich auch kritische Einwände an dem Kovariationsprinzip anbringen. So werden in dem Modell etwa kausale Schlussfolgerungen gezogen, die aus einfachen Korrelationen abgeleitet werden. Aus der Statistik jedoch ist bekannt, dass Korrelation keinesfalls mit Kausalität gleichzusetzen ist. Darüber hinaus merken Garland, Hardy & Stephenson (1975) kritisch an, dass die experimentell dargebotenen Kovariationsbedingungen wie bei McArthur (1972) künstlich und in dieser Form in der Realität nicht zu finden sind, und deshalb auch nicht verwendet werden. Zudem könnten Personen Kovariationen zwischen Ereignissen generell nur äußerst schlecht einschätzen (Alloy & Tabachnik, 1984) und die drei Faktoren haben nicht den gleich großen Einfluss. So wird Konsistenz als wichtiger angesehen als Distinktheit, und Konsens Informationen bedürfen häufig weiterer Tests, etwa ob die anderen Personen eher ähnlich oder unähnlich sind (vgl. Fiske & Taylor, 1991, S. 36). Diese und weitere Kritikpunkte führten zu neueren Arbeiten, in denen Kelleys Kovariationsprinzip weiterentwickelt wurde (vgl. bspw. Fiske & Taylor, 1991, S. 39; Hewstone & Fincham, 1996, S. 183 f.). Die Bedeutung der drei von ihm identifizierten Dimensionen für die Attributionsforschung ist jedoch unbestritten.

Neben den erwähnten Kritikpunkten ist eine wesentlich Schwäche in Kelleys Kovariationsprinzip sicher in der Tatsache zu sehen, dass für die soziale Urteilsbildung stets zwei oder mehr Beobachtungen nötig sind, um so Rückschlüsse auf Kovarianzen ziehen zu können. So räumt denn auch Kelly selbst ein, dass das Kovariationsprinzip eher idealtypischen Charakter hat (vgl. Kelley, 1973, S. 113), und im Alltag viele Kausalattributionen lediglich auf einmaligen Beobachtungen beruhen, da nicht jedes Verhalten mit vorher gewonnenen Konsens-, Distinkheits- oder Konsistenzinformationen abgeglichen werden kann und dem Beobachter oftmals die Zeit oder Motivation für mehrere Beobachtungen fehlt. Kelley schlägt für diese Fälle eine andere Strategie vor, nach der Attributionen mittels so genannter *Konfiguration* vorgenommen werden (Kelley, 1973). Eine derartige Strategie ist das *Abwertungsprinzip*, nach dem „the role of a given cause in producing a given effect is discounted if other plausible effects are also present" (Kelley, 1973, S. 113). Beispielsweise werden Müdigkeit und Unaufmerksamkeit als Ursache für einen Autounfall um 2 Uhr in der Nacht abgeschwächt durch die Zusatzinformation, dass es zum Unfallzeitpunkt ungewöhnlich stark regnete (vgl. Fiske & Taylor, 1991, S. 38). Demgegenüber steht das *Aufwertungsprinzip*. Der Einfluss einer bestimmten Ursache wird aufgewertet, wenn ein Ereignis trotz hemmender Faktoren auftritt. So wird beispielsweise die in einem Test ermittelte Konzentrationsfähigkeit aufgewertet durch den Umstand, dass es zum Testzeitpunkt ohrenbetäubend laut war. Es ist offensichtlich, dass eine Ursache bspw. eher internal attribuiert wird, wenn externale hemmende Faktoren auftreten. Treten jedoch externale fördernde Faktoren auf, so wird die mögliche internale Ursache abgeschwächt.

Neben diesen Strategien gibt es nach Kelley (1973) so genannte kausale Schemata, nach denen der Attributionsprozess abläuft. Sie sind auf Erfahrung beruhende, vorgefertigte Meinungen und Vorannahmen einer Person über die Interaktion bestimmter Ursachen zur Erzielung eines Effekts:

> „[It] is a conception of the manner in which two or more causal factors interact in relation to a [given] effect. A schema is derived from experience in observing cause and effect relationships, from experiments in which deliberate control has been exercised over causal factors, and from implicit and explicit teachings about the causal structure of the world. [...] The mature individual [...] has a repertoire of [such] abstract ideas about the operation and interaction of causal factors. These conceptions [enable him to make] economical and fast attributional analysis, by providing a framework within which bits and pieces of relevant information can be fitted in order to draw reasonably good causal inferences" (Kelley, 1972, S. 2, zit. n. Kelley, 1973, S. 115).

Kelley (1973) behandelt unterschiedliche Arten kausaler Schemata, ausführlich beschreibt er die zwei Wesentlichen, das MNC-Schema der multiplen *notwendigen* Ursachen (Multiple Necessary Causes Schema) und das MSC-Schema der multiplen *hinreichenden* Ursachen (Multiple Sufficient Causes Schema). Nach dem MSC-Schema kann jede einzelne mögliche Ursache allein denselben Effekt bewirken, im MNC-Schema hingegen sind mehrere Ursachen gleichzeitig notwendig, damit der Effekt hervorgerufen wird. Abbildung 20 veranschaulicht die Gedanken.

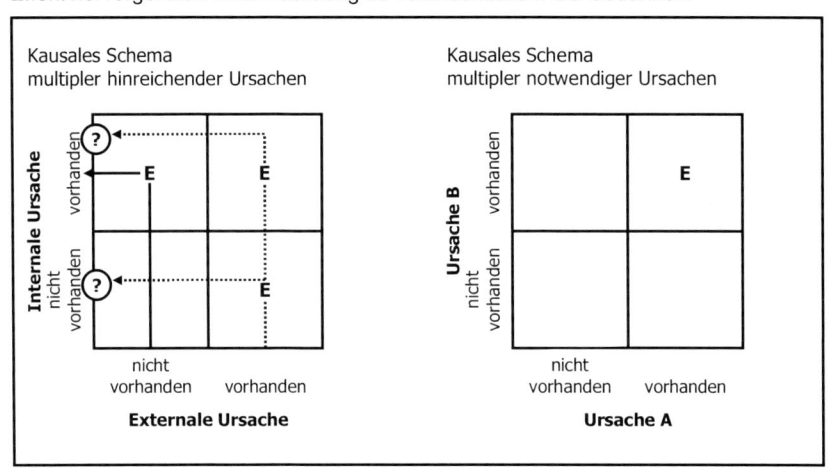

Abbildung 20: Kausale Schemata
E = Effekt
In Anlehnung an Kelley (1973, S. 114-115.)

In der Abbildung zum MSC-Schema wird ein beobachtbarer Effekt ohne erkennbare mögliche externale Ursache eindeutig einer internalen Ursache zugeschrieben. Gibt es beispielsweise keinen erkennbaren Grund zum lachen, so wird das Lachen einer Person internal attribuiert. Lassen sich jedoch gleichzeitig eine oder mehrere externale Ursache(n) ausmachen, so ist eine Attribution auf internale Ursachen nicht zweifelsfrei möglich.

Anders verhält es sich beim MNC-Schema: Hier tritt der Effekt nur dann auf, wenn mehrere Ursachen gleichzeitig gegeben sind. Als Beispiel ließe sich ein Triathlon-Wettkampf anführen, zu dessen Bewältigung multiple Ursachen nötig sind, etwa Anstrengung, Willenskraft, Trainingsfleiß und viele mehr. Eine leichte Wettkampfstrecke, perfektes Wetter und gute Stimmung an der Strecke reichen nicht aus. Nach Kelley (1973, S. 115) wird dieses Schema insbesondere zur Erklärung ungewöhnlicher und extremer Effekte herangezogen, die nur im Zusammenspiel mehrerer Ursachen auftreten.

In der Literatur findet sich eine Vielzahl empirischer Untersuchungen zu kausalen Schemata (eine Übersicht findet sich bei Fiske & Taylor, 1991, S. 40). Sowohl die konzeptionelle als auch die empirische Güte dieser Untersuchungen werden jedoch bemängelt (Fiedler, 1982). So wirken die Existenz und die Funktion kausaler Schemata zwar intuitiv plausibel, nachgewiesen sind sie jedoch nicht, was auch an der zum Teil „künstlichen" Attributionsforschung liegt (Fiedler, 1982). Die abstrakte und vom eigentlichen Inhalt der Attribution losgelöste Konzeptualisierung eines Schemas bietet ebenfalls Anlass zur Kritik. Alternativ sollte ein Schema organisiertes Wissen darstellen, dass auf kultureller Erfahrung basiert (vgl. Hewstone & Finchham, 1996, S. 185).

Die mögliche und durchaus berechtigte Kritik sollte jedoch nicht darüber hinweg täuschen, dass kausale Schemata einen sehr guten Ansatz bieten, um Attributionsprozesse zu verstehen. Durch sie wird deutlich, dass Attributionen zu einem großen Teil von individuellen Erfahrungen und Prägungen, Wertvorstellungen und Wissen sowie einer Vielzahl weiterer biographischer bzw. ontogenetischer Aspekte abhängen. Erst das Verständnis und die Akzeptanz kausaler Schemata erlauben letztlich eine richtige und vollständige Interpretation von Attributionen.

3.4 Verzerrungen im Attributionsprozess

Durch die Darstellung der grundlegenden Attributionstheorien konnte die Komplexität dieses Forschungsgegenstandes deutlich gemacht werden. In diesen klassischen Modellen wird der Beobachter oft als rationale Person betrachtet. In der Realität jedoch läuft der Attributionsprozess weitaus weniger rational ab. Attributionen werden (vor-)schnell und unter Verwendung nur sehr weniger Information vorgenommen, und jede Person bevorzugt bestimmte Arten von Erklärungen (vgl. Hewstone & Finchham, 1996, S. 189). Fehler bei der Kausalattribution sind die Folge.[62] Diese wurden bisher nur am Rande erwähnt und sind Gegenstand des vorliegenden Abschnitts.

3.4.1 Der fundamentale Attributionsfehler

Ein besonders hartnäckiger Fehler im Attributionsprozess wurde bereits in den vorangegangenen Abschnitten zu den einzelnen Attributionstheorien erwähnt und angerissen. Der *fundamentale Attributionsfehler*[63] wurde schon von Heider in ähnlicher Form erwähnt und beschreibt die Tendenz von Beobachtern, den Situationen zu wenig und der Person zuviel Gewicht zur Verhaltenserklärung beizumessen (vgl. Hewstone & Finchham, 1996, S. 190). Erklärungen für diese Verzerrung sind vielfältig. So betonen einige Autoren die kognitive Grundlage von Attributionen und gehen (ganz im Sinne Heiders) davon aus, dass das Verhalten eines Handelnden gewöhnlich auffallender ist als die umgebende Situation: Eine Person redet, bewegt sich, agiert auf verschiedenste Art und Weise so dass die Aufmerksamkeit auf sie gerichtet ist. Umgebungsfaktoren wie der soziale Kontext, die Rolle, oder auch situativer Druck werden hingegen nur schlecht wahrgenommen (vgl. Fiske & Taylor, 1991, S. 67). Umstände und Erlebnisse, die der handelnden Person eventuell unmittelbar vor der beobachteten Situation widerfahren sind, bleiben dem Beobachter hingegen meist völlig verborgen, und selbst ihre Kenntnis bedeutet noch lange nicht ihre richtige Interpretation und Berücksichtigung. Die handelnde Person hat also für den Beobachter eine *perzeptuelle Salienz* – „eine scheinbare Wichtigkeit einer bestimmten

---

[62] Der Begriff „Fehler" sollte besser Abweichungen von einem normativen Modell vorbehalten bleiben oder allenfalls Abweichungen von einem vereinbarten Validitätskriterium beschreiben. Da sich der Begriff jedoch in der Literatur festgesetzt hat, wird er auch hier weiter verwendet. Die Bezeichnung „Verzerrung" (englisch „Bias") erscheint treffender und wird ebenfalls (synonym) verwendet.

[63] Die Bezeichnung geht zurück auf eine Arbeit des Sozialpsychologen Lee Ross (1977). Alternativ wird in der Literatur auch der Begriff „Korrespondenzverzerrung" verwendet. Diese „bezieht sich auf Attribution von Verhalten auf Dispositionen, auch in Fällen, in denen [...] solche Attributionen nicht [...] [vorgenommen werden] sollten" (Hewstone & Finchham, 1996, S. 191).

Information, die im Mittelpunkt der Aufmerksamkeit steht und deren kausale Rolle tendenziell überschätzt wird" (Aronson et al., 2004, S. 121).[64] Gilbert (1989; 1991) vermutet einen zweistufigen Verlauf des Attributionsprozesses. Demnach wird stets mit einer internalen Attribution begonnen. Erst in einem zweiten Schritt werden situative Faktoren in die Ursachenzuschreibung mit einbezogen und so die getroffene Primärattribution versucht anzupassen. Ablenkung oder kognitive Beschäftigung mit einer anderen Sache führen dazu, dass dieser zweite Schritt nur unzureichend oder überhaupt nicht vollzogen wird, wie in mehreren empirischen Studien nachgewiesen werden konnte (bspw. Gilbert & Hixon, 1991). Nach Vertretern dieses Ansatzes ist der fundamentale Attributionsfehler also das Resultat eines nur unvollständig vollzogenen Attributionsprozesses.

Dem Handelnden ist der fundamentale Attributionsfehler seines Interaktionspartners (seines Beobachters) interessanterweise durchaus bewusst. Mehr noch, Menschen neigen dazu anzunehmen, dass Andere noch extremere internale Attributionen vornehmen, als sie es tatsächlich tun. Die handelnde Person fühlt sich stets im Mittelpunkt der Beobachtung, wie in einem Scheinwerferlicht, weshalb dieses Phänomen auch *Spotlighteffekt* genannt wird (Gilovich, Medvec & Savitsky, 2000).

Der fundamentale Attributionsfehler wird dann abgeschwächt, wenn das beobachtete Verhalten mit früheren Erwartungen inkonsistent ist oder wenn sich die Aufmerksamkeit gezielt auf Faktoren richtet, die das Verhalten verursacht haben könnten. Situative Bedingungen rücken dann verstärkt in das Zentrum der Aufmerksamkeit und beeinflussen den Attributionsprozess. Dieser Aspekt wurde bereits mit Ausführungen zur Kovariation (also den Ab- und Aufwertungswertungsprinzipien) und den kausalen Schemata erläutert.

3.4.2 Die Akteur-Beobachter Divergenz

Die Akteur-Beobachter Divergenz (Actor-Observer Effect) wurde eingeführt von Jones & Nisbet (1972) und baut auf dem fundamentalen Attributionsfehler auf, geht jedoch in eine andere Richtung. Sie beschreibt die Tendenz, dass „there is a pervasive tendency for actors to attribute their actions to situational requirements, whereas observers tend to attribute the same actions to stable personal dispositions" (Jones & Nisbett, 1972, S. 80). Das Verhalten Anderer wird demnach vorrangig internal, das eigene Verhalten hingegen external attribuiert (vgl. Fiske & Taylor, 1991, S. 72-73).[65]

Eine Erklärungsmöglichkeit bietet die gegebene Informationsasymmetrie. Der Akteur verfügt über weit mehr Informationen über sich als der Beobachter. Seine Persönlichkeit, seine Stimmung, seine Erfahrung etc. sind ihm meist bewusst, und tragen somit zu einer treffenderen Erklärung des eigenen Verhaltens bei. Mit Kelley (1967) lässt sich sagen, der Akteur verfügt über wesentlich mehr Informationen zu Konsistenz und Distinktheit als der Beobachter.

---

[64] Taylor & Fiske (1975) haben in einer interessanten Studie die Bedeutung dieser perzeptuellen Salienz für den fundamentalen Attributionsfehler nachgewiesen. Dem interessierten Leser sei die Lektüre dieser Untersuchung sehr empfohlen.

[65] Es sei an dieser Stelle am Rande erwähnt, dass Knobe und Malle (2002) 30 Jahre nach Jones & Nisbett die Akteur-Beobachter Divergenz als zu kurz greifend identifizieren und auf ihr aufbauend ein differenzierteres Modell von Unterschieden in der Attribution zwischen Handelndem und Beobachter erarbeiten, in dem sie beispielsweise Verhaltensursachen und Verhaltensgründe unterscheiden.

Alternativ kann auch hier die perzeptuelle Salienz zur Erklärung herangezogen werden, nur in umgekehrter Richtung als bei der vorangegangenen Verzerrung: Dem Akteur selbst bleibt seine Handlung in gewisser Weise verborgen. Er kann sie nicht beobachten, die situativen Faktoren hingegen sind offensichtlich und rücken in den Mittelpunkt der Betrachtung. Storms (1973) konnte in einem Experiment die Rolle dieser perzeptuellen Salienz nachweisen, indem er durch die Versuchsanordnung die Wahrnehmungsperspektiven manipulierte und so eine Attribution der eigenen Handlung (des Handelnden) aus Sicht des Beobachters erfragen konnte.[66]

3.4.3 Die selbstwertstützende Verzerrung

Die recht statischen und normativen Annahmen der vorangegangenen Verzerrungen werden durch die selbstwertstützende Verzerrung etwas aufgelöst. Sie beschreibt die Tendenz, Erfolg internal und Misserfolg external zu attribuieren (vgl. bspw. Hewstone & Fincham, 1996, S. 195). Eine schlechte Prüfungsleistung beispielsweise wird mit größerer Wahrscheinlichkeit externalen Ursachen zugeschrieben, der Sieg in einem Tennismatch hingegen wahrscheinlich verstärkt Internalen.

Auch diese Attributionsverzerrung kann mit Hilfe asymmetrischer Informationsverteilung, also kognitiv, erklärt werden. Die eigenen Leistungen und die dafür notwendigen Anstrengungen sind der handelnden Person stärker bewusst und leichter zugänglich als einem Beobachter. Darüber hinaus ist eine Person durch ihre eigenen Gedanken von einer Handlung Anderer abgelenkt, widmet ihrer eigenen Leistung gewöhnlich mehr Aufmerksamkeit, die eigenen Anstrengungen passen besser in die eigenen Wertevorstellungen, und das eigene Beitragen ist zudem leichter zu erinnern (vgl. Fiske & Taylor, 1991, S. 82).

Aus der Bezeichnung ist leicht ersichtlich, dass die selbstwertstützende Verzerrung durchaus eine wichtige Funktion erfüllt; nämlich das Selbst vor Verletzungen bzw. Wertverlust zu schützen.

3.5 Kultur und Attribution

Ausgehend von dem in Abschnitt 1.1 erläuterten emischen Kulturverständnis und von der Existenz kausaler Schemata (vgl. Abschnitt 3.3.3) muss davon ausgegangen werden, dass die Kultur die Attributionen eines jeden Menschen mitbestimmt. Attributionsprozesse und auch –Verzerrungen sind abhängig vom Wertesystem einer Person, und somit (zu einem gewissen Teil) auch kulturabhängig. Insbesondere die dargestellten Verzerrungen im Attributionsprozess waren in der Vergangenheit häufig Anlass zu kulturvergleichender sozialpsychologischer, attributionstheoretischer Forschung. Im Zentrum stand und steht dabei die Frage, ob diese Verzerrungen kulturübergreifend sind oder nicht. Ausgehend von den Untersuchungsergebnissen sollen dann Rückschlüsse gezogen werden können, ob die Verzerrungen vielleicht sogar die Folge einer bestimmten kulturellen Herkunft sind. Somit stehen Kulturspezifika im Attributionsprozess und kulturell bedingte Attributionsverzerrungen in direktem Zusammenhang. Über die Erforschung der Verzerrungen sollen gewissermaßen Kulturspezifika im Attributionsprozess erschlossen werden. Deshalb stehen in den vor-

---

[66] Das Experiment von Storms gilt als äußerst einfallsreich und wegweisend für die sozialpsychologische Forschung. Es kann hier in seinem vollen Umfang nicht wiedergegeben werden. Neben des Originaltexts bieten beispielsweise Aronson et al. (2004, S. 126 f.) eine gute und leicht verständliche Beschreibung des Ablaufs und zu der Ergebnisse des Experiments.

liegenden Abschnitten erneut die Attributionsverzerrungen im Mittelpunkt. Diesmal werden sie jedoch kulturspezifisch betrachtet.

3.5.1 Kultur und der fundamentale Attributionsfehler

Miller (1984) untersuchte als erster, ob die Erklärung des Alltags bzw. beobachtbarer Handlungen durch kulturelle Werte beeinflusst ist und ob diese Werte die Entwicklung von Attributionsschemata und in der Folge die Prädisposition für Attributionsverzerrungen beeinflussen. Er konnte in seiner Untersuchung nachweisen, dass US-Amerikaner im Laufe ihrer Entwicklung zunehmend internal attribuieren. Diese dispositionalen Attributionen von Amerikanern fallen darüber hinaus signifikant häufiger bzw. stärker aus als bei Indern. Letztere wiederum attribuieren Verhalten signifikant häufiger external, und diese Bevorzugung situationaler gegenüber dispositionaler Ursachenzuschreibung nimmt bei ihnen im Laufe ihrer Entwicklung signifikant zu. Beide Unterschiede, sowohl die kulturellen- als auch die Entwicklungsunterschiede, sind nach Miller (1984) die Folge kultureller Konzepte und nicht auf kognitive, Erfahrungs- oder Informationsunterschiede zurückzuführen.

Dies führte zu der Annahme, dass Angehörige ostasiatischer Kulturen weitaus weniger geneigt seien, Korrespondenzverzerrungen zu zeigen, also weitaus weniger fälschlich dispositional zu attribuieren. Choi, Nisbett und Norenzayan (1999) konnten jedoch zeigen, dass diese Annahme nicht korrekt und „dispositionism" ein kulturell universelles Phänomen ist. Sowohl Angehörige westlicher, individualistischer Kulturen, als auch Angehörige östlicher, kollektivistischer Kulturen attribuieren primär dispositional.[67] Die gefundenen kulturellen Unterschiede und die geringere Korrespondenzverzerrung gehen ihnen zufolge auf einen bei Asiaten stärker ausgeprägten „situationism" zurück. Sie konnten zeigen, dass Asiaten situativen Faktoren mehr Beachtung schenken, <u>sofern diese erkennbar sind</u>. Sie beziehen also situative Faktoren mehr in ihren Attributionsprozess mit ein und betrachten das Individuum weniger isoliert. Bei nicht erhältlicher, subtiler oder leicht zu übersehender situativer Information jedoch zeigen beide Kulturen eine Korrespondenzverzerrung.

Choi, Dalal, Kim-Prieto und Park (2003) konnten später erneut zeigen, dass die externalen Attributionen von Asiaten ihre Ursache in der größeren Informationsverwertung haben. Demzufolge könnte eine mögliche Ursache für die kulturellen Unterschiede bezogen auf den fundamentalen Attributionsfehler bzw. die Korrespondenzverzerrung in einem unterschiedlich von Statten gehenden zweistufigen Attributionsprozess zu sehen sein. Danach wäre in beiden Kulturen stets eine dispositionale, automatische und problemlose Attribution der Ausgangspunkt des Attributionsprozesses. Angehörige kollektivistischer Kulturen würden jedoch aufgrund größerer situativer Sensibilität auf der zweiten Stufe des Attributionsprozesses Anpassungen und Korrekturen vornehmen. Ob diese Erklärung für die nachgewiesenen kulturellen Unterschiede richtig ist, muss die weitere Forschung jedoch erst noch zeigen (vgl. Aronson et al., 2004, S. 137).

---

[67] Die Beschreibung unterschiedlicher Kulturen anhand der Dimension Individualismus/ Kollektivismus geht zurück auf Hofstede (1980). Das Konstrukt hat die kulturvergleichende Psychologie geprägt wie kein anderes (vgl. Triandis, 2001). Es wird auch im Folgenden als Unterscheidungskriterium unterschiedlicher Kulturen herangezogen.

3.5.2 Kultur und weitere Attributionsverzerrungen

Choi & Nisbett (1998) untersuchten in zwei Studien, ob es einen Unterschied zwischen US-Amerikanern und Koreanern hinsichtlich der Akteur-Beobachter Divergenz gibt. In der ersten Studie konnten sie keine Unterschiede feststellen; die Angehörigen beider Kulturen attribuieren ihr eigenes Verhalten situativ. Dies führten sie zurück auf die möglicherweise nicht offensichtlich genug dargebotenen situativen Faktoren. In der zweiten Untersuchung wurde durch Manipulation der Versuchsbedingungen die Bedeutung der situativen Faktoren erhöht. Trotz dieser Veränderung attribuierten die US Amerikaner das Verhalten der Anderen (wie im vorangegangenen Abschnitt erläutert) eher dispositional, die Koreaner hingegen zogen jedoch auch mögliche situative Ursachen mit in Betracht und waren somit weniger „anfällig" für die Akteur-Beobachter Divergenz.

Bezüglich der selbstwertstützenden Verzerrung gibt es interessante Ergebnisse. So zeigen etwa Untersuchungen aus den 1980er Jahren, dass Mitglieder kollektivistischer Kulturen Erfolg weitaus weniger stark internal attribuieren, als das Angehörige westlicher, eher individualistischer Kulturen tun (vgl. Moghaddam et al., 1993, S. 61). Eine mögliche Erklärung hierfür wird in genau dieser Unterscheidung zwischen Kulturen gesehen: In individualistischen Kulturen herrscht die Annahme vor, jeder sei für sein Tun letztlich allein verantwortlich.[68] Kollektivistische Kulturen hingegen messen der Gruppe bzw. der Gemeinschaft wesentlich mehr Bedeutung bei, so dass ihre Mitglieder Erfolg nicht notwendigerweise nur sich selbst, sondern auch den anderen Mitgliedern ihrer ingroup zuschreiben (vgl. ebd.). Spätere Untersuchungen zu diesem Bereich konnten die gefundenen Ergebnisse bestätigen. Lee & Seligman (1997) etwa stellten fest, dass Chinesen Erfolge weniger stark ihrer eigenen Leistungsfähigkeit zuschreiben als US-Amerikaner; sie sehen auch Aspekte der jeweiligen Situation als mit ausschlaggebend für ihren Erfolg. Zu ähnlichen Ergebnissen kommt auch Anderson (1999), der darüber hinaus noch festhält, dass Chinesen mehr Verantwortung für Fehlschläge und Scheitern internalen Ursachen zuschreiben als dies US-Amerikaner tun.

Mezulis, Abramson, Hyde und Hankin (2004) konnten diese kulturellen Unterschiede in einer großen Metastudie bestätigen. Sie kommen zu dem Schluss, dass die selbstwertstützende Verzerrung zwar ein kulturell universelles Phänomen ist, es jedoch signifikante Unterschiede zwischen einzelnen Kulturen hinsichtlich der Stärke dieser Verzerrung gibt. Auch sie identifizieren westliche Kulturen als diejenigen, in denen die selbstwertstützende Verzerrung am stärksten auftritt.[69]

Einen weiteren interessanten kulturellen Unterschied konnten Ybarra und Stephan (1999) nachweisen. Ausgangspunkt war der so genannte Attribution-Prediction-Bias, nach dem der Attributionsstil einer Person ihre Vorhersage des Verhaltens einer beobachteten Person verzerrt. Bei einem dispositionalen Attributionsstil wird eine Person mit großer Wahrscheinlichkeit eher negatives Verhalten der beobachteten Per-

---

[68] Dieses spiegelt sich auch in Redewendungen der einzelnen Sprachen wieder. Ausdrücke wie „Jeder ist seines eigenen Glückes Schmied", „You have no one to blame but yourself" oder „Pull your own strings" sind nur drei Beispiele von vielen, in denen sich dieser individualistische Gedanke wiederfindet.

[69] Interessanterweise konnten Mezulis et al. auch signifikante Unterschiede zwischen einzelnen Altersgruppen identifizieren: Ähnlich wie vor ihnen schon Miller (1984) bezüglich des fundamentalen Attributionsfehlers ergibt sich eine Zunahme der selbstwertstützenden Verzerrung mit zunehmendem Alter (vgl. Mezulis et al., 2004). Die Sozialisationskomponente von Kultur scheint diese Verzerrung demnach möglicherweise über die Jahre zu verstärken.

son antizipieren und vorhersagen, Personen mit einem eher situationalen Attributionsstil hingegen werden eher positives Verhalten vorhersagen. Ybarra und Stephan zeigten durch eine kulturelle Operationalisierung des Attributionsstils, dass Angehörige einer westlichen Kultur („dispositionalists") tatsächlich mehr negatives, und Angehörige einer ost-asiatischen Kultur („situationalists") mehr positives Verhalten der beobachteten Personen vorhersagten (vgl. Ybarra & Stephan, 1999, S. 724 f.).[70]

Zusammenfassend lässt sich festhalten, dass Angehörige individualistischer Kulturen eine Tendenz haben, dispositional zu attribuieren, während Angehörige kollektivistischer Kulturen auch situative Faktoren mit in Betracht ziehen. Dieser grundlegende Unterschied hat einen starken Einfluss auf die jeweilige Urteilsbildung oder Kausalattribution. Insbesondere die Verzerrungen im Attributionsprozess bringen diese Kulturabhängigkeit zum Ausdruck, wie in den vorangegangenen Ausführungen gezeigt werden konnte.

3.6 Implikationen für Attributionen im interkulturellen Handlungsraum: Der Begriff der isomorphen Attribution

Aus den dargestellten Attributionstheorien, den erläuterten kulturellen Besonderheiten und Eigenheiten im Attribuieren sowie ganz wesentlich auch aus dem Kulturbegriff lassen sich nun Implikationen für die Attribution von Verhaltensursachen im interkulturellen Handlungsfeld ableiten. Diese sind maßgeblich durch zwei Aspekte beeinflusst.

Erstens konnte aufgezeigt werden, dass die Kultur bzw. die kulturelle Herkunft einer Person ihre Wahrnehmung der Umwelt maßgeblich beeinflusst. Insbesondere in interkulturellen Interaktionssituationen spielt die Wahrnehmung, konkret die Wahrnehmung fremder und unbekannter Verhaltensformen, jedoch eine wichtige Rolle (vgl. Abschnitt 3.1). Wenn die Wahrnehmung zu einem Teil kulturell determiniert ist, so ist per se mit Schwierigkeiten in der korrekten Attribution von Verhaltensursachen in interkulturellen Interaktionen zu rechnen, da jedwedes Verhalten zunächst „durch die eigene kulturelle Brille" wahrgenommen wird. Diese kulturspezifische Wahrnehmung kann mit Adler (2002, S. 77 f.) durch fünf Kriterien beschrieben werden. Demnach ist Wahrnehmung:

- *Selektiv*: Es werden nur vereinzelte Stimuli aus einer unüberschaubaren Menge an Informationen herausgenommen; lediglich vorselektierte Information wird überhaupt dem Bewusstsein zugänglich gemacht.
- *Erlernt*: Erfahrungen lehren uns, die Welt in bestimmten Weisen wahrzunehmen.
- *Kulturell determiniert*: Die Wahrnehmung der Umwelt wird bestimmt durch die kulturelle Herkunft (vgl. auch Abschnitt 1.3.3).
- *Konsistent*: Wenn wir einmal etwas auf eine bestimmte Art und Weise sehen, so sehen wir dies auch weiterhin so.
- *Unexakt*: Wir nehmen Dinge wahr, die nicht existieren und nehmen Dinge nicht wahr, die existieren. Die kulturelle Herkunft, Werte und Interessen filtern

---
[70] Neben den Begriffen „dispositionalists" und „situationalists" finden sich in der Literatur auch noch die Synonyme *idiocentrics* und *allocentrics*. Idiocentrics attribuieren demnach öfter internal, wohingegen allocentrics den Kontext stärker in den Attributionsprozess mit einbeziehen und dadurch verstärkt external attribuieren (vgl. Triandis, 2001, S. 40).

und blocken Informationen, und es wird nur das wahrgenommen, was erwartet wird. „We perceive things according to what we have been trained to see, according our cultural map" (Adler, 2002, S. 78).

Gelingt es einer Person, sich dieser der Wahrnehmung immanenter Eigenschaften zu entledigen, so lassen sich Missverständnisse und Fehlattributionen leichter vermeiden.

Zweitens sind die kulturellen Unterschiede im Attribuieren sowie die kulturellen Unterschiede in den Attributionsverzerrungen wesentlich für den interkulturellen Attributionsprozess. So ist es wahrscheinlich, dass Fremde aufgrund ihrer Herkunft und ihrer kulturellen Sozialisation Verhaltensursachen anders attribuieren, als dies Mitglieder der Heimatkultur eines Akteurs tun. Beispielsweise könnte ein Amerikaner die beobachtete Arbeitsleistung eines Chinesen auf dessen Können zurückführen, also internal attribuieren, während beurteilende Chinesen diese Leistung vermutlich external attribuieren würden. Gleichzeitig würde der handelnde Chinese seine eigene Leistung eher auf die günstigen äußeren Umstände zurückführen, also situativ attribuieren; handelte es sich um einen Amerikaner, so wäre eine dispositionale Attribution seiner Leistung zu erwarten. Die unterschiedlichen Auswirkungen all dieser Attributionsformen können dabei sehr relevant sein (vgl. hierzu Kapitel 4).

Triandis (1975) führte im Zusammenhang effektiver, d.h. richtiger interkultureller Attributionen den Begriff der *isomorphen Attributionen* ein. Diese korrespondieren mit der Idee dass „if I had been raised in that culture and had had the kinds of experiences that he has had, I would do exactly what he did" (Triandis, 1975, S. 41). Gemeint ist hiermit, dass Verhalten durch einen fremdkulturellen Beobachter in der gleichen kulturspezifischen Weise kausal attribuiert wird, wie dies von dem Handelnden selbst oder zumindest von Mitgliedern der Kultur des Handelnden getan würde. Nach Triandis stellen derart gleiche oder ähnliche Attributionen die Vorraussetzung für gegenseitiges Verständnis und somit eine effektive interkulturelle Beziehung dar. Diese Auffassung wird hier aufgrund der bisherigen Ausführungen übernommen. Fehlerhafte Attributionen werden als eine mögliche Ursache für Missverständnisse und Schwierigkeiten in interkulturellen Situationen betrachtet, die sich durch die Einschätzung und Bewertung des Verhaltens Anderer auf Basis des eigenen kulturellen Hintergrunds ergeben. Sowohl für Triandis als auch für den Verfasser liegen mögliche Ursachen interkultureller Probleme also primär nicht darin, dass eine Person eine bestimmte Handlung ausführt, sondern darin, dass ein fremdkultureller Interaktionspartner diese Handlung anders wahrnimmt, interpretiert und wertet. Die eigene „Subjective Culture" (vgl. Abschnitt 1.3.3) bestimmt die Wahrnehmung und damit auch die Attributionsprozesse. Eine Person schreibt ihr eigenes Verhalten gewöhnlich externalen Ursachen zu und sieht darüber hinaus das eigene Verhalten sowohl für richtig als auch für wünschenswert an (vgl. die Ausführungen in den vorangegangenen Abschnitten). Isomorphe Attributionen, die also gleiche oder sehr ähnliche Ursachenzuschreibung bedeuten wie die der handelnden Person und wie die beobachtender Personen, die aus der gleichen Kultur stammen wie die handelnde Person, resultieren letztlich in einer positiven Evaluation der anderen Person (vgl. Triandis, 1975, S. 41).

Isomorphe Attributionen sind somit erstrebens- und wünschenswert, um gute interpersonale, interkulturelle Beziehungen aufzubauen und sich adäquat und effektiv in einer fremden Kultur zu verhalten (vgl. Triandis, 1977a, S. 175). Sie stellen demnach das Ziel interkultureller Attributionsprozesse dar. Die in Teil I Abschnitt 7.5.2 erläuterten *culture assimilator* Trainings zielen auf die Entwicklung eben dieser isomorphen Attributionen ab.

4 Analyse der Relevanz interkultureller Attributionen in der unternehmerischen Praxis

In Teil I Kapitel 5&6 wurden bereits die ökonomische und die personalwirtschaftliche Bedeutung interkultureller Kompetenzen herausgestellt. Diese sollen nun auf Basis der Ausführungen im vorangegangenen Kapitel attributionstheoretisch ergänzt werden. Im Mittelpunkt steht dabei das hergeleitete und erklärte Konstrukt der isomorphen Attribution, da sie als ideale Attribution im interkulturellen Attributionsprozess verstanden wird.

Es gilt zunächst festzuhalten, dass die folgende Analyse zwar ein Novum in der Forschung zu interkultureller Kompetenz darstellt, sie jedoch gleichzeitig einer Entwicklung in diesem Forschungsgebiet folgt: Bereits in Teil I Kapitel 7 wurde in vielen aktuelleren Ansätzen deutlich, dass es sich weniger anbietet, interkulturelle Kompetenz als eigene Handlungskompetenz, sondern vielmehr als eine Schlüsselkompetenz und somit „als Voraussetzung dafür anzusehen, dass die Interaktionspartner im interkulturellen Kontext ihre [...] Handlungskompetenzen fachlicher, strategischer oder anderer Art überhaupt zur Anwendung kommen [...] lassen [können]" (Rathje, 2006, S. 7). Die attributionstheoretische Analyse betrachtet somit weniger die direkten Handlungsfolgen isomorpher Attributionen. Vielmehr wird sie als Voraussetzung für weitere Handlungen angesehen.

Das Konstrukt interkultureller Kompetenz ist auf der Individualebene angesiedelt. Daher sollen auch primär die Wirkungen isomorpher Attributionen bzw. auch nichtisomorpher Attributionen auf der Individualebene analysiert werden.[71] Hierfür werden insbesondere die Inhalte aus den Abschnitten 3.5 und 3.6 verwendet. Diese werden um eine weitere Komponente ergänzt: Die in Abbildung 17 auf Seite 69 dargestellten und bereits erwähnten attributionalen Theorien, und hier insbesondere die attributionale Emotionstheorie von Weiner (1985a), behandeln explizit die Konsequenzen von Attributionen, insbesondere bezogen auf die Emotion und (in der Folge) die Motivation. Daher wird zunächst die attributionale Theorie Weiners skizziert.

Weiner (1985a) analysiert in seiner attributionalen Emotionstheorie insbesondere die kausalen Attributionen an sich sowie die hieraus resultierenden Folgen. Im Gegensatz zu den Attributionstheorien aus Kapitel 3 stehen also nicht mehr nur die Ursachen für, sondern insbesondere auch die Konsequenzen von Attributionen im Mittelpunkt. Nach Weiner (1985b) kommt es zunächst immer dann zu „einer kausalen Suche", wenn ein Ereignis oder ein Ergebnis unerwartet auftritt, wichtig ist oder als negativ bewertet wird.[72] Die Analyse der kausalen Attribution erfolgt dann logisch und anhand dreier Dimensionen: Lokalität (wo liegt die Ursache für das Verhalten), Stabilität (über die Zeit) und Kontrollierbarkeit (Verantwortlichkeit). Jede dieser Dimensionen ist mit unterschiedlichen Emotionen verbunden, z.B.:

---

[71] Hierdurch wird der aktuellen Entwicklung der Erfolgsfaktorenforschung im Personalmanagement Rechnung getragen, wonach nicht mehr nur Nutzenanalysen einzelner Personalmaßnahmen (vgl. bspw. Funke & Barthel, 1995) erfolgen, sondern vielmehr auch längerfristige Auswirkungen auf unterschiedlichen Ebenen im Unternehmen analysiert werden sollten (vgl. hierzu Nicolai & Kieser, 2002). Insbesondere die Individualebene analysiert werden, da Individuen das Zentrum des Handelns jedweder Organisation darstellen (vgl. Wright & Haggerty, 2005). Mögliche Auswirkungen auf die Gruppen- oder auch Unternehmensebene werden jedoch auch angesprochen.

[72] Bereits in Kapitel I3 wurde darauf hingewiesen, dass Kausalattributionen insbesondere unter diesen Voraussetzungen erfolgen.

- Lokalität: Stolz, Selbstwert
- Stabilität: Zuversicht, Hilflosigkeit
- Kontrollierbarkeit: Scham, Schuld (wenn auf die eigene Person bezogen), und Wut, Dankbarkeit, Mitleid (wenn auf andere Personen bezogen).

Ein fiktives Beispiel soll die Gedanken verdeutlichen: Eine Person hat eine wichtige Prüfung nicht bestanden. Die resultierenden negativen Gefühle sind abhängig von der Ursache des Ereignisses. Angenommen die Person sieht die Ursache bei sich selbst (Lokalität), so macht es mit Weiner einen Unterschied in der emotionalen Reaktion, ob sie etwa das Misslingen auf mangelnde Anstrengung oder einen Mangel an intellektuellen Fähigkeiten (Kontrollierbarkeit) zurückführt. Des Weiteren ist die Emotion davon abhängig, ob dieser jeweilige Mangel veränderbar ist oder nicht (Stabilität). Attribuiert die Person etwa internal, stabil, und sieht sich nicht im Stande, die Situation zu kontrollieren, so wäre eine Emotion des geringen Selbstwertgefühls, Hilflosigkeit und Scham denkbar. Völlig anders wird die Emotion bei einer externalen, instabilen und kontrollierbaren Attribution ausfallen (bspw. ist die Person zum allerersten Mal durchgefallen und sieht die Ursache in einer zu geringen Vorbereitung aus privaten Gründen): Hier wäre damit zu rechnen, dass die Person sich nicht in ihrem Selbstwertgefühl verletzt fühlt und sich zuversichtlich zeigt, vielleicht mit ein wenig Scham.

Affektive Konsequenzen treten jedoch nicht nur selbstgerichtet, sondern auch auf andere gerichtet auf. Insbesondere die Kausalitätsdimension Kontrollierbarkeit beeinflusst dabei auf andere gerichtete Gefühle (vgl. Stiensmeier-Pelster & Heckhausen, 2006, S. 359). Affektive Reaktionen wie Ärger, Dankbarkeit und Mitleid resultieren aus dieser Dimension. Interessanterweise konnten verschiedene empirische Untersuchungen zeigen, dass Menschen Ursachen entlang verschiedener Dimensionen anordnen, wenngleich diese Dimensionen nicht immer denen Weiners entsprechen müssen (vgl. hierzu Hewstone & Fincham, 1996, S. 202).

Weiners Theorie ist selbstverständlich bedeutend komplexer, als sie hier wiedergegeben werden kann. Dennoch fasst die folgende Darstellung die grundlegenden Bestandteile und Kernaussagen der Theorie zusammen und sei als Grundlage für die weitere attributionstheoretische Analyse verstanden.

| Ereignis | Attribution | Emotion | Reaktion |

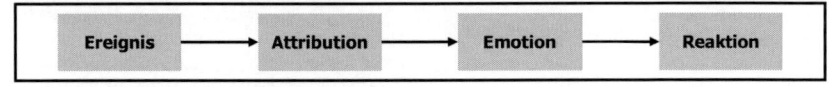

Abbildung 21: *Weiners attributionale Theorie der Emotion und Motivation*
Eigene, stark vereinfachende Darstellung

Im Rahmen der Unternehmenstätigkeit und insbesondere im Rahmen des Personalmanagements spielen Attributionen vor allem in drei Bereichen eine zentrale Rolle: Ihre Bedeutung für die *Personalbeurteilung*, *Führung* und *Motivation* wurde auch in der allgemeinen, d.h. kulturfreien Managementforschung erkannt und wird zunehmend erforscht (vgl. Weinert, 1998).

Unter Personalbeurteilung wird dabei im Allgemeinen die Leistungsbewertung von Mitarbeitern verstanden, die oft als Grundlage für personelle Entscheidungen dient (vgl. Greif, 2004b). Führung bezeichnet die absichtliche und zielbezogene Einflussnahme durch Inhaber von Vorgesetztenpositionen auf Unterstellte (vgl. Greif,

2004a),[73] und Motivation bezeichnet im organisationalen Umfeld die Ursachen menschlicher Leistungsbereitschaft (vgl. Weinert, 1998, S. 141).

Die weitere Analyse erfolgt entlang dieser drei Bereiche; entsprechend gestaltet sich die weitere Gliederung des Kapitels. Dabei ist es wichtig zu betonen, dass diese drei Bereiche keineswegs als voneinander unabhängig anzusehen sind: Die Beurteilung einer Person ist vielmehr oftmals die Basis für die resultierende Führung oder auch Motivation.

4.1 Personalbeurteilung

Personalbeurteilungen treten im organisationalen Kontext äußerst häufig auf und sind meist den Feldern des Personalmanagements zuzuordnen: Entscheidungen der Personalauswahl (z.b. während Einstellungsinterviews oder Assessment Centern), der Personalentwicklung (z.B. im 360° Feedback im Rahmen eines Management Development Prozesses oder im Management Appraisal), der Entlohnung (z.b. bei der Vergabe von Boni, Short-Term- oder auch Long-Term-Incentives) etc. basieren zu einem großen Teil auf Beurteilungen von Personen bzw. auf Beurteilungen der Handlungen von Personen und somit auf Attributionen (vgl. hierzu auch die verschiedenen Formen der Zuordnung, Abbildung 3, Seite 14). Jedwede Beurteilung oder Bewertung erfolgt jedoch auf Basis impliziter Annahmen – und ist dadurch in hohem Maße subjektiv. Sind die einer Beurteilung zugrunde liegenden impliziten Annahmen falsch, so hat dies Konsequenzen für die Beurteilung an sich. In einer Tochtergesellschaft einer internationalen Unternehmung, in multikulturellen Teams oder während einer Auslandsentsendung sind oftmals auch interkulturelle Personalbeurteilungen nötig, d.h. die beurteilte Person gehört einer anderen Kultur an als die sie Beurteilenden. Die zugrunde liegenden impliziten Annahmen der Beurteiler sind jedoch kulturell determiniert (vgl. Kapitel 1) und somit oftmals nicht für den Kulturkreis der zu beurteilenden Person gültig; falsche Attributionen sind somit möglich und bilden gegebenenfalls eine falsche Beurteilungsbasis.[74]

Ramsay, Gallois und Callan (1997) bspw. konnten aufzeigen, dass die Bewertung eines von sozialen Normen abweichenden Verhaltens während eines Vorstellungsgespräches wesentlich von den der Bewertung zugrundeliegenden Attributionen abhängt. So wurde insbesondere bei der Selbstpräsentation des Kandidaten normabweichendes Verhalten internal attribuiert (und somit fehlende Fähigkeiten oder Anstrengungen angenommen).[75] Im interkulturellen Kontext sind für derart normabweichendes Verhalten jedoch durchaus kulturelle Gründe vorstellbar, da Kulturen soziale Normen stark beeinflussen (vgl. Kapitel 1). So ist es durchaus vorstellbar, dass ein Kandidat sich aufgrund seiner kulturellen Sozialisation weniger extravertiert und positiv präsentiert, als dies von den Beurteilern als normal vorausgesetzt wird. Diesen Kandidaten aufgrund des Abweichens von den sozialen Normen (der Beurteiler) abzulehnen hat (ein hohes Maß an Wissen und Können seitens des Kandidaten einmal vorausgesetzt) einen hohen Verlust für die Unternehmung zur Folge,

---

[73] Vgl. zu Entwicklungen in der Führungsforschung bspw. Storey (2004)

[74] Zur Problematik der interkulturellen Leistungsbeurteilung vgl. auch Engle, Dowling & Festing (2008).

[75] Als normkonform wurde hier eine positive Selbstdarstellung definiert. Kandidaten sollten sich in einem Vorstellungsgespräch stets positiv darstellen, ihre Fähigkeiten auf die ausgeschriebene Stelle übertragen und in Bezug zu ihren längerfristigen Karrierezielen setzen. Anderes Verhalten, beispielsweise das Fehlen von Karrierezielen oder das Nennen von eigenen Schwächen und Mängeln wurde als normabweichend interpretiert.

da ihr das Wissen und Können dieses Kandidaten vorenthalten wird bzw. ihr nicht zukommt. Handelt es sich bei der Bewertung nicht um ein Vorstellungsgespräch oder ein AC, sondern bspw. um eine Beurteilung einer Führungskraft (FK) im Rahmen eines Management Appraisals, so hätte eine fälschlicherweise negative Beurteilung aufgrund falscher Attributionen Konsequenzen für die weitere Karriereentwicklung des Managers und somit auch auf das Ausmaß seines Anteils am Unternehmenserfolg. Im Falle einer Trennung des Unternehmens von der bewerteten FK aufgrund einer negativen Beurteilung würde dies sogar den Verlust von Wissen und Fähigkeiten für diese Organisation bedeuten.

Oftmals werden in der Personalbeurteilung jedoch nicht nur Interviews, sondern multimodale Verfahren wie bspw. Assessment Center eingesetzt. Diese Verfahren vereinen in sich in der Regel drei methodische Ansätze: den Eigenschaftsansatz, den Verhaltensansatz und den Ergebnisansatz (vgl. hierzu Schuler, 2006b, S. 719 ff.), und sind somit bedeutend „anfälliger" für kulturelle Verzerrungen oder Fehlbeurteilungen, insbesondere deshalb, weil weitaus mehr Attributionen nötig sind (Abbildung 22).

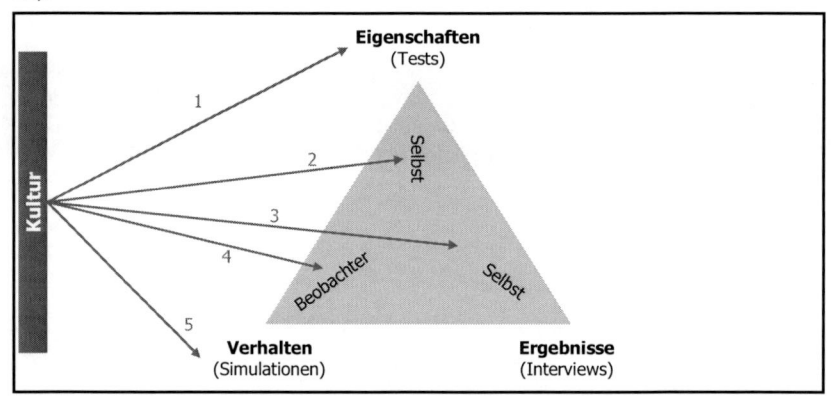

Abbildung 22: Assessment Center unter Berücksichtigung des Faktors Kultur
Eigene Darstellung
Darstellung der AC-Dimensionen i.A.a. Sarges (2006)

Neben dem kulturellen Einfluss auf einen Test an sich (1), der sich in ethnozentrischen, kulturpezifischen Normierungen zeigt, was wiederum die Leistung der Testperson beeinflusst (2), sind insbesondere die Einflüsse 3, 4 und 5 von Bedeutung. Einfluss 3 wurde bereits mit den Ausführungen zu Interviews abgehandelt, Einflüsse 4&5 ergeben sich aus den Ausführungen über den Einfluss der Kultur auf das Verhalten und die Wahrnehmung (vgl. Kapitel 1). So ist zum einen das Verhalten der Testpersonen kulturell geprägt (5), zum anderen jedoch auch die Wahrnehmung des Verhaltens und die Attribution von Verhaltensursachen (4). Demnach sind isomorphe Attributionen bei einer multimethodalen Personalbeurteilung noch entscheidender als bei einer Monomethodalen. Die oben bereits erwähnten negativen Konsequenzen für das Unternehmen von aus falschen Attributionen resultierenden, fälschlicherweise negativen Beurteilungen gelten selbstverständlich auch hier.

Isomorphe Attributionen ermöglichen also erst eine interkulturell richtige Beurteilung von Mitarbeitern. Eine <u>richtige</u> Beurteilung hat über die erwähnten Folgen einer falschen Beurteilung hinausgehende positive Konsequenzen für ein Unternehmen: Erst durch eine richtige Beurteilung können (künftige) Leistungsträger im bzw. für das Unternehmen identifiziert, gefördert und auch gehalten werden. Eine erfolgreiche Personalentwicklung und die Einführung und Umsetzung bspw. eines Talent Management Systems kann erst auf einer richtigen Beurteilung aufbauen, da erst danach die Fähigkeiten eines Mitarbeiters feststehen und beispielsweise mit aus der Unternehmensstrategie abgeleiteten Anforderungs- oder Kompetenzprofilen abgeglichen werden können. Gleiches gilt für Entscheidungen im Vergütungsbereich. Alle Entscheidungsfelder haben mittelbar Einfluss auf den Unternehmenserfolg: nur mit den richtigen und optimal geförderten Mitarbeitern kann das Unternehmen seine Ziele schnellstmöglich erreichen.

Neben der direkten Beurteilung durch Außenstehende ist auch das Verständnis der eigenen Leistungsbeurteilung von Außenstehenden wichtig und fällt ebenfalls unter das Konzept der isomorphen Attribution. DeCarlo, Agarwal und Vyas (2007) konnten bspw. aufzeigen, dass die Attribution von Ursachen der eigenen Leistungen von Mitarbeitern im Vertrieb abhängig ist von ihrer kulturellen Herkunft: Einige attribuieren gute Verkaufsleistungen ausschließlich internal, andere führen sie sowohl auf internale als auch externale Ursachen zurück (vgl. hierzu auch die Ausführungen in Abschnitt 3.5). Das Verständnis der kulturellen Ursache dieses Unterschiedes ist nun für eine angemessene Leistungsbeurteilung durch Vorgesetzte maßgeblich. Hat ein Vorgesetzter bspw. kein Verständnis dessen, so deutet er die Aussagen des Verkäufers aus einer anderen Kultur („Ich hatte auch Glück" oder „Es war ein guter Tag") möglicherweise falsch und beurteilt seine Leistung fälschlicherweise nicht identisch wie die Leistung des MA aus seiner eigenen Kultur, der seine Leistung internal attribuiert und dies auch kommuniziert („Ich war heute richtig gut"). Die richtige Interpretation der (kommunizierten) Attributionen von Mitarbeitern ist somit ebenfalls von zentraler Bedeutung für eine angemessene Personalbeurteilung.[76]

4.2 Führung

Führung ist in nahezu allen Unternehmensbereichen bzw. –funktionen nötig. Auch sie ist in hohem Maße abhängig von den Attributionen der Führungskraft. In einigen Führungstheorien wird die Bedeutung von Attributionen für den Führungsprozess herausgestellt. Dabei können sowohl die Attributionen der Mitarbeiter in Bezug auf das Führungsverhalten (vgl. bspw. Calder, 1977), als auch die Attributionen der Führungskraft in Bezug auf das Verhalten von Mitarbeitern (vgl. bspw. Mitchell, 1995) Gegenstand der Betrachtung sein. Für die vorliegende Analyse sollen lediglich letztere berücksichtigt werden: Auch hier stehen Beurteilungen im Mittelpunkt. Attribuiert eine Führungskraft schlechte Arbeitsleistung internal (z.B. mangelnde Fähigkeit oder Motivation des MA), so wird sie etwas unternehmen, um diese Faktoren zu ändern (bspw. Training oder Kündigung); attribuiert sie external (z.B. schlechte Arbeitsbedingungen), so wird sie andere Faktoren zu ändern versuchen (z.B. Schaffung einer besseren Arbeitsstrukturierung, besserer Arbeitsbedingungen) (vgl. Weinert, 1998, S.

---

[76] Neben der Personalbeurteilung im Rahmen des Personalmanagements sind in auch außerhalb des Personalmanagements Personenbeurteilungen oft die Basis vieler Entscheidungen im Unternehmen. So bilden Attributionen eine Beurteilungsgrundlage beispielsweise bei Verhandlungen, bei der Bewertung externer Partner und Dienstleister oder bei Kunden. Da jedoch die Berücksichtigung aller Beurteilungssituationen im unternehmerischen Kontext zu weit führen würde, wurden die Ausführungen auf Situationen aus dem Personalmanagement beschränkt. Der Transfer der Analyseergebnisse auf andere Unternehmensbereiche ist jedoch problemlos möglich.

469). Generell werden insbesondere schlechte oder unerwartete Arbeitsleistungen der MA Anlass zu Attributionen geben (vgl. Weiner, 1985b). Harvey, Martinko und Douglas (2006) analysieren die Auswirkungen dieser Attributionen schlechten bzw. unerwarteten Verhaltens auf die Beziehung zwischen einer Führungskraft und ihren Mitarbeitern anhand eines konzeptionell hergeleiteten Modells, das Abbildung 23 zeigt und das im Kern auf der in Abbildung 21 dargestellten Theorie Weiners aufbaut.

```
          ┌─────────────────────────────────┐
          │ Attributionsverzerrung          │
          │ • Akteur-Beobachter-Divergenz   │
          │ • Selbstwertstützende Verzerrung│
          └─────────────────────────────────┘
                         │
┌──────────┐   ┌──────────────┐   ┌──────────┐   ┌──────────┐   ┌──────────────┐
│ MA       │   │ Attribution  │   │ Emotion  │   │ Disfktl. │   │ Qualität der │
│ verhalten│──▶│ durch FK     │──▶│ der FK   │──▶│ FK-verh. │──▶│ FK-MA        │
│ -leistung│   │              │   │          │   │          │   │ Beziehung    │
└──────────┘   └──────────────┘   └──────────┘   └──────────┘   └──────────────┘
                         ▲                            │
          ┌──────────────────────┐               ┌──────────┐
          │ Ursacheninformation  │               │ Emotion  │
          │ • MA Verhalten       │               │ des MA   │
          │ • Situation          │               └──────────┘
          │ • MA Feedback        │
          └──────────────────────┘
```

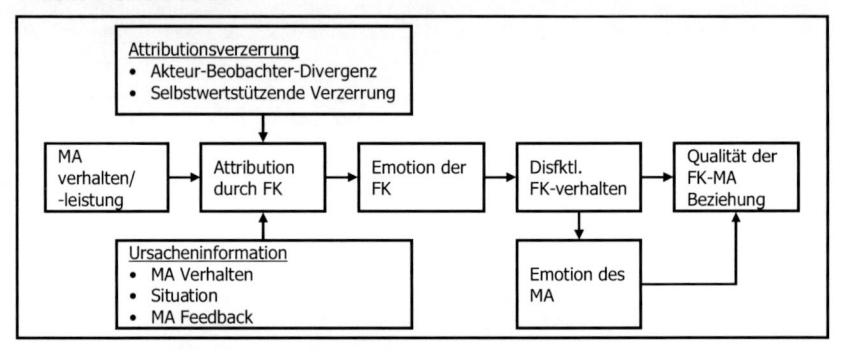

Abbildung 23:   *Attributionales Modell disfunktionalen Führungsverhaltens*
(Harvey et al., 2006, S. 750)
Übersetzung des Verfassers

Aufgrund der Ausführungen in Kapitel 3 sind die eine Attribution der FK bedingenden Bestandteile eindeutig nachvollziehbar: So löst insbesondere unerwartetes oder schlechtes MA Verhalten einen Attributionsprozess bei der Führungskraft aus, der beeinflusst wird sowohl durch situative Variablen, als auch durch Attributionsverzerrungen. Insbesondere letztere können speziell im Arbeitskontext mit hoher Wahrscheinlichkeit auftreten und haben (nach Harvey et al., 2006) entscheidenden Einfluss auf die weiteren Segmente des Modells. Die aus der Attribution resultierende Emotion ist aufgrund der bereits dargestellten attributionalen Theorie Weiners (1985a) nachvollziehbar. Demnach löst eine externale Attribution schlechter Leistung andere Emotionen als eine internale Attribution aus. Wird schlechte Leistung internal attribuiert, so sind Konsequenzen dieser Emotionen wie etwa Bestrafungen oder Abmahnungen für die MA wahrscheinlicher als bei einer externalen Attribution (Offermann, Schroyer & Green, 1998). Generell kann aus der Emotion kontraproduktives bzw. disfunktionales Führungsverhalten wie aggressives Verhalten oder Rückzug resultieren (vgl. Harvey et al., 2006, S. 755), das (auch durch die hierdurch ausgelösten Emotionen der MA) in einer verminderten Qualität der Beziehung zwischen Führungskraft und Mitarbeitern resultiert.

Die unternehmerischen bzw. ökonomischen Konsequenzen einer längerfristig minderwertigen Beziehung zwischen FK und MA sind vielfältig. Unmittelbar hat bereits das disfunktionale kontraproduktive Verhalten der FK selbstverständlich Auswirkungen auf die zukünftige Leistung des MA. Bei längerfristigen Disfunktionalitäten ist mit verminderter Motivation aller Beteiligten zu rechnen, die wiederum in einer verminderten Effizienz, Effektivität und Produktivität mündet. Auf falschen Attributionen beruhende Emotionen können somit einer Organisation erheblichen Schaden zufügen.

Das konzeptionelle Modell von Harvey et al. (2006) kann nun aufbauend auf den Ausführungen in Kapitel 3, insbesondere in Abschnitt 3.5, um den Einflussfaktor Kultur ergänzt werden. Den vielfältigen Einfluss auf unterschiedliche Segmente des Modells verdeutlicht Abbildung 24.

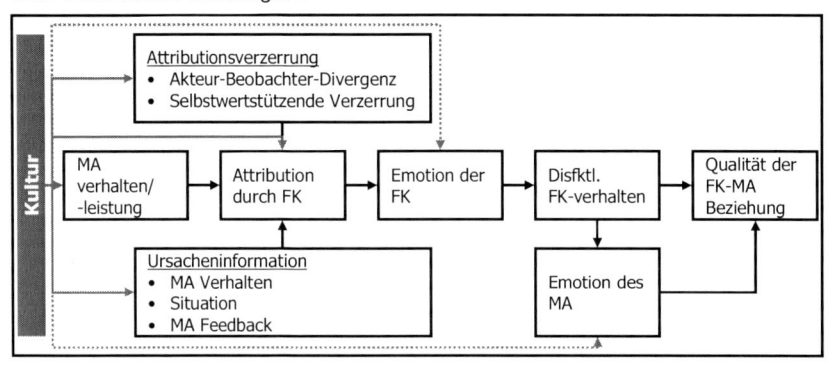

```
┌─────────────────────────────────────────────────────────────────────┐
│  Kultur                                                             │
│         ┌──────────────────────────────────┐                        │
│         │ Attributionsverzerrung           │                        │
│         │ • Akteur-Beobachter-Divergenz    │                        │
│         │ • Selbstwertstützende Verzerrung │                        │
│         └──────────────────────────────────┘                        │
│                                                                     │
│  ┌──────────┐   ┌──────────┐   ┌──────────┐   ┌──────────┐   ┌──────────┐
│  │ MA       │   │Attribution│  │ Emotion  │   │ Disfktl. │   │Qualität der│
│  │verhalten/│──▶│ durch FK │─▶│ der FK   │─▶│FK-verhalten│─▶│FK-MA     │
│  │-leistung │   │          │   │          │   │          │   │Beziehung │
│  └──────────┘   └──────────┘   └──────────┘   └──────────┘   └──────────┘
│                                                                     │
│         ┌──────────────────────┐              ┌──────────┐          │
│         │ Ursacheninformation  │              │Emotion des│         │
│         │ • MA Verhalten       │              │   MA     │          │
│         │ • Situation          │              └──────────┘          │
│         │ • MA Feedback        │                                    │
│         └──────────────────────┘                                    │
└─────────────────────────────────────────────────────────────────────┘
```

Abbildung 24: *Attributionales Modell disfunktionalen Führungsverhaltens unter Berücksichtigung des Faktors Kultur*

(die gepunkteten Linien stellen einen moderierenden Effekt dar)
Eigene Darstellung

Neben dem direkten Einfluss der Kultur auf die Attribution und die Attributionsverzerrungen (vgl. Abschnitt 3.5), steht hier insbesondere die Berücksichtigung des Einflusses der Kultur auf das Verhalten des MA (vgl. Kapitel 1) durch die FK beim Attributionsprozess im Mittelpunkt des Interesses. Ist eine FK in der Lage, isomorph zu attribuieren, so erkennt sie die kulturelle Ursache unerwarteten Verhaltens.[77] Dies würde andere Emotionen nach sich ziehen, die wiederum ein anderes, weniger disfunktionales und angemesseneres Verhalten der FK zur Folge hätten. Als Konsequenz wäre es bspw. denkbar, dass die FK ihr Führungsverhalten den kulturellen Bedingungen bzw. den kulturellen Besonderheiten eines einzelnen MA anpasst. Die oben dargestellten negativen Folgen disfunktionalen Führungsverhaltens wären dann nicht zu erwarten.

Darüber hinaus ist generell mit einer besseren und angemesseneren Führung der MA zu rechnen, wenn die FK isomorph attribuiert: Erst ein tiefergehendes Verständnis der Verhaltensursachen der MA ermöglicht ein angemessenes Führungsverhalten, das wiederum dazu führt, dass MA ihr Antriebs-, Energie- oder auch Kreativitätspotenzial richtig entfalten, die FK Behinderungs- und Gefahrenquellen beseitigen, die Richtung vorgeben, Barrieren reduzieren, MA motivieren und Bedürfnisse wecken kann; kurz vieles dazu beitragen kann, was zu gesteigerter Effektivität und somit zu offensichtlichem Nutzen für die Organisation führt (vgl. zu den möglichen Folgen guter Führung bspw. Weinert, 1998, S. 504 ff.).

4.3 Motivation

Die Analyse der Bedeutung isomorpher Attributionen für die Motivation von Mitarbeitern oder auch Führungskräften eines Unternehmens stellt den letzten Analysebe-

---

[77] Als Beispiel sei hier erneut das Nichterreichen eines Projektziels verwendet: Möglicherweise hat der MA seinen Projektmeilenstein nicht innerhalb des Zeitrahmens erreicht, weil ihm dies nicht explizit genug mitgeteilt wurde, er jedoch aufgrund seiner kulturellen Herkunft explizite und präzise Anweisungen von seiner FK erwartet.

reich dar. Isomorphe Attributionen beziehen sich immer auf die Beurteilung eines Verhaltens Anderer, so dass hier nicht die aus der Attribution des eigenen Verhaltens resultierende Motivation analysiert werden soll. Vielmehr soll der Einfluss des Verhaltens Anderer bzw. der Einfluss der Attribution des Verhaltens Anderer auf die eigene Motivation untersucht werden.

Nach der in Abbildung 21 auf Seite 84 skizzierten Theorie Weiners (1985a) lässt sich bereits festhalten, dass die Attribution von Verhaltensursachen einen Einfluss auf Emotionen und in der Folge Motivation und Verhalten hat. Dabei löst insbesondere leistungsschwaches und unerwartetes Verhalten die Suche nach Verhaltensursachen, d.h. Attributionen aus (vgl. Weiner, 1985b). Taggar und Neubert (2004) untersuchten den Einfluss von Attributionen für schwaches Verhalten eines Gruppenmitglieds auf die Reaktionen und Leistungen der übrigen Gruppenmitglieder. Zunächst konnten sie, ebenso wie Jackson und LePine (2003), die zuvor konzeptionell hergeleitete Vermutung bestätigen, dass Attributionen die emotionalen Reaktionen und Verhaltensintentionen und somit die Motivation auf leistungsschwaches Verhalten beeinflussen (vgl. hierzu auch LePine & Van Dyne, 2001). So führt insbesondere die Attribution niedriger Gewissenhaftigkeit zu negativen Emotionen wie Wut, die wiederum in wenig intendierten und wenig gezeigtem prosozialen Verhalten resultierten. Dabei fallen diese Emotionen, geringen Motivationen und auch tatsächlich gezeigten Reaktionen dann am stärksten aus, wenn gleichzeitig neben einer geringen Gewissenhaftigkeit hohe Fähigkeiten attribuiert werden.

Zu ähnlichen Ergebnissen kommen Peterson und Schreiber (2006). Sie konnten empirisch nachweisen, dass insbesondere die Attribution von geringer Anstrengung als Ursache schwacher Leistung eines Arbeitspartners die Motivation für zukünftige gemeinsame Projekte nachhaltig mindert. Wird die schlechte Leistung hingegen auf geringe Fähigkeiten zurückgeführt, so hat dies keine negativen Auswirkungen auf die eigene Motivation. Darüber hinaus konnten auch sie zeigen, dass durch die Attribution von geringer Anstrengung Wut als emotionale Reaktion ausgelöst wird, und zwar insbesondere dann, wenn die geringe Anstrengung des anderen negative Konsequenzen für die Erreichung der eigenen Ziele hat (vgl. hierzu auch Hareli & Weiner, 2002).

Im interkulturellen bzw. auch multikulturellen Team-Kontext ergeben sich hieraus vielfältige Implikationen. Gewissenhaftigkeit oder auch Anstrengung sind als norm- und somit kulturabhängig zu bezeichnen. In der einen Kultur mag Gewissenhaftigkeit darin bestehen, eine Arbeitsaufgabe eigenständig bis zur Perfektion zu erledigen, in einer anderen darin, die erhaltenen Anweisungen auszuführen, aber nicht mehr. Dies mag dann wiederum in anderen Kulturen als geringe Anstrengung interpretiert werden. Somit ist sowohl die Handlung, als auch die Attribution abhängig von kulturellen Normen, und eine (aus Sicht der einen Kultur) schwache Leistung resultiert nicht notwendiger Weise aus mangelnder Gewissenhaftigkeit, sondern ist das Resultat einer (aus Sicht der anderen Kultur) gewissenhaft erledigten Aufgabe. Eine isomorphe Attribution kann in diesem Zusammenhang dazu beitragen, angemessen emotional zu reagieren und somit keinen Abfall der Motivation zur weiteren Zusammenarbeit oder zu helfendem Verhalten zu erfahren. Darüber hinaus kann angenommen werden, dass sie zu prosozialem Verhalten führt, da nun ja nicht mehr internal auf mangelnde Gewissenhaftigkeit attribuiert wird, sondern external auf kulturelle Normen oder Werte. Übereinstimmend mit Taggar und Neubert (2004, S. 960) wäre somit ein Attributionstraining angemessen, um die Auftretenswahrscheinlichkeit derartiger Attributionsverzerrungen zu minimieren.

Die Folgen von Fehlattributionen sind auch im motivationalen oder Teamkontext vielfältig. So kann davon ausgegangen werden, dass bestrafendes bzw. nicht prosoziales Teamverhalten längerfristig eine Isolation des schwache Leistungen erbringenden Mitarbeiters nach sich zieht. Gleichzeitig ist von einer verminderten Gruppenleistung auszugehen, hervorgerufen durch die geringere Motivation der einzelnen Gruppenmitglieder. Beides resultiert in verminderter Effizienz und Effektivität, also in einer verminderten Leistung und hat somit mittelbare wirtschaftliche Konsequenzen für die gesamte Organisation.

4.4 Fazit

In den drei analysierten Bereichen konnten sowohl negative ökonomische Folgen nicht-isomorpher Attributionen als auch positive ökonomische Folgen isomorpher Attributionen herausgearbeitet werden. Den Ausgangspunkt bilden hierbei meist Bewertungen oder Beurteilungen der Handlungen bzw. der Leistungen fremdkultureller Personen. Isomorphe Attributionen resultieren dabei zunächst generell in *angemessenen* Reaktionen und ggf. Verhaltensweisen. Diese Angemessenheit wiederum hat unter Umständen eine gesteigerte *Effektivität* der Zusammenarbeit oder auch der eigenen Arbeit zur Folge. Es fällt somit auf, dass die in Teil I Kapitel 7 erwähnten, in der Literatur zu findenden Außenkriterien interkultureller Kompetenz den hier identifizierten Folgen isomorpher Attributionen entsprechen – isomorphe Attribution wird jedoch, den Forderungen aus der Kompetenzforschung entsprechend, als klar definiertes Kriterium gewissermaßen „vorgeschaltet". Dies erlaubt eine klare Kompetenzkonzeptualisierung und in einem weiteren Schritt auch –messung. Zudem kann diese Übereinstimmung als Bestätigung für die in Teil I Abschnitt 7.7 vorgenommene Einordnung der eigenen Arbeit gesehen werden, wonach die noch genauer zu konzeptualisierende Kompetenz zu isomorphen Attributionen als eine Schlüsselkompetenz angesehen wird und die Entfaltung fachlicher, strategischer oder anderer Handlungskompetenzen erst ermöglicht, wenngleich diese selbstverständlich noch von einer Vielzahl weiterer Faktoren (wie etwa Motivation, Gesundheit, Arbeits- und Umweltbedingungen etc.) abhängen. Abbildung 25 zeigt die Zusammenhänge.

| Isomorphe Attribution | → | Angemessenheit | - - ▶ | Entfaltung von Handlungskompetenzen |

Abbildung 25:   *Konsequenzen isomorpher Attributionen*
               Eigene Darstellung

Aus Teil I Kapitel 6 ergibt sich nun mittelbar der Nutzen eines Messinstruments, das die Kompetenz zu isomorphen Attributionen misst. Dieses wird im folgenden Teil III konstruiert, wobei zunächst eine differenzierte Konzeptualisierung dieser Kompetenz erfolgt.

III TESTKONSTRUKTION

1 Testform und Geltungsbereich

In Teil II wurden die theoretischen Grundlagen für den zu entwickelnden Test erarbeitet. Wenngleich die genaue Konzeptualisierung des Konstrukts erst in Kapitel 4 erfolgen wird, so ist bereits aus den Teilen I & II bekannt, dass der Test eine Kompetenz zu Attributionen im interkulturellen Handlungsraum messen soll. Daher und aufgrund der bisherigen Ausführungen lassen sich bereits jetzt sowohl die Testform als auch der Geltungsbereich des Tests festlegen.

In Teil II Kapitel 1 wurde unter anderem der Einfluss der Kultur sowohl auf das Verhalten, als auch auf die Wahrnehmung herausgearbeitet. Dieser Einfluss zeigt sich auch in den in Teil II Abschnitt 3.5 dargestellten kulturellen Unterschieden im Attributionsprozess. Hieraus lässt sich somit eindeutig herleiten, dass der zu entwickelnde Test *kultursensibel* ist, d.h. nur für Probanden aus einem bestimmten Kulturkreis entwickelt wird. Da im vorliegenden Fall ein Test auf deutsch und anhand deutscher Stichproben entwickelt wird, beschränkt sich folglich seine Gültigkeit auf Deutsche (vgl. hierzu auch Abschnitt 4.1).

Wenngleich die Kultur das Verhalten, die Wahrnehmung und folglich auch die Attribution einer Person beeinflusst, so ist es doch für das eigene Verhalten, die eigene Wahrnehmung und die eigene Attribution irrelevant, in welcher fremden Kultur eine Person sich befindet und Verhaltensursachen der fremdkulturellen Interaktionspartner attribuiert. Daher, und als Fortschritt in der oftmals kulturspezifischen Instrumentenentwicklung (vgl. Teil I Abschnitt 7.5), soll der Test als bezogen auf die Zielkultur *kulturunspezifischer Test* konstruiert werden.

In Teil I Kapitel 5 und 6 bzw. Teil II Kapitel 4 wurden die wirtschaftliche sowie die personalwirtschaftliche Relevanz interkultureller Kompetenz bzw. isomorpher Attributionen herausgestellt. Aus diesem betriebswirtschaftlichen und personalwirtschaftlichen Nutzen sowie aus dem betriebswirtschaftlichen Forschungsziel (vgl. Teil I Kapitel 2) ergibt sich der Anwendungsbereich, für den der Test schlussendlich gelten soll. So soll der Test vornehmlich in Feldern des Personalmanagements zum Einsatz kommen und für Fach- und (werdende) Führungskräfte, die an interkulturellen Schnittstellen tätig sind oder tätig werden sollen, gelten.

Aus Teil II lässt sich die zu entwickelnde Testform ableiten, die ggf. aufbauend auf der Konzeptualisierung in Kapitel 4 noch leicht modifiziert werden muss. Da die *objektive* Messung einer Kompetenz angestrebt wird, bildet ein *kognitiver Leistungstest* oder auch *kriterienbezogener Test* die erste Wahl.[78] Hierbei steht nicht der Vergleich der Leistung eines Probanden mit dem Stichprobenmittelwert oder den empirisch festgestellten Durchschnittsleistungen einer Eichstichprobe im Zentrum, sondern der Vergleich seiner Leistung mit einem inhaltlich definierten Ziel (vgl. Fisseni, 1997, S. 129). Ein kriteriumsorientierter Test soll also Aufschluss darüber geben, ob ein Proband Aufgaben lösen kann, die ein Kriterium umschreiben. Somit soll er primär eine *Absolutmessung* und ggf. erst sekundär eine Relativmessung erlauben. Sowohl das Kriterium (hier die isomorphe Attribution), als auch die Inhalte (über die Konzeptuali-

---

[78] Neben kognitiven Leistungstests gibt es auch motorische oder sensorische Leistungstests, sowie beispielsweise Intelligenztests und Persönlichkeitstests (vgl. Lienert & Raatz, 1998, S. 14 f.).

sierung des Konstrukts) werden dementsprechend im weiteren Verlauf noch klar definiert werden.[79]

Leistungstests sind durch einige genuine Merkmale gekennzeichnet. *Erstens* kann eine Testperson das Testergebnis willentlich nur in eine Richtung (nach „unten") verfälschen (vgl. Rost, 2004, S. 43): Sie kann sich dümmer stellen als sie ist, sich keine Mühe geben oder aber ausschließlich raten; durch willentliches Fälschen lässt sich jedoch keine höhere Leistung erbringen.

Zweitens wird das Verhalten bzw. die Leistung der Probanden anhand der drei absoluten Gütemaßstäbe Richtigkeit, Qualität oder Schnelligkeit gemessen. Die Lösung einer Aufgabe als korrekt oder inkorrekt kennzeichnet den *Richtigkeitsmaßstab*, bei einem *Qualitätsmaßstab* liegen mehr als zwei Abstufungen vor, und der *Schnelligkeitsmaßstab* dient der Bewertung des benötigten Tempos zur Generierung einer Lösung (vgl. Krohne & Hock, 2007, S. 365). Da in interkulturellen Interaktions- bzw. Attributionssituationen das Tempo als unwesentlich eingestuft werden kann, soll mit Hilfe des Tests in der vorliegenden Arbeit lediglich die Ermittlung der Richtigkeit und/ oder Qualität der Lösungen erfasst werden können. Die Konstruktion eines reinen *Niveautests* wird dennoch nicht als zielführend eingestuft, da diese Tests dadurch definiert sind, „dass auch bei unbegrenzter Zeitvorgabe von keinem Testteilnehmer alle Aufgaben richtig gelöst werden" (Amelang & Zielinski, 2002, S. 119). Theoretisch sollte es im zu entwickelnden Test durchaus möglich sein, durch eine hohe Kompetenz alle Aufgaben zu lösen.

Als *dritter* Punkt lässt sich die Bedeutung der inhaltlichen Validität kriteriumsorientierter Tests anführen. „Ganz allgemein kann er als ein Test zur Erfassung eines Persönlichkeitsmerkmals verstanden werden, sofern das Persönlichkeitsmerkmal durch die ‚Bewältigung' einer wohldefinierten Aufgabenmenge gekennzeichnet ist" (Klauer, 1987, S. 11). Die Aufgaben bzw. Testitems sollen also inhaltlich das zu erfassende Merkmal direkt repräsentieren (vgl. hierzu auch Amelang & Zielinski, 2002, S. 93 f.). Wie dieses Ziel erreicht werden kann und in dieser Arbeit umgesetzt wird, wird in Abschnitt 5 zur Operationalisierung des Konstrukts näher beschrieben.

Auf der Basis der in Teil I Kapitel 2 formulierten Zielsetzungen lässt sich die angestrebte *Testart* an dieser Stelle nur bedingt festlegen. Erst die Konzeptualisierung des zu messenden Konstrukts definiert diese schlussendlich, was in Abschnitt 4.6 deutlich werden wird. Dennoch kann bereits jetzt festgehalten werden, dass der Test als *Einzeltest* (und nicht etwa als Gruppentest) konstruiert wird und eine Anwendung sowohl als *Papier-* als auch als *Apparatetest* (Computerbasiert) möglich sein und die gleichen Testresultate liefern soll (vgl. zu den Testarten Fisseni, 1997, S. 37).[80]

---

[79] Es ist offensichtlich, dass die vorliegende Dissertation die Entwicklung eines *standardisierten* Tests (der beispielsweise der Prüfung wichtiger Gütekriterien standhält) zum Ziel hat und nicht etwa eines *informellen* oder *nichtstandardisierten* (vgl. zu dieser Unterscheidung auch Lienert & Raatz, 1998, S. 14).

[80] Qualitativ und bezogen auf die Güte orientiert sich der Test selbstverständlich an internationalen Standards, die generell an psychologische oder auch pädagogische Tests gestellt werden. Diese finden sich beispielsweise im Supplementum 1/1998 der Diagnostica und der Zeitschrift für Differentielle und Diagnostische Psychologie (Häcker, Leutner & Amelang, 1998; vgl. zu Teststandards auch Moosbrugger & Höfling, 2006).

2 Testtheorie

Die Interpretation gemessener Testwerte einer Person kann erst unter Zuhilfenahme einer geeigneten Testtheorie erfolgen. Sie gibt die Anforderungen vor, denen ein Test genügen muss, „um aufgrund eines Testergebnisses auf die tatsächliche Ausprägung des getesteten Merkmals schließen zu können" (Bortz & Döring, 2002, S. 192). An dieser Stelle können und sollen einzelne testtheoretische Ansätze nicht detailliert beschrieben und erklärt werden. Vielmehr soll eine knappe testtheoretische Einordnung des zu entwickelnden Tests vorgenommen werden.

Der Test wird, entsprechend den aus der Kompetenzforschung hergeleiteten Ansprüchen an die Kompetenzmessung, als *kriteriumsorientierter Leistungstest* konstruiert. Die kriteriumsorientierte Leistungsmessung baut dabei auf der *klassischen Testtheorie* (KTT) auf, so dass auch einige Verfahren dieser Theorie zum Einsatz kommen können. Die KTT wird häufig als Messfehlertheorie bezeichnet, weil ihr die Annahme zugrunde liegt, dass ein ermittelter Kennwert sich additiv aus dem wahren Wert einer Person und einem Messfehler zusammensetzt,[81] und sie darüber hinaus bestimmte Annahmen über diesen Messfehler enthält, bspw. über seine Größe oder auch darüber, dass er nicht mit anderen Messfehlern korreliert. Die Existenz von Messwerten einer Person, wenn auch fehlerbehaftet, wird somit vorausgesetzt[82] und der Fehleranteil sowie die Kovarianzstruktur von Testergebnissen wird modelliert (vgl. Rost, 2006a, S. 261).

Die Verfahren der KTT haben eine möglichst gute Diskriminierung zwischen Personen zum Ziel. Im Gegensatz dazu steht bei der kriteriumsorientierten Leistungsmessung die individuelle Leistung, also das Erreichen des Kriteriums im Vordergrund. Daher kann es mitunter vorkommen, dass alle Personen das Kriterium maximal, d.h. vollständig erreichen und somit keinerlei Varianz mehr zwischen den Testpersonen auftritt. Hier versagen die varianz- bzw. kovarianzbasierten Verfahren der KTT. Die kriteriumsorientierte Leistungsmessung stellt hierfür besondere Verfahren zur Verfügung, um beispielsweise dennoch die Gütekriterien eines Tests bestimmen zu können. Sollte dieser Fall im Laufe der Testkonstruktion auftreten, wird gesondert auf sie eingegangen werden.[83]

---

[81] Diese Annahme wird als Axiom 1 der KTT bezeichnet. Vgl. für dieses und die übrigen 5 Axiome bspw. Bortz & Döring (2002, S. 193).

[82] Im Gegensatz dazu stellen bei der probabilistischen Testtheorie die Messwerte einer Person das Ergebnis einer Testanalyse und nicht ihre Voraussetzung dar (vgl. Rost, 2004, S. 12).

[83] Einen ersten Ein- und Überblick in bzw. über die KTT erlauben bspw. Fisseni (1997) oder Bortz & Döring (2002). Einen tieferen Einblick, auch in die aktuelle Forschung auf diesem Gebiet ermöglichen bspw. Steyer & Eid (2001), Yousfi (2003) oder Yousfi & Steyer (2006). Als Referenzwerk auf dem Gebiet der kriteriumsorientierten Messung ist nach wie vor das Buch von Klauer (1987) zu bezeichnen.

3 Vorgehensweise

Nachdem der Geltungsbereich, die Testform sowie die Testtheorie ausgewählt wurden, kann mit der Testkonstruktion im eigentlichen Sinn begonnen werden. Zunächst soll ein Überblick über die Vorgehensweise gegeben werden, da hierdurch die einzelnen, komplexen, und stark miteinander zusammenhängenden bzw. aufeinander aufbauenden Schritte deutlich werden. Diese richtet sich im Wesentlichen nach den einzelnen in der Literatur zu findenden Phasen einer Testkonstruktion (Abbildung 26).

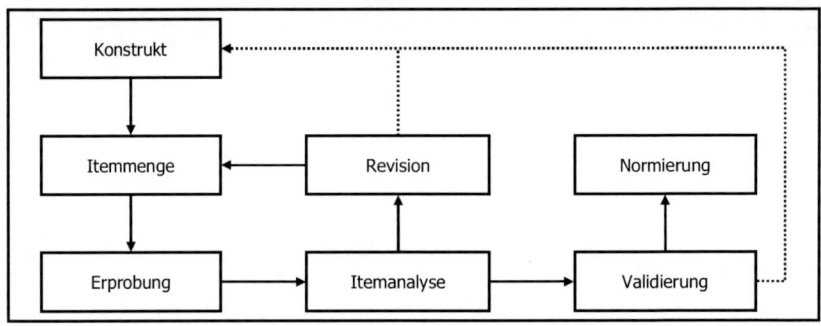

Abbildung 26: Phasen der Testkonstruktion
(Krohne & Hock, 2007, S. 36)

Das abgebildete Vorgehen setzt die wissenschaftstheoretische Einordnung (Teil I Kapitel 3) und das darin beschriebene deduktive Vorgehen sowie die Theoreme und Annahmen der klassischen Testtheorie konsequent um. Theoriebasiert und aufbauend auf dem bisherigen Stand der Forschung wird demnach zunächst das zu messende Konstrukt definiert bzw. konzeptualisiert: „Unter der Konzeptualisierung eines Konstrukts [...] [wird] die Erarbeitung der Konstruktdimensionen [verstanden], wohingegen die darauf aufbauende Entwicklung eines Messinstruments als Operationalisierung bezeichnet wird" (Homburg & Giering, 1996, S. 5). Diese Operationalisierung stellt somit das sachlogische Ableiten der Items aus dem theoretischen Konstrukt dar.

Dabei wird die *rationale Konstruktionsstrategie* verfolgt, die dadurch gekennzeichnet ist, „von einem vorgegebenen Konzept her Items zu formulieren und sie dann weiteren Prüfungen zu unterziehen" (Fisseni, 1997, S. 35).[84] Diese Prüfungen bilden die so genannte *Aufgabenanalyse*, die anhand der Daten einer ersten Erprobung des Tests durchgeführt wird. Items, die von allen oder keinem Probanden gelöst werden, werden eliminiert, da sie zur Unterscheidung der Probanden nichts beitragen, ebenso solche Items, die nur einen geringen Zusammenhang mit der Gesamtheit aller anderen Items aufweisen (vgl. Bühner, 2004, S. 50). Es resultiert ein revidierter Item-

---

[84] Demgegenüber stehen die *externale* und die *internale* Konstruktionsstrategie. Bei der externalen Strategie sollen Items generiert werden, die zwischen einer Kriteriums- und einer Kontrollgruppe unterscheiden. Die internale Strategie besteht darin, einen theoretisch oder atheoretisch zusammengestellten Itemsatz einer Stichprobe vorzulegen und dann diejenigen Items als Skala zusammen zu ziehen, die eine statistische Prozedur (bspw. eine explorative Faktorenanalyse) als zusammengehörig erweist. Die Items bestimmen somit den Inhalt der Skala (vgl. Fisseni, 1997, S. 36).

pool, der einer erneuten Überprüfung unterzogen und anschließend validiert wird. Ggf. wird der Test im Anschluss noch an einer geeigneten Stichprobe normiert.

Abbildung 27 zeigt das spezifische Vorgehen der Testkonstruktion in dieser Arbeit, das der erläuterten generellen Vorgehensweise folgt. Die einzelnen Phasen der Testkonstruktion werden in Verbindung gesetzt mit ihren jeweiligen Zielen sowie wichtigen Gütemaßen der einzelnen Schritte. Hierdurch ermöglicht die Abbildung eine genauere Vorstellung des weiteren Vorgehens.

Teil III: Testkonstruktion

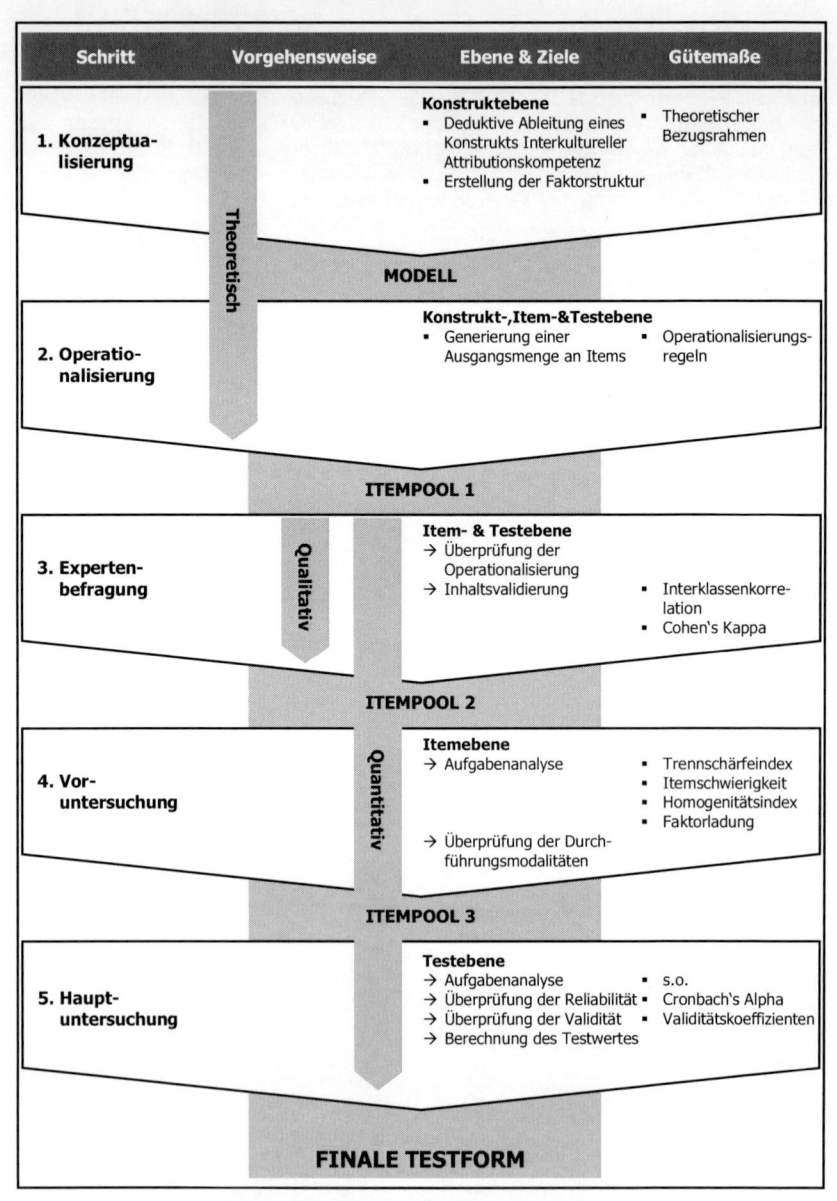

Schritt	Vorgehensweise	Ebene & Ziele	Gütemaße
1. Konzeptualisierung	Theoretisch	**Konstruktebene** • Deduktive Ableitung eines Konstrukts Interkultureller Attributionskompetenz • Erstellung der Faktorstruktur	• Theoretischer Bezugsrahmen
		MODELL	
2. Operationalisierung		**Konstrukt-, Item-&Testebene** • Generierung einer Ausgangsmenge an Items	• Operationalisierungsregeln
		ITEMPOOL 1	
3. Expertenbefragung	Qualitativ	**Item- & Testebene** → Überprüfung der Operationalisierung → Inhaltsvalidierung	• Interklassenkorrelation • Cohen's Kappa
		ITEMPOOL 2	
4. Voruntersuchung	Quantitativ	**Itemebene** → Aufgabenanalyse → Überprüfung der Durchführungsmodalitäten	• Trennschärfeindex • Itemschwierigkeit • Homogenitätsindex • Faktorladung
		ITEMPOOL 3	
5. Hauptuntersuchung		**Testebene** → Aufgabenanalyse → Überprüfung der Reliabilität → Überprüfung der Validität → Berechnung des Testwertes	• s.o. • Cronbach's Alpha • Validitätskoeffizienten
		FINALE TESTFORM	

Abbildung 27: Vorgehensweise bei der Entwicklung des Messinstruments
Eigene Darstellung

4 Konzeptualisierung interkultureller Attributionskompetenz

Aus den Teilen I und II dieser Arbeit kann gefolgert werden, dass es *a)* einer präziseren Konzeptualisierung eines wie auch immer gearteten Konstrukts interkultureller Kompetenz bedarf, dass es *b)* logisch und sinnvoll ist, dieses Konstrukt aufbauend auf den begrifflichen Grundlagen der Kultur und Kompetenz und aus attributionstheoretischen Überlegungen abzuleiten, und dass *c)* eine Kompetenz zu isomorphen Attributionen wirtschaftliche Vorteile nach sich ziehen kann. Um nicht, wie in der Literatur leider oft festzustellen (vgl. Kapitel 7 der Einleitung), ein weiteres Konstrukt mit dem immergleichen Begriff „interkulturelle Kompetenz" zu benennen und so die Vielfalt und auch Verwirrung in diesem Forschungsfeld zu vergrößern, soll das hier erarbeitete Konstrukt als *interkulturelle Attributionskompetenz (IAK)* bezeichnet werden. Hierdurch wird auch der in Teil I Abschnitt 7.6 geäußerten Forderung nach einer semantischen Konkretisierung der Konstrukte in diesem Forschungsfeld Rechnung getragen.

Wie deutlich wurde nehmen isomorphe Attributionen im interkulturellen Handlungsraum eine besondere Stellung ein. Sie stellen das *Zielkriterium interkultureller Attributionskompetenz* dar. Grob kann interkulturelle Attributionskompetenz somit zunächst als Kompetenz bezeichnet werden, Verhaltensursachen interkulturell richtig, d.h. isomorph zu attribuieren. Die genaue Bedeutung wird im weiteren Verlauf expliziert. Ausgehend vom Kompetenzbegriff werden zunächst die einzelnen Faktoren interkultureller Attributionskompetenz erläutert und theoretisch hergeleitet.

4.1 Ausgangspunkt: Der Kompetenzbegriff

In Kapitel 7 der Einleitung wurde kritisiert, dass der Begriff interkulturelle Kompetenz nicht oder nur selten am eigentlichen Kompetenzbegriff orientiert gebraucht wird. Ist jedoch von einer Kompetenz die Rede, so erscheint es einleuchtend, den Begriff als solchen als Ausgangspunkt für weitere Überlegungen einer Spezifikation des Konstrukts zu nehmen. Die in Kapitel 2 des grundlagentheoretischen Teils erarbeitete Arbeitsdefinition des Kompetenzbegriffs bildet den konstituierenden Rahmen interkultureller Attributionskompetenz, in dem das Konstrukt inhaltlich ausgeführt und entwickelt werden kann.

Innerhalb der Kompetenzforschung lassen sich zwei Perspektiven voneinander abgrenzen. Die *erklärungsorientierte Kompetenzforschung* zielt primär darauf ab, zukünftiges Handeln etwa durch statistische und/ oder kausale Aussagen vorauszusagen, um damit Effektivitätseinschätzungen beispielsweise für die Personalauswahl und –entwicklung zu ermöglichen. Demgegenüber steht die *verstehensorientierte Kompetenzforschung*, die eine „Sinnanalyse (Auslegung, Interpretation, Hermeneutik) von Geist, Erfahrung und Sprache" zum Gegenstand hat (Erpenbeck & Von Rosenstiel, 2003, S. XIX). Interkulturelle Attributionskompetenz soll isomorphe Attributionen und so zukünftiges interkulturelles Handeln beschreiben helfen. Daher hat das Konstrukt eindeutig erklärenden Charakter. Ferner soll der Test der Forderung nach objektiven Messverfahren innerhalb dieser Forschung nachkommen und später Effektivitätseinschätzungen im Personalmanagement ermöglichen.

Für die weiteren Überlegungen und eine präzise Zu- und Einordnung von interkultureller Attributionskompetenz in die bisher dargestellten Begrifflichkeiten erscheint zunächst ein *vorläufiges Verständnis* des Konstrukts hilfreich. Ausgehend von der Arbeitsdefinition des Kompetenzbegriffs aus Teil II Abschnitt 2.1 kann dies wie folgt formuliert werden:

> **Interkulturelle Attributionskompetenz kann <u>vorläufig</u> als eine kognitive Disposition selbstorganisierten Handelns bezeichnet werden, die verschiedene Arten verfügbaren Wissens, Kenntnisse, Fähigkeiten, Fertigkeiten und Erfahrungen miteinander kombiniert, in umfassende Wertbezüge eingebettet ist, und deren Anwendung zu isomorphen Attributionen sowohl in kulturell vertrauten wie in fremdkulturellen Interaktionssituationen befähigt.**

Aus diesem Verständnis werden das bereits definierte Zielkriterium der isomorphen Attribution ebenso wie die konstituierenden Faktoren des Konstrukts ersichtlich. Es erlaubt darüber hinaus die folgende wichtige Einordnung in die Kompetenzsystematik (vgl. Teil II Abschnitt I2.2), die wiederum Auswirkungen auf die Testform haben wird.

Interkulturelle Attributionskompetenz ist nach der verwendeten Kompetenzsystematik als *Kompetenz des Kompetenztyp II* zu bezeichnen. Dem Handelnden stehen mehrere Wege offen, das Verhalten seines Gegenübers zu attribuieren. Ihm ist in aller Regel eine isomorphe Attribution nicht bekannt, und so liegt es an seinen kreativen Selbstproduktionen geeigneter Lösungsarten, isomorphe Attributionen zu vollziehen. Darüber hinaus ist seine Fähigkeit, die erzeugten Lösungen auszubauen und beizubehalten, für sein Selbstverständnis und auch für das weitere Handeln entscheidend.

Hinsichtlich der *Kompetenzklasse* ergibt sich ein etwas differenzierteres Bild. Teile interkultureller Attributionskompetenz lassen sich als personale Kompetenz bezeichnen, da sie zu einem reflexiven selbstorganisierten Handeln befähigen soll. Ebenso beinhaltet sie Elemente einer sozial-kommunikativen Kompetenz, da das kreative Auseinander- und Zusammensetzen mit anderen Personen und ein beziehungsorientiertes Verhalten entscheidend ist. Ausschlaggebend im interkulturellen Kontext erscheinen die sozialen Komponenten, so dass IAK als *sozial-kommunikative Kompetenz* eingestuft wird.

Aus dem vorläufigen Verständnis von IAK kann ein weiterer Punkt festgehalten werden. Die Einbettung des Konstrukts in umfassende (kulturelle) Wertbezüge gibt für die Testkonstruktion vor, den Test nur für eine bestimmte kulturelle Gruppe zu entwickeln. Die Einstufung eines bestimmten Verhaltens oder auch bestimmter kognitiver Vorgänge als kompetent oder inkompetent ist abhängig vom jeweiligen kulturellen Wertesystem. Da die Testentwicklung in Deutschland, an deutschen Probanden und somit innerhalb deutscher Wertbezüge vorgenommen wird, wird der *Test für deutsche Probanden* entwickelt.

4.2 Faktoren interkultureller Attributionskompetenz

Nach der Einordnung in die Kompetenzsystematik kann mit der Ausdifferenzierung des Konstrukts fortgefahren werden. Die einzelnen Komponenten des Kompetenzbegriffs werden fortan als *Faktoren* interkultureller Attributionskompetenz bezeichnet. Sie werden einzeln konzeptualisiert.

4.2.1 Der Faktor Wissen: Deklaratives Kulturwissen

Der Wissensbegriff bildet in dem erarbeiteten Kompetenzmodell den ersten Faktor. Er wird in der erkenntnistheoretischen Forschung nach wie vor heftig diskutiert und stellt dort sogar eines der gegenwärtigen Hauptprojekte dar (vgl. bspw. Gottschalk-Mazouz, 2005, S. 349). Diese philosophische Diskussion soll und kann hier nicht aufgegriffen oder in ihrer Komplexität wiedergegeben werden. Vielmehr soll ein recht grober und im Wesentlichen akzeptierter Wissensbegriff dargestellt und verwendet werden.

Mit dem Philosophen Ryle (1969) lassen sich zwei grundlegende Arten von Wissen unterscheiden: „wissen, dass" und „wissen, wie", die in der modernen Kognitionswissenschaft als *deklaratives Wissen* respektive *prozedurales Wissen* bezeichnet werden (vgl. bspw. Baumgartner & Payr, 1994, S. 20 f.).[85] Unter deklarativem Wissen wird statisches Wissen und somit Faktenwissen verstanden, das entweder mittels einer Proposition (einer sprachlichen Äußerung) oder eines Bildes dargestellt werden kann. Prozedurales Wissen wird hingegen als dynamisches Wissen aufgefasst. „Es ist ein Wissen, *wie* mit einer bestimmten Prozedur beziehungsweise einem bestimmten Verarbeitungsprozess ein gewünschtes Ergebnis erreicht werden kann" (Baumgartner & Payr, 1994, S. 22). Deklaratives Wissen lässt sich im Gegensatz zu prozeduralem Wissen unmittelbar erfassen bzw. erfragen. Es wird daher für die weitere Konzeptualisierung des Wissensfaktors verwendet. Hiermit wird auch dem üblichen Vorgehen in der Managementdiagnostik Folge geleistet, wonach überwiegend verbalisiertes, deklaratives Wissen erfasst wird (vgl. Kluwe, 1995, S. 221).

In den Ausführungen zur Kultur (vgl. Teil II Kapitel 1 in) wurde der weitgehend akzeptierte Stand der Forschung zum Kulturbegriff dargestellt und in einer Arbeitsdefinition zusammengefasst. Diese „Basis des Kulturbegriffs" wird fortan als deklaratives Wissen darüber verstanden, was Kultur ist, und bildet die Grundlage des ersten Faktors von interkultureller Attributionskompetenz, der als *Faktor deklarativen Kulturwissens* bezeichnet wird.

Wie in Teil II Kapitel 3 deutlich wurde, ist der Mensch ständig bestrebt, das beobachtbare Verhalten anderer mit nichtbeobachtbaren Ursachen zu verbinden und zu erklären. Diese Attributionen sind stets abhängig von der zur Verfügung stehenden Information, also von Wissen. Wissen über die Persönlichkeit bzw. dispositionale Eigenschaften der anderen, über die situativen Umstände, über die momentane Lebenssituation etc. sind entscheidend dafür, ob Verhaltensursachen richtig attribuiert werden oder nicht. Im interkulturellen Handlungsraum kommt eine weitere, wesentliche mögliche Verhaltensursache zu den zum intrakulturellen Kontext vorhandenen hinzu: Die Kultur (zum Einfluss der Kultur auf das Verhalten vgl. insbesondere Teil II Abschnitt 1.3). Ein hohes Maß an Wissen über den Kulturbegriff an sich und der Bedeutung bzw. des Einflusses von Kultur auf das Verhalten, kann somit als wichtig für isomorphe Attributionen angesehen werden. Es erleichtert das „Erkennen" von Kultur als mögliche Verhaltensursache entscheidend.

Folgende forschungsleitende Annahme fasst die Aussagen zusammen und bildet den Ausgangspunkt für die Konzeptualisierung des Wissensfaktors:

---

[85] Neben dieser grundlegenden und weitgehend akzeptierten Dichotomisierung findet sich in der Literatur zum Wissensbegriff noch eine Vielzahl weiterer bipolarer Systematisierungen. Eine sehr gute Zusammenstellung und Übersicht bietet Romhardt (1998, S. 27 f.).

Forschungsleitende Annahme 1:
Deklaratives Kulturwissen bildet einen Teil interkultureller Attributionskompetenz.

4.2.2 Der Faktor Kenntnisse: Kategoriale Weite

Als Kenntnisse werden im Allgemeinen gespeicherte und aktualisierte Wissensbestände bezeichnet (vgl. Bergius, 2004), die ontogenetisch entstehen und folglich im individuellen Gedächtnis gespeichert werden. Im Kontext einer bestimmten Kultur bedeutet dies etwa Besonderheiten dieser Kultur zu kennen, beispielsweise bestimmte Verhaltensweisen, Normen, Sitten und Gebräuche. Im Zentrum der Arbeit steht jedoch die Entwicklung eines kulturallgemeinen Tests, somit kann die Konzeptualisierung des Konstrukts nicht kulturspezifisch erfolgen. Das Testen spezifischer Kenntnisse ergäbe keinen Sinn. Vielmehr bedarf es einer generalisierenden Konzeptionalisierung von Kenntnissen einer oder mehrerer spezifischer Kulturen.

Den Ausgangspunkt hierfür bildet die folgende Überlegung: Kenntnisse einer oder mehrerer spezifischer Kultur(en) führen dazu, dass auch in einer unbekannten Kultur mehr mögliche und vor allem auch kulturelle Ursachen von Verhalten eher in Betracht gezogen werden, als dies ohne die spezifischen Kulturkenntnisse der Fall wäre. Durch spezifische Kulturkenntnisse ist sich eine attribuierende Person also eher der Kultur als möglicher Verhaltensursache bewusst, als ohne diese Kenntnisse. In Teil II Abschnitt 3.3.3 wurde deutlich, dass kausale Schemata eine wesentliche Möglichkeit für Attributionen darstellen. Diese sind erlernt und stellen nach neuerer Auffassung organisiertes Wissen dar, das auf kultureller Erfahrung basiert. Sammelt eine Person nun kulturelle Erfahrungen in fremden Kulturen, so werden die ursprünglichen, nur auf der eigenen Kultur beruhenden kausalen Schemata aufgebrochen und durch die neuen Eindrücke ergänzt. Die neuen kausalen Schemata beinhalten somit mehr Informationen als die Alten, „Monokulturellen". Dieses Mehr an Informationen bzw. diese veränderten kausalen Schemata stehen der Person jedoch nicht nur bei Attributionen in der eigenen und in der spezifisch fremden Kultur zur Verfügung, sondern bei Attributionen in allen Kontexten. Folglich wird die Konzeptualisierung der Informationsmenge und der Informationsorganisation kausaler Schemata als Generalisierung spezifischer Kulturkenntnisse als zielführend erachtet. Eine Möglichkeit hierfür wird in der Verwendung der *kategorialen Weite* einer Person als Konzeptualisierung ihrer Informationsmenge und –organisation gesehen.

Die kategoriale Weite einer Person bezeichnet die Weite ihrer kognitiven Kategorien. Als Kategorie wird dabei das Gruppieren zweier oder mehrerer unterschiedlicher Objekte bezeichnet, die als gleich behandelt werden (vgl. Leyens & Dardenne, 1996, S. 119). Der Kategorisierungsprozess unterstützt somit die Ökonomisierung der Kognition, ermöglicht der kategorisierenden Person, über gegebene Informationen hinauszugehen und erlaubt schließlich durch eine Kombinierung von Kategorien das Herausbilden komplexer Begriffe (vgl. ebd.). Die Zugehörigkeit zu einer Kategorie wird durch die notwendigen und ausreichenden Attribute eines Objekts bestimmt. Kategorien sind willkürlich festgelegt und beruhen daher auch auf der Kultur (vgl. Leyens & Dardenne, 1996, S. 119). Sie sind jedoch nicht starr und unveränderbar, sondern werden laufend durch die Wahrnehmung neuer Reize ergänzt und verändert. Werden Stimuli einer sinnhaften Kategorie zugeordnet, so wird die Wahrnehmung zunächst mit reizunabhängigem Wissen über diese Kategorie angereichert. Später kann diese Kategorie auch durch die Wahrnehmung neuer Informationen ergänzt und erweitert werden (vgl. Fiedler, 1996, S. 148 f.).

Bezogen auf den interkulturellen (Attributions-) Kontext bedeutet dies, dass neue, unbekannte Reize und Stimuli auf Basis der vorhandenen Kategorien bewertet und durch die darin enthaltene Information ergänzt werden. Je mehr Information in den Kategorien vorhanden ist, desto mehr Information steht also auch zur Bewertung dieser Reize zur Verfügung. Umgekehrt werden Kategorien durch neue, kulturell fremde Informationen ergänzt und erweitert. Somit sind die in einem spezifischen kulturellen Kontext gewonnenen Kenntnisse durchaus auch über die jeweilige Kultur hinaus für den Attributionsprozess von Bedeutung. Die kategoriale Weite kann somit als Generalisierung kulturspezifischer Kenntnisse angesehen werden.

Die Bedeutung kategorialer Weite für interkulturelle Attributionsprozesse konnte bereits Detweiler (1975; 1978) nachweisen. In seinen Studien zeigte sich, dass Personen mit einer größeren kategorialen Weite vorsichtiger, d.h. bedachter attribuieren. Personen mit geringerer kategorialer Weite attribuieren schnell, auf Basis nur weniger Informationen; Personen mit großer kategorialer Weite hingegen erkennen die Unzulänglichkeit der gegebenen Informationen und attribuieren folglich nicht sofort.[86]

Die folgende forschungsleitende Annahme fasst die Aussagen aus den vorangegangenen Absätzen zusammen.

Forschungsleitende Annahme 2:
Die kategoriale Weite einer Person bildet einen Teil interkultureller Attributionskompetenz.

4.2.3 Der Faktor Fähigkeiten: Interkulturelle Fähigkeiten

Als Fähigkeit wird in der Literatur die „Gesamtheit der zur Ausführung einer bestimmten Leistung erforderlichen Bedingungen" bezeichnet (Häcker, 2004, S. 261). Dies bedeutet, dass eine Fähigkeit die psychischen und somatischen Bedingungen angibt, die eine Leistung erst ermöglichen (vgl. Fisseni, 1997, S. 265). Im vorliegenden Fall besteht die Leistung, die Performanz, in der isomorphen Attribution. Folglich gilt es, die hierfür als erforderlich anzusehenden (psychischen) Bedingungen zu definieren.

In der Literatur zur interkulturellen Kompetenz finden sich listenweise Aufzählungen unterschiedlicher Fähigkeiten, die im interkulturellen Kontext als bedeutsam angesehen werden (vgl. Teil I Abschnitt 7.1). Diese Listen wurden in der vorliegenden Arbeit kritisiert, unter anderem deshalb, weil die Zielkriterien und die zu erbringende Leistung oftmals nur schwach konzeptionalisiert werden. Dies gestaltet sich im vorliegenden Fall anders. Die isomorphe Attribution ist das klar definierte Ziel. Demnach gilt es, diejenigen Fähigkeiten zu identifizieren, die für isomorphe Attributionen nötig sind.

Die isomorphe Attribution geht zurück auf das Konzept der Subjective Culture von Triandis (vgl. Teil II Abschnitt 1.3.3), in dem unter anderem der Einfluss der Kultur nicht nur auf das Verhalten, sondern auch auf die Wahrnehmung dargestellt wird. In einer interkulturellen Interaktion interagieren mindestens zwei Personen miteinander,

---

[86] Diese Ergebnisse stimmen mit anderen Forschungsergebnissen zum Thema überein. So konnte bspw. empirisch bestätigt werden, dass enge Kategorisierer „Typ-II"-Fehler in Kauf nehmen: Sie riskieren den Ausschluss vieler passender Elemente aus einer bestehenden Kategorie, um auf keinen Fall ein unpassendes Element in dieser Kategorie zu akzeptieren. Weite Kategorisierer hingegen begehen leichter den „Typ-I"-Fehler: Sie riskieren die Aufnahme unpassender Elemente in eine Kategorie, um so ein Maximum an positiven, d.h. passenden Fällen aufzunehmen (vgl. hierzu Krohne & Hock, 2007, S. 345).

folglich beeinflusst die jeweilige Kultur die Verhaltensweisen und Wahrnehmungen dieser beiden Personen. Isomorphe Attributionen können demnach nur dann erbracht werden, wenn sowohl eine generelle Unterschiedlichkeit von Kulturen, als auch der Einfluss der Kultur sowohl auf das eigene, als auch auf das fremde Denken und Verhalten erkannt wird.

Chen & Starosta (1996) synthetisieren in ihrem Ansatz (vgl. hierzu die Ausführungen in Teil I Abschnitt 7.1.4) vorangegangene Forschungsergebnisse und konzeptionelle Ansätze zu einem dreidimensionalen Ansatz interkultureller Kommunikationskompetenz. Innerhalb der kognitiven Dimension differenzieren sie dabei zwischen der Self-Awareness, also dem Bewusstsein über das eigene Verhalten, und der Cultural-Awareness. Diese beschreiben sie als Bewusstsein darüber, dass Kultur das eigene und das fremde Denken und Verhalten beeinflusst (vgl. Chen & Starosta, 1996, S. 365). Bewusstsein jedoch bezeichnet einen sehr passiven Prozess. Attributionen hingegen sind aktive, willentliche Vorgänge. Demnach reicht ein Bewusstsein ob des kulturellen Einflusses nicht aus. Vielmehr bedarf es aktiver Fähigkeiten, diese zu erkennen.

In Anlehnung an die zur Cultural-Awareness zählenden Eigenschaften, jedoch spezifischer und über diese herausgehend, werden aufbauend auf den theoretischen Ausführungen der vorangegangenen Kapitel folgende aktive Fähigkeiten als interkulturelle Fähigkeiten angesehen, die einen entscheidenden Einfluss auf den Attributionsprozess haben:

- *Die Fähigkeit, generelle Unterschiedlichkeit zu erkennen.*
  Zunächst ist es zentral, Unterschiedlichkeit in verschiedenen Kulturen zu erkennen und auch anzuerkennen.

- *Die Fähigkeit, kulturelle Einflüsse im Denken und Verhalten zu erkennen.*
  Es gilt, den generellen, abstrakten Einfluss der Kultur auf das Denken und Verhalten zu erkennen.

- *Die Fähigkeit, den Einfluss der Kultur auf das eigene Denken und Verhalten zu erkennen.*
  Auch den spezifischen Einfluss der eigenen Kultur auf das eigene Verhalten gilt es (an-) zu erkennen.

- *Die Fähigkeit, den Einfluss der Kultur auf das fremde Denken und Verhalten zu erkennen.*
  Ebenso gilt des, diesen Einfluss auf das Denken und Verhalten der fremdkulturellen Interaktionspartner (an-) zu erkennen.

- *Die Fähigkeit, positive Gefühle gegenüber der Suche einer gemeinsamen Basis multikultureller Existenz aufzubauen.*
  Diese Fähigkeit lehnt sich eng an Chen & Starosta (1996) an. Der Wille zur Suche von Gemeinsamkeiten erleichtert den interkulturellen Interaktionsprozess erheblich.

Folgende forschungsleitende Annahme fasst die Aussagen zusammen:

Forschungsleitende Annahme 3:
Die definierten interkulturellen Fähigkeiten bilden einen Teil interkultureller Attributionskompetenz.

4.2.4 Der Faktor Fertigkeiten: Attributionsfertigkeiten

Als Fertigkeit wird im Allgemeinen eine beschreibende Bezeichnung für aufgabenbezogene menschliche Aktivitäten verstanden, die sich beispielsweise in (senso-) motorische, kognitive, kognitiv-motorische, soziale- oder auch sprachliche Fertigkeiten unterteilen lässt (vgl. Heuer, 2004). Dabei werden Fertigkeiten durch Übung erworben (vgl. Fisseni, 1997, S. 265). Entsprechend der diskutierten Trennung von Kompetenz und Performanz soll eine Fertigkeit als Aktivitäts*disposition* definiert werden. Aufgrund der Einordnung des Zielkonstrukts als kognitiv wird eine kognitive Fertigkeit gesucht, die entscheidend zu isomorphen Attributionen beträgt.

Ausgangspunkt für die Konzeptualisierung des Fertigkeitsfaktors ist die Annahme, dass eine isomorphe, *inter*kulturelle Attribution nur unter der Vorraussetzung der generellen Fertigkeit zu *intra*kulturell „richtigen" Attributionen möglich ist. Eine Person sollte also im eigenkulturellen Umfeld aufgrund der ihr zu Verfügung stehenden Informationen Ursachen für beobachtbares Verhalten richtig benennen können. Im interkulturellen Kontext unterliegt der Attributionsprozess, wie in den Teil II Abschnitten 3.5 bzw. 3.6 erläutert, zusätzlichen Einflussfaktoren. Es bilden sich einerseits kulturspezifische Attributionsstile aus, andererseits bedeutet ein Mangel an relevanten Kulturkenntnissen ein Informationsdefizit, so dass Attributionen interkulturell oftmals unpräzise getroffen werden. Je weniger eine Person schon im intrakulturellen Attributionsprozess zu richtigen Attributionen aufgrund gegebener Information in der Lage ist, als desto geringer kann folglich ihre Kompetenz zu isomorphen Attributionen angenommen werden, da ein größeres Informationsdefizit zur Verfügung steht.

Wie in Teil II Abschnitt 3.3.3 deutlich gemacht wurde, werden nach Kelley Attributionen hauptsächlich aufgrund des Kovariationsprinzips oder aufgrund von Konfiguration bzw. kausalen Schemata gefällt. Kausale Schemata, so konnte deutlich gemacht werden, stellen eine gute Möglichkeit der Erklärung kultureller Unterschiede und Determiniertheit von Attributionen dar. Ferner wurde ihr Einfluss auf den interkulturellen Attributionsprozess bereits bei dem Kenntnisfaktor erläutert und in das Konstrukt integriert. Konfiguration beschreibt letztlich die relative Bedeutung oder Gewichtung möglicher Verhaltensursachen. Im alltäglichen Verhalten, insbesondere im interkulturellen Kontext erscheint jedoch das Kovariationsprinzip ausschlaggebend für Attributionen. Unbekannte Verhaltensweisen werden mehrfach beobachtet oder bekannte Verhaltensweisen mehrfach in ungewohnten Situationen wahrgenommen (vgl. Teil II Abschnitt 3.3.3). Nur wenn bereits ohne kulturellen Einfluss die kognitive Fertigkeit besteht, die Kovarianz der einzelnen Informationen (Konsens, Distinktheit und Konsistenz) richtig zu erkennen und zu beurteilen, kann davon ausgegangen werden, dass dies auch mit kulturellem Einfluss überhaupt möglich ist. Die forschungsleitende Annahme 4 fasst die Ausführungen zum Fertigkeitsfaktor zusammen.

> **Forschungsleitende Annahme 4:**
> Kulturfreie, kovarianzbasierte Attributionsfertigkeiten ermöglichen im interkulturellen Kontext erst richtige Attributionen und bilden somit einen Teil interkultureller Attributionskompetenz.

4.2.5 Der Faktor Erfahrungen: Interkulturelle Erfahrungen

Erfahrungen bilden den letzten Faktor einer Kompetenz, dementsprechend werden sie auch als Faktor des Konstrukts interkultureller Attributionskompetenz konzeptualisiert.

Erfahrung wird als meist durch wiederholtes Wahrnehmen (Empfinden, Erleben) gewonnenes Wissen definiert (vgl. Häcker & Stapf, 2004, S. 236). Erfahrungen werden durch Umgang mit der physischen und sozialen Umgebung gebildet und realisieren sich meist im Aneignen von Handlungsmöglichkeiten und -beschränkungen, im Aufbau von Gewohnheiten, Erproben von Möglichkeiten und Handlungen, im Mitmachen und alltäglichen Handeln, im Verstehenwollen und Verstehen von Zusammenhängen (Erklären und Interpretieren), im Nachempfinden und Nachvollziehen, im Akzeptieren und im Vertrautmachen, im Erleiden sowie in Ablehnung und Widerstand (vgl. Echterhoff, 2004, S. 236).

Für interkulturelle Attributionsprozesse werden interkulturelle Erfahrungen, d.h. Erfahrungen im Umgang mit fremdkulturellen Personen, als wichtig erachtet, da hieraus eben jene Handlungsrealisierungen entstehen können. So bilden sich interkulturelle Erfahrungen durch Umgang mit der interkulturellen Umgebung, und eine verbesserte Kompetenz zu isomorphen Attributionen kann aufgrund der definitorischen Ausführungen angenommen werden.

Es kann jedoch nicht für alle interkulturellen Erfahrungen angenommen werden, dass sie die Kompetenz zu isomorphen Attributionen positiv beeinflussen. So werden Erfahrungen erst durch den wiederholten Umgang mit der sozialen Umgebung gebildet (s.o.). Somit können oberflächliche interkulturelle Interaktionen, bspw. während eines Urlaubs, kaum als bildend für interkulturelle Erfahrungen angenommen werden. Erst mit zunehmender Aufenthaltsdauer im Ausland bzw. durch regelmäßige Interaktionen mit fremdkulturellen Interaktionspartnern im Inland, also mit zunehmendem Alltag, kann von einer Erfahrungsbildung ausgegangen werden.[87]

Die Konzeptualisierung von Erfahrungen, speziell interkulturellen Erfahrungen, gestaltet sich jedoch als schwierig, da eine starke Abhängigkeit des Faktors mit einigen der bisher konzeptualisierten Faktoren angenommen werden kann. Weitergehend ließe sich aufgrund der bisherigen Aussagen sogar vermuten, dass sämtliche interkulturelle Erfahrungen bereits in den anderen Faktoren enthalten sind.[88] Somit werden interkulturelle Erfahrungen zunächst unter Vorbehalt als Faktor interkultureller Attributionskompetenz mit aufgenommen. Sollte sich während der empirischen Testkonstruktionsphase herausstellen, dass Erfahrungen nicht als eigenständiger Faktor in das Konstrukt gehören, bspw. weil sie sehr hoch mit den anderen Faktoren korrelieren, so wird der Faktor interkulturelle Erfahrungen entfernt werden.

Forschungsleitende Annahme 5:
Interkulturelle Erfahrungen bilden einen Teil interkultureller Attributionskompetenz.

4.3 Modell interkultureller Attributionskompetenz

Aufbauend auf den Konzeptualisierungen der einzelnen Faktoren interkultureller Attributionskompetenz und den Ausführungen zum Kompetenzbegriff folgend, lässt sich nun ein Modell interkultureller Attributionskompetenz darstellen.

---

[87] Diese Einschränkung deckt sich mit Untersuchungen zum so genannten "Culture Shock", einer Phase der Desillusionierung und der Entromantisierung des Fremdkulturellen, die nach etwa drei Monaten einsetzt und in der eine im Ausland befindliche Person interkulturelle Schwierigkeiten erlebt, welche oftmals zu Frustration und Konfusion führen (vgl. Furnham & Bochner, 1986; vgl. hierzu auch Adler, 2002, S. 263 f.). Eine tiefe, d.h. auch negative Auseinandersetzung mit einer fremden Kultur ist in der Regel also erst nach einer Dauer von ca. drei Monaten zu erwarten.

[88] Bspw. gründen spezifische Kulturkenntnisse auf Erfahrungen mit der Kultur etc.

Die Erarbeitung eines Modells erfolgt dabei keinesfalls nur aus Gründen der inhaltlichen Zusammenfassung oder grafischen Aufbereitung. Vielmehr kann aufgrund der Ausführungen in Teil II Kapitel 2 der Kompetenzbegriff als *theorierelativ* bezeichnet werden. Er hat deshalb nur innerhalb einer spezifischen Kompetenztheorie bzw. eines bestimmten Kompetenzmodells eine definierte Bedeutung. Ein Kompetenzmodell ist damit die Vorraussetzung für eine empirische Messbarkeit des Konstrukts (vgl. Erpenbeck & Von Rosenstiel, 2003, S. XII).

Interkulturelle Attributionskompetenz wird als ein Konstrukt definiert, das sich aus mehreren Faktoren zusammensetzt, d.h. das durch diese Faktoren gebildet wird. Wenngleich kein Strukturgleichungsmodell aufgestellt und berechnet werden soll (vgl. Abschnitt 4.6), so lässt sich das Modell in der Terminologie der Strukturgleichungsmodelle als *formativ* bezeichnen. In dem Modell wird darüber hinaus die in Teil I Abschnitt 7.6 geforderte und in Teil II Kapitel 2 deutlich gemachte Trennung zwischen Kompetenz als kognitiver Disposition und der letztlich gezeigten Performanz aufgegriffen. Hieraus folgt, dass interkulturelle Attributionskompetenz nicht mit isomorphen Attributionen gleichzusetzen bzw. kein Garant für sie ist. Vielmehr stellt IAK die notwendige Disposition dar, die zum regelmäßigen und intendierten isomorphen Attribuieren notwendig ist. Abbildung 28 zeigt das Modell.

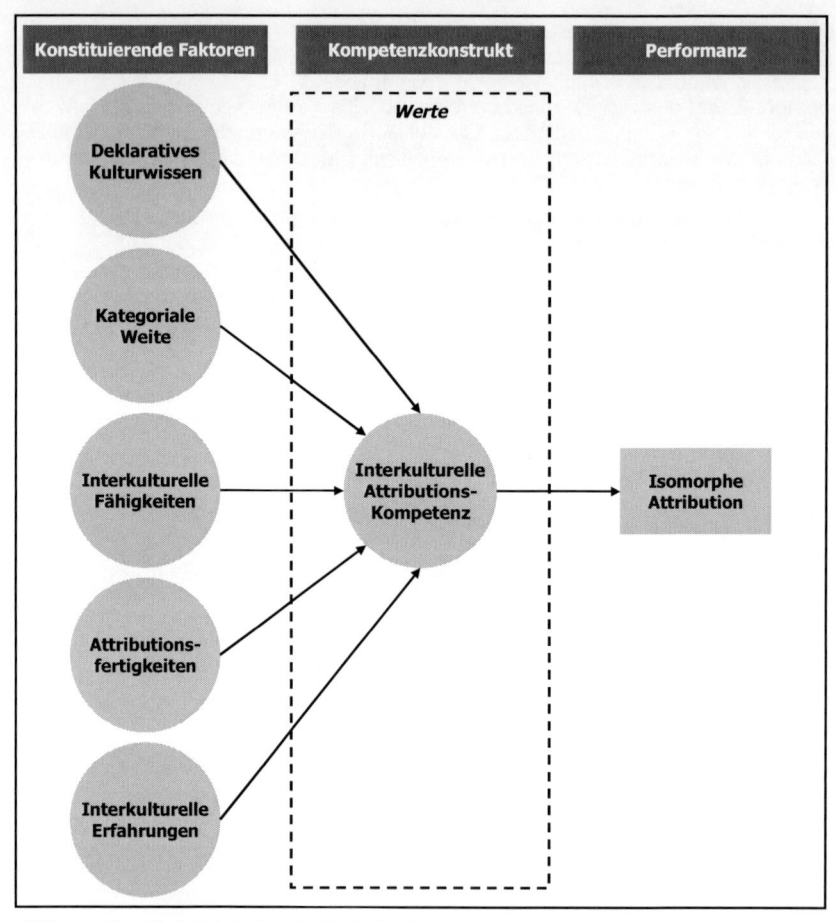

Abbildung 28: Modell interkultureller Attributionskompetenz
Eigene Darstellung

Aus der grafischen Darstellung wird deutlich, dass die einzelnen Faktoren als das Konstrukt konstituierend angenommen werden. Ihre möglichen Interdependenzen werden im folgenden Abschnitt diskutiert.

4.4 Interdependenzen zwischen den Faktoren

Zunächst gilt es festzustellen, dass bei einem Konstrukt, das sich aus mehreren Faktoren zusammensetzt, weder eine Abhängigkeit, noch eine Unabhängigkeit der Faktoren untereinander angenommen werden muss. Ist von formativen Modellen die Rede, so müssen die Faktoren nicht korreliert sein (vgl. Diamantopoulos & Winklhofer, 2001). Die einzelnen Interdependenzen zwischen den Faktoren und dem Konstrukt interkultureller Attributionskompetenz sollen deshalb jeweils für sich analysiert und vermutet werden. Die Daten der empirischen Untersuchungen werden letztlich zeigen, ob diese Annahmen richtig sind oder nicht.

Generell kann aufgrund der Ausführungen in den vorangegangenen Abschnitten davon ausgegangen werden, dass alle Faktoren einen signifikanten Einfluss auf die Ausprägung des latenten Konstrukts haben – sie bilden es letztlich. Darüber hinaus ist eine Korrelation zwischen deklarativem Kulturwissen und interkulturellen Fähigkeiten aufgrund der Konzeptualisierung der Faktoren anzunehmen. So ist bei beiden ein gewisses Maß an Wissen darüber wichtig, dass Kultur einen Einfluss auf das Verhalten und auf die Wahrnehmung jeder Person hat. Im Falle des deklarativen Wissens steht mehr das Wissen ob dieser Tatsache im Vordergrund, bei den interkulturellen Fähigkeiten die Fähigkeit, dieses zu erkennen und auch anzuerkennen. In jedem Falle ist jedoch von einer Interkorrelation der beiden Faktoren auszugehen. Daneben ist von einem Zusammenhang zwischen interkulturellen Fähigkeiten und der kategorialen Weite einer Person auszugehen.

Zudem ist insbesondere der „Sonderstatus" interkultureller Erfahrungen genauer zu beachten, d.h. die bereits angesprochene Möglichkeit, dass interkulturelle Erfahrung mit anderen Faktoren stark korreliert. Es wird angenommen, dass interkulturelle Erfahrungen insbesondere mit den Faktoren kategoriale Weite und interkulturelle Fähigkeiten korrelieren. Die kategoriale Weite wurde als direkt abhängig von Erfahrungen und geänderten kausalen Schemata konzeptualisiert. Somit ist von einer Korrelation zwischen ihr und interkulturellen Erfahrungen auszugehen. Von den konzeptualisierten interkulturellen Fähigkeiten ist ebenfalls anzunehmen, dass sie direkt von persönlichen interkulturellen Erfahrungen abhängen. Darüber hinaus ist von einem (mitunter niedrigerem) Zusammenhang mit dem Faktor deklaratives Kulturwissen auszugehen, da Wissen über Kultur bzw. ob des Einflusses von Kultur auf das Denken und Verhalten durch interkulturelle Erfahrungen aufgebaut werden kann. Eine Korrelation mit den anderen Faktoren ist nicht zu erwarten, da Attributionsfertigkeiten bewusst kulturfrei konzeptualisiert wurden. Tabelle 2 gibt einen Überblick über die konzeptionell vermuteten Zusammenhänge zwischen den Faktoren interkultureller Attributions-kompetenz.

Tabelle 2: **Vermutete Zusammenhänge zwischen den Faktoren**

	Deklaratives Kulturwissen	Kategoriale Weite	Interkulturelle Fähigkeiten	Attributions-Fertigkeiten
Deklaratives Kulturwissen				
Kategoriale Weite	x			
Interkulturelle Fähigkeiten	✓	✓		
Attributions-Fertigkeiten	x	x	x	
Interkulturelle Erfahrungen	✓	✓	✓	x

x=Vermutung: keine Korrelation; ✓=Vermutung: Korrelation

4.5 Fazit

Aufbauend auf dem Kompetenzbegriff und unter Berücksichtigung der Ausführungen zur Kultur, dem Einfluss der Kultur auf das Verhalten und die Wahrnehmung sowie zum Attributionsprozess und den kulturellen wie interkulturellen Besonderheiten in diesem Attributionsprozess kann nun eine Definition des konzeptualisierten Konstrukts interkultureller Attributionskompetenz formuliert werden. In ihr findet zudem die Zielperformanz, die isomorphe Attribution, explizit Erwähnung.

> **Interkulturelle Attributionskompetenz ist die kognitive Disposition selbstorganisierter Ursachenzuschreibung fremdkulturellen Handelns, die verfügbares deklaratives Kulturwissen, kategoriale Weite, interkulturelle Fähigkeiten, Attributionsfertigkeiten und kulturelle Erfahrungen miteinander kombiniert, in umfassende eigenkulturelle Wertbezüge eingebettet ist, und deren Anwendung zu isomorphen Attributionen sowohl in kulturell vertrauten wie in fremdkulturellen Interaktionssituationen befähigt.**

Interkulturelle Attributionskompetenz wird somit als notwendige Bedingung für eine isomorphe Attribution aufgefasst. Mit Blick auf die letztlich beobachtbaren, verhaltensbezogenen, in der Literatur zu interkultureller Kompetenz ebenso wie in der attributionstheoretischen Analyse identifizierten Außenkriterien wie Angemessenheit oder eventuell auch Effektivität im Verhalten, kann sie als lediglich eine von vielen notwendigen Bedingungen angesehen werden.

Die Konzeptualisierung setzt somit am *Verständnis des (Verhaltens des) Interaktionspartners* an und beschränkt sich nicht, wie viele in der Literatur zu findende Ansätze, auf die Analyse zwischenmenschlichen Verhaltens und daraus abgeleitete interkulturelle Handlungsempfehlungen. Ferner ist das Konstrukt, aufbauend auf dem Konzept der Subjective Culture, als *etisch* aufzufassen (vgl. Triandis, 1977b, S. 419).

4.6 Implikationen für die Testform

Die Konzeptualisierung des Konstrukts interkultureller Attributionskompetenz bringt einige Implikationen für die zu entwickelnde Testform mit sich. Zwar wird, wie in Kapitel 1 dargestellt, ein kriteriumsorientierter Leistungstest konstruiert, dieser wird jedoch aufgrund der faktoriellen Struktur des Konstrukts nicht als Elementar- oder Einzeltest, sondern als Systemtest, genauer als *Testbatterie* konstruiert. Als Testbatterie wird dabei eine Kombination mehrerer Einzeltests verstanden, wobei die Einzeltests ihre Eigenständigkeit verlieren und „ausschließlich in den Dienst eines gemeinsamen Ziels treten, nämlich ein durch ein Validitätskriterium definiertes Persönlichkeitsmerkmal möglichst genau zu erfassen" (Lienert & Raatz, 1998, S. 319). Dabei ist aufgrund der konzeptionell zu erwartenden verhältnismäßig geringen Interkorrelation der Faktoren eine heterogene Testbatterie zu konstruieren, d.h. die konstituierenden Einzeltests messen andere Aspekte des Persönlichkeitsmerkmals. Jeder Einzeltest wird dabei wie ein Elementartest konstruiert. Erst am Ende der Testkonstruktion werden die einzelnen Elementartests zu einer Testbatterie zusammengestellt und diese auf ihre Güte hin überprüft.

Als wesentlicher Vorteil einer Testbatterie gegenüber einem Elementartest kann ihre größere Differenziertheit angeführt werden. So erlaubt eine Testbatterie die Beurteilung der Testpersonen auf mehreren separaten Faktoren bzw. Einzeltests, die Gesamtleistung bzw. das Gesamtergebnis kann zudem neben einem Gesamtpunktwert auch in Form eines grafischen Testprofils dargestellt werden.

Obgleich an der ein oder anderen Stelle auf die Terminologie von Strukturgleichungsmodellen zurückgegriffen wurde, soll im Rahmen der Testkonstruktion weder ein solches Modell aufgestellt, noch seine Gültigkeit bestimmt werden. Im vorliegenden Fall würde die Berechnung eines Strukturgleichungsmodells letztlich einer linearen Regression entsprechen – und somit keine statistischen Vorteile gegenüber der herkömmlichen Testkonstruktion liefern.

5 Operationalisierung

5.1 Grundlagen

Insbesondere bei der Konstruktion inhalts- oder kontentvalider Tests gilt es, bei der Operationalisierung sorgfältig vorzugehen und einige Richtlinien zu befolgen. Bevor die konkreten Operationalisierungen der einzelnen Faktoren beschrieben werden, sollen daher zunächst wichtige Grundlagen der Aufgabenkonstruktion dargestellt werden.

Nach Lienert & Raatz (1998, S. 50) gliedert sich eine korrekt durchgeführte Aufgabenkonstruktion in drei Phasen:

1. die Materialbeschaffung für die Aufgabenkonzepte,
2. die Umwandlung von Aufgabenkonzepten in konkrete Aufgaben nach den Regeln für den sprachlichen Aufgabenbau, und
3. den provisorischen Testaufbau und die Festlegung der Aufgabenbewertung.

Die konkrete Materialbeschaffung für die einzelnen Testaufgaben wird in den folgenden Abschnitten für jeden Faktor separat dargestellt. Vor der Erstellung einer jeden konkreten Testaufgabe gilt es jedoch zunächst ein Aufgaben*konzept* zu entwickeln. Die Aufgabe wird inhaltlich abgegrenzt, indem sie mit einem oder mehreren Sätzen grob beschrieben wird (vgl. hierzu auch Klauer, 1987, S. 17 ff.). Bereits hieraus sollte hervorgehen, welches Problem vom Probanden letztlich zu bearbeiten ist, und welche Antworten als richtig und welche als falsch gewertet werden. Insbesondere vor dem Hintergrund der rationalen Konstruktionsstrategie und der Bedeutung der inhaltlichen Validität als ein entscheidendes Gütekriterium eines Leistungstests ist die Merkmalsanalyse von großer Wichtigkeit (vgl. Lienert & Raatz, 1998, S. 50). Hierbei wird das zu messende Merkmal genau analysiert, strukturiert und erst im Anschluss operationalisiert. Falls vorhanden, so dürfen Testaufgaben außerdem Übersetzungen bereits existierender, fremdsprachlicher Verfahren sein (vgl. ebd., S. 51).

Sind derartige Aufgabenkonzepte erstellt worden, so werden hieraus die konkreten Testaufgaben, die Testitems, abgeleitet. Ein *Item* ist die kleinste Beobachtungseinheit in einem Test. An ihm lassen sich zwei Komponenten entscheiden, der sogenannte *Itemstamm* und das *Antwortformat* (vgl. Rost, 2004, S. 55). Der Itemstamm kann aus einer Frage, Aussage, Geschichte, Rechenaufgabe, einem Bild u.v.m. bestehen. Er stellt schlicht die Situation dar, in der die Person ihr Testverhalten zeigt. Das Antwortformat dient der Registrierung dieses Testverhaltens.

Bei der Formulierung insbesondere des Itemstamms gilt es einige sprachliche Regeln zu beachten. Diese finden sich in übersichtlicher Listenform u.a. bei Mummendey (2003, S. 63 f.) und besagen, dass Items sich bspw. nicht auf die Zukunft beziehen, nicht mehr als einen Sachverhalt beinhalten und kurz und knapp formuliert sein sollten.[89] Darüber hinaus sollte sorgsam überlegt werden, ob ein Item eine direkte oder indirekte Frage darstellen, sich auf einen hypothetischen oder tatsächlichen Sachverhalt beziehen, personalisiert oder depersonalisiert formuliert sein sollte usw.

---

[89] Rost (2004, S. 57) zitiert von Wright die treffenden „Aphorisms for a Questionnaire: Keep it simple, one thing at a time. Little words work best, two lines are too many, long is wrong, when in doubt, leave it out. Reasons for asking aren't reasons for answering, answers ask questions".

Die einzelnen Vor- bzw. Nachteile werden bei der Darstellung der Operationalisierung der einzelnen Faktoren beschrieben, ebenso wie die Wahl des Antwortformats, das auch hinsichtlich einer Vielzahl unterschiedlicher Arten wie bspw. frei vs. gebunden variieren kann.

Der provisorische Testaufbau erfolgt im vorliegenden Fall erst nach der Expertenbefragung, daher wird hierauf erst im weiteren Verlauf dezidiert eingegangen werden. Zunächst sollen im Folgenden die Operationalisierungen der einzelnen Faktoren genau beschrieben und erklärt werden.

5.2 Operationalisierung des Faktors deklaratives Kulturwissen

Ausgangspunkt für die Operationalisierung des in Abschnitt 4.2.1 konzeptualisierten Wissensfaktors bildet die in Teil II Abschnitt 1.1 erarbeitete Kulturdefinition. Sie wird im Rahmen der Merkmalsanalyse zunächst in ihre einzelnen Aussagen zerlegt, um hierauf aufbauend konkrete Items ableiten zu können.

Da die Erfassung von Faktenwissen im Vordergrund steht, wird ein gebundenes Antwortformat gewählt. Hierdurch wird gewährleistet, dass die in der Literatur identifizierten Merkmale von Kultur einheitlich abgetestet werden können. Ein gebundenes Antwortformat besteht aus einem vorgefertigten System von Antwortmöglichkeiten. Die befragte Person ist an diese Antwortkategorien gebunden und somit nicht frei in ihren Reaktionen (vgl. Rost, 2004, S. 61). Hieraus resultiert der Nachteil, dass die vorgegebenen Items vielleicht nicht alle Reaktionsmöglichkeiten ausschöpfen bzw. die Antworten der Testperson beeinflussen.

Als Aufgabentypus wird die Mehrfach-Wahl-Aufgabe gewählt. Die Testperson hat also die Aufgabe, aus einer Vielzahl zur Verfügung stehender Antwortmöglichkeiten diejenigen auszuwählen, die ihrer Meinung nach richtig sind. Dieser Typus ist in der modernen Testkonstruktion vorherrschend und vereinigt die Vorteile des Richtig-Falsch- und des Ergänzungsaufgabentyps: „Durchführung und Auswertung sind ebenso ökonomisch und objektiv wie bei ersterem, relative Zufallsunabhängigkeit besteht ebenso wie bei letzterem, falls eine hinreichende Anzahl von Antwortmöglichkeiten angeboten oder eine Zufallskorrektur verwendet wird" (Lienert & Raatz, 1998, S. 26). Insbesondere bei Leistungstests ist es sinnvoll, die Anzahl der richtigen Lösungen nicht zu nennen, um so die Ratewahrscheinlichkeit zu minimieren (Rost, 2004, S. 64). Dieses Antwortformat wird auch als *pick any out of n* Format bezeichnet (vgl. ebd.).

Die Auswertung dieses Antwortformats birgt jedoch ein Problem: Sämtliche testtheoretische Annahmen (vgl. zu der verwendeten Testtheorie Kapitel 2 des vorliegenden Teils) basieren auf der Voraussetzung, dass eine Reaktion pro Person-Item-Kontakt besteht. Bei dem pick any out of n Format sind jedoch nicht nur eine, sondern beliebig viele Reaktionen auf das Item von jeder Person möglich. Die Lösung besteht darin, die Antwortalternativen selbst als Items mit dichotomen Antwortformat (gewählt oder nicht gewählt, d.h. richtig oder falsch) aufzufassen (vgl. hierzu Rost, 2004, S. 64).

Tabelle 3 gibt einen Überblick über die Operationalisierung des Faktors deklaratives Kulturwissen.[90]

---

[90] Die vollständigen Itemtabellen, die Fragebögen der Expertenbefragung und Voruntersuchung sowie die empirischen Datenauswertungen der Arbeit können bei Interesse beim Autor angefragt werden.

Teil III: Testkonstruktion

Tabelle 3: Operationalisierung und Beispielitems des Faktors Deklaratives Kulturwissen

Aussage	Item	Bezeichnung
	Kultur...	
Kultur ist dynamisch.	verändert sich mit der Zeit.	w1
	unterliegt einem steten Veränderungsprozess.	w2
Kultur wird erlernt.	wird im Laufe des Lebens erlernt.	w3
	lernt eine Person im Laufe ihrer Entwicklung.	w4
Kultur wird von einer sozialen Einheit geteilt.	wird von einer sozialen Gruppe geteilt.	w5
	ist etwas, das mehrere Personen miteinander teilen.	w6

Es wird deutlich, dass der Faktor deklaratives Kulturwissen im Grunde genommen lediglich durch eine einzige Aufgabe erfasst wird: Die Testperson soll all jene Antworten ankreuzen, die ihrer Meinung nach die Aussage „Kultur..." richtigerweise komplettiert. Da jedoch jede Wahlalternative selbst als dichotomes Item gewertet wird, wird der Faktor durch insgesamt 36 Items erfasst, die die Versuchsperson als richtig auswählen muss.

Um die Ratewahrscheinlichkeit noch weiter zu senken, werden den Testpersonen zudem Distraktoren unter die als richtig zu identifizierenden Items gemischt. Diese sollen die Identifikation der richtigen Antworten erschweren und unterscheiden sich in Form und Aufbau nicht von den richtigen Items (bzw. Wahlalternativen). Diese Plausibilität der Distraktoren ist wichtig, sollen sie ihren Zweck erfüllen.

Tabelle 4 gibt einen Überblick über die Operationalisierung der Distraktoren des Faktors deklaratives Kulturwissen. Es wird deutlich, dass exakt so vorgegangen wurde wie bei der Operationalisierung der eigentlichen Items. In der späteren Testform werden der Testperson alle Items und Distraktoren auf einmal und in randomisierter Reihenfolge dargeboten.

Tabelle 4: Operationalisierung und Beispieldistraktoritems des Faktors Deklaratives Kulturwissen

Aussage	Distraktoritem	Bezeichnung
	Kultur...	
Kultur ist dynamisch.	verändert sich über die Jahre eigentlich nicht.	wd1
	ist etwas, das konstant bleibt.	wd2
Kultur wird erlernt.	wird durch die Geburt ererbt.	wd3
	wird einer Person durch die Geburt mitgegeben.	wd4
Kultur wird von einer sozialen Einheit geteilt.	ist ein individuelles Phänomen und wird nicht zwischen zwei oder mehr Personen geteilt.	wd5
	wird nicht zwischen mehreren Personen geteilt.	wd6

5.3 Operationalisierung des Faktors kategoriale Weite

Der Faktor kulturallgemeine Kenntnisse wurde in Abschnitt 4.2.2 über die kategoriale Weite konzeptualisiert. Diese stellt ein äußerst konstantes Maß über unterschiedlichste Kategorien dar, d.h. die kategorialen Weiten einer Person, bspw. hinsichtlich des Oktavenspektrums einer Sängerin und der Helligkeit eines bedeckten Himmels, sind annähernd gleich (vgl. Pettigrew, 1958, S. 532). Personen lassen sich demnach generalisierend als „enge Kategorisierer" oder „weite Kategorisierer" klassifizieren. Diese Tatsache erlaubt den Einsatz einer vorhandenen Skala zur generellen Messung der kategorialen Weite einer Person.

Bereits 1958 entwickelte Pettigrew eine solche Skala, die als Standardverfahren zur Messung dieser Stildimension angesehen wird (vgl. Krohne & Hock, 2007, S. 345).[91] Sie besteht in ihrer ursprünglichen Form aus 20 englischsprachigen Items, in denen für eine bestimmte Klasse von Sachverhalten ein Durchschnittswert vorgegeben wird. Für je zwei Subitems des Wahlaufgabentypus mit Bestantwort muss der Proband anhand von je vier Antwortalternativen angeben, welche seiner Meinung nach die höchste und welche die niedrigste Ausprägung ist, die Elemente dieser Klasse annehmen können. Diese Subitems stellen somit Aufgaben des Typs *pick one out of four* dar; bezogen auf das übergeordnete Item lassen sich die Aufgaben auch als *pick two out of eight* bezeichnen. Für Markierungen der Alternativen, die am weitesten vom Mittelwert entfernt sind (und somit weite Kategorisierer kennzeichnen) werden 3 Punkte vergeben und für diejenigen, die am nächsten am Mittelwert liegen 0 Punkte. Die beiden Wahlalternativen in der Mitte sind entsprechend ihrer Entfernung mit 2 oder 1 Punkten kodiert. Die Punkte eines Probanden werden addiert, so dass ein hoher Score einer weiten Kategorisierung entspricht.

Tabelle 5 zeigt einige ins deutsche übersetzte Beispielitems der Category Width Scale und verdeutlicht somit die Eigenschaften dieser Skala.

---

[91] Hierfür und für die Generalisierbarkeit des mit der Skala gemessenen Konstrukts spricht auch die Vielzahl aktueller Forschungen unterschiedlichster Fachrichtungen, die sich der Skala bedienen, beispielsweise die kognitive Psychologie (Massaro & Ferguson, 1993) oder aber die Neurologie (Brugger, Loetscher, Graves & Knoch, 2007).

Tabelle 5: Beispielitems der Category Width Scale

Itemstamm	Item	Antworten	Codierung	Bezeichnung
Die durchschnittliche Breite eines Fensters beträgt etwa 36cm. Wie viele cm misst Ihrer Meinung nach das...	breiteste Fenster?	3462	3	k1a
		866	2	
		122	0	
		205	1	
	schmalste Fenster?	8	2	k1b
		46	0	
		28	1	
Ornithologen schätzen die die durchschnittliche Fluggeschwindigkeit von Vögeln auf ca. 27 Km/h. Wie groß meinen Sie ist die...	Fluggeschwindigkeit des schnellsten Vogels (in Km/h)?	3	3	k2a
		40	0	
		169	3	
		117	2	
		55	1	
	Fluggeschwindigkeit des langsamsten Vogels (in Km/h)?	16	1	k2b
		3	3	
		19	0	
		8	2	

Die Gütekriterien der Category Width Scale sind durchweg zufriedenstellend. So gibt Pettigrew (1958) die Re-Test Reliabilität (Spearman-Brown, Zeitintervall sechs Wochen) mit .72 und die interne Konsistenz (Spearman-Brown) der Skala mit .90 an. Ferner berichtet er eine Kriteriumsvalidität von .57 (p< .01), ermittelt durch Korrelation der Category Width Scale mit Ergebnissen aus der Laborforschung zur kategorialen Weite.

Die Übersetzung der Skala ins Deutsche kann als unproblematisch angesehen werden, da mit ihr keine sprachsensiblen Eigenschaften wie bspw. die Einstellungen einer Person getestet werden. In dem Fall wären Verfahren zur Überprüfung der Übersetzung wie die Back-Translation, also die Rückübersetzung in die Originalsprache mit anschließendem Abgleich der übersetzten und der Originalskala (vgl. hierzu Brislin, 1970, 1976) nötig gewesen.

5.4 Operationalisierung des Faktors interkulturelle Fähigkeiten

Die Operationalisierung des Faktors interkulturelle Fähigkeiten basiert auf seiner in Teil III Abschnitt 4.2.3 erarbeiteten Konzeptualisierung und folgt, wie schon die Operationalisierung des Faktors deklaratives Kulturwissen, den skizzierten generellen Regeln und Sätzen zur Operationalisierung eines Konstrukts.

Die Zerlegung in einzelne Aussagesätze im Rahmen der Merkmalsanalyse entfällt, da diese Sätze bereits bei der Konzeptualisierung des Konstrukts in Form der einzelnen identifizierten Fähigkeiten formuliert wurden. Demnach kann direkt mit der Umwandlung von Aufgabenkonzepten in konkrete Testaufgaben bzw. Items begonnen werden.

Die einzelnen Fähigkeiten werden jeweils durch mehrere Items operationalisiert. So können später anhand von Itemkennwerten besser geeignete Items ausgewählt und weniger gute Items aus dem Pool entfernt werden. Als Aufgabentyp wird der *Stufen-*

Antwort-Aufgabentyp gewählt (vgl. hierzu auch Lienert & Raatz, 1998, S. 19). Hierbei hat der Proband die Aufgabe, anhand von stets gleichen Antwortvorgaben seine Zustimmung oder Ablehnung zu den einzelnen Items auszudrücken. Die Testperson kann dabei wählen zwischen „stimme überhaupt nicht zu", „stimme nicht zu", „stimme eher nicht zu", „stimme eher zu", „stimme zu" und „stimme voll und ganz zu". Somit wird eine bipolare, sechsfach gestufte likert-skalierte Ratingskala als Antwortformat verwendet. Die sechsfach Stufung wurde dabei bewusst gewählt. Zum einen erlaubt sie durch drei Antwortalternativen je Pol eine recht differenzierte Beantwortung, zum anderen wird durch die Auslassung neutraler Antwortmöglichkeiten wie bspw. „weiß nicht", die so genannte *Tendenz zu Mitte*, d.h. die Antworttendenz zu solch neutralen Antworten, vermieden.[92] Um weitere Antworttendenzen oder Response Sets wie die *Ja-Sage-Tendenz (Aquieszenz)* oder *Nein-Sage-Tendenz* zu vermeiden, werden einige Items umkodiert. Die Schlüsselrichtung der Beantwortung, d.h. die Richtung im Sinne einer hoch ausgeprägten Fähigkeit, liegt bei ihnen nicht in der Zustimmung, sondern in der Ablehnung. Somit bleiben lediglich zwei Response Sets bestehen, die sich bei der Itemkonstruktion nicht vermeiden lassen: Die *Tendenz zum extremen Urteil* bzw. das Gegenteil, die *Tendenz der Vermeidung eines extremen Urteils*. Personen, die eines dieser Response Sets aufweisen, wählen fast ausschließlich resp. überhaupt keine extremen Urteile. Tabelle 6 gibt einen Überblick über die Operationalisierung und einige Beispielitems.

Tabelle 6: Operationalisierung und Beispielitems des Faktors Interkulturelle Fähigkeiten

Fähigkeit	Item	umkodiert	Bezeichnung
Fähigkeit, generelle kulturelle Unterschiedlichkeit zu erkennen.	Zwischen verschiedenen Kulturen gibt es mitunter bedeutende Unterschiede.		Fae1
	Kulturelle Unterschiede sind heutzutage eigentlich zu vernachlässigen.	x	Fae2
	Durch die Globalisierung gibt es heutzutage eigentlich keine Unterschiede mehr zwischen Kulturen.	x	Fae3
	Kulturen sind unterschiedlich.		Fae4
	Nicht alle Kulturen sind gleich.		Fae5
Fähigkeit, kulturelle Unterschiede/ Einflüsse im Denken und Verhalten zu erkennen.	Andere Länder, andere Sitten.		Fae6
	Die Kultur eines Landes beeinflusst nicht die Art zu denken seiner Einwohner.	x	Fae7
	Aus unterschiedlichen Kulturen ergeben sich unterschiedliche Verhaltensmuster.		Fae8
	Unterschiedliche Kulturen rufen unterschiedliche Verhaltensmuster hervor.		Fae9
	Kulturen beeinflussen die Art und Weise zu denken.		Fae10

---

[92] Ist eine mittlere, neutrale Antwortkategorie vorhanden, so wird diese von den Testpersonen oftmals nicht nur als Ausdruck einer mittleren Position zwischen den beiden Polen benutzt, sondern oftmals auch aus Gründen der Antwortverweigerung, Desinteresse usw. (vgl. Rost, 2004, S. 67).

5.5 Operationalisierung des Faktors Attributionsfertigkeiten

In Abschnitt 4.2.4 wurde der Faktor Attributionsfertigkeiten auf Basis des Kovariationsprinzips von Kelley konzeptualisiert. Die Operationalisierung soll demnach sicherstellen, diese Fertigkeit einer Person anhand gegebener Konsens-, Distinktheit- und Konsistenzinformationen zu ermitteln.

Bereits in Teil II Abschnitt 3.3.3 wurde auf eine Untersuchung McArthurs (1972) verwiesen, in der eben diese Kausalattribution nach dem Kovariationsprinzip im Mittelpunkt stand. In Anlehnung an McArthur werden für den zu entwickelnden Test mehrere Items konstruiert, die die Fertigkeit einer Testperson erfassen sollen, ausschließlich aufgrund der gegebenen Konsens-, Distinktheit- und Konsistenzinformationen richtige Kausalattributionen zu einem geschilderten Verhalten zu treffen. Bevor mit der Beschreibung der Operationalisierung dieses Faktors fortgeführt wird, seien einige Beispiele in Tabelle 7 zur Verdeutlichung der Ausführungen wiedergegeben.

Tabelle 7: Operationalisierung und Beispielitems des Faktors Interkulturelle Fertigkeiten

Itemstamm	Antwort	Codierung	Bezeichnung
Joachim lacht für gewöhnlich nie über Komiker, normalerweise auch nicht über diesen. Heute jedoch lacht er, und außer ihm lachen auch die meisten anderen Anwesenden. Worin liegt höchstwahrscheinlich die Ursache für Joachims lachen?	In Joachim.	0	Fe1
	Im Komiker.	1	
	In den Umständen.	0	
	Das kann man so genau nicht beantworten.	0	
Klaus lacht fast immer über Komiker. Auch über diesen Komiker lacht er heute. Außer ihm lacht jedoch fast niemand. Worin liegt höchstwahrscheinlich die Ursache für Klaus' lachen?	In Klaus.	1	Fe2
	Im Komiker.	0	
	In den Umständen.	0	
	Das kann man so genau nicht beantworten.	0	

Die Testperson erhält demnach mehrere Beschreibungen von Situationen, in denen eine Person ein bestimmtes Verhalten zeigt oder nicht. Die Beschreibungen enthalten hinreichende Informationen zu den drei Dimensionen Kelleys, anhand derer Attributionen getroffen werden können. Der Proband hat nun die Aufgabe, aus jeweils 4 Antwortalternativen diejenige auszuwählen, die seiner Meinung nach aufgrund der gegebenen Informationen am wahrscheinlichsten ist. Somit handelt es sich um Wahlaufgaben mit Bestantwort des *pick one out of four* Formats.

Die in Teil II Abschnitt 3.3.3 erwähnte Kritik an der Untersuchung McArthurs lässt sich selbstverständlich auch der vorliegenden Operationalisierung gegenüber anbringen. Sie bezieht sich vornehmlich auf den zu hohen Abstraktionsgrad der Aufgaben im Verhältnis zu realen und alltäglichen Attributionsbedingungen. Das explizite Ziel der vorliegenden Operationalisierung besteht jedoch in genau dieser abstrakten und möglichst von moderierenden Umwelteinflüssen freien Erfassung der Attributionsfertigkeit einer Person. Diese Attributionsfertigkeit wird darüber hinaus als ein Faktor interkultureller Attributions*kompetenz* angesehen; die Performanz wird durch eine Vielzahl weiterer Faktoren beeinflusst. Somit kann die Kritik als für den vorliegenden Fall unmaßgeblich angesehen werden.

5.6 Operationalisierung des Faktors interkulturelle Erfahrungen

Bereits bei der Konzeptualisierung wurde deutlich, dass der Faktor interkulturelle Erfahrungen eine gewisse Sonderstellung einnimmt. Diese spiegelt sich auch bei der Operationalisierung wider, da Erfahrungen lediglich direkt und deskriptiv erfragt werden können. Das Aufgabenkonzept wurde ebenfalls schon bei der Konzeptualisierung des Faktors spezifiziert, so dass lediglich das Antwortformat einer weiteren Erklärung bedarf.

Die einzelnen Items des Faktors interkulturelle Erfahrungen haben unterschiedliche Antwortformate. Zwar handelt es sich bei allen um gebundene Antwortformate; sie unterscheiden sich jedoch hinsichtlich der Antwortvorgaben und der Skalierung. Tabelle 8 verdeutlicht die Operationalisierung des Faktors interkulturelle Erfahrungen und zeigt alle Items.

Tabelle 8: Operationalisierung und Beispielitems des Faktors Interkulturelle Erfahrungen

Itemstamm	Antwort	Codierung	Bezeichnung
Kommen ein oder beide Elternteile von Ihnen nicht aus Deutschland?	Nein, meine beiden Elternteile sind deutsch.	0	E1
	Ja, ein Elternteil.	1	
	Ja, beide Elternteile.	2	
Kommt Ihr Partner/ Ihre Partnerin aus einer anderen Kultur?	Ja	1	E2
	Nein	0	
Hatten Sie in der Vergangenheit einen festen Partner/ eine feste Partnerin aus einer anderen Kultur?	Ja	1	E3
	Nein	0	
Wie viele Jahre haben Sie insgesamt bereits im Ausland gelebt? Bitte berücksichtigen Sie bei der Aufsummierung lediglich Zeiträume ab 3 Monaten.	Ich habe noch nie länger im Ausland gelebt.	0	E4
	0,5-1 Jahr	1	
	1-2 Jahre	2	
	2-3 Jahre	3	
	3-4 Jahre	4	
	4-5 Jahre	5	
	mehr als 5 Jahre	6	
Arbeiten Sie in Ihrem Arbeitsteam eng mit einem oder mehr Mitarbeiter aus einer anderen Kultur zusammen?	Ja	1	E5
	Nein	0	
Haben Sie in der Vergangenheit in Ihrem Arbeitsteam eng mit einem oder mehr Mitarbeitern aus einer anderen Kultur zusammen gearbeitet?	Ja	1	E6
	Nein	0	

Es wird deutlich, dass einige Items lediglich dichotom als Ja/ Nein Antwort kodiert sind und dass zwei über mehrere Vorgaben verfügen. Erstere sind nominalskaliert, letztere werden als intervallskaliert aufgefasst: Eine Auslandserfahrung von 4 Jahren ist doppelt so lang wie eine von 2 Jahren Dauer und wird folglich doppelt so hoch kodiert. Dabei sollen gemäß der Konzeptualisierung lediglich Auslandsaufenthalte ab einer Dauer von drei Monaten von der Testperson berücksichtigt werden. Durch die

Formulierung „Wie viele Jahre haben Sie insgesamt bereits im Ausland gelebt?" wird sichergestellt, dass Arbeitsaufenthalte ebenso berücksichtigt werden wie Studien oder Praktika. Die Operationalisierung interkultureller Erfahrungen wird somit nicht durch Leistungsaufgaben, sonder durch deskriptive Fragen erreicht.

5.7 Itempool I

In den vorangegangenen Abschnitten wurde die Operationalisierung der einzelnen Faktoren beschrieben und verdeutlicht. Alle Items zusammen bilden den *Itempool I*. Dieser besteht aus insgesamt 110 Items und Distraktoren und setzt sich wie folgt zusammen:

Tabelle 9: Itempool I

	Faktor/ Subtest				
	Deklaratives Kulturwissen	*Generelle Kulturkenntnisse*	*Interkulturelle Fähigkeiten*	*Attributionsfertigkeiten*	*Interkulturelle Erfahrungen*
Aufgabentyp	Mehrfach-Wahl-Aufgabe	Wahl-Aufgabe	Rating-Aufgabe	Wahl-Aufgabe	Deskriptiv
Antwortformat	Pick Any out of N	Pick Two out of Eight	Rating	Pick One out of Four	Pick One out of N
Itemanzahl	53	20	25	6	6
				Σ	*110*

Bei dem Itempool I handelt es sich noch nicht um einen provisorischen Testaufbau, da die Items weder in einer bestimmten Reihenfolge geordnet, noch randomisiert sind etc. (vgl. hierzu Lienert & Raatz, 1998, S. 53 f.). Ein solcher Testaufbau erfolgt erst nach der Expertenbefragung, die im folgenden Kapitel erläutert wird.

6 Expertenbefragung

Die Befragung mehrerer Experten stellt eine wesentliche Güteprüfung der literaturbasierten, deduktiven Operationalisierung der einzelnen Faktoren interkultureller Attributionskompetenz dar. Die folgenden Ausführungen erläutern Ziel, Vorgehensweise und Ergebnisse dieser Befragung.

6.1 Ziel

Mit der Expertenbefragung werden zwei wesentliche Ziele verfolgt: *Erstens* sollen durch sie mögliche Probleme in der Itemformulierung oder auch gravierende Schwächen bei der Testkonstruktion aufgedeckt werden. Mögliche Korrekturen in der laufenden Testkonstruktion könnten so zu einem relativ frühen Zeitpunkt vorgenommen werden. *Zweitens* besteht ein wesentliches Ziel in der inhaltlichen Validierung des Itempools I. Wie in Kapitel 1 beschrieben, stellt die Inhaltsvalidität ein wichtiges Gütekriterium auf dem Gebiet der Leistungs- bzw. Kompetenzdiagnostik dar. Die Überprüfung der vorliegenden Aufgabensammlung durch Experten dient der Sicherstellung dieser Kontentvalidität.[93] Dabei sind nach Klauer (1987, S. 47 ff.) zwei Überprüfungen wichtig: 1) Die Überprüfung der Aufgaben auf Zugehörigkeit zu einer definierten Menge, und 2) die Überprüfung der Merkmalsvariation auf Übereinstimmung mit vorgegebenen Proportionen und Quoten. Da im vorliegenden Fall keine quotierte Stichprobe (der Aufgaben) erzeugt wird, bleibt lediglich die erste Überprüfung bestehen. Durch die Befragung von Experten soll somit sichergestellt werden, dass die Testitems einer definierten Menge angehören - dass sie also das jeweils interessierende Merkmal gut operationalisieren.

6.2 Untersuchungsdesign

Die Expertenbefragung wurde standardisiert und mit Hilfe eines Fragebogens durchgeführt, da diese Form der Untersuchung die Berechnung quantitativer Maße erlaubt. Zunächst wurden den Experten kurz das Ziel und inhaltliche Überlegungen der Testentwicklung erläutert. Es folgte eine generelle Instruktion, die bei jedem einzelnen Faktor um spezifische Instruktionen ergänzt wurde.

Die eigentliche Aufgabe der Experten bestand darin, jedes einzelne der selbst operationalisierten Items anhand von vier vorgegebenen Kriterien zu beurteilen, indem sie das Kriterium an der entsprechenden Stelle ankreuzten. Das erste Kriterium bezog sich dabei auf die inhaltliche Güte der Operationalisierung, die übrigen drei prüften zentrale Aspekte der Itemformulierung ab (vgl. hierzu Abschnitt 5.1). Dabei wurden den Experten neben den erwähnten generellen Informationen zur Testkonstruktion stets operationalisierungsspezifische Informationen dargeboten, die eine Gütebeurteilung erst ermöglichen. Bspw. wurden für die Items des Faktors deklaratives Kulturwissen die in Abschnitt 5.2 erwähnten einzelnen Aussagen der Kulturdefinition wiedergegeben, anhand derer die Operationalisierung dann beurteilt werden konnte. Tabelle 10 gibt einen verdeutlichenden Überblick.

---

[93] Die Sicherung der Inhaltsvalidität durch Expertenurteile kann als üblich angesehen werden (vgl. Häcker et al., 1998, S. 12)

Teil III: Testkonstruktion

Tabelle 10: Beispielitems mit Itemkriterien der Expertenbefragung

Aussage	Item operationalisiert Aussage	Achtung! Item unklar!	Achtung! Item enthält mehr als einen Sachverhalt!	Achtung! Item ohne Zusatzinformation nicht zu beantworten!
Kultur ist dynamisch. *Kultur...*				
verändert sich mit der Zeit.				
unterliegt einem steten Veränderungsprozess.				
wird im Laufe des Lebens erlernt.				

Es wird deutlich, dass sich die Beurteilung des ersten Kriteriums wesentlich von den übrigen drei unterscheidet: Zum einen inhaltlich, zum anderen jedoch auch in der Schlüsselrichtung. Wurde hier von den Experten ein Kreuz gesetzt, so ist dies positiv zu interpretieren; eine hohe Anzahl von Kreuzen und somit eine hohe Beurteilerübereinstimmung ist hier also wünschenswert. Bei den übrigen drei Kriterien bedeutet das Ankreuzen eine Warnung und ist folglich negativ zu interpretieren; wenige oder gar keine Markierungen sprechen hier für eine hohe Übereinstimmung zwischen den Experten und sind erstrebenswert.

Neben dieser *itemspezifischen* Gütebeurteilung wurden die Experten auch um eine vierstufige, *generelle Einschätzung der einzelnen Faktoren* gebeten, die in Tabelle 11 dargestellt ist.[94]

Tabelle 11: Beispiel einer Frage nach der generellen Einschätzung in der Expertenbefragung

	Ja, voll und ganz.	Im Wesentlichen ja.	Nein, nicht genug.	Nein, überhaupt nicht.
Was meinen Sie, wird der Kulturbegriff durch die Itemmenge hinreichend abgedeckt?				

Außer den itemspezifischen und diesen generellen standardisierten Einschätzungen wurde den Experten an verschiedenen Stellen die Möglichkeit gegeben, die Operationalisierung frei zu kommentieren. Generell war dies bei jedem Faktor der Fall, darüber hinaus konnten sie einzelne Itemgruppen frei kommentieren. Ihnen wurde außerdem am Ende der Befragung die Möglichkeit eines übergreifenden Kommentars bzw. einer übergreifenden Kritik gegeben.

Insgesamt lieferte die Expertenbefragung somit eine große Menge an verwertbaren Daten. In Tabelle 12 wird deutlich, dass jeder Experte die Möglichkeit hatte, die Ope-

---

[94] Lediglich der Faktor kulturallgemeine Kenntnisse wurde nicht standardisiert bewertet, da es sich um eine reliable und valide Skala handelt. Beim Faktor interkulturelle Fähigkeiten wurden generelle Einschätzungen zu jeder Fähigkeit erfragt, die jedoch (gemittelt) eine generelle Einschätzung des gesamten Faktors erlauben.

rationalisierung anhand von drei Bereichen zu bewerten: *Itemspezifisch*, *generell* sowie *frei*. Insgesamt ergaben sich hierdurch für jeden Experten 389 Möglichkeiten, die Operationalisierung bzw. die Testkonstruktion zu beurteilen.

Tabelle 12: Bewertungsmöglichkeiten der Experten

Faktor/ Übergreifend	Itemspezifisch					Generell	Frei
	Item operationalisiert Aussage	Achtung! Item unklar!	Achtung! Item enthält mehr als einen Sachverhalt!	Achtung! Item ohne Zusatzinformation nicht zu beantworten!	Σ		
Deklaratives Kulturwissen	53	53	53	53	*212*	1	16
Kulturallgemeine Kenntnisse	0	0	0	0	*0*	0	1
Interkulturelle Fähigkeiten	25	25	25	25	*100*	5	1
Attributionsfertigkeiten	6	6	6	6	*24*	1	1
Interkulturelle Erfahrungen	6	6	6	6	*24*	1	1
Übergreifend	0	0	0	0	*0*	0	1
Σ	90	90	90	90	*360*	8	21
						Gesamt:	389

6.3 Durchführung der Untersuchung

Die Expertenbefragung wurde komplett onlinegestützt durchgeführt.[95] Hierfür wurde eine Onlineplattform programmiert, auf der der erläuterte Fragebogen eingestellt wurde. Verschiedene Experten wurden per E-Mail angeschrieben und um eine Einschätzung gebeten. Mit dieser E-Mail wurde ein link verschickt, über den die Experten die Onlineplattform aufrufen konnten.

Die Befragung startete Ende Juli 2007 und wurde Anfang September 2007 abgeschlossen. Insgesamt wurden 15 Experten angeschrieben, von denen 8 den Fragebogen beantworteten. Dies entspricht einer Rücklaufquote von 53,3%. Einer dieser acht konnte die Beantwortung aus zeitlichen Gründen nicht beenden,[96] so dass schließlich die Einschätzungen von sieben Experten für die Testentwicklung zur Verfügung stehen. Diese Anzahl kann als äußerst zufriedenstellend angesehen werden. Bei 389 möglichen Beurteilungen je Experte ergibt sich eine theoretische Datenmenge von 2723 Expertenbeurteilungen.

---

[95] Die Expertenbefragung wie auch die folgenden Untersuchungen wurden über den Anbieter www.surveymonkey.com online gestellt. Dieser erlaubt eine unkomplizierte und schnelle Programmierung der Fragebögen und ermöglicht den Download aller Rohdaten.

[96] Dies wurde dem Verfasser in einer E-Mail mitgeteilt.

Als Experten wurden Professoren und/ oder Dozenten mit (inter-)kultureller Expertise aus dem deutschsprachigen Raum ausgewählt,[97] darüber hinaus konnte ein zertifizierter PISA Quality Monitor für die Befragung gewonnen werden.[98] Tabelle 13 gibt einen Überblick über die Experten.[99]

Tabelle 13: Überblick über die Experten

Name	Professoren mit (inter-)kultureller Expertise	Dozenten interkultureller Fortbildungen	Zertifizierte Test-Experten
	F.		
	A.	M.	
	K.		
	B.	H.	P.
Anzahl	4	2	1
		Gesamt	7

6.4 Ergebnisse

Die Ergebnisse der Expertenbefragung werden nachfolgend berichtet. Dabei werden zunächst generelle, d.h. faktorübergreifende inhaltliche, deskriptive und quantitative Ergebnisse berichtet. Im Anschluss werden Koeffizienten zur Bestimmung der Expertenübereinstimmung berechnet. Inhaltliche Ausführungen für jeden einzelnen Faktor schließen den Ergebnisbericht ab.[100]

6.4.1 Faktorübergreifende Ergebnisse

Die Auswertung der *testübergreifenden freien Beurteilung* des Itempool I offenbart nur wenig Kritik. Von einigen Experten wird die Itemsammlung als sehr lang eingestuft. Dies kann jedoch als unwesentlich interpretiert werden, da hierin ein explizites Ziel der Operationalisierung des Itempool I lag. Sowohl durch die Expertenbefragung, als auch durch die spätere Voruntersuchung sollen einige Items eliminiert werden, so dass sich der Umfang des Tests deutlich verringern wird.

Tabelle 14 gibt einen ersten deskriptiven Überblick über die *generellen Bewertungen* der Experten.

---

[97] Die (inter-)kulturelle Expertise bezieht sich dabei auf die erwähnten relevanten Wissenschaften aus Teil II Kapitel I1.

[98] Dieser PISA Quality Monitor verantwortet die wissenschaftliche Qualitätsüberwachung eines Teils der PISA Studie in Deutschland und ist beim ACER (Australian Council of Educational Research) angestellt.

[99] Überschneidungen der Kategorien sind dabei durchaus möglich. Die Zuordnung wurde aufgrund der als primär einzustufenden Expertise getroffen.

[100] Alle Ergebnisse sowohl der Expertenbefragung als auch der folgenden Untersuchungen wurden mit Hilfe zweier Softwarepakete berechnet: Als grundlegendes (Matrizen-)Rechenprogramm wurde Microsoft® Office Excel 2003 verwendet; alle übrigen statistischen Berechnungen erfolgten mit SPSS 15.0.1 bzw. der Weiterentwicklung PASW Statisics 17.0

Tabelle 14: Übersicht über die generellen Bewertungen

4-fach likert-skalierte Beurteilung (vgl. Abschnitt 6.2)

	Deklaratives Kulturwissen	Interkulturelle Fähigkeiten[a]	Attributions- fertigkeiten	Interkulturelle Erfahrungen	*Mittel- wert*[b]
F.	4	3,00	3	3	*3,25*
A.	3	3,60	4	3	*3,4*
K.	3	2,80	4	3	*3,2*
B.	3	3,40	4	3	*3,35*
M.	3	3,20	4	3	*3,3*
H.	3	3,00	3	4	*3,25*
P.	4	3,80	4	3	*3,7*
Mittelwert[b]	*3,29*	*3,26*	*3,71*	*3,14*	*3,35*
Median[b]	3	3,20	4	3	
Modalwert[b]	3	3	4	3	
Minimum	3	2	3	3	
Maximum	4	4	4	4	

a: Für den Faktor Interkulturelle Fähigkeiten sind die Mittelwerte der Beurteilungen die einzelnen Fähigkeiten dargestellt. Die Berechnungen der Beurteilermittelwerte basieren in dieser Darstellung ebenfalls auf diesen Mittelwerten.
b: Die geringe Fallzahl erlaubt streng genommen keine Berechnung von Maßen der zentralen Tendenz. Dennoch wer den sie aus Gründen der Veranschaulichung wiedergegeben.

Es zeigt sich, dass die Operationalisierung der Faktoren generell als positiv beurteilt wird. Lediglich ein Experte hat bei einer Beurteilung die Operationalisierung als nicht ausreichend eingestuft, in allen übrigen Fällen wurde die Operationalisierung stets in Schlüsselrichtung, d.h. positiv (3 oder 4) bewertet. Somit bestätigen die Experten die generelle Richtigkeit der Iteminhalte. Darüber hinaus lässt die deskriptive Analyse der generellen Einschätzungen eine relativ große Übereinstimmung der Expertenurteile vermuten.

Ein ähnlich positives Bild zeigt die deskriptive Analyse der *itemspezifischen Bewertungen*, die in Tabelle 15 dargestellt ist.

Teil III: Testkonstruktion

Tabelle 15: Überblick über die itemspezifischen Beurteilungen

Häufigkeiten der Nennungen		Item operationalisiert Aussage	Achtung! Item unklar!	Achtung! Item enthält mehr als einen Sachverhalt!	Achtung! Item ohne Zusatzinformation nicht zu beantworten!
	0	0	51	83	82
	1	0	24	7	7
	2	1	11	0	1
	3	3	1	0	0
	4	9	3	0	0
	5	18	0	0	0
	6	22	0	0	0
	7	37	0	0	0
N	Gesamt	90	90	90	90
	Fehlend	0	0	0	0
Modalwert		7	0	0	0
Median		6	0	0	0
Mittelwert		5,87	0,68	0,08	0,10
Standardabweichung		1,22	0,97	0,27	0,34
Varianz		1,49	0,94	0,07	0,11
Minimum		2	0	0	0
Maximum		7	4	1	2

Auch hier lassen die deskriptiven Daten bereits eine hohe Übereinstimmung der Experten vermuten. Ferner zeigt sich, dass das Operationalisierungskriterium am häufigsten *von allen sieben* Experten angekreuzt, d.h. positiv bewertet wurde (Modalwert). Von den übrigen drei Kriterien zur Itemformulierung wurde hingegen nur selten bzw. nie Gebrauch gemacht. Somit wurden alle vier Itemkriterien in der überwiegenden Anzahl der Fälle von allen Experten oder zumindest der Mehrheit in Schlüsselrichtung beurteilt, was sich auch in den arithmetischen Mitteln der einzelnen Kriterien widerspiegelt. Die meisten Items wurden also als gute Operationalisierung der jeweiligen Faktoren eingestuft.

6.4.2 Expertenübereinstimmung

Neben einer faktorübergreifenden, inhaltlichen und quantitativen Auswertung der Expertenurteile gilt es, ihre Übereinstimmung zu testen, da eine hohe Beurteilerübereinstimmung einen Indikator der Beurteilungs*güte* darstellt (vgl. Klauer, 1987, S. 51). Je nach Skalenniveau der Daten und je nach Fragestellung lassen sich unterschiedliche Koeffizienten zur Bestimmung der Beurteilerübereinstimmung berechnen.[101]

---

[101] Für eine umfangreiche Übersicht zum Thema und zur Berechnung verschiedenster Koeffizienten vgl. Wirtz & Caspar (2002).

Bevor die jeweiligen Koeffizienten der Beurteilerübereinstimmungen a) für die generellen Beurteilungen und b) itemspezifisch für die einzelnen Faktoren berechnet werden können, ist ein *Transponieren der Daten* (d.h. eine Rotation der Datenmatrix um 90°) nötig. In der ursprünglichen Datenmatrix der Expertenbefragung stellen die Beurteilungskriterien die Variablen und die Experten die Fälle dar. Nun interessieren jedoch für die Berechnung der Beurteilerübereinstimmung nicht Spezifika der einzelnen oder mehrerer Beurteilungskriterien, sondern der Experten. Daher muss die gesamte Datenmatrix so rotiert werden, dass die Experten die Variablen, und die Beurteilungskriterien die Fälle darstellen.

Diese Transponierung bewirkt neben der richtigen Anordnung der Daten eine Erhöhung der Fallzahl um ein Vielfaches: Stehen in der ursprünglichen Datenmatrix lediglich 7 Fälle (da sieben Experten) zur Verfügung, so umfasst der transponierte Datensatz 389 Fälle (da 389 Möglichkeiten der Beurteilung, vgl. Tabelle 12 auf Seite 123). Somit lassen sich Koeffizienten berechnen, die bestimmte Verteilungsanforderungen an die Daten stellen.

Die Berechnung eines Übereinstimmungskoeffizienten für die freien, inhaltlichen Kommentare der Experten ist aus offensichtlichen Gründen unmöglich. Daher soll zuerst die Übereinstimmung der *generellen Beurteilungen* untersucht werden, die mit Hilfe 4-fach gestufter, likert-skalierter Items erhoben wurden, so dass von Intervallskalenniveau der Daten ausgegangen werden kann.[102] Eine hohe Expertenübereinstimmung kann hier als Maß der *Reliabilität* der intervallskalierten Ratings interpretiert werden (vgl. Wirtz & Caspar, 2002).

Berechnet wird vorrangig die Intraklassenkorrelation (ICC), die definiert ist als die Korrelation eines beliebigen Expertenpaares (vgl. Wirtz & Caspar, 2002, S 157 ff.).[103] Ihr Wertebereich ist definitionsgemäß auf den Bereich 0 bis 1 beschränkt. Dabei können die errechneten Werte zum einen als Zusammenhangsmaß in Bezug auf die Raterurteile, zum anderen als Reliabilitätsmaß, also als Varianzaufklärungsmaß, interpretiert werden. Unterschieden werden die ICC_{unjust} als unjustiertes Übereinstimmungsmaß und die ICC_{just} als justiertes Konsistenzmaß. Die Justierung bezieht sich dabei auf die raterspezifischen Mittelwerte: Ein unjustiertes Maß sollte berechnet werden, wenn die Ähnlichkeit der absolut vergebenen Werte überprüft werden soll, wenn also von einer einheitlichen Beurteilungsskala ausgegangen werden kann. Mit einem justierten Maß hingegen wird die Konsistenz in der Abweichung vom jeweiligen Ratermittelwert berechnet, ohne dass die absoluten Werte ähnlich sein müssen, d.h. ohne dass einheitliche Beurteilungsskalen verwendet worden sein müssen (vgl. Wirtz & Caspar, 2002, S. 171). Da den Experten im vorliegenden Fall einheitliche Beurteilungsskalen vorgegeben wurden wird die ICC_{unjust} berechnet. Wie für solche Maße üblich ist der Wert der ICC abhängig von der Varianz der Daten.

Die Beurteilungen der Experten werden zunächst auf Normalverteilung getestet, um die Zulässigkeit der Berechnung varianzbasierter Verfahren zu überprüfen. Die Beurteilungen von sechs Experten können als normalverteilt angesehen werden, bei einem Experten ist diese Bedingung verletzt, worauf der signifikante Z-Wert (p< .05) in der untersten Zeile in Tabelle 16 hinweist.

---

[102] Strenggenommen sind likert-skalierte Daten lediglich ordinale Daten, da keine Äquidistanz zwischen den einzelnen Stufen angenommen werden kann. Für die praktische Verwendung können sie jedoch als intervallskaliert interpretiert werden (vgl. bspw. Bortz & Döring, 2002, S. 223; Greving, 2006, S. 81).

[103] Weitere Maße, die für die Interpretation der ICC wichtig sind, werden im Verlauf erläutert.

Tabelle 16: Kolmogorov-Smirnov-Tests auf Normalverteilung der Expertenurteile

		A.	B.	F.	H.	K.	M.	P.
N		8	8	8	8	8	8	8
Mittelwert		3,50	3,38	3,13	3,13	3,00	3,38	3,63
Std. Abw.		0,535	0,518	0,354	0,641	0,535	0,518	0,518
Extremste Differenzen	Absolut	0,325	0,391	0,513	0,327	0,375	0,391	0,391
	Positiv	0,325	0,391	0,513	0,327	0,375	0,391	0,261
	Negativ	-0,325	-0,261	-0,362	-0,298	-0,375	-0,261	-0,391
Kolmogorov-Smirnov-Z		0,920	1,105	1,451	0,926	1,061	1,105	1,105
Signifikanz (2-seitig)		0,366	0,174	0,030	0,358	0,211	0,174	0,174

Somit kann lediglich die Übereinstimmung der generellen Urteile von sechs Experten bestimmt werden. Diese erweist sich jedoch als äußerst gering und zudem nicht signifikant. Die Überprüfung der Konsistenz der Expertenurteile mittels Cronbachs Alpha ergibt ein ähnliches Bild: Der Wert von α= .263 lässt auf eine als nicht gegeben einzustufende interne Konsistenz der Expertenurteile schließen.

Zur Bestätigung dieser Ergebnisse wird eine explorative Faktorenanalyse[104] berechnet. Mit ihr soll herausgefunden werden, ob die sechs Expertenurteile auf einem gemeinsamen Faktor laden und somit als zusammengehörig interpretiert werden können oder nicht. Die Faktorenanalyse ergibt jedoch eine 3-faktorielle Lösung nach dem Kaiser-Guttman Kriterium (Eigenwerte >1): Die Expertenurteile laden also nicht auf nur einem Faktor und können somit als nicht zusammengehörig eingestuft werden.

Eine Selektion der in das Modell aufzunehmenden Experten erscheint demnach für die Berechnung der Beurteiler*reliabilität* sinnvoll.[105] Dabei ist es wichtig explizit darauf hinzuweisen, dass der Ausschluss einiger Experten inhaltlich gerechtfertigt ist: Wie bereits dargestellt beurteilen ja alle sieben Experten die Operationalisierung als positiv (*Inhaltsvalidität*), lediglich die Übereinstimmung der einzelnen Urteile aller Experten (*Beurteilerreliabilität*) ist gering.

Aus dem Modell entfernt werden diejenigen Experten, deren Urteile zur geringen ICC$_{unjust}$ führen. Diese werden anhand der Ergebnisse der Faktorenanalyse identifiziert: Die nicht hoch auf dem Hauptfaktor ladenden Experten werden zur weiteren Berechnung aus dem Modell entfernt.

Es verbleiben vier der ursprünglichen sieben Experten im Modell. Da alle dieser vier Experten Faktorladungen über 0,60 auf dem ersten Faktor aufweisen, kann der Faktor interpretiert werden (vgl. Bortz, 1993, S. 509) und die ICC$_{unjust}$ bestimmt werden.[106]

---

[104] Hauptkomponentenanalyse, Varimaxrotation.

[105] Dieses Vorgehen entspricht dem üblichen Vorgehen zur Erhöhung des Alphawertes im Rahmen einer Skalenanalyse (vgl. hierzu genauer Kapitel I7).

[106] Um sicherzustellen, dass die verbleibenden vier Experten auf nur einem Faktor laden, wurde eine erneute explorative Faktorenanalyse nur mit diesen vier Experten gerechnet (Hauptkomponentenanalyse, Varimaxrotation). Sie ergab eine einfaktorielle Lösung (Kaiser-Guttman-Kriterium).

Berechnet wird die unjustierte ICC für die Experten A., B., K. und P.. Tabelle 17 zeigt zunächst die Korrelationen zwischen den Mittelwerten der einzelnen Experten.

Tabelle 17: Inter-Experten-Korrelationen

	Mittelwert	Std. Abw.	A	B	K
A.	3,50	0,535			
B.	3,38	0,518	0,258		
K.	3,00	0,535	0,500	0,516	
P.	3,63	0,518	0,258	0,600	0,516

Die fehlenden Signifikanzen sind auf die geringe Fallzahl zurückzuführen.

Insbesondere zwischen den Experten A&B sowie A&K gibt es offensichtlich einige Unstimmigkeiten.

Zur weiteren Berechnung der ICC_{unjust} muss gewährleistet sein, dass keine Interaktion zwischen Beurteilern und Beurteilungsobjekten vorliegt. Dies wird mittels Tukeys Additivitätstest überprüft, der im vorliegenden Fall nicht signifikant ausfällt. Die Bedingung ist also erfüllt.

Die Berechnung der ICC_{unjust} ergibt einen hoch signifikanten Wert von .37 (p< .01). Die interne Konsistenz ist mir einem α von .76 ebenfalls als hoch zu bewerten. Somit ist die Beurteilung dieser vier Experten als übereinstimmend einzustufen.

Wie in der Theorie psychometrischer Tests (vgl. bspw. Krauth, 1995) lässt sich auch für die ermittelte Interraterreliabilität der Begriff der Trennschärfe sinnvoll definieren und anwenden (vgl. Wirtz & Caspar, 2002, S. 210).[107] Interessant sind hier vor allem die korrigierten Trennschärfen, deren Werte um die Korrelation der Werte des betreffenden Experten mit dem Summenwert aller Rater bereinigt sind. Tabelle 18 zeigt die entsprechenden Werte für die vier Experten.

Tabelle 18: Korrigierte Trennschärfen und Alphas der Experten

Experte	Korrigierte Trennschärfen	Cronbachs Alpha, wenn Item weggelassen
A.	0,408	0,781
B.	0,581	0,690
K.	0,671	0,638
P.	0,581	0,690

Insgesamt lassen sich die einzelnen Trennschärfen als sehr ähnlich einstufen. Somit steht das Urteil jedes Experten in sehr gutem Zusammenhang mit den Urteilen der übrigen Experten, was als weiterer Hinweis auf eine Homogenität der vier Expertenurteile dient.

Zusammenfassend können die *generellen Beurteilungen* von vier der sieben Experten als hochgradig übereinstimmend interpretiert werden. Bedeutsamer als die Übereinstimmung dieser generellen vier Beurteilungen ist jedoch die über alle sieben Experten durchweg positive Beurteilung der einzelnen Faktoren (vgl. Abschnitt 6.4.1).

---

[107] Zur genauen Erklärung des Begriffs der Trennschärfe vgl. auch Kapitel I7.5.1.

Neben den generellen Beurteilungen können auch die *itemspezifischen Bewertungen* der Experten auf Übereinstimmung getestet werden. Diese werden für jeden Faktor bzw. für jede Subskala einzeln berechnet.

Da es sich bei den itemspezifischen Beurteilungskriterien um dichotome Daten handelt, müssen andere Übereinstimmungskoeffizienten als für die generellen, likert skalierten Beurteilungen berechnet werden. Allerdings lassen sich lediglich Übereinstimmungskoeffizienten für jeweils ein Expertenpaar berechnen. Um dennoch die Übereinstimmung aller Experten ermitteln zu können, muss der Median aller Koeffizienten der einzelnen Expertenpaare berechnet werden (vgl. Bortz & Döring, 2002, S. 277; Wirtz & Caspar, 2002, S. 67). Da $\binom{n}{k}$ verschiedene Expertenpaare gebildet werden können ergeben sich bei n=7 Experten und k=2 Experten/ Paar $\binom{7}{2} = \frac{7!}{2! \cdot (7-2)!} = 21$ Expertenpaare, für die Übereinstimmungskoeffizienten für die Items der vier Faktoren berechnet werden können, aus welchen dann der Medianwert die Übereinstimmung je Faktor über alle sieben Experten angibt.

Berechnet werden können mehrere ähnliche Koeffizienten. Cohens κ (Kappa) ist hier als das geeignetste Maß zu bezeichnen und folglich zu berechnen (vgl. Wirtz & Caspar, 2002, S. 120). Im Gegensatz zu anderen Maßen wird bei der Berechnung von κ die per Zufall zu erwartende Übereinstimmung zwischen zwei Ratern berücksichtigt.

Der Wertebereich von κ liegt zwischen 1 (perfekte Übereinstimmung) und -1 (völlig unterschiedliche Einschätzungen durch die beiden Rater). In der Literatur finden sich unterschiedliche Maßstäbe zur Beurteilung der Güte von κ. Mit Bortz & Döring (2002, S. 277) sowie der Mehrheit der übrigen Angaben sollen κ-Werte von über .70 als gute Übereinstimmung interpretiert werden. Tabelle 19 zeigt die Medianwerte der 78 κ-Werte.[108]

Tabelle 19: **Cohens κ für die Items der einzelnen Faktoren**

	kritischer Wert	Faktor			
		Wissen	Fähigkeiten	Fertigkeiten	Erfahrung
N		212	100	24	24
κ	>0,7	0,65	0,78	0,77	0,80

Angegeben sind die Medianwerte der einzelnen κ-Werte der 21 möglichen Expertenpaare.

Da nahezu alle 78 κ-Werte hochsignifikant sind (p< .001), können auch die angegebenen Medianwerte als hochsignifikant angesehen werden. Darüber hinaus deuten alle Mediane auf eine hohe Übereinstimmung der Expertenbeurteilung der einzelnen Items hin. Lediglich der Faktor Wissen weist mit 0,65 einen etwas niedrigeren Wert auf, der jedoch als befriedigend akzeptiert werden soll. Somit beurteilen alle sieben (bzw. sechs für den Faktor Fertigkeiten) Experten *die einzelnen Items* hinsichtlich der vorgegebenen Kriterien in hohem Maße übereinstimmend.

Es lässt sich somit festhalten, dass die Experten itemspezifisch eine größere Beurteilungsübereinstimmung aufweisen als bei den generellen Beurteilungen. Eine mögli-

---

[108] Die Anzahl theoretisch möglicher Expertenpaare ergibt sich aus 21 Expertenpaaren je Faktor, also $21 \cdot 4 = 84$. Da ein Experte keine Beurteilung für den Faktor Fertigkeiten abgegeben hat, reduziert sich die tatsächliche Anzahl der κ Werte zu $21 \cdot 3 + \left(\frac{6!}{2! \cdot (6-2)!} \right) = 78$.

che Erklärung hierfür ist in dem unterschiedlichen Skalenniveau der Beurteilungskriterien zu sehen: Die likert skalierte generelle Beurteilung lässt bei generell positiver Beurteilung des Faktors aller Experten durchaus Unterschiede im Ausmaß dieser Zustimmung zu (Sowohl „Ja, voll und ganz" und „Im wesentlichen ja" sind positive Beurteilungen), was zu einer Veringerung der Beurteilerübereinstimmung führen kann. Die dichotome Skalierung der itemspezifischen Beurteilung hingegen erlaubt keine Varianz in der positiven Beurteilung, so dass eine positive Beurteilung automatisch mit einer hohen Übereinstimmung einhergeht.

6.4.3 Faktorspezifische Ergebnisse

Nachdem in den vorangegangenen Abschnitten zunächst a) eine positive Beurteilung der Operationalisierung der Experten und b) eine hohe Übereinstimmung (insbesondere itemspezifisch) der Beurteilung festgestellt wurde, kann nun mit der Auswertung der Expertenbefragung für jeden einzelnen Faktor fortgefahren werden. Das Ziel ist es hierbei zu bestimmen, ob Items aufgrund der Beurteilung nicht verändert, verändert oder eliminiert werden. Grundlage hierfür bilden alle zur Verfügung stehenden Kriterien sowie die freien Kommentare der Experten.

Die Auswertung der Beurteilung des Faktors *deklaratives Kulturwissen* ergibt, dass die Operationalisierung des Kulturbegriffs generell als gut eingestuft wird. Nur wenige Items werden als unklar aufgefasst, ebenso wenige beinhalten nach Einschätzung der Experten mehr als einen Sachinhalt oder bedürfen zur Beantwortung zusätzlicher Informationen. Es wurden einige Formulierungen kommentiert und wertvolle Hinweise zur Verbesserung gegeben.

Aufgrund der Expertenurteile werden drei Items sowie zwei Distraktoren vollständig aus dem Itempool entfernt. Fünf Items und fünf Distraktoren werden aufgrund der Anmerkungen und/ oder aufgrund der Benutzung der standardisierten Kriterien sprachlich oder inhaltlich verändert. Tabelle 20 zeigt einen Überblick über die Veränderungen an der Operationalisierung nach der Expertenbefragung.

Tabelle 20: Veränderungen am Faktor deklaratives Kulturwissen

	Entfernen	Verbleiben	
		Unverändert	Verändert
Items	3	26	6
Distraktoren	2	10	5
∑		47	

Für die Beurteilung des Faktors *kulturallgemeine Kenntnisse* stand den Experten lediglich ein freies Kommentarfeld zur Verfügung, da dieser mittels einer reliablen und validen Skala erfasst werden soll (vgl. hierzu Abschnitt 5.3 zur Operationalisierung des Faktors). Die Kommentare der Experten fallen hier keinesfalls einheitlich aus. Einige Experten kritisieren die verwendete Skala als nicht einleuchtend bzw. nicht valide zur Messung interkultureller Attributionskompetenz. Dies ist durchaus nachvollziehbar, da den Experten zum Zeitpunkt der Befragung keine detaillierten Informationen zum Sinn und Zweck der Skala gegeben wurden. Wahrscheinlich ist dieser Kritikpunkt somit insbesondere auf die mangelnde Informationsbereitstellung und weniger auf Schwächen der verwendeten Skala zurückzuführen. Weiter wurde der Umfang der Skala als zu lang bemängelt. Dies deckt sich mit den Erwartungen des

Verfassers, so dass eine Verringerung der Itemanzahl als Konsequenz der Expertenbefragung vorgenommen wird. Dabei werden diejenigen Items der Category Width Scale im Faktor belassen, die die höchste berichtete Kriteriumsvalidität aufweisen (vgl. Pettigrew, 1958, S. 540).

Tabelle 21: Veränderungen am Faktor kulturallgemeine Kenntnisse

	Entfernen	Verbleiben
Items	9	11

Zur Beurteilung des Faktors *interkulturelle Fähigkeiten* standen den Experten wieder mehr Kriterien zur Verfügung. Wie schon beim Faktor deklaratives Kulturwissen wurden auch hier wieder vor allem Formulierungen sowohl über die standardisierten Kriterien als auch über freie Anmerkungen kommentiert und kritisiert, woraufhin einige Items sprachlich verbessert wurden. Ein Experte weist darauf hin, dass nicht Fähigkeiten, sondern Meinungen durch die Items widergespiegelt würden. Dies ist bedingt nachvollziehbar: Zum einen erweckt das likert-skalierte Antwortformat tatsächlich den Eindruck, es würden Meinungen abgefragt, ähnlich einem Einstellungstest. Zum anderen sind einige Aussagen als Meinungen formuliert. Allerdings sind die Fähigkeiten aus der Literatur abgeleitet (vgl. Abschnitt 4.2.3) und können daher als Fähigkeiten gemäß der verwendeten Definition auf S. 103 aufgefasst werden.

Die Beurteilung der Experten führt auch am Faktor interkulturelle Fähigkeiten zu Veränderungen, die Tabelle 22 zeigt.

Tabelle 22: Veränderungen am Faktor interkulturelle Fähigkeiten

	Entfernen	Verbleiben	
		Unverändert	Verändert
Items	3	13	9
	Σ	22	

Die Auswertung der Expertenbeurteilung des Faktors *Attributionsfertigkeiten* zeigt ein einheitliches Bild: Die Items werden weder kritisiert noch kommentiert, so dass *alle* Items in ihrer ursprünglichen Form erhalten bleiben und weiterverwendet werden.

Ähnlich verhält es sich mit der Beurteilung des Faktors *interkulturelle Erfahrungen*. Hier werden lediglich einige sprachliche Adaptionen vorgenommen; alle Items werden für die weitere Testentwicklung übernommen.

6.5 Itempool II

In den vorangegangenen Abschnitten wurden die Expertenbefragung beschrieben und die einzelnen Ergebnisse berichtet. Diese Ergebnisse führten zu einer – ebenfalls bereits berichteten – Veränderung bzw. Eliminierung einiger Items. Dies hat eine Veränderung des Itempool I zur Folge, aus der sich *Itempool II* ergibt. Dieser besteht aus insgesamt 92 Items und Distraktoren und setzt sich wie folgt zusammen:

Tabelle 23: Itempool II

	Faktor				
	Deklaratives Kulturwissen	*Generelle Kultur-kenntnisse*	*Interkulturelle Fähigkeiten*	*Attributions-fertigkeiten*	*Interkulturelle Erfahrungen*
Aufgabentyp	Mehrfach-Wahl-Aufgabe	Wahl-Aufgabe	Rating-Aufgabe	Wahl-Aufgabe	Deskriptiv
Antwortformat	Pick Any out of N	Pick Two out of Eight	Rating	Pick One out of Four	Pick One out of N
Itemanzahl	47	11	22	6	6
				Σ	**92**

Wie schon der Itempool I so stellt auch der Itempool II noch keinen provisorischen Testaufbau dar, da die Items auch hier noch nicht in eine spezifische Reihenfolge gebracht wurden. Dieser wird in Abschnitt 7.2 erarbeitet.

7 Voruntersuchung

Als Voruntersuchung wird hier die erste Darbietung eines provisorischen Testaufbaus an einer geeigneten Stichprobe von Testpersonen verstanden. In den folgenden Abschnitten werden Ziel, Vorgehensweise und Ergebnisse dieser empirischen Untersuchung detailliert beschrieben.

7.1 Ziel

Die Voruntersuchung wird zum Zwecke der *Aufgaben-* oder *Itemanalyse* durchgeführt. Hierbei sollen die Testbatterie bzw. die einzelnen konstituierenden Subtests[109] im Hinblick auf eine höhere Reliabilität und Validität durch Ausscheiden und Verbesserung nicht geeigneter Aufgaben revidiert werden. Die Analysen setzen somit auf Itemebene an. Des Weiteren soll die Testpunkteverteilung hinsichtlich einer höheren Reliabilität und Normierbarkeit untersucht werden. Nicht zuletzt dient die Voruntersuchung einer Überprüfung der Durchführungsmodalitäten, wie beispielsweise der Testanweisung (vgl. hierzu Lienert & Raatz, 1998, S. 57).

7.2 Provisorischer Testaufbau

Zur Durchführung der Voruntersuchung ist zunächst ein erster, provisorischer Testaufbau notwendig. Die einzelnen Items werden in einer bestimmten Reihenfolge angeordnet, um den Versuchspersonen präsentiert werden zu können. Da es sich um eine Testbatterie handelt, ist zudem eine Reihenfolge der einzelnen Subtests festzulegen. Beides wird in Abschnitt 7.2.1 beschrieben und das Vorgehen begründet. In Abschnitt 7.2.2 werden die für die Ermittlung der Testwerte nötige Itemkodierung sowie die Testrohwertermittlung dargestellt.

7.2.1 Testzusammenstellung

Die Zusammenstellung der gebildeten und in der Expertenbefragung überprüften Items zu den einzelnen Subtests bildet den ersten Schritt in der Erstellung einer ersten Testform. Bei den Items aller Subtests kann davon ausgegangen werden, dass sie die Annahme der lokalen stochastischen Unabhängigkeit erfüllen: Die Beantwortung eines Items setzt nicht eine bestimmte Antwort auf ein anderes Item voraus (vgl. hierzu Rost, 2004, S. 69).

Um sowohl Positions- als auch Reiheneffekte bestmöglich ausschließen zu können, werden die Items der Subtests der Faktoren deklaratives Kulturwissen, interkulturelle Fähigkeiten und Attributionsfertigkeiten randomisiert angeordnet. Diese Randomisierung erübrigt sich für die Faktoren kategoriale Weite und interkulturelle Erfahrungen, da hier zum einen eine vorhandene Skala verwendet wird und zum anderen deskriptive Fragen dargeboten werden (vgl. Kapitel 5).

---

[109] Der Begriff Subtest kennzeichnet fortan einen Elementartest eines Faktors von IAK. Die endgültige Testbatterie setzt sich schließlich aus diesen Subtests zusammen.

Tabelle 24 zeigt die Anordnungsreihenfolge der Items in den einzelnen Subtests.

Die Subtests selbst werden in der Reihenfolge zur gesamten Testbatterie zusammengestellt, wie sie in dem Modell interkultureller Attributionskompetenz dargestellt und auch im bisherigen Verlauf behandelt und bearbeitet wurden. An dieser Stelle sollen die Subtests selbst der Einfachheit halber benannt werden. Gemäß des ihnen zugrunde liegenden Faktors ergeben sich die einzelnen Bezeichnungen, die ebenfalls in Tabelle 24 dargeboten werden.

Tabelle 24: Itemanordung für die erste Testversion

Subtests					
Sub_Wis Deklaratives Kulturwissen	Sub_Ken Kategoriale Weite	Sub_Fae Interkulturelle Fähigkeiten	Sub_Fe Attributionsfertigkeiten	Sub_Erf Interkulturelle Erfahrungen	
w1	k1a	Fae8	Fe1	E1	
w9	k1b	Fae24	Fe2	E2	
w19	k2a	Fae14	Fe3	E3	
w18	k2b	Fae25	Fe4	E4	
w3	k5a	Fae3	Fe5	E5	
wd10	k5b	Fae21	Fe6	E6	
w10	k6a	Fae17			
w32	k6b	Fae19			
w28	k8a	Fae12			
w13	k8b	Fae2			
wd1	k13a	Fae11			
wd15	k13b	Fae4			
wd11	k14a	Fae22			
w15	k14b	Fae20			
w6	k15a	Fae10			
wd4	k15b	Fae15			
wd8	k16a	Fae7			
w2	k16b	Fae16			
w31	k17a	Fae1			
w8	k17b	Fae13			
w11	k19a	Fae18			
w29	k19b	Fae9			
w12					
w16					
w26					
w25					
wd13					
w7					
wd16					
wd2					
w33					
wd12					
w35					
w4					
wd7					
wd17					
w27					
w23					
w20					
w36					
w22					
w5					
wd14					
w14					
w34					
wd6					
wd3					

Zusätzlich zu den Testitems enthält diese provisorische Testform demographische Items zur Berufserfahrung, zum Alter und zum Geschlecht der Testperson.

7.2.2 Kodierung und Rohwertermittlung

Um für jede Testperson einen Testwert ermitteln zu können, ist zunächst die Kodierung aller Aufgaben und im Anschluss eine Bestimmung der Rohwertermittlung nötig. Da die einzelnen Subtests aus unterschiedlichen Aufgabentypen und Aufgabenformaten bestehen (vgl. Tabelle 9, S. 120), sind die Items für jeden Subtest separat zu kodieren und die Rohwertermittlungen separat zu bestimmen.

Sub_Wis setzt sich strenggenommen aus einer einzigen *Pick Any out of N* Aufgabe zusammen. Da jedoch jede Antwortalternative selbst als Item interpretiert wird (vgl. Abschnitt 5.2), liegen mehrere, ausschließlich dichotome Items vor. Im einfachsten Fall könnten hier jedem Probanden für eine richtige Antwort 1 Punkt und für das Auslassen einer Aufgabe 0 Punkte zugeschrieben werden. Das Auslassen einer Aufgabe entspricht jedoch einem Fehler. Diese falschen Antworten sollten berücksichtigt werden und in die Berechnung des Rohwertes in der Form mit einfließen, dass sie (mit je 1 Maluspunkt) von den richtigen Antworten abgezogen werden. Formel 1 zeigt die Berechnung des Rohwertes.

Formel 1: Einfache Rohwertermittlung

$$X_i = R_i - F_i$$

X_i= Rohwert des Probanden i
R_i= Anzahl der richtigen Antworten des Probanden i
F_i= Anzahl der falschen Antworten des Probanden i

Insbesondere durch das Pick Any out of N Format können richtige Antworten auch durch einfaches Raten zustande kommen. Eine Zufallskorrektur des Rohwertes sollte deshalb erfolgen, anderenfalls würden unkritische Probanden begünstigt und kritische Probanden benachteiligt. Formel 2 zeigt die Ermittlung des Rohwertes mit Ratekorrektur (vgl. Lienert & Raatz, 1998, S. 69).

Formel 2: Ermittlung des Rohwertes mit Ratekorrektur

$$X_i = R_i - \frac{F_i}{m-1}$$

m= Anzahl der Antwortmöglichkeiten

Durch die Dichotomie der Aufgaben (m=2) in Sub_Wis vereinfacht sich Formel 2 zu Formel 1, die folglich die Berechnungsvorschrift der Rohwerte für Sub_Wis darstellt.

Sub_Ken beinhaltet ausschließlich Items der Category Width Scale (Pettigrew, 1958), für die eine Kodierungsvorschrift vorliegt. Markierungen, die am weitesten vom Mittelwert entfernt sind, werden mit 3 Punkten kodiert, es folgen Abstufungen von 2, 1 und 0 Punkten für die einzelnen Markierungen hin zum angegebenen Mittelwert. Für jedes Item werden die Punkte für die höchste und die niedrigste Ausprägung addiert (jedes Item setzt sich aus zwei Unterfragen zusammen, vgl. Abschnitt 5.3). Der Gesamtwert ergibt sich aus der Summe der Itemwerte. Formel 3 zeigt die Berechnungsvorschrift.

Formel 3: Die Berechnung des Rohwertes für Sub_Ken

$$X_i = \sum x_i$$

x_i= Punkte bei Item i

Die Kodierung bei *Sub_Fae* gestaltet sich etwas anders, da hier likert-skalierte Items verwendet werden. Die Schlüsselrichtung für die richtige Beantwortung der Items ergibt sich eindeutig aus der Operationalisierung, so dass Antworten entgegen der Schlüsselrichtung als Falsch-Antworten aufgefasst werden können. Die sechsfach gestuften Antwortmöglichkeiten sollen somit in jede Richtung zunehmend zu den Extremen mit je einem Punkt kodiert werden, so dass sich eine Kodierung von -3 Punkten bis 3 Punkten ergibt. Die Vergabe von Minus- oder Maluspunkten hat dabei gegenüber einer Kodierung beispielsweise von 1 bis 6 Punkten den Vorteil, dass Falschantworten den Gesamtrohwert stärker beeinflussen.[110] Dieser errechnet sich als Summe der Punkte je Aufgabe.

Sub_Fe setzt sich ausschließlich aus Wahlaufgaben mit einer Bestantwort und drei Falschantworten zusammen (vgl. Abschnitt 5.5). Die Bestantwort wird mit 1 Punkt kodiert, die Falschantworten mit 1 Maluspunkt. Da auch hier eine richtige Antwort durch Raten zustande kommen kann, wird der Rohwert nach Formel 2 ermittelt.

Sub_Erf wurde mittels deskriptiver Fragen operationalisiert. Maluspunkte können hier somit nicht vergeben werden, da nicht falsch auf eine Frage geantwortet werden kann. Folglich wird nur die Beantwortung in Schlüsselrichtung verpunktet, eine Beantwortung gegen die Schlüsselrichtung wird mit 0 Punkten kodiert. Einige Items bestehen aus mehrfach gestuften Antwortalternativen. Hier wird je Abstufung ein Punkt in Schlüsselrichtung vergeben. Als Beispiel zur Verdeutlichung diene Item E4, dessen Kodierung in Tabelle 25 dargestellt ist. Die Kodierung der übrigen Items von Sub_Erf erfolgt analog.

Tabelle 25: Kodierung von Sub_Erf am Beispiel von Item E4

Item	Antwort	Kodierung	Bezeichnung
Wie viele Jahre haben Sie insgesamt bereits im Ausland gelebt? Bitte berücksichtigen Sie bei der Aufsummierung lediglich Zeiträume ab 3 Monaten.	Ich habe noch nie länger im Ausland gelebt.	0	E4
	0,5-1 Jahr	1	
	1-2 Jahre	2	
	2-3 Jahre	3	
	3-4 Jahre	4	
	4-5 Jahre	5	
	mehr als 5 Jahre	6	

Der Rohwert eines Probanden für Sub_Erf errechnet sich als Summe der einzelnen Itemwerte.

Tabelle 26 gibt einen zusammenfassenden Überblick über die Kodierung und die Rohwertermittlung der einzelnen Subtests.

Tabelle 26: Kodierung und Rohwertermittlung der einzelnen Subtests

Subtests				
Sub_Wis	Sub_Ken	Sub_Fae	Sub_Fe	Sub_Erf

---

[110] Bei einer Kodierung von 1 bis 6 Punkten würden auch ausschließlich falsche Antworten einen positiven Rohwert ergeben; die Verwendung von Minuspunkten hingegen bewirkt, dass der Rohwert bei vielen Falschantworten nahe Null bleibt oder sogar negativ werden kann. Die Interpretation wird hierdurch vereinfacht.

	Deklaratives Kulturwissen	Kategoriale Weite	Interkulturelle Fähigkeiten	Attributionsfertigkeiten	Interkulturelle Erfahrungen
Punkte für Bestantwort	1	3	3	1	x^a
Abstufungen	0	2	2	0	5
		1	1		4
		0	-1		3
			-2		2
			-3		1
					0
Formel für Rohwertermittlung	$X_i = R_i - F_i$	$X_i = \sum x_i$	$X_i = \sum x_i$	$X_i = R_i - \dfrac{F_i}{m-1}$	$X_i = \sum x_i$
Rohwert$_{max}$	32	66	66	6	12

X$_i$=Rohwert; R$_i$=Summe aller Richtig-Antworten; F$_i$=Summe aller Falsch-Antworten; x$_i$=Punkwert bei Aufgabe$_i$
m=Anzahl der Anwortmöglichkeiten.
[a] Die Punktzahl für die Bestantwort unterscheidet sich von Item zu Item und ist daher mit x bezeichnet.

Die Ermittlung des Rohwertes der gesamten Testbatterie wird in Kapitel 8 erläutert.

7.3 Untersuchungsdesign

Die Voruntersuchung wurde anhand einer Stichprobe aus ehemaligen Studierenden einer deutschen Universität durchgeführt. Die Nutzung eines derartigen *Convenience Samples*, d.h. einer relativ leicht zugänglichen Stichprobe, ist in der empirischen Sozialforschung sehr verbreitet, jedoch nicht unproblematisch (vgl. Peterson, 2001; Rotfeld, 2003). Dabei ist insbesondere darauf zu achten, dass die gewählte Stichprobe über die einfache Zugänglichkeit hinaus der jeweiligen Grundgesamtheit entstammt. Dies ist im vorliegenden Fall gegeben, da es sich ausschließlich um Alumni der Wirtschaftswissenschaften handelt, die nun in höheren Positionen in Unternehmen tätig sind.[111]

7.4 Durchführung der Untersuchung

Die Voruntersuchung wurde online durchgeführt. Hierfür wurde eine Onlineplattform programmiert, auf der die erläuterte Testform eingestellt wurde. Die Zielpersonen wurden per E-Mail angeschrieben und um ihre Teilnahme an der Datenerhebung gebeten. Mit dieser E-Mail wurde ein link verschickt, über den die Teilnehmer auf die Onlineplattform und somit zur Onlinetestform gelangten. Außerdem wurde der Link in einem Online-Forum platziert, in dem die Zielpersonen registriert sind.

Die Befragung startete per Email am 13. September 2007 (der link wurde am 18.09.2007 im Forum platziert) und wurde am 2. Oktober 2007 abgeschlossen. Insgesamt wurden 124 Alumni angeschrieben, im Online-Forum sind 147 Alumni regist-

---

[111] Dies wurde von dem entsprechenden Alumni Verein angegeben.

riert.[112] 4 Emails kamen aufgrund falscher oder nicht mehr existierender Emailadressen zurück, 51 Alumni nahmen schließlich an der Untersuchung teil. Dies entspricht einer Rücklaufquote von 18,8%. Der Stichprobenumfang erscheint zunächst als recht klein. Aufgrund der starken deduktiv hergeleiteten a priori Annahmen, die dem Konstrukt und dem abgeleiteten Modell zugrunde liegen, kann diese Stichprobengröße jedoch als ausreichend bezeichnet werden (vgl. Rost, 2004, S. 74).

Für die weitere Datenauswertung können nicht immer die Daten der 51 Fälle verwendet werden, da nicht alle Teilnehmer den Fragebogen komplett beantworteten. Dennoch kann mit dem vorhandenen Stichprobenumfang stets ein hinreichend großes N für die Aufgabenanalyse sichergestellt werden.

Die Personen der Voruntersuchungs-Stichprobe sind im Durchschnitt etwa 33 Jahre alt und verfügen über 11 Jahre Berufserfahrung. 66% der Teilnehmer sind Frauen, 34% Männer.

7.5 Aufgabenanalyse

Die Qualität eines Tests oder einer Testbatterie ist abhängig einerseits von der Art, und andererseits von der Zusammensetzung der ihn bzw. sie konstituierenden Items. Die Aufgaben- oder Itemanalyse ist deshalb ein zentrales Instrument der Testkonstruktion und Testbewertung, „in deren Verlauf die psychometrischen Itemeigenschaften als Kennwerte bestimmt und anhand vorgegebener Qualitätsstandards beurteilt werden" (Bortz & Döring, 2002, S. 217). Auch wenn der Begriff in der Literatur nicht eindeutig definiert ist, so umfasst er doch meist die Analyse der Itemschwierigkeit, der Itemtrennschärfe, der Itemhomogenität, sowie der Testdimensionalität, die im Folgenden näher definiert werden sollen. Im Anschluss erfolgt die Darstellung der Aufgabenanalysen der einzelnen Subtests, die separat durchgeführt wurden.[113]

7.5.1 Kennwerte der Aufgabenanalyse

Die *Itemschwierigkeit* wird meist in Form eines *Schwierigkeitsindex* angegeben. Dieser ist definiert als der „prozentuale[...] Anteil p der auf diese Aufgaben entfallenden richtigen Antworten in einer Analysestichprobe N; der Schwierigkeitsindex liegt also bei schwierigen Aufgaben niedrig, bei leichten hoch" (Lienert & Raatz, 1998, S. 73). Der Term „richtig" bezieht sich hierbei auf die Beantwortung eines Items in Schlüsselrichtung. Bei dichotomen Items berechnet sich der Schwierigkeitsindex (p_i) als Quotient der richtigen Antworten (R) und der Gesamtzahl der Antworten (N).

Formel 4: Schwierigkeitsindex für dichotome Items

$$p_i = \frac{R_i}{N_i}$$ (Bortz & Döring, 2002, S. 218)

In Analogie zur Ermittlung des Rohwertes mit Ratekorrektur (vgl. Formel 2, S. 137) kann auch in die Berechnung der Itemschwierigkeit Raten durch Berücksichtigung der Falschantworten (F) mit einbezogen werden. Die Formel ändert sich entspre-

---

[112] Es ist leider nicht vollständig nachvollziehbar, ob es Überschneidungen in beiden angeschriebenen Personengruppen gibt. Daher wird für die Berechnung der Rücklaufquote angenommen, dass es keine Überschneidungen gibt. Berechnungsgrundlage bilden somit 124+147=271 Alumni. Dies stellt den ungünstigsten Fall dar, da durch hierdurch die Grundgesamtheit maximiert und somit die theoretisch mögliche maximale Rücklaufquote minimiert wird.

[113] Die relevanten Kennwerte werden im Text berichtet und dargestellt.

chend zu Formel 5. Hierbei gilt es zu beachten, dass die Itemschwierigkeit unter Berücksichtigung der Falschantworten durchaus negative Werte annehmen kann.

Formel 5: **Schwierigkeitsindex mit Ratekorrektur**

$$p_i = \frac{R_i - \frac{F_i}{m-1}}{n} \qquad \text{(Fisseni, 1997, S. 42)}$$

Für mehrstufige Items erfolgt die Berechnung ähnlich: Hier wird die Summe der erreichten Punkte (x_i) durch die maximal erreichbare Punktzahl dividiert. Diese ergibt sich als Produkt aus der maximal möglichen Punktzahl einer Person auf Item i (k_i) und der Stichprobengröße.

Formel 6: **Schwierigkeitsindex für mehrstufige Items**

$$p_i = \frac{\sum_{m=1}^{n} x_{im}}{k_i \cdot n} \qquad \text{(Bortz \& Döring, 2002, S. 218)}$$

Der so errechnete Schwierigkeitsindex kann somit Werte zwischen 0 und 1 annehmen (wobei eine hohe Schwierigkeit sich in einem kleinen (!) Index zeigt) und ist abhängig von der Stichprobengröße der Analysestichprobe.

Da sowohl extrem schwierige als auch extrem leichte Items einen sehr geringen Informationswert für den Test bzw. für die Differenzierung zwischen den Testpersonen aufweisen, sind sie aus dem Itempool zu entfernen. Um eine gute Differenzierung zwischen den Testteilnehmern zu gewährleisten, sollten die Indizes der Items darüber hinaus recht breit streuen; im Allgemeinen werden Itemschwierigkeiten im mittleren Bereich (.2 bis .8) bevorzugt (vgl. Lienert & Raatz, 1998, S. 115; Bortz & Döring, 2002, S. 218). Ferner sollen die Indizes für eine gute Differenzierungsfähigkeit des Tests in etwa normalverteilt sein (vgl. Lienert & Raatz, 1998, S. 115).

An der *Trennschärfe* bzw. dem *Trennschärfekoeffizient* eines Items lässt sich ablesen, wie gut ein einzelnes Item das Gesamtergebnis des Tests repräsentiert. Sie klärt die Position eines Items im Verband der anderen Items und ist definiert als „Korrelation zwischen dem Aufgabenpunktwert […] und dem Rohwert eines jeden von N Probanden der Analysestichprobe" (Lienert & Raatz, 1998, S. 78). Analog zu herkömmlichen Korrelationskoeffizienten kann der Trennschärfekoeffizient Werte zwischen -1 und 1 annehmen. Ein hoher Trennschärfekoeffizient bedeutet demnach, dass das entsprechende Item gute von schlechten Testpersonen deutlich unterscheidet, während ein Koeffizient von 0 besagt, dass die Aufgabe von guten und schlechten Probanden in etwa gleich häufig (in Schlüsselrichtung) beantwortet wurde und somit unbrauchbar ist. Negative Trennschärfekoeffizienten deuten an, dass das Item von guten Probanden öfter verfehlt und von schlechten meist richtig beantwortet wird. Somit differenzieren diese Items nicht in der gewünschten Art zwischen den Probanden und sind aus dem Itempool zu entfernen.

Da es sich bei dem Trennschärfekoeffizienten um ein Korrelationsmaß handelt, ist seine Berechnung abhängig vom Skalenniveau der Daten. Prinzipiell berechnet er sich immer als Zusammenhang zwischen Einzelitem und Summenscore. Unterschieden werden können die Korrelationsformen der punktbiserialen-Korrelation, der Vier-Felder-Korrelation, der Produkt-Moment-Korrelation sowie der Kontingenzkoeffizient. Da sich die einzelnen Korrelationsformen bzw. ihre Berechnung mitunter recht stark ähneln bzw. ineinander übergehen,[114] sei die Berechnung des Trennschärfekoeffi-

---

[114] Vgl. zu den einzelnen Korrelationsformen und ihren Berechnungen Bortz (1993, S. 187 ff.)

zienten (r_{it}) nur exemplarisch für intervallskalierte Daten (Produkt-Moment-Korrelation) dargestellt.

Formel 7: **Trennschärfekoeffizient für intervallskalierte Daten**

$$r_{it} = \frac{\text{cov}(i,t)}{s_i \cdot s_t}$$ (Bortz & Döring, 2002, S. 219)

Bei dieser Berechnung geht jedes Item jedoch zweimal in die Berechnung ein: Einmal als Itemscore und einmal als Teil des Testscores. Zur Elimination dieser Selbstkorrelation wird jeder Testscore um den jeweiligen Itemscore bereinigt: Es wird eine so genannte Teil-Ganzes-Korrektur vorgenommen (Fisseni, 1997, S. 51).

Trennschärfen dienen - wie bereits erläutert - dazu, Items zu identifizieren, die hoch mit demselben Kriterium, d.h. dem Testwert, korrelieren, um so sicherzustellen, dass alle Items dasselbe Merkmal erfassen. Diese Trennschärfe wird auch als *konvergente Trennschärfe* bezeichnet. Um sicherzustellen, dass kein Item höher mit einem anderen Kriterium als mit dem Gewünschten korreliert, kann darüber hinaus die *diskriminante Trennschärfe* jedes Items berechnet werden, die die (in diesem Falle logischerweise unbereinigte) Korrelation des Items mit einem anderen Kriterium beschreibt.[115] Die konvergente Trennschärfe soll dabei immer höher ausfallen als die Diskriminante (vgl. hierzu Fisseni, 1997, S. 52).[116]

Grundsätzlich sind hohe Trennschärfen erstrebenswert und Werte zwischen .3 und .5 werden als mittelmäßig, Werte >.5 als hoch eingestuft (vgl. Bortz & Döring, 2002, S. 219). Die Trennschärfe und die Schwierigkeit eines Items sind jedoch interdependent: Je extremer die Schwierigkeit, desto geringer die Itemtrennschärfe. Dies macht eine Entscheidung zugunsten oder gegen ein bestimmtes Item aufgrund der genannten Grenzwerte mitunter schwierig. Daher schlagen Lienert & Raatz (1998, S. 118) die Berechnung eines Selektionskennwerts S als Orientierungshilfe vor, der beide Maße miteinander in Beziehung setzt. Dieser Selektionskennwert S berechnet sich nach Formel 8, wobei q=1-p.

Formel 8: **Selektionskennwert S**

$$S_{it} = r_{it} \cdot \frac{1}{2\sqrt{p_i q_i}}$$

Es sind Items mit hohem S im Test zu behalten und Items mit niedrigem S zu entfernen. Eine Itemselektion nach diesem Kennwert ist insbesondere bei homogenen Tests zu empfehlen und erlaubt eine spezifische Itemselektion dahingehend, dass etwa im rechtsextremen Bereich (also in Schlüsselrichtung) des Merkmals gut differenzierende Items identifiziert werden. Da derartige rechtssteile Verteilungsformen in einem Leistungstest durchaus vorkommen können, stellt der Selektionskennwert im vorliegenden Fall das primäre Selektionskriterium dar.[117] Einzelne Verteilungsanalysen für jedes Item erübrigen sich hierdurch.

---

[115] Im vorliegenden Fall werden diskriminante Trennschärfekoeffizienten für Korrelationen mit den jeweils anderen Subtests berechnet, die somit das äußere Kriterium darstellen. Hierdurch soll sichergestellt werden, dass die einzelnen Items auch tatsächlich den richtigen Subtests zugehören.

[116] Sofern nicht explizit kenntlich gemacht, ist im weiteren Verlauf mit dem Begriff „Trennschärfe" stets die konvergente Trennschärfe eines Items gemeint.

[117] Die spätere Aufgabenselektion erfolgt somit als Kennwert-Selektion. Daneben lassen sich noch weitere Selektionsmethoden unterscheiden, die beispielsweise bei Lienert & Raatz nachzulesen sind (1998, S. 114 ff.).

Die Items eines Tests sollen zwar unterschiedlich schwer sein und gut zwischen den Probanden differenzieren, sie sollen jedoch alle dasselbe Merkmal erfassen. Das Maß für diese Übereinstimmung wird als *Homogenität* bezeichnet (vgl. Fisseni, 1997, S. 54). Dabei lässt sich die Homogenität des ganzen Tests (bzw. im vorliegenden Fall der einzelnen Subtests) von der *itemspezifischen Homogenität* unterscheiden, die an dieser Stelle näher betrachtet werden soll.[118]

Die itemspezifische Homogenität ist definiert als durchschnittliche Korrelation eines Items mit allen anderen Items (vgl. Bortz & Döring, 2002, S. 219) und wird mitunter auch als *Homogenitätsindex* bezeichnet (vgl. Lienert & Raatz, 1998, S. 99). Die Autokorrelation eines Items mit sich selbst (r=1) wird bei der Berechnung nicht mit aufgenommen, so dass keine Korrektur ähnlich der Teil-Ganzes-Korrektur vorgenommen werden muss. Die Berechnung der itemspezifischen Korrelation ist abhängig vom Skalenniveau der jeweiligen Items und erfolgt nach Formel 9.[119]

Formel 9: **Itemspezifische Homogenität**

$$r_{j-n} = \frac{\sum_k r_{jk}}{n-1}$$ (Lienert & Raatz, 1998, S. 100)

Grenzwerte für die itemspezifische Homogenität werden in der Literatur nicht angegeben. Es sollten jedoch Items mit auffallend geringer itemspezifischer Homogenität aus dem Itempool entfernt werden.

Neben der Berechnung der itemspezifischen Homogenität lassen sich auch durch eine *Faktorenanalyse der Iteminterkorrelation* Aussagen zur Homogenität eines Items treffen (vgl. Lienert & Raatz, 1998, S. 113). Entsprechend der Zielsetzung der Voruntersuchung (vgl. Abschnitt 7.1) steht dabei weniger die Faktoranzahl als mögliches Maß der Testhomogenität, als vielmehr die Höhe der Faktorladungen auf dem ersten Faktor als Indikator einer hohen oder niedrigen Itemhomogenität im Mittelpunkt. Bei der Berechnung der Faktorenanalyse ist erneut das Skalenniveau der Daten zu beachten. Als Grenzwerte können die üblichen Faktorladungen angesehen werden, die Bortz (1993, S. 509 f.) mit .4 für mindestens 10 Variablen je Faktor und .6 für mindestens 4 Variablen je Faktor angibt. Im vorliegenden Fall bilden die Faktorladungen jedoch nur sekundäre Kennwerte, so dass primär sehr niedrig auf dem ersten Faktor ladende Items aus dem Itempool entfernt werden sollten.[120]

Nachdem die für die Aufgabenanalyse relevanten Kennwerte vorgestellt und ihre Berechnung sowie ihre Grenz- bzw. erwünschten Werte erläutert wurden, kann nun mit der eigentlichen Analyse für die einzelnen Subtests begonnen werden. Dabei werden für jeden Subtest die Ergebnisse separat berichtet. Die daraus abgeleitete Aufgabenselektion bzw. –Revision erfolgt jeweils unmittelbar.

---

[118] Die Aufgabenanalyse findet auf Itemebene statt, daher steht zunächst die itemspezifische Homogenität im Mittelpunkt. Die Homogenität der einzelnen Subtests wird erst im Rahmen der Reliabilitätsanalyse untersucht, also anhand der Daten der Hauptuntersuchung.

[119] Die itemspezifische Homogenität sollte bei hohen und sehr unterschiedlichen Interkorrelationen besser über die z-Transformation berechnet werden (vgl. zur Berechnung durchschnittlicher Korrelationen Bortz, 1993, S. 202).

[120] Die dargestellten Kennwerte sind nicht unabhängig voneinander, d.h. es bestehen gewisse wechselseitige Beeinflussungen bzw. Abhängigkeiten zwischen ihnen. Diese sollen hier jedoch nicht dezidiert berichtet werden; es sei auf die leicht verständlichen Ausführungen bei Fisseni (1997) verwiesen.

7.5.2 Aufgabenanalyse Sub_Wis

Sub_Wis enthält lediglich dichotome Items, alle Korrelationen bzw. auf Korrelationen beruhende Kennwerte basieren somit auf Berechnungen der Phi-Koeffizienten (vgl. Bortz, 1993, S. 210). Tabelle 27 gibt zunächst einen Überblick über die Analyseergebnisse der einzelnen Items.

Teil III: Testkonstruktion

Tabelle 27: Aufgabenanalyse Sub_Wis

Item	Schwierigkeitsindex p	Trennschärfe r	Diskriminante Trennschärfen				Itemhomogenität	Faktorladungen auf 1 Faktor	Selektionskennwert S
			Ken	Fae	Fo	Erf			
Erwünschter Wert	0,2<p<0,8	0,3/0,5<r	<r				hoch	0,4/0,6<Faktorladung	Hoch
w1	0,65	0,37	-0,10	0,19	-0,24	0,10	0,22	0,39	0,39
w9	0,37	0,62	0,10	0,38	0,00	-0,05	0,37	0,65	0,65
w19	0,65	0,60	0,20	0,17	-0,02	-0,19	0,37	0,65	0,62
w18	0,53	0,64	-0,09	0,24	-0,15	-0,17	0,39	0,67	0,64
w3	0,53	0,45	-0,03	0,37	0,21	0,05	0,27	0,48	0,45
w10	0,22	0,57	-0,07	0,15	-0,04	-0,11	0,35	0,61	0,70
w32	0,45	0,57	0,14	0,36	0,16	0,27	0,34	0,60	0,57
w28	0,80	0,59	0,37	0,32	0,31	-0,08	0,37	0,64	0,75
w13	0,57	0,47	0,05	0,14	0,06	0,06	0,28	0,50	0,47
w15	-0,53	0,46	0,29	0,28	0,14	-0,09	0,28	0,48	nicht zu berechnen
w6	0,80	0,53	0,32	0,09	0,23	-0,34	0,33	0,58	0,66
w2	0,45	0,58	0,10	0,24	-0,34	0,21	0,35	0,61	0,59
w31	0,57	0,68	0,13	0,40	0,16	0,12	0,41	0,72	0,69
w8	0,33	0,77	0,00	0,42	0,11	0,01	0,46	0,80	0,82
w11	0,41	0,75	0,01	0,24	0,13	-0,15	0,45	0,78	0,76
w29	0,53	0,55	-0,01	0,31	-0,15	-0,14	0,34	0,60	0,55
w12	-0,10	0,60	0,00	0,46	-0,08	-0,10	0,36	0,63	nicht zu berechnen
w16	-0,53	0,50	0,07	0,29	0,29	-0,15	0,30	0,51	nicht zu berechnen
w26	0,76	0,55	0,41	-0,02	-0,21	-0,07	0,34	0,60	0,65
w25	0,49	0,48	0,20	0,30	-0,15	0,07	0,29	0,51	0,48
w7	0,29	0,68	-0,09	0,32	0,11	-0,01	0,41	0,71	0,75
w33	0,25	0,52	0,34	0,34	0,10	0,29	0,32	0,55	0,60
w35	0,73	0,61	-0,04	0,10	0,22	-0,11	0,37	0,66	0,68
w4	0,18	0,52	-0,13	0,52	-0,04	-0,05	0,31	0,54	0,68
w27	0,45	0,56	0,10	0,13	0,10	-0,12	0,34	0,60	0,56

145

Teil III: Testkonstruktion

w23	0,65	0,52	0,00	0,29	0,02	-0,14	0,32	0,56	0,55
w20	0,61	0,52	0,04	0,32	0,21	-0,09	0,32	0,56	0,53
w36	0,41	0,68	0,01	0,19	0,21	-0,11	0,41	0,71	0,69
w22	0,37	0,62	0,05	0,29	0,05	-0,10	0,38	0,65	0,65
w5	0,14	0,32	0,02	0,03	0,26	-0,29	0,20	0,36	<u>0,47</u>
w14	0,73	0,66	0,31	0,27	-0,25	0,08	0,40	0,69	0,73
w34	0,37	0,70	0,13	0,33	0,01	-0,10	0,42	0,73	0,72

Die selektionsentscheidenden Kennwerte sind durch Unterstreichung kenntlich gemacht.

Generell weisen die meisten Items gute Kennwerte auf. Die Schwierigkeitsindizes streuen recht breit, die Überprüfung auf ihre Normalverteilung mit einem Kolmogorov-Smirnov-Test ergab kein signifikantes Ergebnis, d.h. eine Normalverteilung der Schwierigkeitsindizes kann angenommen werden. Unter den Items finden sich sowohl sehr leichte als auch sehr schwere Aufgaben. Ähnlich gut stellen sich die konvergenten Trennschärfekoeffizienten dar: Einige sind als mittelmäßig, die Mehrheit jedoch als hoch zu bezeichnen, ebenso wie die itemspezifischen Homogenitäten und die Faktorladungen auf dem ersten Faktor. Dennoch erfüllen einige der Items die Selektionskriterien nicht und müssen somit aus dem Subtest entfernt werden.

Zunächst werden alle Items mit negativen Schwierigkeitsindizes entfernt. Weiteres Selektionskriterium ist ein verhältnismäßig niedriger Selektionskennwert S. Weder die Koeffizienten für die diskriminanten Trennschärfen noch die Homogenitätsindizes und Faktorladungen weisen auf weitere notwendige Aufgabenselektionen hin. Somit werden lediglich die Items w1, w3, w5, w12, w15, w16 und w25 aus Sub_Wis entfernt. Keine Aufgabe wird revidiert.

Neben der eigentlichen Itemanalyse für Sub_Wis erscheint auch eine Analyse der Alternativantworten, d.h. der Distraktoren, sinnvoll (vgl. hierzu Lienert & Raatz, 1998, S. 101 ff.). Diese fällt jedoch bei weitem nicht so umfangreich aus wie die Analyse der eigentlichen Aufgaben; die Berechnung von Trennschärfekoeffizienten etc. ist für Distraktoren nicht sinnvoll. Dennoch wurden die Wahlhäufigkeiten der Alternativantworten überprüft. Nur äußerst selten oder gar nie gewählte Distraktoren weisen auf eine zu große Leichtigkeit hin: Es ist für die Testpersonen offensichtlich, dass die Aufgaben falsch sind. Aufgrund der Wahlhäufigkeiten wurden die Distraktoren wd6, wd7, wd16 und wd17 entfernt, wd2, wd3, wd4, wd8 und wd15 wurden revidiert, d.h. ihre Formulierungen wurden überarbeitet. Beispielsweise wurden negativ formulierte Aussagen in neutrale Formulierungen geändert.

7.5.3 Aufgabenanalyse Sub_Ken

Obgleich alle Items von Sub_Ken aus der Category Width Scale (Pettigrew, 1958) stammen, wird auch für sie eine Aufgabenanalyse durchgeführt. Tabelle 28 zeigt die Ergebnisse.

Teil III: Testkonstruktion

Tabelle 28: Aufgabenanalyse Sub_Ken

Item	Schwierigkeitsindex p	Trennschärfe r	Diskriminante Trennschärfen				Itemhomogenität	Faktorladungen auf 1 Faktor	Selektionskennwert S
			Wis	Fae	Fe	Erf			
Erwünschter Wert	0,2<p<0,8	0,3/0,5<r	<r				hoch	0,4/0,6<Faktorladung	hoch
k1a	0,61	0,19	0,01	-0,05	-0,21	0,08	0,08	0,06	<u>0,19</u>
k1b	0,70	0,25	-0,06	-0,25	-0,05	0,10	0,10	0,04	<u>0,27</u>
k2a	0,62	0,40	-0,02	0,17	-0,16	-0,07	0,17	0,15	0,41
k2b	0,60	0,29	-0,21	-0,11	0,03	0,03	0,13	0,25	0,30
k5a	0,63	0,19	0,09	-0,09	0,17	-0,08	0,08	0,16	<u>0,20</u>
k5b	0,64	0,28	-0,26	-0,11	0,05	0,25	0,12	0,06	<u>0,29</u>
k6a	0,59	0,18	-0,15	-0,15	-0,04	0,06	0,08	-0,07	0,18
k6b	0,60	0,59	-0,02	-0,20	0,13	-0,11	0,24	0,51	0,60
k8a	0,70	0,23	-0,15	0,00	-0,16	0,36	<u>0,09</u>	<u>0,04</u>	<u>0,25</u>
k8b	0,60	0,28	-0,10	0,00	-0,13	0,20	<u>0,12</u>	-0,01	<u>0,29</u>
k13a	0,67	0,51	-0,05	-0,13	-0,12	0,16	0,25	0,63	0,54
k13b	0,69	0,51	-0,15	-0,18	-0,09	0,08	0,21	0,68	0,56
k14a	0,42	0,29	0,06	0,20	-0,24	-0,07	0,12	0,58	0,29
k14b	0,38	0,35	-0,24	-0,33	0,08	-0,04	0,14	0,78	0,36
k15a	0,64	0,29	0,00	0,15	0,10	0,10	0,12	0,00	0,30
k15b	0,52	0,49	0,10	0,06	-0,17	-0,10	0,20	0,40	0,49
k16a	0,50	0,38	-0,12	0,01	-0,01	-0,38	0,16	0,13	0,38
k16b	0,65	0,46	0,06	-0,15	0,03	0,23	0,19	0,80	0,48
k17a	0,61	0,19	-0,19	-0,17	0,14	0,18	0,09	-0,07	<u>0,19</u>
k17b	0,62	0,27	0,24	0,15	-0,26	0,03	0,12	-0,10	<u>0,28</u>
k19a	0,78	0,15	0,32	0,06	0,16	0,00	0,06	-0,06	<u>0,18</u>
k19b	0,74	0,35	0,24	0,11	0,02	-0,24	0,14	0,11	<u>0,40</u>

Die selektionsentscheidenden Kennwerte sind durch Unterstreichung kenntlich gemacht.

Da die Items von Sub_Ken als intervallskaliert angesehen werden können (vgl. Abschnitt 5.3) basieren alle Korrelationen bzw. alle korrelativen Kennwerte auf der Berechnung von Produkt-Moment-Korrelationen (vgl. Bortz, 1993, S. 189 ff.).

Ähnlich wie bei Sub_Wis liegen auch hier die Schwierigkeitsindizes alle im akzeptablen Bereich, wenngleich die Streuung der Werte offensichtlich geringer ist. Ihre Überprüfung auf eine Normalverteilung wurde ebenfalls nicht signifikant; eine Normalverteilung kann somit angenommen werden. Die Items können jedoch überwiegend als relativ leicht bezeichnet werden.

Eine Inspektion der Trennschärfekoeffizienten ergibt ein anderes Bild. Diese streuen stärker, was sich auch in zum Teil sehr niedrigen Selektionskennwerten äußert. Die entsprechenden Items werden aus dem Subtest entfernt. Neben dem Selektionskennwert deuten auch einige sehr niedrige Homogenitätsindizes bzw. Faktorladungen auf zu eliminierende Aufgaben hin. Folglich werden k1a+b, k5a+b, k8a+b, k17a+b sowie k19a+b entfernt. Dabei weisen nicht immer beide Fragen schlechte Kennwerte auf. Da jedoch immer zwei Fragen ein Item bilden, werden stets beide entfernt. Eine Ausnahme bilden k6a+b: Hier wurde k6a konsequenterweise beibehalten, da k6b einen sehr hohen Selektionskennwert aufweist. Die übrigen Items verbleiben ebenfalls im Itempool, da sie durchweg recht gute Kennwerte aufweisen. Lediglich die Kennwerte der Homogenität (itemspezifische Homogenität und Faktorladungen) fallen recht niedrig aus.

7.5.4 Aufgabenanalyse Sub_Fae

Auch für Sub_Fae wurden aufgrund der intervallskalierten Items stets Produkt-Moment-Korrelationen berechnet. Die Schwierigkeitsindizes können ebenfalls als normalverteilt angesehen werden, ähnlich wie bei Sub_Ken streuen diese jedoch nicht sehr stark und deuten größtenteils auf nicht allzu schwierige Items hin. Tabelle 29 zeigt zunächst die Ergebnisse der Aufgabenanalyse von Sub_Fae.

Teil III: Testkonstruktion

Tabelle 29: Aufgabenanalyse Sub_Fae

Item	Schwierigkeitsindex p	Trennschärfe r	Diskriminante Trennschärfen				Itemhomogenität	Faktorladungen auf 1 Faktor	Selektionskennwert S
			Wis	Kan	Fe	Erf			
Erwünschter Wert	0,2<p<0,8	0,3/0,5<r	<r				hoch	0,4/0,6<Faktorladung	hoch
Fae8	0,71	0,68	0,07	0,00	-0,14	-0,15	0,31	0,68	0,75
Fae24	0,53	-0,15	0,11	0,01	-0,05	0,20	-0,08	-0,32	-0,15
Fae14_umkodiert	0,63	0,19	0,34	-0,28	0,06	-0,23	0,12	0,38	0,19
Fae25_umkodiert	0,55	0,03	0,13	-0,07	0,14	-0,08	0,01	-0,05	0,03
Fae3_umkodiert	0,82	0,22	0,54	-0,02	-0,13	-0,24	0,11	0,27	0,29
Fae21	0,64	0,58	0,30	-0,06	-0,14	0,14	0,27	0,72	0,61
Fae17	0,66	0,52	0,25	0,13	-0,05	-0,11	0,24	0,66	0,55
Fae19_umkodiert	0,83	0,62	0,41	-0,34	0,00	-0,09	0,28	0,69	0,82
Fae12_umkodiert	0,62	0,29	0,26	-0,15	-0,23	0,07	0,13	0,25	0,29
Fae2_umkodiert	0,83	0,08	0,12	-0,08	-0,03	0,15	0,05	0,18	0,11
Fae11	0,56	0,47	0,28	-0,05	0,12	-0,24	0,21	0,53	0,47
Fae4	0,84	-0,06	0,03	0,10	-0,12	-0,21	-0,01	0,10	-0,09
Fae22	0,40	-0,23	0,09	0,05	-0,08	0,15	-0,13	-0,41	-0,24
Fae20_umkodiert	0,71	0,44	0,18	0,18	-0,11	0,04	0,20	0,51	0,49
Fae10	0,68	0,49	0,51	-0,01	-0,22	-0,05	0,22	0,57	0,52
Fae15	0,59	0,46	0,23	-0,09	-0,09	0,04	0,21	0,52	0,46
Fae7_umkodiert	0,71	0,73	0,48	-0,01	-0,01	-0,04	0,33	0,83	0,80
Fae16	0,52	0,37	0,27	-0,24	-0,20	0,01	0,19	0,62	0,37
Fae1	0,70	0,39	0,12	-0,03	-0,23	-0,31	0,19	0,55	0,42
Fae13_umkodiert	0,73	0,76	0,38	-0,22	0,06	-0,17	0,34	0,79	0,86
Fae18_umkodiert	0,78	0,83	0,43	-0,23	-0,14	-0,08	0,37	0,86	1,00
Fae9	0,61	0,55	0,17	-0,02	-0,17	-0,35	0,25	0,69	0,56

Die selektionsentscheidenden Kennwerte sind durch Unterstreichung kenntlich gemacht.

Unter den Trennschärfekoeffizienten finden sich einige negative; die entsprechenden Items Fae4, Fae22 und Fae24 werden als erste aus dem Subtest entfernt.[121] Weitere schlechte, d.h. niedrige Trennschärfekoeffizienten schlagen sich konsequenterweise im Selektionskoeffizienten nieder, der erneut das primäre Kriterium der Itemauswahl darstellt. Die Items Fae2, Fae3, Fae14 und Fae25 werden somit ebenfalls entfernt.

Neben den negativen Trennschärfen und niedrigen Selektionskennwerten wird aus Sub_Fae ein Item aufgrund seiner diskriminanten Trennschärfe eliminiert. Fae10 weist zu Sub_Wis eine höhere Trennschärfe auf als zu Sub_Fae. Die übrigen Items verbleiben aufgrund ihrer guten Kennwerte im Itempool.

7.5.5 Aufgabenanalyse Sub_Fe

Sub_Fe unterscheidet sich hinsichtlich der Aufgabenart und des Skalenniveaus wesentlich von den bisher behandelten Subtests (vgl. Abschnitte 5.5 bzw. 7.2.2). Aufgrund der Gleichbehandlung aller anderen Antwortalternativen als der Bestantwort liegen ausschließlich dichotome Items vor, und die Korrelationen bzw. die korrelativen Kennwerte basieren somit wie schon bei Sub_Wis auf der Berechnung der Phi-Koeffizienten.

Die Schwierigkeitsindizes der Items streuen gemessen an der geringen Itemanzahl recht breit und können zudem als normalverteilt angenommen werden. Alle Items liegen im oder sehr nahe am gewünschten Wertebereich von .20 bis .80; ihre Verteilung hin zu den Extremen ist jedoch auffällig.

Einige Items weisen sehr niedrige Trennschärfekoeffizienten auf, die konsequenterweise einen niedrigen Selektionskennwert bedingen. Darüber hinaus können einige itemspezifische Homogenitäten als zu gering angesehen werden. Aufgrund der geringen Itemmenge wird zunächst trotz dieser unbefriedigenden Kennwerte kein Item aus dem Itempool entfernt oder revidiert: Eine mögliche Ursache für die geringen Kennwerte könnte hier die verhältnismäßig kleine Stichprobengröße darstellen (vgl. Rost, 2004, S. 74), so dass eine Verschiebung der Itemselektion auf die Hauptuntersuchung sinnvoll erscheint. Tabelle 30 gibt einen Überblick.

---

[121] Vgl. die Ausführungen zu negativen Trennschärfekoeffizienten in Abschnitt I7.5.1.

Teil III: Testkonstruktion

Tabelle 30: Aufgabenanalyse Sub_Fe

Item	Schwierigkeitsindex p	Trennschärfe r	Diskriminante Trennschärfen			Itemhomogenität	Faktorladungen auf 1 Faktor	Selektionskennwert S
			Wis	Ken	Fae	Erf		
Erwünschter Wert	*0,2<p<0,8*	*0,3/0,5<r*	*<r*				*hoch*	*0,4/0,6<Faktorladung*	*hoch*
Fe1	0,27	0,35	-0,29	-0,02	-0,34	0,10	0,18	0,65	0,39
Fe2	0,84	0,05	0,04	-0,13	0,00	-0,32	0,03	0,08	0,06
Fe3	0,20	0,47	0,16	-0,14	0,06	-0,10	0,23	0,78	0,59
Fe4	0,56	0,38	0,06	0,02	-0,14	0,18	0,20	0,69	0,39
Fe5	0,86	0,14	0,06	0,01	-0,11	-0,21	0,08	0,23	0,21
Fe6	0,23	0,11	0,30	0,10	0,03	-0,08	0,06	0,51	0,13

7.5.6 Aufgabenanalyse Sub_Erf

Da Sub_Erf lediglich deskriptive Items beinhaltet, macht eine Analyse der Itemschwierigkeiten, Trennschärfen usw. keinen Sinn. Die Aufgabenanalyse entfällt. Lediglich zwei Items werden revidiert: E2 und E5 werden leicht modifiziert, um stärker herauszustellen, dass es sich bei den Partnern bzw. Kollegen von heute und denen aus der Vergangenheit um andere Personen handeln sollte – eine auffallend starke Korrelation zwischen beiden Items gab Anlass zu der Revision.

7.6 Analyse der Rohwerteverteilungen

Die Verteilungsform der Rohwerte spielt bei der Testkonstruktion eine wichtige Rolle (vgl. Bühner, 2004, S. 72). Dabei ist insbesondere eine Normalverteilung der Rohwerte „ausgezeichnet und erwünscht" (Lienert & Raatz, 1998, S. 147); sie ermöglicht die Berechnung weiterer Analysemethoden (bspw. der Reliabilität etc.), die mit den Daten der Hauptuntersuchung ermittelt werden sollen. Um schon zu einem relativ frühen Zeitpunkt in der Testkonstruktion mögliche Hinweise auf anormal verteilte Rohwerte zu bekommen, werden somit alle Rohwerte der einzelnen Subtests auf ihre Normalverteilung geprüft.

Tabelle 31 zeigt die Ergebnisse der Kolmogorov-Smirnov-Tests auf Normalverteilung der einzelnen Subtests. Um eine bessere Verteilungsanalyse und Interpretation zu ermöglichen, sind zudem Maße der zentralen Tendenz, Dispersionsmaße sowie die Schiefen und Exzesse angegeben.

Tabelle 31: Statistische Kennwerte sowie Kolmogorov-Smirnov-Tests auf Normalverteilung der Subtestrohwerte

		Rohwerte Sub_Wis	Rohwerte Sub_Ken	Rohwerte Sub_Fae	Rohwerte Sub_Fe	Rohwerte Sub_Erf
		Deklaratives Kulturwissen	Kategoriale Weite	Interkulturelle Fähigkeiten	Attributionsfertigkeiten	Interkulturelle Erfahrungen
N		51	45	44	45	45
Mittelwert		13,14	39,22	42,77	2,93	5,64
Median		20,00	41,00	43,50	3,00	4,00
Modalwert		2	44	42	2	3
Std. Abw.		16,614	9,825	10,798	1,355	3,755
Schiefe	Statistik	-0,954	-0,535	-0,555	0,470	0,377
	Standardfehler	0,333	0,354	0,357	0,354	0,354
Exzess	Statistik	0,227	1,828	0,261	-0,095	-1,171
	Standardfehler	0,656	0,659	0,702	0,695	0,695
Extremste Differenzen	Absolut	0,170	0,105	0,149	0,199	0,180
	Positiv	0,128	0,092	0,060	0,199	0,180
	Negativ	-0,170	-0,105	-0,149	-0,157	-0,103
Kolmogorov-Smirnov-Z		1,214	0,705	0,986	1,335	1,210
Signifikanz (2-seitig)		0,105	0,703	0,285	0,057	0,107

Alle Rohwerteverteilungen der Subtests können als normalverteilt angesehen werden. Interessanterweise sind die meisten Verteilungen dennoch rechtssteil, was durch die negativen Schiefewerte zum Ausdruck kommt. Viele Personen erzielen demnach recht hohe Werte.[122] Dies konnte jedoch bereits im Vorfeld angenommen werden, da der Test als kriteriumsorientierter Leistungstest konstruiert wird (vgl. Kapitel 1 in diesem Teil).[123]

Die statistischen Kennwerte und die Verteilungsformen der Rohwerteverteilungen der einzelnen Subtests geben keinen Anlass für weitere Testrevisionen oder Itemselektionen (vgl. hierzu Lienert & Raatz, 1998, S. 160 f.).

7.7 Analyse der Durchführungsmodalitäten

Die Analyse der Durchführungsmodalitäten bildet den letzten Punkt im Rahmen der Voruntersuchung. Hierbei gilt es, die Verständlichkeit des Tests an sich sowie der Testinstruktionen zu überprüfen.

Die gewonnenen Daten geben keinen Grund zu der Annahme, dass es Verständnisprobleme bei der Bearbeitung des Tests gab. Allerdings kann aus ihnen geschlossen werden, dass die Akzeptanz für einzelne Subtests geringer ist als die für andere. Diese Annahme gründet in dem auffallend geringer werdenden N nach Beendigung von Subtest Sub_Wis. Umfasste der Stichprobenumfang zu Beginn des Tests, also bei Sub_Wis noch N=51 Fälle, so verringerte sich diese Zahl zu Sub_Ken auf N=45 Fälle. Möglicherweise war vielen Testpersonen der Zusammenhang der Testitems mit dem kommunizierten Testziel der Messung einer interkulturellen Kompetenz, nicht klar. Etwas, das durchaus nachvollziehbar erscheint. Gestützt wird diese Vermutung qualitativ durch eine Email einer Testperson. Hierin beschwert sich diese über die eigenartigen Fragen und teilt dem Testleiter mit, dass sie nach dem ersten Testteil keine Lust mehr gehabt habe, weiterzumachen. Aufgrund beider Faktoren, der quantitativen Auffälligkeit und der qualitativen Aussage, wird die Testinstruktion geändert. So wird in der allgemeinen, einleitenden Testinstruktion darauf hingewiesen, dass einige Fragen vielleicht seltsam anmuten, die Testpersonen sich hiervon jedoch bitte nicht beirren lassen sollen. Dieser Hinweis wiederholt sich noch einmal in der spezifischen Instruktion für Sub_Ken.

Die onlinegestützte Durchführung des Tests erwies sich als äußerst zufriedenstellend. Weder lassen die gewonnenen Daten technische Schwierigkeiten bei der Bearbeitung vermuten, noch wurden etwaige Probleme dem Testleiter kommuniziert.[124] Auch der Datenexport gestaltete sich problemlos.

---

[122] Der scheinbare Widerspruch einer rechtssteilen Normalverteilung ist durchaus erklärbar. So wird mit dem Kolmogorov-Smirnov-Test streng genommen nicht geprüft, ob eine Normalverteilung vorliegt, sondern ob die zu prüfende Verteilung überzufällig von einer Normalverteilung abweicht. Hieraus wird dann auf die Vereilungsform geschlossen. Im vorliegenden Fall weichen somit die Rohwerteverteilungen nicht überzufällig von einer Normalverteilung ab, weisen jedoch nicht komplett die Merkmale einer Normalverteilung auf, da die meisten als leicht rechtssteil zu bezeichnen sind.

[123] Ebenfalls bereits erwähnt wurden die Limitationen, die die Verfahren der klassischen Testtheorie hier aufweisen. Neuere Testmodelle anderen testtheoretischen Ursprungs, die bei derartigen Verzerrungen in der kriteriumsorientierten Leistungsmessung besser geeignet erscheinen, finden in den methodischen Implikationen, Teil IV Kapitel I2, Erwähung. Sie können jedoch aufgrund der ihnen zugrunde liegenden Annahmen im vorliegenden Fall nicht angewendet werden.

[124] Am Ende des Tests wurde den Probanden die Emailadresse des Testleiters bekanntgegeben und sie zur Kontaktaufnahme aufgefordert. Zudem wurde bereits die Expertenbefragung online durchgeführt (vgl. Abschnitt I6.3); auch hier wurden dem Testleiter keinerlei Schwierigkeiten kommuniziert.

7.8 Itempool III

In den vorangegangenen Abschnitten wurden die Voruntersuchung und die Aufgabenanalysen der einzelnen Subtests detailliert beschrieben und die jeweiligen Ergebnisse berichtet. Diese Ergebnisse hatten die Selektion bzw. Revision einiger Items zur Folge, die wiederum die Änderung von Itempool II in *Itempool III* bewirkt. Dieser besteht aus insgesamt 65 Items und Distraktoren und setzt sich wie folgt zusammen:

Tabelle 32: Itempool III

	Faktor/ Subtest				
	Deklaratives Kulturwissen	*Generelle Kulturkenntnisse*	*Interkulturelle Fähigkeiten*	*Attributionsfertigkeiten*	*Interkulturelle Erfahrungen*
Aufgabentyp	Mehrfach-Wahl-Aufgabe	Wahl-Aufgabe	Rating-Aufgabe	Wahl-Aufgabe	Deskriptiv
Antwortformat	Pick Any out of N	Pick Two out of Eight	Rating	Pick One out of Four	Pick One out of N
Itemanzahl	33	6	14	6	6
				Σ	65

Im Gegensatz zu Itempool I & II entspricht Itempool III einem vorläufigen Testaufbau. Die Itemanordnung wird für die Hauptuntersuchung nicht geändert, da die errechneten Indizes dies nicht notwendigerweise nahelegen. Eine Änderung der Itemreihenfolge wird jedoch für die endgültige Testform explizit nicht ausgeschlossen und letztlich von den im Rahmen der Hauptuntersuchung ermittelten Kennwerten abhängig gemacht. Der in der Hauptuntersuchung verwendete Fragebogen enthält jedoch mehr Items als die hier Aufgezählten. Diese zusätzlichen Items und der Sinn ihrer Verwendung werden im folgenden Kapitel 8 erläutert.

8 Hauptuntersuchung

Als Hauptuntersuchung wird hier die Darbietung des im Rahmen der Voruntersuchung angepassten Testaufbaus an einer geeigneten Stichprobe von Testpersonen verstanden. In den folgenden Abschnitten werden Ziel, Vorgehensweise und Ergebnisse dieser empirischen Untersuchung detailliert beschrieben.

8.1 Ziel

Die Hauptuntersuchung dient mehreren Zielen. Zum einen wird sie zum Zwecke einer *Überprüfung der Itemanalyse* durchgeführt. Dabei sollen letzte mögliche schwache Items identifiziert und im Anschluss eliminiert oder revidiert werden. Neben dieser auf Itemebene ansetzenden Analyse dient die Hauptuntersuchung vor allem einer auf Subtestebene ansetzenden Überprüfung der Reliabilität und der Validität der einzelnen Subtests. Darüber hinaus sollen auf Ebene der gesamten Testbatterie die Reliabilität sowie die Validität bestimmt und Berechnungsvorschriften für den Testwert erstellt werden. Nach Abschluss der Hauptuntersuchung soll die endgültige Testversion vorliegen.

8.2 Testaufbau

Wie bei der Voruntersuchung auch gilt es, die Items und die einzelnen Subtests in einer bestimmten Reihenfolge darzubieten. Zudem wurden der eigentlichen Testform Items zur Validierung hinzugefügt. Dieses wird in Abschnitt 8.2.1 erläutert. In Abschnitt 8.2.2 wird auf die für die Ermittlung der Testwerte nötige Itemkodierung sowie die Testrohwertermittlung eingegangen. Ebenso wird hier die Kodierung der Validierungsitems erläutert.

8.2.1 Testzusammenstellung

Die Anordnung der Items entspricht der Anordnung in der Voruntersuchung, d.h. die Items der Subtests Sub_Wis, Sub_Fae sowie Sub_Fe werden randomisiert dargeboten. Tabelle 33 zeigt die Itemanordnung.

Teil III: Testkonstruktion

Tabelle 33: Itemanordung für die zweite Testversion

Subtests				
Sub_Wis	Sub_Ken	Sub_Fae	Sub_Fe	Sub_Erf
Deklaratives Kulturwissen	Kategoriale Weite	Interkulturelle Fähigkeiten	Attributionsfertigkeiten	Interkulturelle Erfahrungen
w9	k2a	Fae8	Fe1	E1
w19	k2b	Fae21	Fe2	E2
w18	k6a	Fae7	Fe3	E3
wd10	k6b	Fae19	Fe4	E4
w10	k13a	Fae12	Fe5	E5
w32	k13b	Fae11	Fe6	E6
w28	k14a	Fae20		
wd15	k14b	Fae16		
wd11	k15a	Fae15		
w6	k15b	Fae17		
wd4	k16a	Fae1		
wd8	k16b	Fae13		
w2		Fae18		
w31		Fae9		
w8				
w11				
w29				
w26				
wd13				
w7				
wd2				
w33				
wd12				
w35				
w4				
w27				
w23				
w20				
w36				
w22				
wd14				
w14				
w34				

Zusätzlich zu den einzelnen Subtests und den Testitems enthält diese Testversion einige Items zur späteren Validierung des Tests. Aufgrund der Schwierigkeit, ein geeignetes Kriterium zu finden (s.u.), werden zwei unterschiedliche Arten von Items in diese zweite Testform mit aufgenommen.

Zum einen wurden Single-Items konstruiert, die jeweils einen Faktor in nur einem Item abdecken sollen. Hierbei wurde darauf geachtet, die in Abschnitt 4.2 dargestellte Konzeptualisierung der einzelnen Faktoren interkultureller Attributionskompetenz durch ein einziges Item bestmöglich zu erfassen. Als Antwortformat wird wie für Sub_Fae eine bipolare, sechsfach gestufte likert-skalierte Ratingskala verwendet, mit den Antwortmöglichkeiten „stimme überhaupt nicht zu", „stimme nicht zu", „stimme eher nicht zu", „stimme eher zu", „stimme zu" und „stimme voll und ganz zu". Eine neutrale Antwortmöglichkeit wurde aus denselben Gründen wie in Abschnitt 5.4 für Sub_Fae erläutert bewusst nicht gewählt. Tabelle 34 zeigt die verwendeten Single-Items.

Tabelle 34: Single-Items

Item	Bezeichnung
Ich verfüge über fundiertes Wissen des Begriffs "Kultur", d.h. ich weiß, was allgemein unter dem Kulturbegriff zu verstehen ist.	Swis (Single-Item-Wissen)
Ich verfüge über gute Kenntnisse mindestens einer anderen Kultur als meiner eigenen, d.h. ich würde von mir sagen, ich kenne mich in mindestens einer fremden Kultur recht gut aus.	Sken (Single-Item-Kenntnisse)
Ich verfüge über bestimmte interkulturelle Fähigkeiten.	Sfae (Single-Item-Fähigkeiten)
Ich kann die Ursachen für das Verhalten anderer Personen gut erkennen, d.h. im Regelfall weiß ich recht gut, weshalb jemand etwas tut.	Sfe (Single-Item-Fertigkeiten)
Ich verfüge über interkulturelle Erfahrungen.	Serf (Single-Item-Erfahrungen)

Neben den Single-Items werden weitere Items für die spätere Bestimmung der Kriteriumsvalidität mit in die zweite Testversion aufgenommen, die fortan als Kriteriumsitems bezeichnet werden. Hierfür werden zwei Items aus dem Culture General Assimilator von Cushner und Brislin (1996) verwendet.[125] Die Wahl a) des Culture General Assimilators und b) der beiden Items erfolgte aufgrund folgender Überlegungen: Zunächst gilt es festzustellen, dass der zu entwickelnde Test ein neues Konstrukt erfassen und messen soll, für das es folglich noch kein Messinstrument gibt. Dennoch sind attributionstheoretische Überlegungen in der Forschung zur interkulturellen Kompetenz weit verbreitet (vgl. Teil I Kapitel 7 sowie Teil II Abschnitt 3.6). Das gängigste Mess- bzw. Trainingsinstrument stellt hierbei der Culture Assimilator dar (vgl. Teil I Abschnitt 7.5.2). Hierbei sollen die Testpersonen quasi auf dem Papier Verhaltensursachen isomorph attribuieren; sie sollen also das Zielverhalten, die Performanz des Konstrukts IAK, zeigen. Daher erscheint die Verwendung von Culture Assimilator Items als Kriterium als geeignet. Da ein kulturunspezifischer Test entwickelt wird, wird hier der Culture General Assimilator und kein kulturspezifischer Assimilator verwendet. Die Aufgaben des verwendeten Assimilators sind verschiedenen situativen Kontexten zugeordnet. Die verwendeten Items wurden entsprechend des beruflichen Einsatzgebiets des Tests dem Kontext bzw. Kapitel „The Workplace" entnommen. Die schlussendliche Itemauswahl erfolgte zufällig. Die Items und die dazugehörigen Antwortmöglichkeiten wurden aus dem Englischen ins Deutsche übersetzt.[126]

Die Verwendung der Culture General Assimilator Items hat jedoch auch Limitationen. Als zentral sind hier die nicht angegebene Reliabilität und Validität des Verfahrens anzusehen. Dies macht die Verwendung der Items strenggenommen unmöglich. Da es sich bei dem Konstrukt IAK jedoch um ein neues Konstrukt handelt, wird sich kein dokumentiert reliables und valides Kriterium finden lassen.[127] Der Culture Assimilator trainiert die Kompetenz zu isomorphem Attribuieren, also IAK. Deshalb erscheint er

---

[125] Vgl. zum Culture Assimilator Verfahren Teil I Abschnitt I7.5.2.

[126] Da es sich bei den Items um Kontextbeschreibungen handelt, war keine Rückübersetzung ins Englische zur Validierung nötig.

[127] An irgendeinem Punkt der Validierungskette (dem validieren eines neuen Tests an einem bestehenden Kriterium), ist ein anderes Validierungsparadigma als die Kriteriumsvalidität nötig, soll diese Kette nicht zu einem regressum infinitum führen. Es bleibt lediglich die Inhaltsvalidität, die in Kapitel I1 bereits als wichtigste Validität herausgestellt und deren Überprüfung in Kapitel I6 dargestellt wurde. Dennoch soll der Versuch unternommen werden, dem Test auch eine Form der Kriteriumsvalidität nachzuweisen (vgl. zu dem Validierungsparadigma auch Fisseni, 1997, S. 95).

als Kriterium dennoch geeignet und erlaubt zumindest die Hoffnung auf eine *Kriteriumsvalidierung unter Vorbehalt*. Zudem wurde er sehr gründlich anhand einer Validierungsstichprobe entwickelt.[128]

Als weitere Limitierung kann angesehen werden, dass lediglich zwei Items aus der enormen Itemvielfalt des Verfahrens ausgewählt wurden. Dies geschah aus Testökonomischen Gründen, da die Verwendung noch weiterer Assimilatoritems die zeitliche Bearbeitungsdauer des Tests um ein Vielfaches verlängert hätte und dies a) zu einer starken Ermüdung der Probanden und folglich b) zu einer Verfälschung der eigentlichen Testergebnisse geführt hätte. Durch die differenzierte Antwortkodierung und –auswertung (vgl. Abschnitt 8.2.2) kann jedoch von einer hinreichend großen Varianz in der Stichprobe ausgegangen werden.

Tabelle 35 zeigt die beiden verwendeten Kriteriumsitems sowie die Antwortmöglichkeiten. Eine genauere Beschreibung der Antwortmöglichkeiten erfolgt im Zusammenhang mit ihrer Kodierung in Abschnitt 8.2.2.

Tabelle 35: Kriteriumsitems

Situation	Antwortmöglichkeiten
	Matt konnte nicht die besten verfügbaren Materialien benutzen. Die benutzten Materialien nutzten sich schlussendlich ab.
Nach dem erfolgreichen Abschluss des Projekts, das ihn nach Nigeria gebracht hatte, war Matt stolz auf die vergangenen drei Jahre in dem Land. Er war verantwortlich für den Bau einer Kläranlage gewesen und es war ihm sogar gelungen, hierfür exzellente Materialien zu bekommen. Die Anlage funktionierte gut und war oft das Vorzeigeprojekt für Besucher, die sich ein Bild über den Fortschritt der Entwicklung Nigerias machen wollten. Auch die nigerianischen Offiziellen verwiesen oft mit Stolz auf die Kläranlage. Matt fuhr zurück in seine Heimat Kanada, wo er befördert und ihm viel Ehre für seine Erfolge in Nigeria zuteil wurde. Fünf Jahre später funktionierte die Kläranlage nicht mehr ordnungsgemäß. Teile waren verrostet, und niemand schien in der Lage, die Teile auszutauschen und die Anlage zu warten. Nigerianische Offizielle erwähnten die Anlage nicht mehr wenn sie über erfolgreiche Entwicklungshilfeprojekte sprachen, und die Einheimischen redeten auch nicht mehr positiv über Matts dreijährigen Aufenthalt vor Ort. Was war die Ursache des Problems mit der Kläranlage?	Matt hatte den Nigerianern nicht die zur Wartung der Anlage nötigen Kenntnisse vermittelt.
	Die Gastgeber nahmen Kanada die Entwicklungshilfe übel, da diese Nigeria in die peinliche Position brachte, bedürftig für ausländische Hilfe zu sein.
	Matt war nachlässig bei der Konstruktion. Die vermeintlich vorbildliche Anlage wies Fehler auf, die nur von anderen Ingenieuren in einer umfangreichen Inspektion hätten erkannt werden können.
Herr Legrand ist ein französischer Manager, der in Frankreich für ein japanisches Unternehmen arbeitet. Eines Tages ruft der Geschäftsführer des Unternehmens, Herr Tanaka, ihn in sein Büro, um mit ihm über ein neues Projekt im mittleren Osten zu sprechen. Herr Tanaka teilt ihm mit, dass das Unternehmen sehr zufrieden mit seiner Arbeit ist und er ihn deshalb gern als leitenden Ingenieur in dem Projekt hätte. Dies hätte zur Folge, 2-3 Jahre vor Ort im Ausland zu leben, wenngleich seine Familie ihn begleiten könne und natürlich bedeutende finanzielle Leistungen gezahlt würden - abgesehen von dem wichtigen Dienst, den er dem Unternehmen erweisen würde. Herr Legrand dankt Herrn Tanaka für das ihm entgegengebrachte Vertrauen, sagt ihm jedoch auch, dass er zunächst mit seiner Frau über	Er denkt es ist unklug von Herrn Legrand, die mit der Position verbundenen finanziellen Vorteile abzulehnen.
	Er kann nicht akzeptieren, dass Herr Legrand die Meinung seiner Ehefrau

---

[128] Zwar wurde der Culture General Assimilator einer Validierung unterzogen; die Berechnung und die Dokumentation etwaiger Validitätskoeffizienten blieb jedoch aufgrund des Validierungsverfahrens aus (vgl. hierzu Cushner & Brislin, 1996, S. 44 ff.).

Teil III: Testkonstruktion

die Angelegenheit sprechen wolle, ehe er eine Entscheidung treffe. Zwei Tage später teilt er Herrn Tanaka mit, dass weder ihm noch seiner Frau der Gedanke Frankreich zu verlassen zusage, und dass er deshalb die Position nicht annehmen wolle. Herr Tanaka sagt nichts, ist jedoch eindeutig verblüfft angesichts dieser Entscheidung. Weshalb ist Herr Tanaka derart verwundert?	einholt.
	Er denkt Herr Legrand blufft, um noch größere Incentives und Leistungen zugesichert zu bekommen.
	Er empfindet es als unangemessen, dass Herr Legrand seine persönlichen Vorlieben über seine Aufgaben als Angestellter des Unternehmens stellt.

Das erste Kriteriumsitem wird aufgrund des Namens (Matt) fortan als Krit_M, das zweite als Krit_T (Tanaka) bezeichnet. Der spätere Gesamtkriteriumswert wird als Krit_MT bezeichnet.

Aufgrund der zusätzlichen Items entspricht die Darbietungsreihenfolge der Subtests nicht mehr ganz der aus der Voruntersuchung. Sub_Erf wird der Stichprobe erst am Ende dargeboten, da die Fragen deskriptiv sind und als demografische Fragen wahrgenommen werden. Wie in der Voruntersuchung werden den Probanden am Ende noch einige demografische Fragen gestellt. Tabelle 36 gibt einen Überblick.

Tabelle 36: Darbietungsreihenfolge der Subtests und der Validierungsitems

Subtests und Validierungsitems →

Generelle Testinstruktion	Sub_Wis (Deklaratives Kulturwissen)	Sub_Ken (Kategoriale Weite)	Sub_Fae (Interkulturelle Fähigkeiten)	Sub_Fe (Attributionsfertigkeiten)	Single-Items	Kriteriumsitems	Sub_Erf (Interkulturelle Erfahrungen) + Demografie

8.2.2 Kodierung und Rohwertermittlung

Die Kodierung der einzelnen Aufgaben sowie die Ermittlung der Rohwerte der einzelnen Subtests ist mit der in Abschnitt 7.2.2 dargestellten Form identisch. Da jedoch im Rahmen der Hauptuntersuchung die einzelnen Testwerte zur gesamten Testbatterie zusammengesetzt werden, ergibt sich an dieser Stelle die Frage, ob und wenn ja wie die Rohwerte der einzelnen Subtests zu einem Gesamtpunktwert verrechnet werden sollen.

Wenngleich einer der Vorteile einer Testbatterie in ihrer größeren Differenzierung hinsichtlich des untersuchten Personenmerkmals liegt und deshalb insbesondere die Betrachtung eines Testprofils wichtig erscheint (vgl. Abschnitt 4.6), so ist doch auch die Ermittlung eines Gesamtpunktwertes ratsam. Ein solcher Wert ermöglicht eine generelle Quantifizierung des Ausmaßes des gemessenen Konstrukts, denn schließlich soll ja auch eine Testbatterie letztlich ein übergeordnetes Konstrukt als Ganzes messen. Er erlaubt weiterhin eine erste Reihung der Messwerte einzelner Personen. In einem weiteren, tiefer gehenden Schritt sollten jedoch auch immer die Werte der einzelnen Subtests und somit das Testprofil jeder untersuchten Person analysiert werden.

Bei der Ermittlung des Gesamtpunktwertes ergibt sich in Analogie zur Rohwertermittlung der einzelnen Subtests die Frage, wie die Bewertung, d.h. die Gewichtung der einzelnen Subtestpunktwerte vorgenommen werden soll. Dabei ist zunächst interessant festzustellen, dass es eine vollkommen gewichtsfreie, also gleiche Bewertung aller Untertests bei der einfachen Summierung der Subtestpunktwerte nicht gibt. Weder die Anzahl der Aufgaben der einzelnen Subtests, noch die jeweiligen Mittelwerte der Subtests haben einen Einfluss darauf, wie stark sie zum Gesamtpunktwert beitragen (vgl. Lienert & Raatz, 1998, S. 333). Vielmehr ist allein die Variabilität der Untertests, ausgedrückt üblicherweise in der Standardabweichung, verantwortlich für eine unterschiedliche Gewichtung der Subtests bei der einfachen Summierung: Je größer die Standardabweichung eines Subtests, desto höher ist sein Beitrag, den er zur Testbatterie liefert. Es ist also stets von einer *impliziten Wägung* der einzelnen Subtests auszugehen.[129]

Darüber hinaus kann eine *explizite Wägung* der einzelnen Subtests vorgenommen werden. Die übliche und bestmögliche Form dieser Wägung besteht in der Berechnung der Gewichte über die multiple Korrelation der Subtests mit einem Validitätskriterium; die errechneten Beta-Gewichte bilden die zu verwendenden Subtestgewichte (G). Derart gewichtete Subtests erlauben die bestmögliche Vorhersage des Kriteriums, worauf es bei einer Testbatterie ja letztlich ankommt (vgl. Lienert & Raatz, 1998, S. 333 f.). Der Rohwert der gesamten Testbatterie errechnet sich folglich als Summe der mit G gewichteten Rohwerte (X) der einzelnen Subtests. Formel 10 zeigt die entsprechende Berechnungsvorschrift.

Formel 10: **Die Berechnung des Rohwertes der Testbatterie**

$$_{bat}X_G = \sum G_t X_t \quad \text{(Lienert & Raatz, 1998, S. 336)}$$

Der Rohwert der Testbatterie kann jedoch erstmals nach Prüfung der Reliabilität und der Validität berechnet werden, da diese notwendige Voraussetzung hierfür sind.

Für die Bestimmung der Kriteriumsvalidität ist ebenfalls eine Ermittlung der Rohwerte der entsprechenden, zusätzlichen Items nötig. Die Singleitems werden hierfür in Schlüsselrichtung zunehmend von 1 bis 6 kodiert, der Rohwert errechnet sich wie bei Sub_Fae als Summe der Itempunktwerte.

Anders gestaltet sich die Kodierung der Kriteriumsitems. Hierfür werden die Kodierungen aus der Konstruktionsphase des Culture General Assimilator übernommen (vgl. hierzu Cushner & Brislin, 1996, S. 46 ff.). Jeder Proband hat die Aufgabe, für jede Antwortmöglichkeit eine Wahrscheinlichkeit anzugeben. Hierfür kann er bei jeder Antwortmöglichkeit wählen zwischen „ich bin sicher, dies trifft zu", „sehr wahrscheinlich", „wahrscheinlich", „unwahrscheinlich", „sehr unwahrscheinlich", und „ich bin sicher, dies trifft nicht zu". Die einzelnen Antwortmöglichkeiten werden in Schlüsselrichtung (d.h. mit zunehmender Wahrscheinlichkeit) von 1 bis 6 kodiert. Für die Berechnung des Kriteriumswertes werden nun alle Antworten derart verrechnet, dass die Schlüsselrichtung bei den Falschantworten umgekehrt wird. Sie werden somit nachträglich invers kodiert. Die Summe aller Antworten ergibt letztlich den Kriteriumspunktwert.

---

[129] Diese implizite Wägung kann nachträglich, also rechnerisch, aufgehoben werden.

8.3 Untersuchungsdesign

Die Hauptuntersuchung[130] wurde anhand einer Stichprobe aus ehemaligen deutschen Studierenden einer europäischen Hochschule durchgeführt. Die in Abschnitt 7.3 erläuterten Bedingungen zur Nutzung eines derartigen Convenience Samples können auch hier als erfüllt angesehen werden. So sind alle Personen der Stichprobe Teil der Grundgesamtheit. Darüber hinaus bekleidet die Mehrzahl mittlerweile internationale Positionen.[131]

8.4 Durchführung der Untersuchung

Auch die Hauptuntersuchung wurde komplett online durchgeführt. Es wurde erneut eine Onlineplattform programmiert, auf der die Testform eingestellt wurde. Die Zielpersonen wurden per E-Mail angeschrieben und um ihre Teilnahme an der Datenerhebung gebeten. Mit dieser E-Mail wurde ein link verschickt, über den die Teilnehmer auf die Onlineplattform und somit zur Onlinetestform gelangten.

Die Befragung startete per Email am 25. Oktober 2007 und wurde am 26. November 2007 abgeschlossen. Einige Emails kamen aufgrund falscher oder nicht mehr existierender Emailadressen zurück, so dass keine konkrete Rücklaufquote berechnet werden kann. 134 Alumni nahmen schließlich an der Untersuchung teil. Der Stichprobenumfang kann als niedrig, aber ausreichend eingestuft werden (vgl. Fisseni, 1997, S. 124).

Für die weitere Datenauswertung konnten nicht immer die Daten der 134 Fälle verwendet werden, da nicht alle Teilnehmer den Fragebogen komplett beantworteten. Dennoch konnte mit dem vorhandenen Stichprobenumfang stets ein hinreichend großes N für alle Berechnungen sichergestellt werden.

Die Personen der Hauptuntersuchungs-Stichprobe sind im Durchschnitt etwa 33 Jahre alt und verfügen über 9,5 Jahre Berufserfahrung. 44,7% der Teilnehmer sind Frauen, 52,3% Männer.

8.5 Aufgabenanalyse

Die einzelnen Kennwerte der Aufgabenanalyse wurden bereits in Abschnitt 7.5.1 ausführlich dargestellt und bedürfen deshalb keiner erneuten Erläuterung. Ferner wurde die eigentliche Aufgabenanalyse bereits im Rahmen der Voruntersuchung durchgeführt. An dieser Stelle sollen daher lediglich die primären Kennwerte, also die Itemschwierigkeit, die (konvergente) Itemtrennschärfe und der aus beiden resultierende Selektionskennwert zur Überprüfung jener Ergebnisse berechnet werden. Daher wird ein zusammenfassender, allgemeiner Bericht einer detaillierten, für jeden Subtest einzelnen Darstellung der Ergebnisse vorgezogen.

Insgesamt ergibt die Kontrolle der Aufgabenanalyse ein positives Bild. Lediglich ein paar Items werden aufgrund schwacher Kennwerte aus den jeweiligen Subtests entfernt. Aus Sub_Wis werden lediglich 2 Items entfernt, die Distraktoren werden komplett beibehalten. Aus Sub_Ken werden ebenfalls zwei Items, also ein Item-Paar, entfernt. Ein weiteres Item-Paar wird beibehalten, obwohl eines der beiden Items recht geringe Kennwerte aufweist. Aus Sub_Fae wird lediglich ein Item entfernt. Bei

---

[130] Der Fragebogen der Hauptuntersuchung inklusive Instruktionen befindet sich im Anhang.

[131] Dies wurde vom entsprechenden Alumni Verein mitgeteilt.

Sub_Fe ergibt sich ein schlechteres Bild. Einige Items weisen, wie schon in der Voruntersuchung, recht schwache Kennwerte auf. Sie verbleiben dennoch bis auf weiteres im Subtest; die Reliabilitätsanalyse des gesamten Subtests soll zunächst abgewartet werden.

Die Verteilungen der Rohwerte können als denen der Voruntersuchung entsprechend angenommen werden, da a) die Stichproben ähnlich, b) die Darbietungstechnik die gleiche, und c) der Test im Vergleich zur Vorform nicht wesentlich verändert wurde (vgl. Lienert & Raatz, 1998, S. 159).

Die Ergebnisse der Aufgabenanalyse der Voruntersuchung haben sich somit bestätigt. Alle weiteren Berechnungen erfolgen auf Basis des um die schwachen Items bereinigten Itempools.

8.6 Reliabilitäten der Subtests

Die Reliabilität (Zuverlässigkeit) gibt den Grad der Messgenauigkeit (*Präzision*) eines Testinstruments an (vgl. Bortz & Döring, 2002, S. 195). Bei nach der klassischen Testtheorie konstruierten Instrumenten ist sie umso höher, je kleiner der zu einem Messwert gehörende Messfehler ist. Eine perfekte Reliabilität würde vorliegen, wenn dieser Anteil gleich null ist, wenn also der Anteil der wahren Varianz (s^2_T) an der beobachteten Varianz (s^2_X) gleich 1 ist. Eine derart hohe Reliabilität ist jedoch nicht zu erreichen, da immer von irgendeiner Art Störeinflüsse (bspw. situative Störungen, Müdigkeit des Probanden, Raten etc.) auszugehen ist.

Da im vorliegenden Fall ein kriteriumsbezogener Test konstruiert wird (vgl. Kapitel 1), ist der Begriff der Reliabilität aus der KTT zu ergänzen. Zwar wird auch bei der Analyse eines kriteriumsbezogenen Tests auf die klassischen Gütekriterien[132] Bezug genommen, doch müssen unter Umständen alternative Algorithmen zu ihrer Berechnung verwendet werden, nämlich dann, wenn zwischen den Test-Scores der Probanden keine Varianz mehr eintritt – wenn also alle Probanden das Kriterium vollständig erreichen. Wie bereits in Kapitel 1 erwähnt, werden diese alternativen Algorithmen jedoch erst dann erläutert, wenn sie benötigt werden sollten. Darüber hinaus ist festzustellen, dass noch immer nicht ausdiskutiert ist, „was man unter der Reliabilität eines kriteriumsorientierten Tests sinnvollerweise zu verstehen habe" (Klauer, 1987, S. 84).

Analog zur Aufgabenanalyse im Rahmen der Voruntersuchung werden zunächst einzelne Methoden zur Reliabilitätsbestimmung erläutert und eine Auswahl begründet. Es folgt die Darstellung der Berechnung der einzelnen Subtest-Reliabilitätskoeffizienten.

8.6.1 Methoden der Reliabilitätsbestimmung

Eine gute Vorschätzung der Reliabilität eines Tests ist bereits aus den Analysedaten der Aufgabenanalyse möglich. Hochwertige Analysedaten stellen die Grundvoraussetzung für eine hohe Reliabilität und auch Validität auf Subtestebene dar. Grundsätzlich lassen sich zur Bestimmung der Reliabilität eines Elementartests (und somit

---

[132] Als klassische Gütekriterien werden eben die Objektivität, Reliabilität und Validität bezeichnet, da sie aus der klassischen Testtheorie stammen (vgl. auch Kapitel I9).

zunächst zur Bestimmung der Reliabilitäten der einzelnen Subtests)[133] vier verschiedene Methoden unterscheiden (vgl. Lienert & Raatz, 1998, S. 180):

1. *Die Testwiederholungs- oder Retestmethode*: Derselbe Test wird derselben Stichprobe nach einem angemessenen Zeitabstand erneut vorgelegt. Die Rohwertpaare aus beiden Messungen werden korreliert. Der so ermittelte Korrelationskoeffizient stellt eine Schätzung der Reliabilität dar. Mit 100 multipliziert gibt er darüber hinaus an, wie viel Prozent der Gesamtunterschiedlichkeit der Testergebnisse (d.h. wie viel Prozent der Merkmalsvarianz) auf „wahre" Merkmalsunterschiede zurückzuführen sind (vgl. Bortz & Döring, 2002, S. 196).
Die nach der Retestmethode ermittelte Reliabilität eines Tests wird auch als *Stabilität* bezeichnet. Es besteht durch sie die Gefahr, dass die Reliabilität eines Tests überschätzt wird, wenn die Lösungen der Testaufgaben bei der zweiten Testdarbietung erinnert werden, womit insbesondere bei kurzen Tests, inhaltlich interessanten und leicht zu erinnernden Aufgaben sowie einem kurzen Zeitintervall zwischen den Testdarbietungen zu rechnen ist. Ein weiterer großer Nachteil in dieser Methode ist in ihrem relativ großen zeitlichen und untersuchungstechnischen Aufwand zu sehen. Sie wird daher im vorliegenden Fall für die Bestimmung der Reliabilität nicht verwendet.

2. *Die Paralleltestmethode*: Derselben Stichprobe werden zwei Parallelformen eines Tests sofort hintereinander oder nach einem kurzen Zeitintervall nacheinander in Zufallsfolge dargeboten. Die Rohwertpaare werden korreliert. Der Korrelationskoeffizient stellt auch hier eine Schätzung der Reliabilität dar.
Die nach der Paralleltestmethode ermittelte Reliabilität eines Tests wird auch als *Äquivalenz* bezeichnet und ist ebenfalls mit einigem untersuchungstechnischen Aufwand verbunden. Sie bietet sich eigentlich nur dann an, wenn für praktische Zwecke tatsächlich zwei äquivalente Testformen benötigt werden, bspw. bei Gruppentestungen im Leistungsbereich, um so Abschreibemöglichkeiten auszuschließen (vgl. Bortz & Döring, 2002, S. 196). Da dies im vorliegenden Fall nicht vorliegt, und da daher auch keine zwei parallelen Testformen entwickelt wurden, wird auch die Paralleltestmethode für die Bestimmung der Reliabilität nicht verwendet.

3. *Die Testhalbierungs- oder Split-Half-Methode*: Der Test wird bei einer Stichprobe nur einmal durchgeführt. Im Anschluss wird er in zwei äquivalente Aufgabengruppen geteilt und beide Hälften separat ausgewertet. Die Rohwerte der einen Hälfte werden mit den Entsprechenden der anderen Hälfte korreliert. Aus diesem Korrelationskoeffizienten lassen sich dann Schätzwerte für die Reliabilität berechnen.
Im Unterschied zu den beiden ersten dargestellten Methoden erfordert die Split-Half-Methode keinerlei untersuchungstechnischen Mehraufwand. Da die Testhälften quasi Paralleltests halber Länge darstellen, kann die Testhalbierungsmethode als Sonderform der Paralleltestmethode aufgefasst werden (vgl. Bortz & Döring, 2002, S. 197). Da bei Verwendung der Split-Half-Methode der Test lediglich einmal in zwei Hälften geteilt wird, sind Verzerrungen aufgrund des Halbierungskriteriums (Zufallsauswahl aus allen Items, erste

---

[133] Mehrdimensionale Tests bzw. Testbatterien haben die Aufgabe, Teilaspekte eines komplexen Merkmals mittels einzelner Subtests separat zu messen. Es ist hier sinnvoll, die Reliabilitäten für jeden Subtest einzeln statt für alle Items gemeinsam zu bestimmen (vgl. Bortz & Döring, 2002, S. 198).

und letzte Testhälfte, Items mit gerader und ungerader Nummer etc.) wahrscheinlich. Diese Verzerrung wird bei der nächsten Reliabilitätsbestimmungsmethode ausgeglichen. Deshalb wird auch die Testhalbierungsmethode für die Bestimmung der Reliabilität nicht verwendet.

4. *Die Konsistenzanalyse oder Interne Konsistenz*: Der Test wird bei einer Stichprobe nur einmal durchgeführt. Im Anschluss wird er nicht nur in zwei, sondern in so viele gleiche Teile zerlegt, wie er Items enthält; jedes einzelne Item kann somit quasi als Paralleltest aufgefasst werden. Die Schätzung der Reliabilität als interne Konsistenz bezeichnet somit das Ausmaß, in dem von denselben Probanden alle Items in gleicher Weise beantwortet werden (vgl. Fisseni, 1997, S. 86).

Am gebräuchlichsten ist die Berechnung der internen Konsistenz nach dem Alpha-Koeffizienten von Cronbach (1951). Er ist sowohl auf dichotome als auch auf intervallskalierte Daten anwendbar und entspricht formal der mittleren Testhalbierungsreliabilität eines Tests für alle möglichen Testhalbierungen (vgl. Bortz & Döring, 2002, S. 197). Seine Berechnung ist von den Bedingungen der Testdurchführung unabhängig. Daher ist die interne Konsistenz auch als *instrumentale Reliabilität* zu bezeichnen; sie kennzeichnet also die Leistungsfähigkeit des Tests als Messinstrument (vgl. Lienert & Raatz, 1998, S. 201). Da genau dies im vorliegenden Fall ermittelt werden soll[134] sowie aufgrund der Genauigkeit und der untersuchungstechnischen Ökonomie wird Alpha als Methode für die Bestimmung der Reliabilität verwendet und im Folgenden daher näher erläutert.

Der Koeffizient Cronbachs Alpha erfasst den auf eine Merkmalsdimension zurückgehenden Varianzanteil aller Items, und ist deswegen insbesondere für homogene Tests bzw. für einzelne homogene Subtests heterogener Testbatterien geeignet. Alpha wird umso größer, je mehr Items (p = Anzahl der Items) die Skala (bzw. der Test oder der Subtest) enthält und je höher die Iteminterkorrelationen sind.[135] Formel 11 zeigt die Berechnungsvorschrift für Alpha.

Formel 11:   **Cronbachs Alpha**

$$\alpha = \frac{p}{p-1} \cdot (1 - \frac{\sum_{i=1}^{p} s_{Item}^2}{s_{Testwert}^2})$$ (Bortz & Döring, 2002, S. 198)

Alpha kann Werte zwischen 0 und 1 annehmen und ist auf dichotome ebenso wie auf intervallskalierte Items anwendbar. Grundsätzlich sind hohe Reliabilitäten bzw. interne Konsistenzen erstrebenswert. Werte kleiner .8 werden als niedrig, Werte zwischen .8 und .9 als mittelmäßig und Werte über .9 als hoch angesehen (vgl. Fisseni, 1997, S. 124; Bortz & Döring, 2002, S. 199). Diese Anforderungen können jedoch nur selten erfüllt werden und werden deshalb mitunter auch als „übertrieben" hoch bezeichnet (Lienert & Raatz, 1998, S. 209). Daher hat sich in der Literatur der von

---

[134] Strenggenommen steht die interne Konsistenz in einem gewissen Gegensatz zur oben erläuterten Auffassung von Reliabilität, die besser durch die Testhalbierungs- oder auch Retestmethode ermittelt werden kann, da sie mehr Informationen für die Testpraxis als über die Qualität des Testinstruments darstellen. Da es jedoch im vorliegenden Fall eben um den Nachweis der Qualität des Testinstruments geht, ist die interne Konsistenz die Reliabilitätsmethode der ersten Wahl.

[135] Hier wird deutlich, dass eine hohe itemspezifische Homogenität zu einem höheren Alpha führt (vgl. auch Abschnitt I7.5.1).

Nunnally (1978, S. 245) vorgeschlagene Cut-Off-Wert von .7 weitgehend durchgesetzt. Er soll auch für die vorliegende Arbeit als kritischer Wert gelten.

Die Berechnung von Cronbachs Alpha ist an einige Bedingungen geknüpft, von denen einige bereits erwähnt wurden. Sie sollen an dieser Stelle noch einmal zusammenfassend aufgelistet werden (vgl. hierzu Lienert & Raatz, 1998, S. 200):

1. Die Testaufgaben müssen homogen sein. Bei heterogenen Testaufgaben resultiert ein niedriger Konsistenzkoeffizient. Durch die Aufgabenanalyse wurde bereits sichergestellt, dass ausschließlich homogene Items im Itempool verbleiben. Diese Bedingung kann somit als erfüllt angesehen werden.

2. Der Test muss ein Niveautest sein. Die Schnelligkeitskomponente bei Schnelligkeitstests verursacht eine Scheinerhöhung von Alpha. Da der vorliegende Test nicht als Schnelligkeitstest konstruiert wird, kann auch diese Bedingung als erfüllt angesehen werden.

3. Die zufällige Bedingungsvariation ist nicht eingeschlossen. Störeinflüsse wie fehlende Motivation, geringe Konzentration, Raten etc. werden bei der Berechnung von Alpha nicht berücksichtigt. Dies gilt es generell zu bedenken.

8.6.2 Berechnung der Subtestreliabilitäten

Zunächst sei noch einmal auf die Sonderstellung von Sub_Erf hingewiesen: Für Sub_Erf lässt sich aufgrund der deskriptiven Art keine Reliabilität bestimmen.

Die Berechnung der Reliabilitäten der übrigen Subtests ergibt ein nahezu durchweg positives Bild. Drei der vier Subtests kann eine hohe Präzision bzw. Messgenauigkeit bescheinigt werden. Die Werte für Cronbachs Alpha der einzelnen Subtests sind in Tabelle 37 dargestellt.

Tabelle 37: Reliabilitätskoeffizienten der Subtests

		Sub_Wis	Sub_Ken	Sub_Fae	Sub_Fe
	kritischer Wert	Deklaratives Kulturwissen	Kategoriale Weite	Interkulturelle Fähigkeiten	Attributionsfertigkeiten
α	.70	.87	.71	.84	.48

Der niedrige Wert für Sub_Fe war augrund der schwachen Ergebnisse sowohl der eigentlichen Aufgabenanalyse (vgl. Abschnitt 7.5.5), als auch aufgrund der ebenfalls schwachen Ergebnisse der Kontrolle der Aufgabenanalyse (vgl. Abschnitt 8.5) zu erwarten. Sub_Fe weist somit eine inakzeptabel niedrige Messgenauigkeit auf, und die Zusammengehörigkeit der Items ist zu überdenken. Da jedoch die Möglichkeit besteht, dass dieser Subtest viel zur Validität der gesamten Testbatterie beisteuert und hierdurch ein Verbleib in eben dieser Batterie gerechtfertigt wäre (vgl. Lienert & Raatz, 1998, S. 332), wird er noch immer nicht aus der Testbatterie entfernt; die Überprüfung der Validität soll zunächst abgewartet werden.

8.7 Validitäten der Subtests

Die Validität eines Tests gibt seine *Gültigkeit* an und kann als das wichtigste Gütekriterium angesehen werden (vgl. Bortz & Döring, 2002, S. 199). Sie gibt an, ob ein Messinstrument auch tatsächlich das misst, was es messen soll.

Da im vorliegenden Fall ein kriteriumsbezogener Test konstruiert wird (vgl. Kapitel 1), stellt die Inhaltsvalidität die wichtigste Validitätsform dar. Sie wurde bereits mittels der Expertenbefragung ermittelt und bestätigt (vgl. Kapitel 6). Daneben gibt es noch weitere Validitätsarten. Analog zur Bestimmung der Reliabilität werden zunächst einzelne Methoden dieser Validitätsbestimmung erläutert und eine Auswahl begründet. Es folgt die Darstellung der Berechnung der einzelnen Subtest-Validitäten.

8.7.1 Methoden der Validitätsbestimmung

Neben der Inhaltsvalidität existieren im Wesentlichen die *Kriteriumsvalidität* und die *Konstruktvalidität*.

Kriteriumsvalidität liegt vor, wenn das Ergebnis eines Tests zur Messung eines latenten Konstrukts mit der Messung eines korrespondierenden, manifesten Kriteriums übereinstimmt (vgl. Bortz & Döring, 2002, S. 200). Sie ist definiert als Korrelation zwischen den Test-Scores und den Kriteriums-Scores einer Stichprobe (vgl. Fisseni, 1997, S. 98). Es werden die *Übereinstimmungs-* und die *Vorhersage-* oder *prognostische Validität* unterschieden. Von Übereinstimmungsvalidität wird gesprochen, wenn der Kriteriums-Score gleichzeitig mit dem Test-Score erhoben wurde; von Vorhersagevalidität hingegen dann, wenn das Kriterium zu einem späteren Zeitpunkt gemessen wird (bspw. Berufserfolg). Da im vorliegenden Fall das Kriterium zeitgleich erhoben wird, wird als Kriteriumsvalidität die Übereinstimmungsvalidität ermittelt. Als Kriteriums-Score dient der Punktwert bei den in Abschnitt 8.2.1 dargestellten Kriteriumsitems, dessen Ermittlung in Abschnitt 8.2.2 erläutert wurde.[136]

Da es sich bei Validitäten um Korrelationen handelt, sind Werte zwischen -1 und 1 möglich. Zu beachten gilt es jedoch, dass die Kriteriumsvalidität eines Tests maximal den Wert seines Reliabilitätsindex erreichen kann, der sich aus der Wurzel der Reliabilität des Tests ergibt (vgl. Fisseni, 1997, S. 102): Ein Test kann die größtmögliche Korrelation nur zu seinen wahren Werten haben. Werte, die größer als der Reliabilitätsindex sind, müssen als Artefakt gedeutet werden. Erstrebenswert sind Werte, die bedeutsam von 0 verschieden sind und möglichst nahe bei 1 liegen, wobei Werte zwischen .4 und .6 als mittelmäßig und Werte größer .6 als hoch angesehen werden (vgl. Fisseni, 1997, S. 124; Bortz & Döring, 2002, S. 201).

Konstruktvalidität liegt vor, wenn das Testergebnis einen Schluss auf ihm zugrunde liegende, nicht beobachtbare Konstrukte erlaubt (vgl. Fisseni, 1997, S. 94). Sie äußert sich in dem Grad der Übereinstimmung zwischen dem Test-Score und einem Netz anderer Scores. Das Konstrukt, indiziert durch den Test-Score, wird somit eingebettet in ein nomologisches Netz theoretisch verwandter oder theoretisch entfernter Konstrukte (vgl. ebd., S. 106). Die Konstruktvalidität schließt die Inhalts- und die Kriteriumsvalidität gewissermaßen mit ein, da zum einen auch hier die Kriteriumsproblematik existiert (vgl. Abschnitt 8.2.1), und sie zum anderen Inhaltsvalidität voraussetzt. Konstruktvalidität ist darüber hinaus weniger als fertiges Produkt, als fixer Wert, als vielmehr als Validierungsprozess zu verstehen (vgl. bspw. Amelang & Zielinski, 2002, S. 169). Wie auch immer die Konstruktvalidität bestimmt wird: Sie stellt fast immer eine Überprüfung von aus dem Konstrukt abgeleiteten Hypothesen oder Annahmen dar.

---

[136] Hier wird erneut die Problematik der Verwendung der Culture Assimilator Items als Kriterium deutlich, da dieser strenggenommen kein manifestes Kriterium darstellt.

Methodisch gibt es verschiedene Möglichkeiten einer Konstruktvalidierung (vgl. hierzu Bortz & Döring, 2002, S. 201). Wie sie auszusehen hat, dafür existieren keine konkreten Handlungsanweisungen. Eine Möglichkeit besteht in der *logisch-inhaltlichen* (qualitativen) Analyse der Testitems. Diese Art ist mit der Bestimmung der Inhaltsvalidität nahezu identisch und wurde bereits mit der Expertenbefragung durchgeführt. Sie wird deshalb nicht erneut angewendet. Des Weiteren lässt sich *experimentell* herausfinden, ob die Variation von für das Konstrukt essentiellen Merkmalen zu unterschiedlichen Testwerten führt. Dies ist im vorliegenden Fall jedoch nicht möglich, so dass auch diese Form nicht angewendet wird. Korrelationsstatistisch lassen sich Zusammenhänge mit den für das Konstrukt relevanten Merkmalen bzw. Unabhängigkeiten zu den für das Konstrukt irrelevanten Merkmalen nachweisen. Es werden also a priori Erwartungen über den Zusammenhang des Tests mit konstruktverwandten (konvergenten) und –fremden (diskriminanten) Tests oder Eigenschaften formuliert. Ein besonders sorgfältiges und umfassendes Verfahren einer derartigen Konstruktvalidierung stellt die so genannte „Multitrait-Multimethod-Analyse" (MTMM-Analyse) dar. Im vorliegenden Fall kann aus ökonomischen Gründen jedoch keine MTMM-Analyse berechnet werden. Sie wird in den Implikationen (vgl. Teil IV Kapitel 2) aufgegriffen und dezidiert erläutert. Entsprechend beschränkt sich die Bestimmung der Validität – neben der Inhaltsvalidität – auf die Bestimmung der Kriteriumsvalidität.

8.7.2 Berechnung der Subtestvaliditäten

Aus dem IAK Modell (vgl. Abschnitt 4.3) lassen sich Hypothesen ableiten, die als ein Teil einer Konstruktvalidierung überprüft werden können. So können die in Abschnitt 4.3 aufgestellten Vermutungen zum Modell interkultureller Attributionskompetenz überprüft werden. Zunächst gilt es, die postulierte Unabhängigkeit zwischen den einzelnen Faktoren, mit Ausnahme von deklarativem Wissen und interkulturellen Fähigkeiten, zu überprüfen. Außerdem gilt es zu prüfen, ob interkulturelle Erfahrungen, wie vermutet, mit allen anderen Faktoren signifikant korrelieren. Tabelle 38 zeigt die Korrelationen zwischen den einzelnen Subtests und somit zwischen den einzelnen Faktoren.

Tabelle 38: **Korrelationen zwischen den einzelnen Subtests**

	Sub_Wis	Sub_Ken	Sub_Fae	Sub_Fe
	Deklaratives Kulturwissen	Kategoriale Weite	Interkulturelle Fähigkeiten	Attributionsfertigkeiten
Sub_Wis				
Sub_Ken	0,11			
Sub_Fae	0,60**	0,05		
Sub_Fe	0,00	0,11	-0,01	
Sub_Erf	0,05	0,04	-0,02	0,02

**= p<.01

Es zeigt sich, dass sich die vermuteten Beziehungen zwischen den einzelnen Faktoren bestätigen. Allerdings kann der angenommene Zusammenhang zwischen den einzelnen Faktoren und interkulturellen Erfahrungen überhaupt nicht nachgewiesen werden. *Interkulturelle Erfahrungen sind unabhängig von den anderen Faktoren.*

Die erwartete Faktorstruktur hat sich somit teilweise bestätigt, was auch schon aufgrund der geringen divergenten Trennschärfen der einzelnen Items in der Aufgabenanalyse (Abschnitt 7.5) zu vermuten war. Da dort gleichzeitig hohe konvergente Trennschärfen ermittelt werden konnten, ebenso wie hohe Itemhomogenitäten, lässt sich dem Test interne Validität bestätigen (vgl. hierzu Rost, 2004, S. 35).[137]

Um die Bestimmung einer externen Validität, der Kriteriumsvalidität, zu ermöglichen, wurden in der Hauptuntersuchung neben den eigentlichen Testitems zwei Kriteriumsitems miterhoben (vgl. Abschnitt 8.2.1). Als Kontrolle wurden zudem fünf Single-Items erhoben, deren Summenscore als zweites Kriterium dienen soll. Die Kriteriumsvalidität der einzelnen Subtests wird demnach durch eine bivariate Korrelation zwischen den einzelnen Subtest-Rohwerten und dem Kriteriumswert (Krit_MT) errechnet (α=.52). Die Korrelation mit dem Summenscore der Single-Items (Krit_S) dient als Kontrolle (α=.78). Tabelle 39 zeigt die so ermittelten Validitätskoeffizienten.

Tabelle 39: Validitätskoeffizienten der einzelnen Subtests

	Sub_Wis	Sub_Ken	Sub_Fae	Sub_Fe	Sub_Erf
	Deklaratives Kulturwissen	Kategoriale Weite	Interkulturelle Fähigkeiten	Attributionsfertigkeiten	Interkulturelle Erfahrungen
Krit_MT	0,16	-0,13	0,20*	0,01	-0,15
Krit_S	0,44**	0,30**	0,31**	0,02	0,16

*Die Korrelation ist signifikant (p<.05)
**Die Korrelation ist hochsignifikant (p<.01)

Alle ermittelten Validitätskoeffizienten sind sehr niedrig. Lediglich Sub_Fae weist eine signifikante, wenngleich ebenfalls niedrige Korrelation mit dem Kriterium Krit_MT auf, die übrigen Subtests korrelieren nicht mit dem erhobenen Kriterium.

Diese schlechten Werte sind nicht notwendigerweise ausschließlich auf Mängel der einzelnen Subtests zurückzuführen. Vielmehr kann auch das verwendete Kriterium mangelhaft sein (vgl. die Ausführungen zur Kriteriumsproblematik in Abschnitt 8.2.1). Die Korrelationen der einzelnen Subtests mit dem Kontrollkriterium Krit_S lassen dies vermuten, ebenso die Korrelation zwischen Krit_MT und Krit_S, die mit .17 ebenfalls sehr gering ausfällt und darauf schließen lässt, dass beide Kriterien nicht das gleiche Konstrukt messen.

Eine Analyse des Kriteriums Krit_MT kann Aufschluss über seine Güte bringen. Die interne Konsistenz des Kriteriums ist mit α=.52 relativ gering. Der Wert indiziert, dass die Antworten auf die einzelnen Kriteriumsfragen nur geringfügig miteinander zusammenhängen und das Kriterium unpräzise und somit nicht reliabel ist. Eine Unterteilung des Kriteriums in zwei Werte (ein Kriteriumswert je Kriteriumsitem) bestätigt dies: Jedes Kriteriumsitem für sich hat ein α von .48 (Krit_M) respektive .45 (Krit_T) der Antworten. Die beiden Kriteriumswerte untereinander korrelieren mit .20 (p<.05) ebenfalls nur sehr gering. Diese Fakten können auf ein mangelhaftes Kriterium hindeuten – die bereits im Vorfeld aufgestellte Vermutung bzgl. des Kriteriums wird also mitunter bestätigt.

Die niedrigen Validitätskoeffizienten könnten demnach teilweise auf die geringe Reliabilität des Kriteriums zurückzuführen sein. Ein Grund hierfür kann in einem zu großen Messfehler bei der Erhebung des Kriteriums liegen. Um dies zu prüfen, sollen

---

[137] Die weitere Überprüfung der Faktorstruktur mittels einer explorativen oder auch konfirmatorischen Faktorenanalyse ist nicht möglich. Die verwendeten Items besitzen unterschiedliche Skalenniveaus. Faktorenanalysen basieren auf Korrelationen, die wiederum abhängig vom Skalenniveau der Daten sind. Die Berechnung einer Faktorenanalyse auf Basis von Daten unterschiedlichen Skalenniveaus ist nicht möglich.

die beobachteten Testwerte mit den sogenannten wahren Kriteriumswerten korreliert werden, d.h. mit den um den Messfehler bereinigten Kriteriumswerten. Dieses Vorgehen wird als einfache Minderungskorrektur bezeichnet und errechnet sich nach Formel 12.

Formel 12: Einfache Minderungskorrektur

$$r_{t,c} = \frac{r_{tc}}{\sqrt{r_{cc}}} \qquad \text{(Fisseni, 1997, S. 103)}$$

r_{tc} = Validität des Tests
r_{cc} = Reliabilität des Kriteriums

Tabelle 40 gibt einen Überblick über die minderungskorrigierten Validitäten der einzelnen Subtests (Grundlage für die Berechnung bildet das α von .52 von Krit_MT). Für eine bessere Übersichtlichkeit sind zudem die ursprünglich ermittelten Validitätskoeffizienten sowie die Cronbachs Alpha Koeffizienten der einzelnen Subtests aufgeführt. Zudem ist für jeden Subtest die theoretisch maximal mögliche Validität als Reliabilitätsindex (vgl. Abschnitt 8.7.1) angegeben. Da für Sub_Erf keine Reliabilität bestimmt werden kann, entfällt die Minderungskorrektur.

Tabelle 40: Minderungskorrigierte Subtest-Validitäten mit Krit_MT

	Sub_Wis	Sub_Ken	Sub_Fae	Sub_Fe
	Deklaratives Kulturwissen	Kategoriale Weite	Interkulturelle Fähigkeiten	Attributionsfertigkeiten
Validität	0,16	-0,13	0,20	0,01
Reliabilität (α)	0,87	0,71	0,84	0,48
Reliabilitätsindex	0,93	0,84	0,92	0,69
Validität nach einfacher Minderungskorrektur	*0,22*	*-0,18*	*0,28*	*0,01*

Zunächst wird durch den Reliabilitätsindex deutlich, dass die Validitätskoeffizienten der einzelnen Subtests theoretisch relativ hoch ausfallen können. Die minderungskorrigierten Validitäten fallen zwar höher aus als die unkorrigierten, doch sind auch diese unbefriedigend niedrig. Die relativ geringe Reliabilität des Kriteriums kann somit *nicht oder nicht ausschließlich* als Ursache der geringen Kriteriumsvaliditäten der einzelnen Subtests angesehen werden.

Die Korrelationen der Testwerte der Subtests mit dem Kontrollkriterium Krit_S in Tabelle 39 ergeben zwar ein etwas besseres Bild, sind jedoch auch nicht sehr hoch. Auch auf Krit_S bezogen sollen daher minderungskorrigierte Subtest-Validitäten berechnet werden, wenngleich davon ausgegangen werden kann, dass diese aufgrund des zugrunde liegenden Krit_S-α von .78 relativ niedrig ausfallen werden. Tabelle 41 gibt einen Überblick.

Tabelle 41: Minderungskorrigierte Subtest-Validitäten mit Krit_S

	Sub_Wis	Sub_Ken	Sub_Fae	Sub_Fe
	Deklaratives Kulturwissen	Kategoriale Weite	Interkulturelle Fähigkeiten	Attributionsfertigkeiten
Validität	0,44	0,30	0,31	0,02
Reliabilität (α)	0,87	0,71	0,84	0,48
Reliabilitätsindex	0,93	0,84	0,92	0,69

| Validität nach einfacher Minderungskorrektur | 0,50 | 0.34 | 0,35 | 0,02 |

Zusammenfassend lässt sich festhalten, dass zu diesem Zeitpunkt keine tatsächliche Kriteriumsvalidierung der einzelnen Subtests erfolgen konnte. Die Validitätskoeffizienten mit dem eigentlichen Kriterium Krit_MT fallen eindeutig zu niedrig aus. Wenngleich die Validierung an dem Kontrollkriterium deutlich bessere Ergebnisse erzielte, so bleibt auch diese unbefriedigend. Auch hier sind die Validitätskoeffizienten zu niedrig. Diese Problematik der Kriteriumsvalidierung wird in Abschnitt 9.5 aufgegriffen und diskutiert werden.

8.8 Reliabilität der Testbatterie

Die Reliabilität der Testbatterie gibt ihren Grad der Präzision oder Messgenauigkeit an. Analog zur Bestimmung der einzelnen Subtestreliabilitäten werden zunächst einzelne Methoden zur Reliabilitätsbestimmung erläutert und eine Auswahl begründet. Es folgt die Darstellung der Berechnung des Reliabilitätskoeffizienten der Testbatterie.

8.8.1 Methoden der Reliabilitätsbestimmung

Generell lässt sich die Reliabilität einer Testbatterie auf zweifache Art ermitteln: Einmal *empirisch*, und einmal *rechnerisch*. Die empirische Ermittlung entspricht dabei dem Vorgehen bei der Bestimmung der Paralleltest- bzw. Retest-Reliabilität (vgl. Abschnitt 8.6.1), indem die einzelnen Rohwerte der Subtests zu einem Gesamtrohwert addiert und dieser entweder mit dem einer Parallelbatterie oder mit dem einer Wiederholung mit derselben Batterie korreliert wird. Da weder ein Paralleltest konstruiert, noch eine Messwiederholung durchgeführt wurde, wird die Reliabilität der Testbatterie nicht empirisch ermittelt.

Es bietet sich vielmehr die rechnerische Ermittlung der Reliabilität der Testbatterie aus den Reliabilitätskoeffizienten und den Interkorrelationen der Subtests an. Ein genauer Schätzwert lässt sich über die in Formel 13 dargestellte Vorschrift errechnen, in der r_{tt} den Reliabilitätskoeffizienten des Untertests t und r_{st} den Interkorrelationskoeffizient der Untertests s und t bedeuten. k bezeichnet die Anzahl der Untertests.

Formel 13: Berechnung der Reliabilität einer Testbatterie

$$_{bat}r_{tt} = 1 - \frac{k - \sum_{t} r_{tt}}{k + 2\sum_{s<t} r_{st}}$$ (Lienert & Raatz, 1998, S. 330)

Es wird deutlich, dass die Reliabilität der gesamten Testbatterie von den Reliabilitäten und den Interkorrelationen der einzelnen Subtests positiv abhängt: Sie wächst mit zunehmenden Reliabilitäten und Interkorrelationen. Dabei kann die Reliabilität der gesamten Testbatterie höher sein als das Mittel der Subtestreliabilitäten. Ferner ist es wichtig darauf hinzuweisen, dass die in Abschnitt 8.6.1 dargestellten Anforderungen an die Reliabilitäten der Subtests für die gesamte Testbatterie gewissermaßen aufgeweicht werden: „Wenn ein Untertest mit geringer Reliabilität einen großen Anteil der Validitätsverbesserung der Batterie beisteuert, so ist er unter Umständen einem hoch reliablen Untertest mit einer relativ geringen Validitätskomponente vorzuziehen" (Lienert & Raatz, 1998, S. 332). Insgesamt sollte die Reliabilität der Testbatterie einen Wert aufweisen, wie er auch für einen Elementartest bzw. die einzelnen Subtests in Abschnitt 8.6.1 gefordert wird.

8.8.2 Berechnung der Reliabilität der Testbatterie

Obwohl für Sub_Fe ein α von lediglich .48 berechnet wurde, wird Sub_Fe für die Berechnung der Reliabilität der gesamten Testbatterie mitberücksichtigt. Der Grund hierfür ist darin zu sehen, dass Sub_Fe eventuell einen hohen Beitrag zur Validität der Testbatterie beisteuert (vgl. vorigen Abschnitt). Sub_Erf kann aufgrund der nicht berechenbaren Reliabilität nicht in die Berechnung der Reliabilität der Testbatterie eingehen.

Für die Testbatterie aus den vier Subtests errechnet sich nach Formel 13 eine Reliabilität von .81, was als hoch eingestuft werden kann. Die Testbatterie ist reliabler als einzelne Subtests – ein Ziel der Konstruktion einer Testbatterie ist somit erreicht.

8.9 Validität der Testbatterie

Das wichtigste Ziel einer Testbatterie sowie ihr wesentlicher Vorteil gegenüber einem Elementartest ist ihre höhere Validität. Analog zur Bestimmung ihrer Reliabilität werden zunächst einzelne Methoden zur Validitätsbestimmung erläutert und eine Auswahl begründet. Es folgt die Darstellung der Berechnung des Validitätskoeffizienten der Testbatterie.

8.9.1 Methoden der Validitätsbestimmung

Die Validität der Testbatterie kann, ebenso wie bereits die Reliabilität, auf unterschiedliche Weisen bestimmt werden. Die einfachste Art der Berechnung eines Validitätskoeffizienten besteht in der Bestimmung der Validität als Maßkorrelation des Kriteriums mit der Summe der Subtest-Rohwerte, die im Regelfall gewichtet werden müssen (vgl. Lienert & Raatz, 1998, S. 338 f.). Hierfür können sowohl die in Abschnitt 8.2.2 erläuterten impliziten als auch expliziten Wägungen verwendet werden. Diese Maßkorrelation soll im vorliegenden Fall berechnet werden.

Darüber hinaus lassen sich durch Berechnung einer multiplen Korrelation der Subtest-Rohwerte mit dem Kriterium unmittelbar die validitätsoptimierenden Gewichte in Form der Beta Koeffizienten bestimmen. Daher soll die Validität der Testbatterie zusätzlich als multiple Validität bestimmt werden. Grundlage hierfür bildet die bereits erwähnte multiple Korrelation. Durch sie können die Beta-Koeffizienten der Untertests ermittelt werden. Diese werden zur Gewichtung der Validitätskoeffizienten der einzelnen Subtests verwendet, indem beide Maße nach der in Formel 14 dargestellten Form miteinander verrechnet werden.

Formel 14: Berechnung des multiplen Validitätskoeffizienten

$$R_{c,123...k} = \sqrt{\beta_{c1}r_{c1} + \beta_{c2}r_{c2} + ... + \beta_{ck}r_{ck}}$$ (Lienert & Raatz, 1998, S. 345)

$R_{c,123...k}$ = multipler Validitätskoeffizient
$r_{c1}, r_{c2}, ..., r_{ck}$ = Validitätskoeffizienten der einzelnen Subtests
$\beta_{c1}, \beta_{c2}, ..., \beta_{ck}$ = Beta-Koeffizienten der einzelnen Subtests

Dieser multiple Validitätskoeffizient entspricht somit dem multiplen Korrelationskoeffizienten und erfasst den Zusammenhang zwischen k Prädiktorvariablen (den Subtests) und einer Kriteriumsvariablen. R hat definitionsgemäß einen Wertebereich von 0 bis 1, wobei die in Abschnitt 8.7.1 erläuterten Werte von .4 bis .6 bzw. größer .6

auch für den multiplen Validitätskoeffizienten gelten. Oftmals fällt dieser jedoch höher aus als der Validitätskoeffizient eines Elementartests.

8.9.2 Berechnung der Validität der Testbatterie

Die Validität der Testbatterie wird an denselben Kriterien ermittelt wie bereits die Validität der Subtests. Aufgrund der sehr niedrigen Validitäten der einzelnen Subtests ist auch für die gesamte Testbatterie von einer sehr niedrigen bzw. nicht vorhandenen Validität auszugehen. Dennoch soll sie der Vollständigkeit halber berechnet werden.

Die Maßkorrelation der Summe der Subtestrohwerte mit dem Kriteriumsrohwert Krit_MT ergibt eine Korrelation von .12 – ein sehr niedriger Wert. Die Maßkorrelation mit Krit_S ergibt einen hochsignifikanten Wert von .35 (p<.01).

Die Berechnung der multiplen Validität ergibt ein ähnliches Bild. Der multiple Korrelationskoeffizient der einzelnen Subtests mit Krit_MT beträgt R=.29 und ist statistisch nicht signifikant. Für den Zusammenhang zwischen den einzelnen Subtests und dem Kontrollkriterium Krit_S errechnet sich ein hochsignifikantes R von .37 (p<.01).

Die Testbatterie muss deshalb an dieser Stelle, wie schon die einzelnen sie konstituierenden Subtests, als nicht kriteriumsvalide eingestuft werden. Mögliche Ursachen hierfür und Möglichkeiten besserer Kennwerte werden in Abschnitt 9.5 ff. diskutiert.

9 Zusammenfassung, Beurteilung der Testgüte und Diskussion

Im vorliegenden Kapitel soll die umfangreiche Testkonstruktion kurz zusammengefasst sowie die wichtigsten Gütekriterien erläutert werden. Eine kritische Stellungnahme zur Testkonstruktion in Form von Limitationen schließt das Kapitel ab.

9.1 Zusammenfassung der Testkonstruktion

Die Testkonstruktion erfolgte in fünf aufeinander aufbauenden Phasen. Zunächst wurde aus den Ausführungen im theoretischen Grundlagenteil das Konstrukt interkulturelle Attributionskompetenz konzeptualisiert. Aus dieser Konzeptualisierung ergab sich, dass der Test idealerweise als Testbatterie zu konstruieren sei, was auch umgesetzt werden sollte. Ebenfalls auf den theoretischen Grundlagen basierend wurde das Konstrukt im Anschluss zunächst operationalisiert. Die Operationalisierung wurde durch eine Expertenbefragung überprüft. Einige Items wurden aufgrund der Expertenbefragung eliminiert, andere revidiert. Insgesamt bestätigen die Ergebnisse der Expertenbefragung die Operationalisierung und indizieren aufgrund der hohen Beurteilerübereinstimmung Inhaltsvalidität.

Der revidierte Itempool diente der nachfolgenden Voruntersuchung. Diese Voruntersuchung diente vor allem der Aufgabenanalyse. Vorrangiges Ziel war es hier, sowohl gute als auch schlechte Aufgaben anhand der empirischen Daten zu identifizieren und den Test durch Eliminierung und bzw. Revidierung schlechter Aufgaben zu optimieren. Dieses Ziel konnte erreicht werden und die Daten der Voruntersuchung ergaben ein positives Bild bezüglich der einzelnen Subtests.

Den Abschluss der Testkonstruktion bildete die Hauptuntersuchung. Anhand der hier erhobenen Daten sollten die Reliabilitäten und Validitäten der einzelnen Subtests ebenso wie der gesamten Testbatterie ermittelt werden. Hier ergab sich ein schlechteres Bild: Wenngleich nahezu allen Subtests sowie der gesamten Testbatterie eine hohe Reliabilität bescheinigt werden konnte, konnte die externe Validität, ermittelt als Kriteriumsvalidität, nicht bestätigt werden. Mögliche Gründe hierfür werden in den Abschnitten 9.5 ff. diskutiert.

9.2 Hauptgütekriterien des Tests

Aufgrund der Komplexität der Testkonstruktion werden in den folgenden Abschnitten die einzelnen Hauptgütekriterien noch einmal zusammenfassend beurteilt. Darüber hinaus werden im Anschluss die Nebengütekriterien der Testbatterie beurteilt, die bisher noch keine Erwähnung fanden.

9.2.1 Objektivität

Die Objektivität bezeichnet das Maß, inwieweit in der diagnostischen Situation eine Standardisierung des gesamten Testvorgangs gelingt (vgl. bspw. Fisseni, 1997, S. 66). Üblicherweise wird zwischen der Durchführungs-, Auswertungs- und Interpretationsobjektivität unterschieden.

Durchführungsobjektivität liegt dann vor, wenn eine maximale Standardisierung der Testsituation erreicht ist, wenn also der Test stets in dem gleichen Setting durchgeführt wird und somit keine Variation des Testverhaltens aufgrund der Testdurchführung zu erwarten ist (vgl. Amelang & Zielinski, 2002, S. 148). Die Testdurchführung erfolgte bisher stets online, und sollte auch in Zukunft online bzw. PC gestützt erfolgen. Eine konzentrierte Arbeitsumgebung vorausgesetzt ist somit von *Durchführungsobjektivität* der vorliegenden Testbatterie auszugehen.

Die *Auswertungsobjektivität* gibt das Ausmaß an, in dem „das Verhalten als empirisches Relativ eindeutig quantifiziert wird in Item- und Testscores als numerischem Relativ" (Fisseni, 1997, S. 66). Da sowohl für die Item-, die Subtest- als auch die Gesamtscores ein eindeutiger Lösungs- bzw. Kodierungsschlüssel festgelegt wurde und der Test am PC und nicht etwa mit Schablonen o.ä. ausgewertet wird, kann von *absoluter Auswertungsobjektivität* ausgegangen werden (vgl. Amelang & Zielinski, 2002, S. 149).

Interpretationsobjektivität betrifft den Grad der Eindeutigkeit, mit der verschiedene Testanwender dem gleichen Test-Score die gleiche Merkmalsausprägung zuordnen (vgl. Fisseni, 1997, S. 68), d.h. das Ausmaß, in dem aus gleichen Test-Scores verschiedener Probanden die gleichen interpretativen Schlüsse gezogen werden. Diese interpretativen Schlüsse sind zunächst abhängig von der Validität der Testbatterie. Da im Rahmen der vorliegenden Arbeit diese nicht nachgewiesen werden konnte, werden noch keine Hinweise zu Testauswertung und –interpretation gegeben, die unterschiedlichen Testanwendern als Hilfestellung dienen. Entsprechend kann die Interpretationsobjektivität nicht beurteilt werden.

9.2.2 Reliabilität

Bereits in Abschnitt 8.6 wurde erläutert, dass unter dem Begriff der Reliabilität die Genauigkeit eines Tests zu verstehen ist. Ermittelt wurde für die Subtests die interne Konsistenz über den Koeffizienten Cronbachs Alpha. Für die Testbatterie wurde die Reliabilität rechnerisch aus den einzelnen Subtestreliabilitäten und den Subtestinterkorrelationen über Formel 13 auf Seite 171 ermittelt (ausgenommen Sub_Erf). Den einzelnen Subtests kann bis auf einen durchweg eine gute Reliabilität bescheinigt werden, ebenso der Testbatterie. Tabelle 42 gibt einen Überblick über die Reliabilitätskoeffizienten.

Tabelle 42: Überblick über die Reliabilitätskoeffizienten

	kritischer Wert	Sub_Wis Deklaratives Kulturwissen	Sub_Ken Kategoriale Weite	Sub_Fae Interkulturelle Fähigkeiten	Sub_Fe Attributionsfertigkeiten
α	.70	.87	.71	.84	.48
Testbatterie	.81				

Die Testbatterie *kann somit als reliabel bezeichnet werden*, ebenso drei von vier Subtests. Die geringe Reliabilität von Sub_Fe wird in Abschnitt 9.5 diskutiert.

9.2.3 Validität

In Abschnitt 8.7 wurde bereits erläutert, dass unter dem Begriff der Validität die Gültigkeit eines Tests zu verstehen ist. Dabei lassen sich verschiedene Arten der Validität unterscheiden: Die Inhalts-, die Kriteriums- sowie die Konstruktvalidität. Sowohl die Inhalts- als auch die Kriteriumsvalidität beziehen sich dabei auf den Schluss vom Verhalten in der Testsituation auf das Verhalten außerhalb der Testsituation, die Konstruktvalidität bezieht sich hingegen auf den Schluss aus dem Verhalten in der Testsituation auf unbeobachtbare, zugrundeliegende Konstrukte (vgl. Fisseni, 1997, S. 94). Diese drei Validitätsarten sind jedoch nicht gleichen Ranges. Hierzu sei zunächst Fisseni (1997, S. 95) zitiert:

„Systematisch ist die inhaltliche Validität vorgeordnet. Warum? Für kriteriumsbezogene Validität gilt: Test I wird validiert an Kriterium I. Kriterium I muss seinerseits valide sein, also gemäß diesem Paradigma validiert an einem Kriterium II. Valide muss auch Kriterium II sein, validiert demzufolge an einem Kriterium III. Soll diese Kette nicht zu einem regressum infinitum führen (also keinerlei Erklärung liefern), setzt wenigstens **ein** ‚Kettenmitglied' ein anderes ‚Validierungsparadigma' voraus. Für konstruktbezogene Validierung gilt, dass sie Inhalts- und Kriterienvalidität umfasst. Damit aber schließt sie auch die Kriterienproblematik mit ein. Sie setzt demnach ebenfalls ein ‚anderes Validierungsparadigma' voraus. Als ‚anderes Validierungsparadigma' steht nur die Inhaltsvalidierung zur Verfügung. An ‚irgendeiner Stelle' in der kriteriums- und konstruktbezogenen Validierungskette ist (unter systematischer Sicht) eine inhaltliche Validierung unumgänglich".

Zudem wurde bereits in Kapitel 1 des vorliegenden Teils auf die Bedeutung der Inhaltsvalidität insbesondere in der kriteriumsbezogenen Leistungsmessung hingewiesen. Sie stellt somit eine besonders wichtige Validität dar.

Inhaltsvalidität „liegt vor, wenn ein Test [...] das zu messende psychologische Merkmal repräsentativ erfasst" (Schermelleh-Engel, Kelava & Moosbrugger, 2006, S. 424). Sie wurde in der in Kapitel 6 beschriebenen Expertenbefragung ermittelt, die eine hochgradig positive Beurteilung der Operationalisierung ergab. Die Verwendung von Expertenurteilen als Methode zur Bestimmung der Inhaltsvalidität kann dabei als korrekt angesehen werden (vgl. Häcker et al., 1998, S. 12). Den konstruierten Subtests *kann somit Inhaltsvalidität bescheinigt werden*. Diese lässt sich jedoch nicht ohne weiteres auf die gesamte Testbatterie ausweiten, da dieser das Gesamtkonstrukt IAK zugrunde liegt, welches nicht in der Expertenbefragung abgefragt werden konnte. Hierzu bedarf es einer späteren Konstruktvalidierung (siehe Teil IV Kapitel 2).

Die *Kriteriumsvalidität* konnte letztendlich weder für die Subtests, noch für die Testbatterie bestätigt werden. Zwar wurden die Validitätskoeffizienten der einzelnen Subtests ebenso wie die Maßkorrelation und die multiple Korrelation als Validitätskoeffizienten der Testbatterie bestimmt, die errechneten Werte sind jedoch durchweg zu niedrig.

Das Konstrukt konnte im Rahmen der vorliegenden Arbeit keiner vollständigen *Konstruktvalidierung* unterzogen werden. Lediglich hochgradig konvergente und gleichzeitig niedrige divergente Trennschärfekoeffizienten der Items liefern Hinweise auf eine hohe interne Validität. Dennoch muss die Konstruktvalidität ausführlich in zukünftigen Arbeiten bestimmt werden (vgl. Teil IV Kapitel 2).

9.3 Nebengütekriterien des Tests

Als Nebengütekriterien werden Kriterien bezeichnet, deren Bedeutung für die Testkonstruktion mitunter kontrovers diskutiert werden (vgl. Amelang & Zielinski, 2002, S. 173). Sie sind jedoch insbesondere für die spätere Nützlichkeit eines Tests sowie seine praktische Anwendbarkeit von Bedeutung, weshalb sie hier kurz angewendet werden sollen.

Der Großteil der Nebengütekriterien steht jedoch in unmittelbarer Abhängigkeit zu den Hauptgütekriterien. Insbesondere die lediglich bedingt zu beurteilende Validität des Tests erschwert Aussagen zu den Nabengütekriterien bzw. macht diese unmöglich.

9.3.1 Skalierung

Ein Test gilt als skaliert, wenn „die laut Verrechnungsregel resultierenden Testwerte die empirischen Merkmalsrelationen adäquat abbilden" (Schermelleh-Engel et al., 2006, S. 426). Aufgrund der fehlenden Kriteriumsvalidität lässt sich keine definitive Aussage zu der Skalierung der Testbatterie und der Subtests fällen.

9.3.2 Normierung

Die Normierung eines Tests soll die Einbettung der gemessenen Testwerte einer Person in ein Bezugssystem aus Vergleichswerten einer repräsentativen Stichprobe ermöglichen. Eine Normierung sollte jedoch nur bei zufriedenstellender Reliabilität und Validität des Tests erfolgen und wurde entsprechend nicht im Rahmen der vorliegenden Arbeit vorgenommen.

9.3.3 Testökonomie

Ein Test gilt dann als ökonomisch, „wenn er relativ wenig Ressourcen (Zeit, Geld, etc.) beansprucht gemessen am diagnostischen Erkenntnisgewinn" (Schermelleh-Engel et al., 2006, S. 429). Die Bearbeitungszeit des konstruierten Tests ist mit ca. 15 Minuten als gering einzustufen, und die monetären Kosten sind bei zukünftiger elektronischer Anwendung (PC gestützt) zu vernachlässigen.

Sollte der Test nach einer erfolgreichen Validierung in Zukunft kommerziell einsetzbar sein und eingesetzt werden, ist die Testökonomie vor den zu zahlenden Durchführungskosten erneut zu beurteilen.

9.3.4 Nützlichkeit

„Ein Test ist dann nützlich, wenn das von ihm gemessene Merkmal eine praktische Relevanz besitzt und die auf seiner Grundlage getroffenen Entscheidungen bzw. Maßnahmen deutlich mehr Nutzen als Schaden erwarten lassen" (Schermelleh-Engel et al., 2006, S. 430).

Die praktische Relevanz interkultureller Attributionskompetenz konnte in Teil II Kapitel 4 konzeptionell herausgearbeitet werden. Somit ist ein Test, der IAK misst, als nützlich zu bezeichnen (vgl. hierzu auch Teil IV Kapitel 3). Aufgrund der Inhaltsvalidität lässt sich die Nützlichkeit des Tests vermuten, für eine endgültige Einschätzung bedarf es jedoch einer vollständigen Kriteriums- und/ oder Konstruktvalidierung.

9.3.5 Zumutbarkeit

Tests sollten Testpersonen bezüglich des Zeitaufwandes, des physischen sowie des psychischen Aufwandes nicht belasten. Der Test erfordert keinerlei physische Anstrengungen, der Zeitaufwand wurde bereits als gering beurteilt, und auch psychisch dürften keine Belastungen zu erwarten sein, da weder private oder persönliche Fragen, noch extrem schwierige Aufgaben in dem Test enthalten sind. Somit ist dem Test Zumutbarkeit zu bescheinigen.

9.3.6 Unverfälschbarkeit

Die Unverfälschbarkeit des Tests kann angenommen werden. Wie bereits in Teil III Kapitel 1 erläutert, können die Testpersonen bei einem Leistungstest ihr Testergebnis willentlich nicht nach oben verzerren. Aufgrund des Anwendungsbereiches des Tests ist von einer willentlichen Verzerrung nach unten nicht auszugehen, auch deshalb nicht, weil die Testdurchführung stets freiwillig geschehen sollte.

9.3.7 Fairness

„Ein Test erfüllt das Gütekriterium Fairness, wenn die Testergebnisse zu keiner systematischen Benachteiligung bestimmter Personen aufgrund ihrer Zugehörigkeit zu ethnischen, soziokulturellen oder geschlechtsspezifischen Gruppen führen" (Schermelleh-Engel et al., 2006, S. 431).

Der Test wurde speziell für deutsche Testpersonen entwickelt, somit sind kulturelle Benachteilungen bereits ex ante ausgeschlossen worden. Ein Einfluss auf die Testleistung aufgrund ethnischer Gruppenzugehörigkeiten ist bei den verwendeten Testitems ebenfalls nicht zu erwarten, Geschlechterunterschiede wurden weder in der Vor-, noch in der Hauptuntersuchung festgestellt.

9.4 Zusammenfassung der Testgüte

Insgesamt ließ sich die Güte der konstruierten Testbatterie nicht vollständig nachweisen. In der Zukunft sollte eine weitergehende Validierung erfolgen.

Tabelle 43 gibt einen zusammenfassenden Überblick über die ermittelte Testgüte.

Tabelle 43: Zusammenfassung der Testgüte

Ebene	Kriterium	Art	erfüllt?	warum?
Haupt-Gütekriterien	Objektivität	Durchführungsobjektivität	ja	standardisiert
		Auswertungsobjektivität	ja	Kodierungs- und Lösungsschlüssel
		Interpretationsobjektivität	noch nicht	Noch keine Kodierungs- / Lösungsschlüssel
	Reliabilität	Cronbachs Alpha	ja	3 von 4 berechenbaren Subtests reliabel
		rechnerisch für Testbatterie	ja	Testbatterie reliabler als einzelne Subtests
	Validität	Inhaltsvalidität	ja	Expertenbefragung auf Subtestebene
		Kriteriumsvalidität	nein	s. Abschnitt 9.5 ff.
		Konstruktvalidität	ja/nein	interne Validität ja, MTMM-Analyse nein
Neben-Gütekriterien	Skalierung		noch nicht	Noch keine Kodierungs- / Lösungsschlüssel
	Normierung		nein	keine Normierung durchgeführt
	Testökonomie		ja	Zeitökonomisch, wahrscheinlich kostengünstig
	Nützlichkeit		ja	attributionstheoretische Analyse
	Zumutbarkeit		ja	keine Belastung der TN zu erwarten
	Unverfälschbarkeit		ja	Testleistung nicht willentlich zu verfälschen
	Fairness		ja	keine kulturellen/ geschlechtlichen Nachteile

9.5 Kritische Diskussion und Limitationen

Der Prozess der Testkonstruktion soll im vorliegenden Abschnitt grundlegend und auch aufgrund der teilweise schwachen statistischen Ergebnisse kritisch reflektiert und diskutiert werden. Als Resultat ergeben sich einige Limitationen des entwickelten Testverfahrens, die es gilt, in künftigen Forschungsarbeiten auszuräumen.

9.5.1 Allgemeine Limitationen

Zunächst soll festgehalten werden, dass bewusst ein Test konstruiert wurde, der sich von herkömmlichen Verfahren mit ähnlichem Zweck unterscheiden sollte (vgl. Teil I, Abschnitt 7.5 sowie Teil III Kapitel 1). Die Konzeptualisierung erbrachte ein fünf faktorielles Modell interkultureller Attributionskompetenz, das theoretisch fundiert aber dennoch durch ein unkonventionell operationalisiertes Testverfahren erfasst werden sollte.

Trotz dieser Vorgehensweise ist auch der in der vorliegenden Arbeit konstruierte Test letztlich ein Fragebogenverfahren. Hieraus ergibt sich die erste allgemeine Limitation. Von den Ergebnissen des Fragebogens soll auf zugrunde liegende Kompetenzen geschlossen werden können, die sich in gänzlich anderen situativen Kontexten als während der Testumgebung durch entsprechendes Verhalten zeigen. Dem Test liegt somit eine personalistische Sichtweise zugrunde: Ein Verhalten in einer Situation (das Testverhalten in der Testsituation) soll Aussagen über Verhalten bzw. Verhaltenskompetenzen in anderen Situationen (dem Verhalten in realen interkulturellen Interaktionssituationen) erlauben, da die gemessene Kompetenzausprägung als vorwiegend in der Person und nicht der Situation begründet angenommen wird. Diese Annahme ist jedoch nicht unproblematisch, unterscheiden sich doch meist die Bedingungen einer Situation gänzlich von denen einer anderen, so dass davon ausgegangen werden kann, dass jede Situation unterschiedliche Verhaltensausprägungen zulässt. Mischel (1977) unterscheidet in diesem Zusammenhang zwischen *starken*, d.h. strukturierten, beschränkenden, und *schwachen*, d.h. mehrdeutigen, erleichternden Situationen.

Die vorliegende Testsituation ist aufgrund des großen Standardisierungsgrades des Verfahrens als starke und somit beschränkende Situation zu bezeichnen. Eine reale Situation der interkulturellen Interaktion hingegen ist als schwache, mehrdeutige Situation zu sehen, da sie eine Vielfalt an Reaktionen ermöglicht. Eine Prognose des Verhaltens in der schwachen Situation, basierend auf den Testresultaten, erzielt in der starken Situation, ist folglich nicht ohne Einschränkung möglich. Dies sollte allgemein bei jeder Interpretation von Fragebogenergebnisssen berücksichtigt werden.

Eine weitere Limitation der Ergebnisse der vorliegenden Arbeit ist in der Tatsache zu sehen, dass sowohl die Vor-, als auch die Hauptuntersuchung anhand eines Convenience Sample durchgeführt wurde. Wenngleich davon ausgegangen werden kann, dass die Versuchspersonen der Grundgesamtheit des Testverfahrens angehören, so ist diese Form der Stichprobe dennoch als nicht-repräsentativ einzustufen. Zwar ist der Gebrauch eines Convenience Samples wie in Anschnitt 7.3 dargestellt in der empirischen Sozialforschung durchaus üblich; doch unterliegen die an einer solchen Stichprobe gewonnenen Ergebnisse (und somit auch die Ergebnisse der vorliegenden Arbeit) Limitationen. Es gilt daher, in eventuellen künftigen Arbeiten zum Thema eine andere Form der Stichprobenziehung zu wählen, etwa eine Zufallsstichprobe.

9.5.2 Diskussion einzelner Faktoren bzw. Subtests interkultureller Attributionskompetenz

Die größte Limitation der vorliegenden Arbeit ist sicher in der fehlenden Kriteriumsvalidität der entwickelten Testbatterie zu sehen. In diesem Abschnitt sollen zunächst die Ergebnisse für die einzelnen Faktoren bzw. Subtests diskutiert werden, bevor im kommenden Abschnitt umfassende Limitationen angestoßen werden. Zunächst soll dabei auf die beiden Faktoren interkultureller Attributionskompetenz eingegangen werden, deren Validität bzw. Reliabilität am schwächsten ausfielen.

Für Sub_Fe konnte keine ausreichende Reliabilität ermittelt werden. Obgleich, wie in Abschnitt 8.8.2 erläutert, der Verbleib auch eines nur wenig reliablen Subtests in einer Testbatterie dann gerechtfertigt wäre, wenn dieser entscheidend zu einer höheren Validität der gesamten Testbatterie beitragen würde, so ist doch nach Gründen der mangelnden Reliabilität zu suchen und prinzipiell eine bessere interne Konsistenz anzustreben. Eine Ursache der fehlenden Reliabilität kann in der geringen Itemanzahl dieses Subtests gesehen werden. Generell lässt sich die Reliabilität eines Tests durch eine Testverlängerung, also durch eine Erhöhung der Itemanzahl, verbessern (vgl. bspw. Rost, 2004, S. 383 f.), so dass hierin auch für den vorliegenden Fall eine Möglichkeit der Reliabilitätsverbesserung gesehen werden kann. Eine Erhöhung der Itemanzahl würde zudem auch für diesen Subtest eine Itemselektion entsprechend der Konventionen der Testkonstruktion erlauben, die in der vorliegenden Arbeit aufgrund der geringen Itemanzahl nicht immer eingehalten wurde.[138] Eine Erhöhung der Itemanzahl würde jedoch zu Lasten der Testökonomie gehen. Da es sich bei letzterer jedoch nur um ein Nebengütekriterium handelt, wäre dies für die Erhöhung des Hauptkriteriums der Reliabilität in Kauf zu nehmen.

Neben der geringen Testlänge muss auch die Itemkodierung von Sub_Fe kritisch gesehen werden. Das Antwortformat *Pick One out of Four* führt in Kombination mit der geringen Itemanzahl zu einer geringen Varianz der Rohwerte, und somit zu einer schlechten Reliabilität. Es sollte über eine alternative Antwortkodierung nachgedacht werden, um differenziertere Antworten zu erlauben. Eine Möglichkeit böte eine Kodierung ähnlich der für die Kriteriumsitems Krit_M und Krit_T, bei denen für jede Antwortalternative eine gewisse Wahrscheinlichkeit angegeben werden muss und dadurch den Antwortformaten Intervallskalenniveau unterstellt werden kann. Diese Form der Antwortkodierung hätte zudem zur Folge, dass die Itemkodierung von Sub_Fe die gleiche Stärke hätte wie die des Kriteriums Krit_MT (vgl. Abschnitt 9.5.3).

Die schlechte Reliabilität von Sub_Fe ist somit möglicherweise auf Mängel in der Operationalisierungsphase zurückzuführen. Aufgrund der Konzeptualisierung sollte Sub_Fe in jedem Falle zunächst mit mehr Items und veränderter Kodierung als Subtest der Testbatterie beibehalten werden und eine erneute Validierung abgewartet werden.

Ähnlich verhält es sich mit dem Subtest Sub_Erf bzw. dem Faktor interkulturelle Erfahrungen. Die vermuteten Korrelationen mit den anderen Faktoren ließen sich bis auf eine nicht bestätigen: Interkulturelle Erfahrungen erwiesen sich entgegen der konzeptionell hergeleiteten Annahme in der durchgeführten Untersuchung als unabhängig sowohl von interkulturellen Fähigkeiten, als auch von der kategorialen Weite. Darüber hinaus zeigten sich keine Zusammenhänge zum Faktor deklaratives Kultur-

---

[138] So wurden einzelne Items trotz schlechter Kennwerte nicht bereits im Rahmen der Aufgabenanalyse der Voruntersuchung eliminiert, da dies die Gesamtitemanzahl des Subtests zu sehr verringert hätte (vgl. hierzu Abschnitt I7.5.5).

wissen. Lediglich die fehlende Korrelation zum Faktor Attributionsfertigkeiten entsprach der zuvor aufgestellten Annahme.

Tabelle 44 gibt einen Überblick über die im Vorfeld der Untersuchung vermuteten und die empirisch gefundenen Zusammenhänge zwischen den einzelnen Faktoren bzw. Subtests interkultureller Attributionskompetenz.

Tabelle 44: Vermutete und tatsächliche Korrelationen zwischen den Faktoren bzw. Subtests

| | Sub_Wis | | Sub_Ken | | Sub_Fae | | Sub_Fe | |
| | Deklaratives Kulturwissen | | Kategoriale Weite | | Interkulturelle Fähigkeiten | | Attributionsfertigkeiten | |
	vermutet	tatsächlich	vermutet	tatsächlich	vermutet	tatsächlich	vermutet	tatsächlich
Sub_Wis								
Sub_Ken	x	j. 0,11						
Sub_Fae	✓	j. 0,60**	✓	n. 0,05				
Sub_Fe	x	j. 0	x	j. 0,11	x	j. -0,01		
Sub_Erf	✓	n. 0,05	✓	n. 0,04	✓	n. -0,02	x	j. 0,02

**= p<.01; x=Vermutung: keine Korrelation; ✓ =Vermutung: Korrelation; j.= entspricht Vermutung; n.= widerspricht Vermutung

Die empirisch ermittelten Korrelationen für den Faktor interkulturelle Erfahrungen überraschen ebenso wie seine äußerst niedrigen Validitätskoeffizienten, erhoben sowohl am eigentlichen, als auch am Kontrollkriterium (-.15 bzw. .16). Interkulturelle Erfahrungen sind somit nicht nur unabhängig von allen anderen Faktoren des Konstrukts interkultureller Attributionskompetenz, sondern auch von der Performanz, der isomorphen Attribution.[139]

Wenngleich das Konstrukt IAK in der vorliegenden Arbeit nicht validiert werden konnte, so konnte die Bedeutung isomorpher Attributionen im interkulturellen Kontext sehr wohl konzeptionell dargestellt werden. Sind nun interkulturelle Erfahrungen unabhängig von isomorphen Attributionen, so darf ihr Zusammenhang mit anderen, umfassenden Außenkriterien interkultureller Kompetenz, wie zum Beispiel der in Teil II Kapitel 4 identifizierten Angemessenheit des Verhaltens, zumindest diskutiert werden. Dies hat Implikationen, die in Teil IV Abschnitt 3 erörtert werden sollen.

Neben den empirischen Befunden lassen sich für den Subtest Sub_Erf jedoch auch konzeptionelle Schwächen ausmachen, deren Ursprung in der Operationalisierung dieses Faktors zu sehen ist: Sub_Erf wurde ausschließlich aus deskriptiven Items konstruiert. Dadurch hatte der Faktor über alle empirischen Untersuchungen hinweg einen Sonderstatus. Weder konnte eine Itemselektion anhand der für die übrigen Subtests verwendeten Kennwerte durchgeführt werden, noch konnte Sub_Erf für die Bestimmung der Reliabilität der gesamten Testbatterie mit einbezogen werden. Wenngleich interkulturelle Erfahrungen durchaus als quantifizierbar und somit deskriptiv messbar eingestuft werden können und die gewählte Form der Operationalisierung daher nachvollziehbar ist,[140] so ist doch die Gleichstellung des Faktors mit den anderen Faktoren kritisch zu sehen. Sein Sonderstatus sollte vielmehr auch im Modell interkultureller Attributionskompetenz zum Ausdruck kommen.

---

[139] Diese Aussage ist nur bedingt möglich, da das zur Messung der Performanz verwendete Kriterium Krit_MT eine zu geringe Reliabilität aufweist.

[140] Dies zeigt sich auch in der Inhaltsvalidität dieses Faktors.

Nicht unangesprochen bleiben soll auch der in Tabelle 44 deutlich werdende, unerwartete fehlende Zusammenhang zwischen den Faktoren interkulturelle Fähigkeiten und der kategorialen Weite. Das Erkennen und die Akzeptanz von, sowie die Fähigkeit des Umgangs mit kulturellen Unterschieden, ausgedrückt durch den Faktor interkulturelle Fähigkeiten, ließen konzeptionell auf einen Zusammenhang mit der kategorialen Weite einer Person schließen. Die internen Konsistenzen beider Subtests können als hoch angesehen werden, d.h. beide sind nur mit einem geringen Messfehler behaftet. Für Sub_Ken wurde eine validierte Skala verwendet, für Sub_Fae konnte Inhaltsvalidität nachgewiesen werden. Somit muss aufgrund der Ergebnisse davon ausgegangen werden, dass beide Faktoren tatsächlich unabhängig voneinander sind. Auch dies soll in Teil IV, Kapitel 3 aufgegriffen werden.

9.5.3 Diskussion der Validität des gesamten Testverfahrens

Neben den bisher diskutierten möglichen Ursachen der im Rahmen dieser Arbeit nicht nachzuweisenden Validität der entwickelten Testbatterie können verschiedene Weitere in Betracht gezogen werden.

Analog zu der im Abschnitt 9.5.1 erläuterten Stärke einer Situation, könnte eine mögliche Ursache für die fehlende Validität des Verfahrens in der unterschiedlichen Stärke der Items der Testbatterie auf der einen, und des Kriteriums auf der anderen Seite zu sehen sein: Alle Items der einzelnen Subtests lassen sich im Sinne der auf Seite 179 beschriebenen Stärke einer Situation als stark einstufen, die Kriteriumsitems hingegen können als schwach bezeichnet werden – ihre Interpretation lässt bei weitem mehr Spielraum zu als die Beantwortung der Testitems. Möglicherweise liegt hierin eine Ursache der fehlenden Korrelation und somit der fehlenden Kriteriumsvalidität.

Eine weitere mögliche Ursache der fehlenden Kriteriumsvalidität ist möglicherweise darin zu sehen, dass in der vorliegenden Arbeit ein Fragebogenverfahren zur Messung einer Kompetenz entwickelt wurde: Wie in Teil II Abschnitt 2.3 dargestellt, gilt es bei direkten Messverfahren von Kompetenzen stets die Möglichkeit einer geringen Korrelation mit der letztlich gezeigten Performanz zu berücksichtigen. Da das Kriterium die gezeigte Performanz darstellt, könnte eine Ursache der niedrigen Korrelation hierin zu sehen sein.

Ferner muss auch die bereits in Abschnitt 8.7.2 diskutierte Möglichkeit in Betracht gezogen werden, dass das verwendete Kriterium die Ursache fehlender Kriteriumsvalidität darstellt. Die geringe Reliabilität des Kriteriums weist darauf hin, dass das Verfahren die zu messende Performanz isomorphe Attribution relativ ungenau erfasst bzw. relativ schlecht zwischen Personen mit hoher bzw. niedriger Merkmalsausprägung unterscheidet. Da jedoch die durchgeführte Minderungskorrektur keine Verbesserung der Kriteriumsvaliditäten der einzelnen Subtests erbrachte, kann das Kriterium nicht der alleinige Grund für die nicht nachweisbare Validität sein. Im Zuge einer künftigen Revision des Verfahrens sollte dennoch eine Erhöhung der Reliabilität des Kriteriums angestrebt werden. Dies könnte beispielsweise durch eine Erhöhung der Itemanzahl erfolgen, auch wenn dies die Bearbeitungsdauer für die Testpersonen verlängern würde.

Schlussendlich lässt sich bereits aufgrund der empirischen Ergebnisse nicht ausschließen, dass sich das Konstrukt IAK nicht wie angenommen aus den konstituierenden Faktoren zusammensetzt. Als Hinweis kann die Tatsache angesehen werden, dass auch unter der Annahme eines reliablen Kriteriums (durch die Minderungskorrektur) dem Verfahren keine Kriteriumsvalidität nachgewiesen werden konnte. Die Inhaltsvalidität der einzelnen Subtests mag zwar durch die Expertenbefragung bestätigt sein – letztendlich lassen die einzelnen Subtests jedoch keine Antizipation der geforderten Performanz interkultureller Attributionskompetenz zu. Entsprechend mag sich das Konstrukt IAK nicht aus den konzeptualisierten Faktoren zusammensetzen. Es gilt demnach, in künftigen Forschungsarbeiten die Operationalisierung der einzelnen Faktoren anzupassen, und in einem weiteren Schritt eine Konstruktvalidierung vorzunehmen.

9.5.4 Diskussion des Modells interkultureller Attributionskompetenz

Wenngleich in der vorliegenden Arbeit keine Konstruktvalidierung vorgenommen wurde, so deuten doch bereits die gefundenen Ergebnisse darauf hin, dass das Modell interkultureller Attributionskompetenz und die zu seiner Messung entwickelte Testbatterie in ihren ursprünglichen Formen nicht beibehalten werden können. Da Konstruktvalidität die Kriteriumsvalidität mit einschließt, und da Kriteriumsvalidität für die Testbatterie nicht nachgewiesen werden konnte, sollen im vorliegenden Abschnitt erste Ansätze zu einer möglichen Anpassung des in Abschnitt 4.3 aufgestellten Modells interkultureller Attributionskompetenz diskutiert werden.

Allen Subtests der Testbatterie konnte im Zuge der durchgeführten Expertenbefragung Inhaltsvalidität attestiert werden, d.h. sie messen das Merkmal, was sie jeweils messen sollen, also den ihnen jeweils zugrunde liegenden Faktor des Models IAK. Allerdings zeigte keiner der Subtests der Testbatterie zufriedenstellende Werte der Kriteriumsvalidität, und dies, obwohl ein Kriterium verwendet wurde, dessen Validität in der interkulturellen Forschung gemeinhin als akzeptiert gilt. Entsprechend deutet die fehlende Kriteriumsvalidität darauf hin, dass sich interkulturelle Attributionskompetenz aus anderen Faktoren als den in dieser Arbeit konzeptionalisierten zusammensetzen könnte – das in Abbildung 28 dargestellte Modell interkultureller Attributionskompetenz müsste in seiner jetzigen Form entsprechend verworfen werden. Diese Vermutung gilt es zuvor in einer umfassenden Konstruktvalidierung zu überprüfen; Hinweise dazu werden in Teil IV Abschnitt 2 gegeben.

Neben dieser eventuellen umfassenden Revision des Modells interkultureller Attributionskompetenz bedingen die gefundenen Ergebnisse jedoch bereits jetzt eine wesentliche Anpassung. Die konzeptionell hergeleiteten Zusammenhänge interkultureller Erfahrungen mit den anderen Faktoren ließen sich nicht bestätigen. Zudem wurde die für die gesamte Testbatterie nicht unproblematische methodische Sonderrolle des Faktors bzw. des ihn messenden Subtests diskutiert. Beide Punkte sollten bei einer Anpassung des Modells berücksichtigt werden, entsprechend sollten interkulturelle Erfahrungen als Faktor aus dem Modell IAK ebenso wie als Subtest aus der Testbatterie entfernt werden.

Trotz der diskutierten Kritikpunkte und Limitationen lässt sich feststellen, dass in der vorliegenden Arbeit ein neues Konstrukt konzeptualisiert wurde, welches kognitive Faktoren als überaus wichtig für interkulturelle Kompetenzen aufzeigt. Die Ergebnisse der Arbeit bedingen wahrscheinlich eine Revision des Modells interkultureller Attributionskompetenz ebenso wie der dazugehörigen Testbatterie. Daher sollte das Modell in einem nächsten Schritt einer Konstruktvalidierung unterzogen werden. Hinweise hierzu sowie weitere Implikationen die sich aus der Arbeit ergeben, werden im folgenden, letzten Teil der Arbeit dargestellt.

IV SCHLUSSBETRACHTUNG

1 Theoretische Implikationen

Aus der vorliegenden Arbeit ergeben sich eine Reihe unterschiedlichster Implikationen. In diesem Kapitel soll zunächst auf mögliche theoretische Implikationen eingegangen werden, die Grundlage einiger der in den Folgekapiteln angeregten methodischen bzw. auch praktischen Implikationen sind.

Bereits aus Teil II der Arbeit lässt sich eine konzeptionelle Fortführung der durchgeführten attributionstheoretischen Analyse ableiten. Dort wurde verhaltens-, d.h. attributionstheoretisch, die ökonomische Bedeutsamkeit interkultureller Attributionskompetenz hergeleitet. Eine Möglichkeit konzeptioneller Folgearbeit besteht nun in der weiteren Ausführung dieses Gedankenganges. Beschränken sich die Ausführungen in Teil II Kapitel 4 auf Aspekte der Beurteilung, Führung und Motivation, so ließe sich darüber hinaus möglicherweise eine allgemeine *attributionale Theorie interkultureller Kompetenz* ableiten. Die Grundlage hierfür würden ebenfalls interkulturelle Attributionsprozesse bilden, deren Konsequenzen für das (Interkulturelle-) Management dann systematisch in einzelnen, konzeptionellen Schritten analysiert werden sollten.

Eine derartig umfangreiche Analyse sollte sich nach Möglichkeit an aktuellen Trends und Entwicklungen der Forschung zum Personalmanagement und insbesondere der Erfolgsfaktorenforschung orientieren. Es sollte ein Multi-Level-Analyse-Ansatz gewählt werden, in dem zwar die Konsequenzen interkultureller Kompetenz attributionstheoretisch auf individueller Ebene analysiert würden; aus diesen individuellen Konsequenzen jedoch könnten dann mögliche Folgen für die Unternehmung auf Gruppen- und auch Unternehmensebene abgeleitet werden (vgl. zum Multi-Level-Ansatz bspw. Bowen & Ostroff, 2004). Dabei gilt es, neben innerorganisationalen Interaktionssituationen auch außerorganisationale bzw. interorganisationale Interaktionen in die Analyse mit einzubeziehen, d.h. die attributionale Theorie interkultureller Attributionskompetenz sollte die ökonomische Bedeutung des Konstrukts sowohl im Innen- wie im Außenverhältnis der Unternehmung analysieren. Abbildung 29 gibt einen schematischen Überblick über die Komplexität einer derartigen Analyse.

Teil IV Schlussbetrachtung

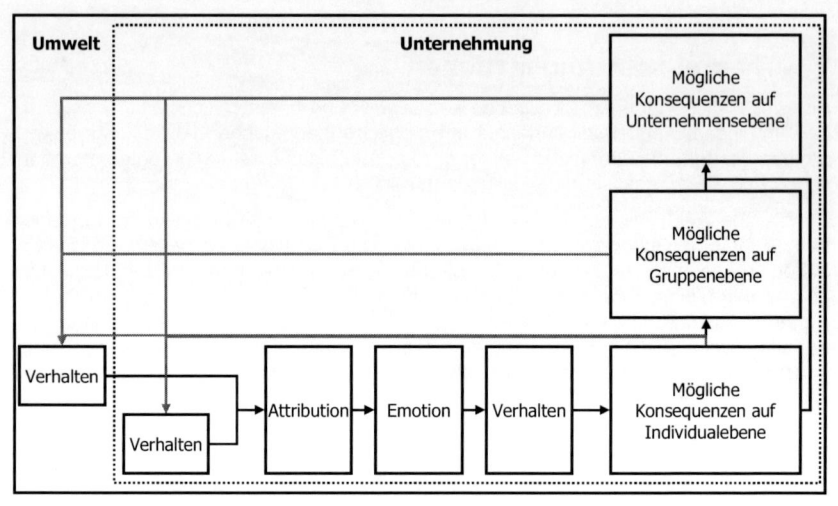

Abbildung 29: Schematische Darstellung der Analysebereiche einer künftigen attributionalen Theorie interkultureller Attributionskompetenz
Eigene Darstellung

Wie in Abbildung 29 deutlich wird, wäre die in Teil II Kapitel 4 in Abbildung 21 dargestellte attributionale Theorie Weiners die Grundlage einer künftigen eventuellen attributionalen Theorie interkultureller Attributionskompetenz. Sowohl unternehmensexterne, als auch –interne interkulturelle Interaktionen und Verhalten lösen im Individuum Attributionen aus, die über Emotionen zu bestimmtem eigenem Verhalten führen. Dieses bringt mögliche Konsequenzen auf der Individualebene mit sich (vgl. Teil II Kapitel 4). Diese möglichen Konsequenzen wiederum führen zu möglichen Konsequenzen auf der Gruppen- und auf der Unternehmensebene. Alle Konsequenzen beeinflussen zirkulär wieder das Verhalten innerhalb wie außerhalb der Organisation. Die Ausarbeitung einer attributionalen Theorie interkultureller Attributionskompetenz würde somit die differenzierte Analyse möglicher Konsequenzen interkultureller Attributionen bzw. Attributionskompetenz auf allen Ebenen zum Gegenstand haben.

Neben dieser Erweiterung der attributionalen Argumentationslogik ergeben sich aus der Arbeit noch weitere interessante theoretische Implikationen. So lässt sich, unter Berücksichtigung der in Teil III Abschnitt 9.5 ff. erläuterten Limitationen, das erarbeitete Konstrukt interkultureller Attributionskompetenz *konkret in die aktuelle Forschung auf dem Gebiet der interkulturellen Kompetenz integrieren*. Wird etwa das Modell von Deardorff (2004) (vgl. Abbildung 9, S. 34) zugrunde gelegt, so ist IAK innerhalb von Wissen und Verständnis anzusiedeln. Der Prozesscharakter des Modells Deardorffs würde durch die angeregte konzeptionelle, attributionstheoretische Analyse auf unterschiedlichen Ebenen zudem verstärkt. Eine Integration in das Modell von Bolten (2005) (vgl. Abbildung 7, Seite 30) ist ebenfalls möglich. Hierdurch würde der bereits beschriebene Charakter von IAK als Schlüsselkompetenz deutlich. Der Bezug interkultureller Attributionskompetenz zu den einzelnen individuellen, sozialen, Fach- sowie strategischen Kompetenzen würde durch die fortgesetzte attributionstheoretische Analyse konkretisiert.

Ferner erlaubt die vorliegende Arbeit eine *konzeptionelle Einordnung des erarbeiteten Konstrukts in übergeordnete theoretische Ansätze und Forschungsrichtungen* wie etwa Arbeiten zum so genannten Global Leadership. Unter Global Leadership Fähigkeiten werden im allgemeinen „Fähigkeiten der Beeinflussung des Denkens, der Einstellungen und der Verhaltensweisen einer globalen Einheit [verstanden] mit dem Ziel, Synergien in der Zusammenarbeit zu entwickeln und so zur Entstehung gemeinsamer Visionen und Ziele auf globaler Ebene beizutragen" (Festing, 2008, S. 137).

Ähnlich wie bei Bennett (2001) ließe sich IAK als Teilkonstrukt von Global Leadership konzeptualisieren. Hierbei fänden auch die in Teil II Kapitel 4 diskutierten Überlegungen einer attributionstheoretischen Analyse Berücksichtigung, da zum Global Leadership auch ein Bewusstsein über die wirtschaftliche Bedeutung interkultureller (Attributions-) Kompetenz gehört (Bennett, 2001). Interessanterweise weist die Konzeptualisierung des Modells IAK größere Überschneidungen mit neueren Erkenntnissen auf dem Forschungsgebiet zum Global Leadership auf. So identifiziert Caligiuri (2006) bspw. Kulturwissen, interkulturelle Fähigkeiten sowie Offenheit (neben anderen) als wichtige Faktoren erfolgreichen Global Leaderships. Des Weiteren werden interkulturelle Erfahrungen keinesfalls für alle Personen als wichtig oder als Voraussetzung für globale Führung angesehen – diese Annahme wird durch die empirischen Ergebnisse dieser Arbeit gestützt, konnte doch zwischen interkulturellen Erfahrungen und isomorphen Attributionen kein Zusammenhang festgestellt werden. Interkulturelle Attributionskompetenz könnte somit nach einer Konstruktvalidierung bzw. Revision des Modells in künftigen Forschungsarbeiten als Teilkonstrukt von Global Leadership konzeptualisiert werden und würde so – aufgrund der Ableitung aus der Kompetenzforschung – Global Leadership Faktoren sinnvoll in sich zusammenfassen und so zu einer Ausdifferenzierung des Konstrukts beitragen.

Neben diesen konzeptionellen Überlegungen lassen sich weitere theoretische Implikationen aus den empirischen Ergebnissen der Untersuchungen ableiten. So stehen einige der gewonnenen Ergebnisse im Widerspruch zu Ergebnissen früherer Forschungsarbeiten. Detweiler (1975) berichtet von einem signifikanten Zusammenhang zwischen der kategorialen Weite einer Person und isomorphen Attributionen (vgl. hierzu Teil I Abschnitt 7.1.2). In der vorliegenden Arbeit konnte dieser Zusammenhang nicht bestätigt werden. Entsprechend muss der Zusammenhang zwischen beiden Variablen angezweifelt und in weiteren Untersuchungen erneut überprüft werden.

2 Methodische Implikationen

Aus den empirischen Ergebnissen bzw. den in Teil III Abschnitt 9.5 ff. diskutierten Limitationen ergeben sich unmittelbar methodische Implikationen, die bei künftigen Forschungsarbeiten, bspw. im Zuge einer Validierung des Konstrukts IAK, berücksichtigt werden sollten.

Bei einer künftigen Validierung des Konstrukts IAK gilt es zunächst, die Operationalisierung der Faktoren zu überarbeiten. Dabei sollte der in Teil III Abschnitt 9.5.1 geführten Diskussion Rechnung getragen werden, wonach alle verwendeten Skalen bzw. Testitems die gleiche Stärke aufweisen sollten wie das verwendete Kriterium. Entsprechend dieser Forderung, und über die diskutierten Möglichkeiten einer überarbeiteten Itemkodierung hinaus, sollte generell auch eine alternative Form der Stimuli im Testverfahren in Betracht gezogen werden. Klassische Fragebogenverfahren mit einer oder mehreren Itembatterien sind oft zu respondent: Die Stimuli sind *eindeutig* und die Reaktionen *geschlossen*. Mehrdeutige Stimuli und offene Reaktionen würden jedoch diagnostisch wesentlich mehr Informationen erfassen und so eventuell zu einer höheren Validität eines Verfahrens beitragen. Daneben sollten alle Faktoren über hinlänglich lange Skalen operationalisiert werden. Die gefundenen und diskutierten fehlenden Korrelationen zwischen den einzelnen Faktoren des Modells stellen für eine erneute Validierung kein Problem dar, da dies bei formativen Modellen durchaus zulässig ist (vgl. Teil III Abschnitt 4.4).

Aufbauend auf dieser sich aus der Arbeit ergebenden Veränderung des Modells und der Anpassung der Operationalisierung und somit der Testbatterie, könnte in Zukunft eine Konstruktvalidierung erfolgen. (vgl. Teil III Abschnitt 8.7.1). Diese sehr aufwändige und umfangreiche Form der Validitätsbestimmung wird, wie bereits erwähnt, üblicherweise mittels einer Multitrait-Multimethod-Analyse durchgeführt. Wie im Namen der Methode indiziert setzt das Verfahren verschiedene Konstrukte (Traits) miteinander in Beziehung, die wiederum mit verschiedenen Methoden erfasst werden. Die Grundidee besteht also darin zu zeigen, dass eine Variation zwischen Testpersonen im Merkmal bzw. im Test-Score weniger von der verwendeten Methode, als vielmehr von dem gemessenen Konstrukt abhängt. Verschiedene Methoden sollten also in Bezug auf ihre Aussage konvergieren, d.h. zu einem möglichst ähnlichen Ergebnis kommen; gleichzeitig sollten sich die mittels unterschiedlicher Methoden ermittelten Konstruktwerte von denen anderer Konstrukte unterscheiden (vgl. Eid, Nussbeck & Lischetzke, 2006, S. 332). Tests bzw. Methoden, die das gleiche Konstrukt messen, sollen demnach hoch miteinander korrelieren (*konvergente Validität*), während Tests zur Messung unterschiedlicher Konstrukte möglichst niedrig miteinander korrelieren sollten (*diskriminante Validität*). Zur Durchführung einer Multitrait-Multimethod-Analyse sind somit a) mehrere Methoden, und b) mehrere Konstrukte nötig. Die einzelnen Messwerte werden miteinander in Beziehung gesetzt.

Die gängigste Methode zur Durchführung einer MTMM-Analyse ist die auf Campell und Fiske (1959) zurückgehende MTMM-Matrix. Ihr zugrunde liegen vier Aspekte, die zum Teil schon genannt wurden und die bei der Validierung eines Tests berücksichtigt werden müssen (vgl. hierzu Eid et al., 2006, S. 332 f.):

1. Zum Nachweis der Validität muss gezeigt werden, dass verschiedene unabhängige Methoden zur Erfassung eines Merkmals konvergieren (konvergente Validität). Im Idealfall bringen verschiedene Methoden dasselbe Ergebnis in Bezug auf die Merkmalsausprägung.

2. Eine Messmethode eines Merkmals muss diskriminante Validität aufweisen, d.h. sie darf nicht hoch mit Messmethoden anderer Merkmale zusammenhängen, von denen das zu messende Konstrukt hinreichend verschieden sein soll.
3. Jede Messmethode stellt eine Trait-Methoden-Einheit dar, d.h. interindividuelle Unterschiede, die anhand dieser Methode festgestellt werden, spiegeln sowohl Unterschiede wider, die auf Trait-Unterschiede zurückgeführt werden, als auch Unterschiede, die auf die Methode zurückgeführt werden.
4. Um die diskriminante Validität und den relativen Anteil von Trait- und Methodenvarianz abschätzen zu können, müssen mehr als ein Merkmal (Trait) und mehr als eine Methode im Validierungsprozess berücksichtigt werden.

Abbildung 30 zeigt eine beispielhafte MTMM-Matrix, bestehend aus drei Traits und drei Methoden. Die einzelnen Komponenten dieser Matrix sowie die Kriterien zur Bewertung der konvergenten und der diskriminanten Validität werden im Anschluss erläutert.

| | | Methode 1 ||| Methode 2 ||| Methode 3 |||
		Trait 1	Trait 2	Trait 3	Trait 1	Trait 2	Trait 3	Trait 1	Trait 2	Trait 3
Methode 1	Trait 1	(α)								
	Trait 2		(α)							
	Trait 3	I		(α)						
Methode 2	Trait 1			III	(α)					
	Trait 2		II			(α)				
	Trait 3	III		I			(α)			
Methode 3	Trait 1			III			III	(α)		
	Trait 2		II			II			(α)	
	Trait 3	III		III			I			(α)

Abbildung 30: Beispiel einer MTMM-Matrix
Eigene Darstellung

Die MTMM-Matrix besteht aus verschiedenen Komponenten, die für die Beurteilung der konvergenten und der diskriminanten Validität wichtig sind (vgl. hierzu und zum Folgenden Eid et al., 2006, S. 334 f.):

1. *Monomethod-Blöcke*: Sie umfassen Werte, die zu derselben Methode gehören und setzen sich aus zwei Komponenten zusammen: a) der Reliabilitätsdiagonalen, die die internen Konsistenzen (α) der einzelnen Methoden enthält, und b) einem Heterotrait-Monomethod-Dreieck (I), das die Korrelationen der verschiedenen Traits, gemessen mit derselben Methode, enthält.
2. *Heteromethod-Blöcke*: Sie umfassen die Korrelationen zwischen den Traits, die mit verschiedenen Methoden erhoben wurden und setzen sich ebenfalls aus zwei Komponenten zusammen: a) der Validitätsdiagonalen (II), die die Korrelationen zwischen denselben Traits, gemessen mit verschiedenen Methoden, enthält, und b) Hetero-Trait-Heteromethod Dreiecke (III), die die Kor-

relationen der verschiedenen Traits, gemessen mit verschiedenen Methoden, enthalten.

Aufbauend auf diesen Komponenten lassen sich vier Kriterien zur Bewertung der konvergenten und der diskriminanten Validität formulieren:

1. *Konvergente Validität:*
   Die Werte auf der Validitätsdiagonalen (II) sollten bedeutsam von null verschieden und genügend hoch sein.[141]

2. *Diskriminante Validität:*
   Die Werte auf der Validitätsdiagonalen (II) sollten höher sein als die anderen Werte in derselben Zeile und Spalte des dazugehörigen Heterotrait-Heteromethod-Blocks (in III).
   Die Monotrait-Heteromethod-Korrelationen (in II) sollten höher sein als die Heterotrait-Monomethod-Korrelationen (I).
   Die Interkorrelationen zwischen verschiedenen Traits sowohl in den Monomethod-Blöcken als auch in den Heteromethod-Blöcken sollten ein ähnliches Muster aufweisen.

Die Anwendung der MTMM-Matrix unterliegt jedoch einigen Einschränkungen. So führen mögliche Unterschiede in den Reliabilitäten der Verfahren aufgrund des Zusammenhangs zwischen der Reliabilität und der Validität zu Verzerrungen in der Beurteilung der diskriminanten und konvergenten Validitäten. Validitätsunterschiede können somit lediglich eine Folge von Reliabilitätsunterschieden sein. Ferner basiert die Methode lediglich auf einer visuellen Inspektion der Matrix; eine statistische Überprüfung spezifischer Hypothesen ist jedoch nicht möglich. Daher wurden weiterführende Ansätze entwickelt, die auf Grundlage eines statistischen Modells eine Überprüfung von Hypothesen und somit die letztendliche Unterscheidung von Trait und Methodeneinflüssen erlauben.[142]

Da im vorliegenden Fall eine Testbatterie entwickelt wurde, muss die Überprüfung der Konstruktvalidität für jeden Subtest separat erfolgen. Es gilt also, jedes zugrunde liegende Konstrukt mit mindestens einer alternativen Messmethode zu erfassen, und zudem mit jeweils mindestens einem anderen Konstrukt, das mit denselben Methoden erhoben wurde, in Beziehung zu setzen. Darüber hinaus muss der Gesamtrohwert der Testbatterie in Beziehung zu anderen Methoden und Traits gesetzt werden. Es ist offensichtlich, dass ein solches Vorgehen sehr umfangreich wird und ein eigenständiges Forschungsprojekt darstellt.

Mit einer Konstruktvalidierung durch eine MTMM Matrix würde zudem das Ausmaß des in jüngerer Vergangenheit häufiger diskutierten *Common Method Bias* oder *Common Method Variance* aufgedeckt werden. Hierunter wird allgemein eine Verzerrung der Testwerte verstanden, die aus der Verwendung ein und derselben Methode für alle Items resultiert (vgl. hierzu bspw. Spector, 2006). Eine hohe Korrelation zwischen einzelnen Testwerten komme demnach auch durch die verwendete Methode, meist selbstbeschreibende Fragebögen, zustande, da Testpersonen bei gleichen Methoden gleich vorgehen würden. Da in einer Konstruktvalidierung mit Hilfe einer

---

[141] Es werden die gleichen Grenzwerte wie für die Kriteriumsvalidität zugrunde gelegt, die auf Seite 167 erläutert sind.

[142] Diese weiterführenden Ansätze (bspw. Direct-Product-Modelle, varianzanalytische Modelle sowie Modelle der konfirmatorischen Faktorenanalyse) sollen hier weder diskutiert, noch näher erläutert werden. Gute Informationen finden sich bspw. bei Eid et al. (2006).

MTMM unterschiedliche Methoden zum Einsatz kommen, ließe sich somit auch das Ausmaß des Common Method Bias feststellen.[143]

Nach einer externen und internen Validierung des Tests mit Hilfe einer MTMM könnte darüber hinaus eine *Normierung* (auch als Eichung bezeichnet) des Tests anhand einer repräsentativen Stichprobe erfolgen. Eine derartige Normierung erlaubt den direkten Vergleich der Messwerte zweier unterschiedlicher Personen und somit eine präzisere Klassifikation von Probanden. Übliche Testnormskalen sind die X-Skala, z-Skala, Z-Skala, IQ-Skala, T-Skala sowie die PR-Skala (vgl. Lienert & Raatz, 1998, S. 283 ff.).

Als weitere methodische Implikation aus der Testentwicklung lässt sich die künftige Anwendung *alternativer Testmodelle* anbringen. In der vorliegenden Arbeit wurde der Test als Kriteriumsorientierter Test und auf Basis der KTT konstruiert. Alternativ und aktuellen Trends in der Methodenentwicklung folgend ließe sich der Test jedoch auch unter zugrunde Legung der probabilistischen Testtheorie entwickeln, in der die Berechnung von Messwerten das Ergebnis einer Testanalyse ist und nicht – wie in der KTT – ihre Vorraussetzung sind (vgl. Rost, 2004, S. 12). Dabei sollten insbesondere Modelle berücksichtigt werden, in denen das Konstrukt als qualitative Personenvariable aufgefasst wird. Beispielsweise erlaubt die latente Klassenanalyse die Klassifikation derjenigen Personen zu derselben Gruppe, die dieselben Antwortwahrscheinlichkeiten hinsichtlich aller Items des Tests haben – und somit eine bessere Klassifikation als bspw. eine klassische Clusteranalyse. Aufgrund der noch fehlenden leistungsstarken Software gestaltet sich eine derartige Testkonstruktion jedoch derzeit noch als außerordentlich aufwändig, weswegen sie auch im vorliegenden Fall nicht angewendet wurde.[144]

---

[143] Common Method Bias ist häufiger bei selbstbeschreibenden Fragebögen festzustellen (vgl. Podsakoff & Organ, 1986). Die Auswirkungen sind jedoch oftmals nicht so groß wie angenommen (vgl. Maede, Watson & Kroustalis, 2007). Im Nachhinein, und somit auch im Rahmen einer MTMM, lässt sich der Common Method Bias mit Hilfe einer konfirmatorischen Faktoranalyse bestimmen, worauf in Fußnote 142 verwiesen wird. Eine gute Übersicht zur Vermeidung von und zum Umgang mit Common Method Bias bieten Podsakoff, MacKenzie, Lee und Podsakoff (2003).

[144] Eine exzellente Einführung in Testmodelle der probabilistischen Testtheorie bietet Rost (2004), ebenso wie eine knappe und leicht verständliche Einführung in die Item-Response Theorie (probabilistische Testtheorie) (2006a) und speziell die latente Klassenanalyse (2006b). Hochwertige Hinweise zur Testkonstruktion auf Basis der Item-Response-Theorie finden sich bspw. bei Embretson und Reise (2000) sowie Wilson (2005).

3 Praktische Implikationen

Für das (internationale) Personalmanagement lassen sich aus der Arbeit und den empirischen Ergebnissen praktische Implikationen ableiten, die im vorliegenden Abschnitt diskutiert werden sollen.

Die konzeptionell angenommenen, empirisch jedoch nicht bestätigten Zusammenhänge interkultureller Erfahrungen sowohl mit isomorphen Attributionen, als auch mit den anderen Faktoren des ursprünglichen Modells interkultureller Attributionskompetenz, geben Anstoß zu praktischen Überlegungen für das Personalmanagement international tätiger Unternehmen. Auslandsentsendungen von Mitarbeitern, ganz gleich, ob diese nun ein paar Wochen, Monate, oder Jahre dauern, werden von vielen Unternehmen auch als Personalentwicklungsmaßnahme durchgeführt (vgl. bspw. Dowling, Festing & Engle, 2008, S. 150 ff.). Die zu erwartenden Nutzen einer derartigen Entwicklungsmaßnahme sollten jedoch, auch vor dem Hintergrund der mit ihr verbundenen Kosten, von Seiten des Unternehmens ebenso wie von Seiten des Entsandten genau überlegt werden. Mit Dowling, Festing, & Engle (2008) wird üblicherweise davon ausgegangen, dass eine Entsendung „per se" Entwicklugspotenzial für den Entsandten hat (S. 151): Die Notwendigkeit, mit unerwarteten, mitunter komplexen Situationen, fremden Verhaltensweisen, sowie mit hoher Wahrscheinlichkeit auch mit der ein oder anderen Schwierigkeit zurecht zu kommen, führt in aller Regel zu einer Entwicklung einiger individueller, praktischer (Management-) Fähigkeiten des Entsandten. Zudem bringt eine Entsendung oftmals noch weitere Vorteile für den Entsandten ebenso wie für das entsendende Unternehmen mit sich: Als Beispiele seien hier verbesserte Karrieremöglichkeiten, der Aufbau grenzüberschreitender Netzwerke, oder aber erweiterte Kenntnisse der Organisation genannt (vgl. ebd.). Ist dies das Entwicklungsziel einer Auslandsensendung, so kann davon ausgegangen werden, dass es mit großer Wahrscheinlichkeit erreicht wird.

Wird eine Entsendung hingegen spezifisch mit dem Ziel der Entwicklung von Offenheit gegenüber Neuem oder größerer Flexibilität durchgeführt, so ist aufgrund der empirischen Ergebnisse dieser Arbeit damit zu rechnen, dass diese Entwicklungsziele <u>nicht</u> erreicht werden: Interkulturelle Erfahrungen, die im Zuge eines Auslandsaufenthaltes zweifelsohne gesammelt würden, korrelieren nicht mit der kategorialen Weite einer Person. Damit stützen die Ergebnisse frühere Forschungsarbeiten, wonach persönlichkeitsbezogene Aspekte „globaler Kompetenz" nicht durch Auslandsentsendungen entwickelt werden können (vgl. Caligiuri & Di Santo, 2001). Es ist demnach nicht damit zu rechnen, dass ein Entsandter nach einer gewissen Zeit im Ausland mit einer größeren kategorialen Weite und damit einhergehend mit generell größerer Flexibilität und Offenheit gegenüber Neuem zurückkehrt.

Hieraus ergeben sich entsprechende Implikationen für die Personalentwicklung. So ist es für Unternehmen aus den oben geschilderten Gründen zwar oftmals generell sinnvoll, Mitarbeiter für eine gewisse Zeit auch zu Entwicklungszwecken ins Ausland zu entsenden. Es kann jedoch aufgrund der Ergebnisse der Arbeit nicht davon ausgegangen werden, dass spezifische Entwicklungsziele wie größere Offenheit oder Flexibilität mit einer Entsendung und damit einhergehenden interkulturellen Erfahrungen erreicht werden. Darüber hinaus kann aus den Ergebnissen der Arbeit geschlossen werden, dass auch Personen mit umfangreichen interkulturellen Erfahrungen Verhaltensursachen nicht notwendigerweise richtiger attribuieren als Personen, die noch nie im Ausland waren. Dies hat Folgen für die Vorbereitungen eines Mitarbeiters auf seine Entsendung durch das Unternehmen, ganz gleich, welches Ziel mit ihr verfolgt wird. So kann aufgrund der Ergebnisse der Arbeit davon ausgegangen werden, dass jeder Mitarbeiter, unabhängig von seiner Erfahrung im Ausland, auf jede Entsendung erneut vorbereitet und geschult werden muss, da nicht von einer durch die vorangegangenen Entsendungen gesteigerten Offenheit oder Flexibilität gegenüber Neuem ausgegangen werden kann. Um das Risiko eines Abbruchs und den damit verbundenen Kosten (vgl. Teil I Kapitel 5) zu minimieren, sollten Unternehmen demnach im Vorfeld jeder Entsendung spezifische Entwicklungsprogramme durchführen (vgl. zu interkulturellen Vorbereitungstrainings bspw. Kohls & Knight, 1994). Hierdurch würde der zu entsendende Mitarbeiter auf die ihn erwartenden Umstände und Besonderheiten vorbereitet.

Diese Entwicklungs- bzw. Vorbereitungsprogramme sollten zwei Dimensionen adressieren: Die erste Dimension kann durchaus theoretischer und allgemeiner Natur sein: Wenngleich die Valididitätskoeffizienten der Faktoren kulturelles Wissen und interkulturelle Fähigkeiten nicht sehr hoch ausfallen, so deuten sie doch darauf hin, dass theoretisch erlernbare Fähigkeiten und Wissen zu korrekteren Attribution von Verhaltensweisen Angehöriger fremder Kulturen führen können (vgl. Tabelle 39 auf Seite 169). Entsprechend sollten die durch die Personalentwicklungsabteilung eines Unternehmens angebotenen Trainingsprogramme stets auch diese beiden kognitiven Faktoren adressieren. Inhalte dieser Trainingsdimension als Vorbereitungsmaßnahme einer Auslandsentsendung könnten beispielsweise eine generelle Sensibilisierung für den Kulturbegriff und die mit ihm in Verbindung stehenden Dimensionen ebenso zum Ziel haben wie eine Aufklärung über den Einfluss von Kultur auf das Verhalten.

Die zweite Dimension interkultureller Trainingsprogramme sollte die Spezifika der Kultur des Entsendungslandes berücksichtigen – eben auch deshalb, weil generische interkulturelle Erfahrungen nicht zu einer verbesserten Attribution von Verhaltensursachen führen (s.o.). Hierfür würden sich beispielsweise Trainings mit dem bereits mehrfach erwähnten und erläuterten Culture Assimilator anbieten. Da zu entsendende Personen stets neu auf die Zielkultur vorbereitet werden müssen, sollten hierfür Assimilatoren zum Einsatz kommen, die entsprechend die jeweilige Zielkultur abbilden.

Diese Forderung nach kulturspezifischen Vorbereitungstrainings vor jeder Entsendung ins Ausland wird durch weitere Ergebnisse der Arbeit gestützt. So deutet die Tatsache, dass generelle Attributionsfertigkeiten (also die Fertigkeit, im eigenen kulturellen Referenzsystem Verhaltensursachen richtig zu attribuieren) in keinem Zusammenhang mit isomorphen Attributionen stehen darauf hin, dass auch für Personen, die in ihrem eigenen Kulturkreis Verhaltensursachen durchaus richtig attribuieren, in fremden Kulturen ein korrektes Attribuieren nicht automatisch angenommen werden kann. Entsprechend sollte auch diese Personengruppe auf ihre Auslandseinsätze spezifisch vorbereitet werden.

Auch der entgegen der Erwartung nicht gefundene Zusammenhang zwischen der kategorialen Weite einer Person und ihren interkulturellen Fähigkeiten unterstreicht die Bedeutung vorbereitender Trainingsmaßnahmen. Es kann demnach nicht davon ausgegangen werden, dass eine Person, die üblicherweise flexibel und offen gegenüber Neuem ist, in gleicher Weise in der Lage ist, kulturelle Unterschiede zu erkennen, zu akzeptieren, oder aber mit ihnen umzugehen. Umgekehrt kann ebensowenig davon ausgegangen werden, dass eine Person, die kulturelle Unterschiede zwischen der eigenen Herkunftskultur und einer spezifischen anderen durchaus erkennt, akzeptiert, und mit ihnen umgehen kann, sich generell flexibel und offen gegenüber Neuem verhält. Eine spezifische Vorbereitung auf die jeweilige Zielkultur würde auch diesen Befund adressieren und die Wahrscheinlichkeit des (interkulturellen) Erfolgs der Entsendung erhöhen

Zusammenfassend lässt sich festhalten, dass aufgrund der bisher nicht nachweisbaren Kriteriumsvalidität zwar nicht wie ursprünglich vorgesehen ein valides Testverfahren entwickelt werden konnte, das eindeutige Zuordnungsentscheidungen mit Folgen etwa für die Personalauswahl, -entwicklung, oder –vergütung ermöglicht. Die empirischen Ergebnisse der Arbeit lassen jedoch die Ableitung der dargestellten Empfehlungen für die personalwirtschaftliche Praxis durchaus zu. Insbesondere die Tatsache, dass auch interkulturelle Erfahrungen die Wahrscheinlichkeit eines Abbruchs einer Auslandsentsendung aufgrund kultureller Schwierigkeiten nicht notwendigerweise verringern, sollte von Unternehmen ernst genommen werden und unterstreicht die große Bedeutung einer angemessenen, eben auch kulturellen Vorbereitung auf das Gastland vor jeder Entsendung – auch dann, wenn der zu Entsendende bereits häufig im Ausland war.

4 Ausblick

Zu Beginn der Arbeit wurden eine stetige Zunahme internationaler Geschäftstätigkeit und somit auch international tätiger Mitarbeiter konstatiert. Insbesondere vor dem Hintergrund sehr hoher Kosten fehlgeschlagener Auslandsentsendungen aufgrund kultureller Schwierigkeiten, wird die Auseinandersetzung mit interkultureller Kompetenz sowohl für Unternehmen, als auch für die betriebswirtschaftliche Forschung zunehmend bedeutsam.

Die vorliegende Arbeit hat dazu beigetragen, den Kenntnisstand im Forschungsfeld zur interkulturellen Kompetenz zu vergrößern: So wurde zunächst eine Begriffsklärung und darauf aufbauend die Erarbeitung eines neuen Begriffes und eines neuen Konstruktes umgesetzt. Darüber hinaus konnte die Argumentation für die (personal-) wirtschaftliche Bedeutung interkultureller Kompetenz verhaltenswissenschaftlich ergänzt werden.

Die Entwicklung eines neuen Tests zur Erfassung interkultureller Kompetenz wurde ebenfalls angestrebt. Zwar konnte im Rahmen dieser Arbeit die Validität dieses Testverfahrens nicht nachgewiesen werden, doch konnten aufgrund der empirischen Ergebnisse Hinweise für künftige Forschungsarbeiten gegeben werden, wie diese Validität gegebenenfalls nachzuweisen ist. Darüber hinaus ließen sich theoretische wie praktische Implikationen aus den empirischen Ergebnissen der Arbeit unmittelbar ableiten. Eine erneute Validierung eines entsprechend den gegebenen Hinweisen überarbeiteten Verfahrens wäre demnach Gegenstand zukünftiger Forschung.

Am Ende dieser Arbeit bleibt darauf hinzuweisen, dass sowohl das konzeptionalisierte Konstrukt, als auch dessen wirtschaftliche Bedeutung nicht isoliert betrachtet und analysiert werden sollten. Interkulturelle Attributionskompetenz stellt nur ein Konstrukt unter vielen unterschiedlichen, sich gegenseitig ergänzenden Konstrukten dar, deren wechselseitiges Zusammenspiel in Verbindung mit inneren wie äußeren, moderierenden wie mediierenden Variablen interkulturelle Kompetenz ausmacht, und die erst in ihrer vielfältigen Performanz zu echten wirtschaftlichen Konsequenzen führen können. Es bleibt die Aufgabe künftiger Forschungsarbeiten, dieses Wechsel- und Zusammenspiel stets besser verstehen zu helfen.

ANHANG

1. Willkommen

Herzlich Willkommen zum Dissertationsprojekt von Dipl.-Psych. Sassan Yussefi, ESCP-EAP Berlin.

Vielen Dank, dass Sie sich Zeit nehmen und mich bei der Forschungsarbeit im Rahmen meiner Doktorarbeit unterstützen.

Auf den folgenden Seiten finden Sie einen neuen Test zur Messung interkultureller Kompetenz. Durch Ihre Mitwirkung, also durch Ihre Beantwortung der einzelnen Fragen, kann die Testentwicklung fortgesetzt und verfeinert werden. Da es sich um eine Testentwicklung handelt, stehen nicht ihre individuellen Antworten oder Antwortmuster im Mittelpunkt. Die Auswertung erfolgt vielmehr über alle Daten aller Teilnehmer; es werden bestimmte Kennwerte zu den Fragen berechnet und daraufhin einzelne Fragen eliminiert oder verbessert. Daher ist es sehr wichtig, dass Sie nach Möglichkeit alle Fragen beantworten. Einige Fragen oder Testteile mögen Ihnen eigenartig vorkommen, und der Zusammenhang zur interkulturellen Kompetenz ist mitunter nicht ersichtlich. Lassen Sie sich hiervon bitte nicht beirren. Detaillierte Testinstruktionen zu den einzelnen Testteilen finden Sie auf den folgenden Seiten. Die Bearbeitung wird in etwa 15-20 Minuten beanspruchen.

Ihre Teilnahme an dem Projekt erfolgt vollkommen anonym, und die Zuordnung Ihrer Antworten zu Ihrer Person ist zu keinem Zeitpunkt möglich. In diesem ersten Teil des Tests finden Sie eine Anzahl von Aussagen zum Begriff "Kultur". Aus diesen Aussagen sollen Sie all jene auswählen, die richtig sind. Setzen Sie hierfür bitte vor diejenigen Aussagen ein Häkchen, die Ihrer Meinung nach stimmen. Wenn Sie am unteren Ende der Seite angekommen sind, drücken Sie bitte auf "weiter".

2. Wissen

In diesem ersten Teil des Tests finden Sie eine Anzahl von Aussagen zum Begriff "Kultur". Aus diesen Aussagen sollen Sie all jene auswählen, die richtig sind. Setzen Sie hierfür bitte vor diejenigen Aussagen ein Häkchen, die Ihrer Meinung nach stimmen. Wenn Sie am unteren Ende der Seite angekommen sind, drücken Sie bitte auf "weiter".

Kultur...

- ☐ hat Elemente, die verborgen sind.
- ☐ beeinflusst Regeln und Gesetze.
- ☐ beinhaltet Normen.
- ☐ beinhaltet keine generell als wahr angenommenen Annahmen.
- ☐ ist nicht in allen Teilen wahrnehmbar.
- ☐ beeinflusst die Musik.
- ☐ beeinflusst das Verhalten.
- ☐ hat keinen Einfluss auf Gefühle.
- ☐ besteht auch aus Wetter.
- ☐ ist etwas, das mehrere Personen miteinander teilen.
- ☐ ist genetisch vorvorgegeben.
- ☐ ist in allen Teilen sicht- und wahrnehmbar.
- ☐ unterliegt einem steten Veränderungsprozess.
- ☐ beeinflusst die Architektur.
- ☐ kann man in Teilen sehen.
- ☐ beinhaltet Grundannahmen.
- ☐ zeigt sich in spezifischen Verhaltensformen.
- ☐ hat einen Einfluss auf die Art und Weise zu denken.
- ☐ hat keinen Einfluss auf Gesetze.

☐ hat Elemente, die wahrnehmbar sind.
☐ ist zeitlich konstant.
☐ beeinflusst die Mode.
☐ hat mit Wertvorstellungen nichts zu tun.
☐ ermöglicht einer sozialen Gruppe, sich als zusammengehörig zu fühlen.
☐ lernt jeder Mensch im Laufe seines Lebens.
☐ beeinflusst die Wahrnehmung.
☐ beeinflusst bestimmte Ansichten.
☐ beeinflusst Einstellungen.
☐ ermöglicht einer sozialen Gruppe, sich von anderen Personen und Gruppen abzugrenzen.
☐ beeinflusst Überzeugungen.
☐ beinflusst nicht die Einstellungen einer Person.
☐ beinhaltet Werte.
☐ beeinflusst die Speisen.

3. Kenntnisse

In diesem Teil werden Ihnen 7 Sachverhalte unterschiedlichster Art beschrieben. Auf jeden beschriebenen Sachverhalt folgen zwei Fragen. Bitte entscheiden Sie sich bei jeder einzelnen Frage für diejenige der vier Antwortalternativen, die Ihrer Meinung nach richtig ist. Dabei werden Sie die Antworten im Regelfall nicht definitiv wissen. Bitte kreuzen Sie daher diejenige Antwortalternative an, DIE IHRER MEINUNG NACH ZUTREFFEN KÖNNTE. Die Sachverhalte mögen Ihnen eigenartig vorkommen und auf den ersten Blick nichts mit interkultureller Kompetenz zu tun haben. Lassen Sie sich davon jedoch bitte nicht beirren. Wenn Sie am unteren Ende der Seite angekommen sind, drücken Sie bitte auf "weiter".

1. Ornithologen schätzen die die durschnittliche Fluggeschwindigkeit von Vögeln auf ca. 27 Km/h. Wie groß meinen Sie ist die...
... Fluggeschwindigkeit des schnellsten Vogels (in Km/h)?
☐ 40 ☐ 169 ☐ 117 ☐ 55
... Fluggeschwindigkeit des langsamsten Vogels (in Km/h)?
☐ 16 ☐ 3 ☐ 19 ☐ 8

2. Meteorologen geben den durchschnittlichen jährlichen Niederschlag für Washington, D.C. mit 104 Kubikzentimetern an. Wie viele Kubikzentimeter meinen Sie betrug...
... die höchste Niederschlagsmenge in Washington in den 50er Jahren?
☐ 209 ☐ 116 ☐ 162 ☐ 130
... die niedrigste Niederschlagsmenge in Washington in den 50er Jahren?
☐ 51 ☐ 92 ☐ 25 ☐ 75

3. Im Durchschnitt besuchten oder verließen 58 Schiffe täglich den New Yorker Hafen in den Jahren 1950 bis 1955. Wie groß meinen Sie war...
... die größte Anzahl der Schiffe, die den New Yorker Hafen in diesem Zeitraum täglich besuchten oder verließen?
☐ 69 ☐ 153 ☐ 76 ☐ 102
... die geringste Anzahl der Schiffe, die den New Yorker Hafen in diesem Zeitraum täglich besuchten oder verließen?
☐ 34 ☐ 3 ☐ 16 ☐ 43

4. Unter Berücksichtigung aller Schriftsprachen dieser Welt schätzen Linguisten die durchschnittliche Anzahl von Verben pro Sprache auf etwa 15.000. Wie viele Verben meinen Sie hat...
... die Sprache mit den meisten Verben?
☐ 21.000 ☐ 18.000 ☐ 50.000 ☐ 30.000
... die Sprache mit den wenigsten Verben?
☐ 1.000 ☐ 13.000 ☐ 5.000 ☐ 10.000

5. Die durchschnittliche Länge eines deutschen Schäferhundes von der Schnauze bis zum Schwanzende betrug in einer Stichprobe von 1.000 Hunden 102 cm. Wie viele cm maß Ihrer Meinung nach...
… der längste Schäferhund in der Stichprobe?
☐ 153 ☐ 121 ☐ 112 ☐ 138
… der kürzeste Schäferhund in der Stichprobe?
☐ 88 ☐ 72 ☐ 50 ☐ 94

6. In den 1950er Jahren hatten die Länder Südamerikas im Durchschnitt eine Bevölkerung von je 8.6 Millionen Menschen. Wie viele Personen meinen Sie betrug damals die Bevölkerung…
… des bevölkerungsreichsten Landes Südamerikas?
☐ 11.2 Millionen ☐ 54.7 Millionen ☐ 23.6 Millionen ☐ 129.1 Millionen
… des bevölkerungsärmsten Landes Südamerikas?
☐ 7.000 ☐ 6.2 Millionen ☐ 2.4 Millionen ☐ 29.000

7. Der durchschnittliche US-Amerikaner verbringt etwa 55 Minuten am Tag mit Essen. Wie viele Minuten meinen Sie beträgt…
… die längste tägliche Essenszeit eines einzelnen US-Amerikaners?
☐ 185 ☐ 125 ☐ 245 ☐ 90
… die kürzeste tägliche Essenszeit eines einzelnen US-Amerikaners?
☐ 16 ☐ 4 ☐ 38 ☐ 27

4. Fähigkeiten

Bitte geben Sie in diesem Teil an, ob Sie den unten aufgeführten Aussagen zustimmen. Den Grad Ihrer Zustimmung können Sie durch sechsfach gestufte Antwortmöglichkeiten deutlich machen. Sie können wählen zwischen "stimme überhaupt nicht zu", "stimme nicht zu", "stimme eher nicht zu", "stimme eher zu", "stimme zu" und "stimme voll und ganz zu". Wenn Sie am unteren Ende der Seite angekommen sind, drücken Sie bitte auf "weiter".

Bitte geben Sie Ihre Einschätzung ab:

	Stimme überhaupt nicht zu	Stimme nicht zu	Stimme eher nicht zu	Stimme eher zu	stimme zu	stimme voll und ganz zu
Aus unterschiedlichen Kulturen ergeben sich unterschiedliche Verhaltensmuster.	☐	☐	☐	☐	☐	☐
Die Art und Weise, wie Andere die Welt wahrnehmen, ist durch ihre Kultur geprägt.	☐	☐	☐	☐	☐	☐
Kultur hat keinen Einfluss auf das Denken ihrer Angehörigen.	☐	☐	☐	☐	☐	☐
Die Bewertungsmaßstäbe anderer Personen haben überhaupt nichts mit ihrer kulturellen Herkunft zu tun.	☐	☐	☐	☐	☐	☐
Meine Ansichten sind unabhängig von meiner Kultur.	☐	☐	☐	☐	☐	☐
Einige der für mich typischen Verhaltensweisen sind durch meine Kultur geprägt.	☐	☐	☐	☐	☐	☐
Wie andere Personen die Umwelt wahrnehmen, hat nichts mit ihrer Kultur zu tun.	☐	☐	☐	☐	☐	☐
Die Wahrnehmung und Beurteilung meines Umfelds ist abhängig von meiner kulturellen Herkunft.	☐	☐	☐	☐	☐	☐
Die Art und Weise, wie ich die Welt wahrnehme, ist durch meine Kultur geprägt.	☐	☐	☐	☐	☐	☐
Einige Verhaltensweisen anderer Personen sind durch ihre Kultur geprägt.	☐	☐	☐	☐	☐	☐
Zwischen verschiedenen Kulturen gibt es bedeutende Unterschiede.	☐	☐	☐	☐	☐	☐
Meine Bewertungsmaßstäbe haben nichts mit meiner kulturellen Herkunft zu tun.	☐	☐	☐	☐	☐	☐
Die Ansichten einer fremden Person hängen überhaupt nicht von ihrer Kultur ab.	☐	☐	☐	☐	☐	☐
Unterschiedliche Kulturen rufen unterschiedliche Verhaltensmuster hervor.	☐	☐	☐	☐	☐	☐

5. Fertigkeiten

Im Folgenden werden Ihnen einige Situationen beschrieben. Lesen Sie sich diese bitte sorgsam durch und entscheiden Sie sich dann für diejenige der angegebenen Antwortmöglichkeiten, die Sie anhand der gegebenen Informationen als die Wahrscheinlichste einschätzen. Es ist dabei sehr wichtig, dass Sie Ihre Entscheidung ausschließlich aufgrund der vorhandenen Informationen treffen. Wenn Sie am unteren Ende der Seite angekommen sind, drücken Sie bitte auf "weiter".

Joachim lacht für gewöhnlich nie über Komiker, normalerweise auch nicht über diesen. Heute jedoch lacht er, und außer ihm lachen auch die meisten anderen Anwesenden. Worin liegt höchstwahrscheinlich die Ursache für Joachims lachen?
☐ In Joachim.
☐ Im Komiker.
☐ In den Umständen.
☐ Das kann man so genau nicht beantworten.

Klaus lacht fast immer über Komiker. Auch über diesen Komiker lacht er heute. Außer ihm lacht jedoch fast niemand. Worin liegt höchstwahrscheinlich die Ursache für Klaus' lachen?
☐ In Klaus.
☐ Im Komiker.
☐ In den Umständen.
☐ Das kann man so genau nicht beantworten.

Christine lacht für gewöhnlich nie über Komiker, normalerweise auch nicht über diesen. Heute lacht sie, außer ihr jedoch fast niemand. Worin liegt höchstwahrscheinlich die Ursache für Christines Lachen?
☐ In Christine.
☐ Im Komiker.
☐ In den Umständen.
☐ Das kann man so genau nicht beantworten.

Daniela weint für gewöhnlich nie bei Liebesfilmen, außer heute. Die meisten anderen im Kino weinen auch. Worin liegt höchstwahrscheinlich die Ursache für Danielas weinen?
☐ In Daniela.
☐ Im Film.
☐ In den Umständen.
☐ Das kann man so genau nicht beantworten.

Peter guckt fast immer zur Seite wenn ein Vorgesetzter vorbeikommt. Auch bei diesem Vorgesetzten, Herrn Meyer, guckt er zur Seite. Außer ihm jedoch guckt fast niemand von den Anwesenden zur Seite. Worin liegt höchstwahrscheinlich die Ursache für Peters Verhalten?
☐ In Peter.
☐ Im Vorgesetzten.
☐ In den Umständen.
☐ Das kann man so genau nicht beantworten.

Claudia flirtet für gewöhnlich nie mit Kollegen, normalerweise auch nicht mit diesem. Heute jedoch flirtet sie mit diesem Kollegen. Keine einzige ihrer Kolleginnen jedoch tut dies auch. Worin liegt höchstwahrscheinlich die Ursache für Claudias Verhalten?
☐ In Claudia.
☐ Im Kollegen.
☐ In den Umständen.
☐ Das kann man so genau nicht beantworten.

6. Single-Items

Bitte geben Sie in diesem Teil wieder an, ob Sie den unten aufgeführten 5 Aussagen zustimmen. Den Grad Ihrer Zustimmung können Sie durch sechsfach gestufte Antwortmöglichkeiten deutlich machen. Sie können wählen zwischen "stimme überhaupt nicht zu", "stimme nicht zu", "stimme eher nicht zu", "stimme eher zu", "stimme zu" und "stimme voll und ganz zu". Wenn Sie am unteren Ende der Seite angekommen sind, drücken Sie bitte auf "weiter".

Bitte geben Sie Ihre Einschätzung ab:

	Stimme überhaupt nicht zu	Stimme nicht zu	Stimme eher nicht zu	Stimme eher zu	stimme zu	stimme voll und ganz zu
Ich verfüge über fundiertes Wissen des Begriffs "Kultur", d.h. ich weiß, was allgemein unter dem Kulturbegriff zu verstehen ist.	☐	☐	☐	☐	☐	☐
Ich verfüge über gute Kenntnisse mindestens einer anderen Kultur als meiner eigenen, d.h. ich würde von mir sagen, ich kenne mich in mindestens einer fremden Kultur recht gut aus.	☐	☐	☐	☐	☐	☐
Ich verfüge über bestimmte interkulturelle Fähigkeiten.	☐	☐	☐	☐	☐	☐
Ich kann die Ursachen für das Verhalten anderer Personen gut erkennen, d.h. im Regelfall weiß ich recht gut, weshalb jemand etwas tut.	☐	☐	☐	☐	☐	☐
Ich verfüge über interkulturelle Erfahrungen.	☐	☐	☐	☐	☐	☐

7. Culture Assimilator

Lesen Sie sich die beiden unten beschrieben Fallbeispiele bitte genau durch. Am Ende jedes Falls werden Ihnen 4 mögliche Erklärungen angeboten. Bitte geben Sie für jede der Erklärungen an, ob Sie denken dass Sie zutrifft, oder nicht. Sie können dabei den Grad Ihrer Zustimmung durch sechsfach gestufte Antwortvorgaben ausdrücken. Sie können wählen zwischen "ich bin sicher dies trifft zu", "sehr wahrscheinlich", "wahrscheinlich", "unwahrscheinlich", "sehr unwahrscheinlich", "ich bin sicher dies trifft nicht zu". Wenn Sie am unteren Ende der Seite angekommen sind, drücken Sie bitte auf "weiter".

Nach dem erfolgreichen Abschluss des Projekts, dass ihn nach Nigeria gebracht hatte, war Matt stolz auf die vergangenen drei Jahre in dem Land. Er war verantwortlich für den Bau einer Kläranlage gewesen und es war im sogar gelungen, hierfür exzellente Materialien zu bekommen. Die Anlage funktionierte gut und war oft das Vorzeigeprojekt für Besucher, die sich ein Bild über den Fortschritt der Entwicklung Nigerias machen wollten. Auch die nigerianischen Offiziellen verwiesen oft mit Stolz auf die Kläranlage. Matt fuhr zurück in seine Heimat Kanada, wo er befördert und ihm viel Ehre für seine Erfolge in Nigeria zuteil wurde. Fünf Jahre später funktionierte die Kläranlage nicht mehr ordnungsgemäß. Teile waren verrostet, und niemand schien in der Lage, die Teile auszutauschen und die Anlage zu warten. Nigerianische Offizielle erwähnten die Anlage nicht mehr wenn sie über erfolgreiche Entwicklungshilfeprojekte sprachen, und die Einheimischen redeten auch nicht mehr positiv über Matt's dreijährigen Aufenthalt vor Ort. Was war die Ursache des Problems mit der Kläranlage?

Anhang

	ich bin sicher, dies trifft zu	sehr wahrscheinlich	wahrscheinlich	unwahrscheinlich	sehr unwahrscheinlich	ich bin sicher, dies trifft nicht zu
Matt konnte keine hochwertigen Materialien verwenden. Die benutzten Materialien nutzten sich schlussendlich ab.	☐	☐	☐	☐	☐	☐
Matt hatte den Nigerianern nicht die zur Wartung der Anlage nötigen Kenntnisse vermittelt.	☐	☐	☐	☐	☐	☐
Die Gastgeber nahmen Kanada die Entwicklungshilfe übel, da diese Nigeria in die peinliche Position brachte, bedürftig für ausländische Hilfe zu sein.	☐	☐	☐	☐	☐	☐
Matt war nachlässig bei der Konstruktion. Die vermeintlich vorbildliche Anlage wies Fehler auf, die nur von anderen Ingenieuren in einer umfangreichen Inspektion hätten erkannt werden können.	☐	☐	☐	☐	☐	☐

Herr Legrand ist ein französischer Manager, der in Frankreich für ein japanisches Unternehmen arbeitet. Eines Tages ruft ihn der Geschäftsführer des Unternehmens, Herr Tanaka, in sein Büro, um mit ihm über ein neues Projekt im mittlerern Osten zu sprechen. Herr Tanaka teilt ihm mit, dass das Unternehmen sehr zufrieden mit seiner Arbeit ist und er ihn deshalb gern als leitenden Ingenieur in dem Projekt hätte. Dies hätte zur Folge, 2-3 Jahre vor Ort im Ausland zu leben, wenngleich seine Familie ihn begleiten könne und natürlich bedeutende finanzielle Leistungen gezahlt würden - abgesehen von dem wichtigen Dienst, den er dem Unternehmen erweisen würde. Herr Legrand dankt Herrn Tanaka für das ihm entgegengebrachte Vertrauen, sagt ihm jedoch

auch, dass er zunächst mit seiner Frau über die Angelegenheit sprechen wolle, ehe er eine Entscheidung treffe. Zwei Tage später teilt er Herrn Tanaka mit, dass weder ihm noch seiner Frau der Gedanke Frankreich zu verlassen zusage, und dass er deshalb die Position nicht annehmen wolle. Herr Tanaka sagt nichts, ist jedoch sichtlich verblüfft angesichts dieser Entscheidung. Weshalb ist Herr Tanaka derart verwundert?

	ich bin sicher, dies trifft zu	sehr wahrscheinlich	wahrscheinlich	unwahrscheinlich	sehr unwahrscheinlich	ich bin sicher, dies trifft nicht zu
Er denkt es ist unklug von Herrn Legrand, die mit der Position verbundenen finanziellen Vorteile abzulehnen.	☐	☐	☐	☐	☐	☐
Er kann nicht akzeptieren, dass Herr Legrand die Meinung seiner Ehefrau einholt.	☐	☐	☐	☐	☐	☐
Er denkt Herr Legrand blufft, um noch größere Incetives und finanzielle Leistungen zugesichert zu bekommen.	☐	☐	☐	☐	☐	☐
Er empfindet es als unangemessen, dass Herr Legrand seine persönlichen Vorlieben über seine Aufgaben als Angestellter des Unternehmens stellt.	☐	☐	☐	☐	☐	☐

8. Erfahrungen

Sie sind fast fertig, denn Sie haben bereits den letzten Teil des Tests erreicht! Hier möchte ich Sie noch um ein paar Angaben zu Ihrer Person bitten. Wenn Sie am unteren Ende der Seite angekommen sind, drücken Sie bitte auf "weiter".

Kommen ein oder beide Elternteile von Ihnen nicht aus Deutschland?
- ☐ Nein, meine beiden Elternteile sind deutsch.
- ☐ Ja, ein Elternteil.
- ☐ Ja, beide Elternteile.

Kommt Ihr derzeitiger Partner/ Ihre derzeitige Partnerin aus einer anderen Kultur?
- ☐ Ja
- ☐ Nein

Hatten Sie in der Vergangenheit einen festen Partner/ eine feste Partnerin aus einer anderen Kultur?
- ☐ Ja
- ☐ Nein

Wie viele Jahre haben Sie insgesamt bereits im Ausland gelebt? Bitte berücksichtigen Sie bei der Aufsummierung lediglich Zeiträume ab 3 Monaten.
- ☐ Ich habe noch nie länger im Ausland gelebt.
- ☐ 0,5-1 Jahr
- ☐ 1-2 Jahre
- ☐ 2-3 Jahre
- ☐ 3-4 Jahre
- ☐ 4-5 Jahre
- ☐ mehr als 5 Jahre

Arbeiten Sie derzeit in Ihrem Arbeitsteam nahezu täglich mit einem oder mehreren Mitarbeitern aus einer anderen Kultur zusammen?
- ☐ Ja
- ☐ Nein

Haben Sie in der Vergangenheit in Ihrem Arbeitsteam nahezu täglich mit einem

oder mehr Mitarbeitern aus einer anderen Kultur zusammen gearbeitet?
- ☐ Ja
- ☐ Nein

Über wie viele Jahre Berufserfahrung verfügen Sie?

Bitte geben Sie Ihr Geschlecht an
- ☐ m
- ☐ f

Wie alt sind Sie? (in ganzen Jahren)

LITERATURVERZEICHNIS

Abe, H. & Wiseman, R. L. (1983). A Cross-Cultural Confirmation of the Dimensions of Intercultural Effectiveness. *International Journal of Intercultural Relations, 7*(1), 53-69.

Adler, N. J. (2002). *International dimensions of organizational behavior.* Cincinnati, Ohio: South-Western Thomson Learning.

Ajzen, I. (1991). The Theory of Planned Behavior. *Organizational Behavior and Human Decision Processes, 50,* 179-211.

Albers, S. & Götz, O. (2006). Messmodelle mit Konstrukten zweiter Ordnung in der betriebswirtschaftlichen Forschung. *Die Betriebswirtschaft, 66*(6), 669-677.

Allerton, H. E. (1997). Expatriate gaps. *Training & Development, 51*(7), 7-8.

Alloy, L. B. & Tabachnik, N. (1984). Assessment of Covariation by Humans and Animals: The Joint Influence of Prior Expectations and Current Situational Information. *Psychological Review, 91*(1), 112-149.

Amelang, M. & Zielinski, W. (2002). *Psychologische Diagnostik und Intervention* (3., korr., aktual. und überarb. Aufl.). Berlin, Heidelberg: Springer.

Anderson, C. A. (1999). Attribution Style, Depression, and Loneliness: A Cross-Cultural Comparison of American and Chinese Students. *Personality and Social Psychology bulletin, 25*(4), 482-499.

Aronson, E., Wilson, T. D. & Akert, R. M. (2004). *Sozialpsychologie.* München [u.a.]: Pearson Studium.

Auernheimer, G. (2003). Sensibilität für Kulturdifferenz genügt nicht! *Erwägen, Wissen, Ethik, 14*(1), 154-156.

Barkema, H. G. & Vermeulen, F. (1997). What Differences in the Cultural Backgrounds of Partners are Detrimental for International Joint Ventures? *Journal of International Business Studies, 28*(4), 845-864.

Barney, J. (1991). Firm Resources and Sustained Competitive Advantage. *Journal of Management, 17*(1), 99-120.

Baumgartner, P. & Payr, S. (1994). *Lernen mit Software.* Innsbruck: Österreichischer Studienverlag.

Bennett, M. J. D. (1993). Towards Ethnorelativism: A Developmental Model of Intercultural Sensitivity. In R. M. Paige (Hrsg.), *Education for the Intercultural Experience* (2. Aufl., S. 21-71). Yarmouth, ME: Intercultural Press.

Bennett, M. J. D. (2001). Developing Intercultural Competence for Global Leadership. In R.-D. Reinecke & C. Fussinger (Hrsg.), *Interkulturelles Management. Konzeption, Beratung, Training* (1 Aufl., S. 206-226). Wiesbaden: Gabler.

Bennett, R., Aston, A. & Colquhoun, T. (2000). Cross-Cultural Training: A Critical Step in Ensuring the Success of International Assignments. *Human Resource Management, 39*(2&3), 239-250.

Benson, P. (1978). Measuring Cross-Cultural Adjustment: The Problem of Criteria. *International Journal of Intercultural Relations, 2,* 21-37.

Bergemann, B. & Bergemann, N. (2003). Ausbildung interkultureller Managementkompetenz an deutschen Hochschulen - Anforderungen und Status Quo. In N. Bergemann & A. L. J. Sourisseaux (Hrsg.), *Interkulturelles Management* (3 Aufl.). Berlin, Heidelberg: Springer.

Bergemann, B. & Bergemann, N. (2005). *Interkulturelle Managementkompetenz.* Heidelberg: Physica.

Bergemann, N. & Sourisseaux, A. L. J. (Hrsg.). (2003). *Interkulturelles Management* (3. Aufl.). Berlin, Heidelberg: Springer.

Bergius, R. (2004). Kenntnisse. In H. Häcker & K.-H. Stapf (Hrsg.), *Dorsch Psychologisches Wörterbuch* (14. Aufl.). Bern: Verlag Hans Huber.

Bhawuk, D. P. S. & Brislin, R. (1992). The Measurement of Intercultural Sensitivity using the Concepts of Individualism and Collectivism. *International Journal of Intercultural Relations, 16,* 413-436.

Birdseye, M. G. & Hill, J. S. (1995). Individual, Organizational/Work and Environmental Influences on Expatriate Turnover Tendencies: An Empirical Study. *Journal of International Business Studies, 26*(4), 787-813.

Black, J. S., Mendenhall, M. & Oddou, G. (1991). Toward a Comprehensive Model of International Adjustment: An Integration of Multiple Theoretical Perspectives. *Academy of Management Review, 16*(2), 291-317.

Bolten, J. (2003). Grenzen der Ganzheitlichkeit - konzeptionelle und bildungsorganisatorische Überlegungen zum Thema "Interkulturelle Kompetenz". *Erwägen, Wissen, Ethik, 14*(1), 156-159.

Bolten, J. (2005). Interkulturelle Personalentwicklungsmaßnahmen: Training, Coaching und Mediation. In G. K. Stahl, W. Mayrhofer & T. M. Kühlmann (Hrsg.), *Internationales Personalmanagement – neue Aufgaben, neue Lösungen* (S. 307-324). München, Mering: Rainer Hampp.

Bolten, J. (2007). Was heißt „Interkulturelle Kompetenz?" Perspektiven für die internationale Personalentwicklung. In V. Künzer & J. Berninghausen (Hrsg.), *Wirtschaft als interkulturelle Herausforderung* (S. 21-42). Frankfurt am Main: IKO-Verlag.

Bortz, J. (1993). *Statistik für Sozialwissenschaftler* (4., vollst. überarb. Aufl.). Berlin, Heidelberg: Springer.

Bortz, J. & Döring, N. (2002). *Forschungsmethoden und Evaluation für Human- und Sozialwissenschaftler* (2. Aufl.). Berlin, Heidelberg: Springer.

Bowen, D. E. & Ostroff, C. (2004). Understanding HRM-Firm Performance Linkages: The Role of the "Strength" of the HRM System. *Academy of Management Review, 29*(2), 203-221.

Boyacigiller, N. A., Kleinberg, J., Phillips, M. E. & Sackmann, S. A. (2004). Conceptualizing Culture. Elucidating the Streams of Research in International Cross-Cultural Management. In J. Punnett & O. Shenkar (Hrsg.), *Handbook for International Management Research* (2. Aufl., S. 99-167). Michigan: The University of Michigan Press.

Brislin, R. (1970). Back-Translation for Cross-Cultural Research. *Journal of Cross-Cultural Psychology, 1*(3), 185-216.

Brislin, R. (1976). Comparative Research Methodology: Cross-Cultural Studies. *International Journal of Psychology, 11*(3), 215-229.

Brislin, R. W. (1986). A Culture General Assimilator: Preparation for Various Types of Sojourns. *International Journal of Intercultural Relations, 10*(2), 215–234.

Brislin, R. W., Worthley, R. & Macnab, B. (2006). Cultural Intelligence: Understanding Behaviors that Serve People's Goals. *Group & Organization Management, 31*(1), 40-55.

Brugger, P., Loetscher, T., Graves, R. E. & Knoch, D. (2007). Semantic, perceptual and number space: Relations between category width and spatial processing. *Neuroscience Letters 418*(2), 133-137.

Bruner, J. (1957). On Perceptual Readiness. *Psychological Review, 64*, 123-152.

Bühner, M. (2004). *Einführung in die Test- und Fragebogenkonstruktion.* München [u.a.]: Pearson Studium.

Bunk, G. P. (1994). Kompetenzvermittlung in der beruflichen Aus- und Weiterbildung in Deutschland. *Europäische Zeitschrift für Berufsbildung, 1*, 9-15.

Calder, B. J. (1977). An Attribution Theory of Leadership. In B. M. Staw & G. R. Salancik (Hrsg.), *New Directions in Organizational Behavior.* Chicago: St. Clair.

Caligiuri, P. (2006). Developing global leaders. *Human Resource Management Review, 16*(2), 219-228.

Caligiuri, P. & Di Santo, V. (2001). Global Competence: What Is It, and Can It Be Developed Through Global Assignments? *Human Resource Planning*, 24(3), 27-35.

Campell, D. T. & Fiske, D. W. (1959). Convergent and Discriminant Validation by the Multitrait-Multimethod Matrix. *Psychological Bulletin, 56*, 81-105.

Chen, G.-M. & Starosta, W. J. (1996). Intercultural Communication Competence: A Synthesis. *Communication Yearbook, 19*, 353-383.

Chen, G.-M. & Starosta, W. J. (2000). The Development and Validation of the Intercultural Sensitivity Scale. *Human Communication, 3*, 1-15.

Choi, I., Dalal, R., Kim-Prieto, C. & Park, H. (2003). Culture and Judgment of Causal Relevance. *Journal of Personality and Social Psychology, 84*(1), 46-59.

Choi, I. & Nisbett, R. E. (1998). Situational Salience and Cultural Differences in the Correspondence Bias and the Actor Observer Bias. *Personality and Social Psychology bulletin, 24*(9), 949-960.

Choi, I., Nisbett, R. E. & Norenzayan, A. (1999). Causal Attribution Across Cultures: Variation and Universality. *Psychological Bulletin, 125*(1), 47-63.

Christophersen, T. & Grape, C. (2006). Die Erfassung latenter Konstrukte mit Hilfe formativer und reflexiver Messmodelle. In S. Albers, D. Klapper, U. Konradt, A. Walter & J. Wolf (Hrsg.), *Methodik der empirischen Forschung* (S. 115-132). Wiesbaden: Deutscher Universitäts-Verlag.

Cole, M. (1998). *Cultural Psychology: A once and Future Discipline.* Harvard: Harvard University Press.

Collier, M. J. (1988). A Comparison of Conversations Among and Between Domestic Culture Groups: How Intra- and Intercultural Competencies Vary. *Communication Quarterly, 36*(2), 122-144.

Collier, M. J. (1989). Cultural and Intercultural Communication Competence: Current Approaches and Directions for Future Research. *International Journal of Intercultural Relations, 13*(3), 287-302.

Cornett-DeVito, M. M. & McGlone, E. L. (2000). Multicultural Communication Training for Law Enforcement Officers: A Case Study. *Criminal Justice Policy Review, 11*(3), 234-253.

Cronbach, L. J. (1951). Coefficient Alpha and the Internal Structure of Tests. *Psychometrika, 16*, 297-334.

Cui, G. & Van Den Berg, S. (1991). Testing the Construct Validity of Intercultural Effectiveness. *International Journal of Intercultural Relations, 15*(2), 227-240.

Cushner, K. (1989). Assessing the Impact of a Culture-General Assimilator. *International Journal of Intercultural Relations, 13*(2), 125-146.

Cushner, K. & Brislin, R. W. (1996). *Intercultural Interactions. A Practical Guide* (2. Aufl.). Thousand Oaks: Sage.

Davis, S. L. & Finney, S. J. (2006). A Factor Analytic Study of the Cross-Cultural Adaptability Inventory. *Educational and Psychological Measurement, 66*(2), 318-330.

Deardorff, D. K. (2004). *The Identification and Assessment of Intercultural Competence as a Student Outcome of Internationalization at Institutions of Higher Education in the United States.* Unpublished Doctoral Thesis, North Carolina State University, Raleigh, NC.

Deardorff, D. K. (2006). Policy Paper zur interkulturellen Kompetenz. In B. Stiftung (Hrsg.), *Interkulturelle Kompetenz – Schlüsselkompetenz des 21. Jahrhunderts? Thesenpapier der Bertelsmann Stiftung auf Basis der Interkulturellen-Kompetenz-Modelle von Dr. Darla K. Deardorff.* Gütersloh: Bertelsmann Stiftung.

DeCarlo, T. E., Agarwal, S. & Vyas, S. B. (2007). Performance Expectations of Salespeople: The Role of past Performance and Causal Attributions in Independent and Interdependent Cultures. *Journal of Personal Selling & Sales Management, 27*(2), 133-147.

Deller, J. (1996). Interkulturelle Eignungsdiagnostik. In A. Thomas (Hrsg.), *Psychologie interkulturellen Handelns* (S. 283-316). Göttingen: Hogrefe.

Detweiler, R. A. (1975). On Inferring the Intentions of a Person from Another Culture. *Journal of Personality, 43*(4), 591-611.

Detweiler, R. A. (1978). Culture, Category Width, and Attributions: A Model-Building Approach to the Reasons for Cultural Effects. *Journal of Cross-Cultural Psychology, 9*, 259-284.

Diamantopoulos, A. & Winklhofer, H. M. (2001). Index Construction with Formative Indicators: An Alternative to Scale Development. *Journal of Marketing Research, 38*(2), 269-277.

Diller, H. (2006). Probleme der Handhabung von Strukturgleichungsmodellen in der betriebswirtschaftlichen Forschung. *Die Betriebswirtschaft, 66*(6), 611-617.

Dinges, N. G. (1983). Intercultural Competence. In D. Landis & R. W. Brislin (Hrsg.), *Handbook of Intercultural Training* (S. 176-203). New York: Pergamon.

Dinges, N. G. & Baldwin, K. D. (1996). Intercultural Competence. A Research Perspective. In D. Landis & R. S. Bhagat (Hrsg.), *Handbook of Intercultural Training* (2 Aufl., S. 106-123). Thousand Oaks: Sage.

Dowling, P. J. (2005). Human Resource Management and Economic Success: An Australian Perspective. *Management Review, 16*(2), 1-11.

Dowling, P. J. & Welch, D. E. (2004). *International Human Resource Management. Managing people in a multinational context* (4. Aufl.). London: Thomson.

Dowling, P.J., Festing, M. & Engle, Allen D. (2008). *International Human Resource Management* (5. Aufl.). London: Thomson

Dubislav, W. (1981). *Die Definition* (4. Aufl.). Hamburg: Meiner.

Dülfer, E. (1992). Personalwesen in unterschiedlichen Kulturen. In E. Gaugler & W. Weber (Hrsg.), *Handwörterbuch des Personalwesens* (2 Aufl.). Stuttgart: Poeschel.

Dülfer, E. (1997). *Internationales Management in unterschiedlichen Kulturbereichen* (5. Aufl.). München: Oldenbourg.

Eagly, A. H. & Chaiken, S. (1993). *The Psychology of Attitudes*. Fort Worth: Harcourt Brace Jovanovich.

Earley, P. C. & Mosakowski, E. (2004). Cultural Intelligence. *Harvard Business Review, 82*(10), 139-146.

Eberl, M. (2006). Formative und reflektive Konstrukte und die Wahl des Strukturgleichungsverfahrens. *Die Betriebswirtschaft, 66*(6), 651-668.

Echterhoff, W. (2004). Erfahrungsbildung. In H. Häcker & K.-H. Stapf (Hrsg.), *Dorsch Psychologisches Wörterbuch* (14. Aufl., S. 236). Bern: Verlag Hans Huber.

Edwards, L. (1978). Present Shock, and how to avoid it abroad. *Across the Board*(15), 36.43.

Effler, M. (1986). *Kausalerklärungen im Alltag. Attributionstheorie*. Frankfurt am Main: Peter Lang.

Eid, M., Nussbeck, F. W. & Lischetzke, T. (2006). Multitrait-Multimethod-Analyse. In F. Petermann & M. Eid (Hrsg.), *Handbuch der psychologischen Diagnostik* (S. 332-345). Göttingen: Hogrefe.

Embretson, S. E. & Reise, S. P. (2000). *Item Response Theory for Psychologists*. Mahwah: Lawrence Erlbaum Associates.

Engle, A. D., Dowling, P. J. & Festing, M. (2008). State of Origin: Research in Global Performance Management, a Proposed Research Domain and Emerging Implications. *European Journal of International Management, 2*(2), 153-169.

Erpenbeck, J. & Von Rosenstiel, L. (2003). Einführung. In J. Erpenbeck & L. Von Rosenstiel (Hrsg.), *Handbuch Kompetenzmessung. Erkennen, verstehen und bewerten von Kompetenzen in der betrieblichen, pädagogischen und psychologischen Praxis*. (S. IX-XL). Stuttgart: Schäffer-Poeschel.

Fedor, K. J. & Werther Jr, W. B. (1996). The Fourth Dimension: Creating Culturally Responsive International Alliances. *Organizational Dynamics, 25*(2), 39-53.

Festing, M. (2008). Herausforderungen für die Personalentwicklung in der Globalisierung. In K. Schwuchow & J. Gutman (Hrsg.), *Jahrbuch Personalentwicklung 2008: Ausbildung, Weiterbildung, Management Development* (S. 135-146). Köln: Luchterhand.

Fiedler, F., Mitchell, T. & Triandis, H. C. (1971). The Culture Assimilator: An Approach to Cross-Cultural Training. *Journal of Applied Psychology, 55*, 95-102.

Fiedler, K. (1982). Causal Schemata: Review and Criticism of Research on a Popular Construct. *Journal of Personality and Social Psychology, 42*(6), 1001-1013.

Fiedler, K. (1996). Die Verarbeitung sozialer Informationen für Urteilsbildung und Entscheidungen. In W. Stroebe, M. Hewstone & G. M. Stephenson (Hrsg.), *Sozialpsychologie. Eine Einführung* (3., erw. u. überarb. Aufl., S. 143-175). Berlin, Heidelberg: Springer.

Finchham, F. (2001). Attributions in Close Relationships: From Balkanization to Integration. In G. J. O. Fletcher & M. S. Clark (Hrsg.), *Blackwell Handbook of Social Psychology: Interpersonal Processes* (S. 3-31). Oxford: Blackwell.

Fiske, S. T. & Taylor, S. E. (1991). *Social Cognition* (2. Aufl.). New York [u.a.]: McGraw-Hill.

Fisseni, H.-J. (1997). *Lehrbuch der psychologischen Diagnostik* (2. überarb. und erw. Aufl.). Göttingen: Hogrefe.

Forster, N. (1997). "The persistent myth of high expatriate failure rates": a reappraisal. *International Journal of Human Resource Management, 8*(4), 414-433.

Forster, N. (2000). Expatriates and the impact of cross-cultural training. *Human Resource Management Journal, 10*(3), 63-78.

Frindte, W. (2003). Praxis muss für sich selber sprechen - interkulturelle Kommunikation als komplexes Management. *Erwägen, Wissen, Ethik, 14*(1), 169-172.

Fritz, W. (2001). Die interkulturelle Kompetenz von Managern. Ein Schlüsselfaktor für den Erfolg auf Auslandsmärkten. In D. von der Oelsnitz & A. Kammel (Hrsg.), *Kompetenzen moderner Unternehmensführung. Joachim Hentze zum 60. Geburtstag* (S. 87-101). Bern, Stuttgart, Wien.

Fritz, W., Möllenberg, A. & Chen, G.-M. (2004). Die interkulturelle Sensibilität als Anforderung an Entsandte: Bedeutung und Elemente für ein Messmodell. In K.-P. Wiedmann (Hrsg.), *Fundierung des Marketing. Verhaltenswissenschaftliche Erkenntnisse als Grundlage einer angewandten Marketingforschung* (S. 231-258). Wiesbaden: Deutscher Universitätsverlag.

Fukuda, K. J. & Chu, P. (1994). Wrestling With Expatriate Family Problems. *International Studies of Management & Organization, 24*(3), 36-47.

Funke, U. & Barthel, E. (1995). Nutzenanalysen von Personalauswahlprogrammen. In W. Sarges (Hrsg.), *Managementdiagnostik* (S. 820-833). Göttingen: Hogrefe.

Furnham, A. & Bochner, S. (1986). *Culture Shock. Psychological Reactions to Unfamiliar Environments*. London: Methuen.

Gabriel, G. (1995). Definition. In J. Mittelstraß (Hrsg.), *Enzyklopädie Philosophie und Wissenschaftstheorie. Band 1: A-G* (S. 439-442). Stuttgart, Weimar: J. B. Metzler.

Garland, H., Hardy, A. & Stephenson, L. (1975). Information Search as Affected by Attribution Type and Response Category. *Personality and Social Psychology Bulletin, 1*(4), 612-615.

Geiger, K. F. (2003). Identitätshermeneutik - ein verläßlicher Ratgeber? *Erwägen, Wissen, Ethik, 14*(1), 172-174.

Gelbrich, K. (2004). The Relationship between Intercultural Competence and Expatriate Success: A Structural Equation Model. *Die Unternehmung, 58*(3/4), 261-277.

Gertsen, M. C. (1990). Intercultural Competence and Expatriates. *International Journal of Human Resource Management, 1*(3), 341-362.

Gilbert, D. T. (1989). Thinking Lightly about Others: Automatic Components of the Social Inference Process. In J. S. Uleman & J. A. Bargh (Hrsg.), *Unintended Thought* (S. 189-211). New York: Guilford Press.

Gilbert, D. T. (1991). How Mental Systems Believe. *American Psychologist, 46*(2), 107-119.

Gilbert, D. T. & Hixon, J. G. (1991). The Trouble of Thinking: Activation and Applications of Stereotypical Beliefs. *Journal of Personality and Social Psychology, 60*(4), 509-517.

Gilovich, T., Medvec, V. H. & Savitsky, K. (2000). The Spotlight Effect in Social Judgement: An Egocentric Bias in Estimates of the Salience of One's Own Actions and Appearance. *Journal of Personality and Social Psychology, 78*(2), 211-222.

GMAC (Hrsg.). (2005). *Global Relocation Services in Conjunction with US National Foreign Trade Council Inc. and SHRM Global Forum: Global Relocation Trends: 2005 Survey Report*. Woodbridge, IL: GMAC.

Goldstein, D. L. & Smith, D. H. (1999). The Analysis of the Effects of Experiential Training on Sojourners´ Cross-Cultural Adaptability. *International Journal of Intercultural Relations, 23*(1), 157-173.

Göller, T. (2003). Interkulturelles Verstehen und sein Verhältnis zur interkulturellen Kompetenz. *Erwägen, Wissen, Ethik, 14*(1), 174-176.

Gordon, M. & Salganik, J. (2001). Making Alliances Work: Improving 'Return on Relationship'. *Global Finance, 15*(10), 73-75.

Goto, S. G. & Chan, D. K.-S. (2003). Are we the same or are we different? A Social-Psychological Perspective of Culture. In N. A. Boyacigiller, R. A. Goodman & M. E. Phillips (Hrsg.), *Crossing Cultures. Insights from Master Teachers* (S. 13-19). London: Routledge.

Gottschalk-Mazouz, N. (2005). Auf dem Weg in die Wissensgesellschaft? Anforderungen an einen interdisziplinär brauchbaren Wissensbegriff. In G. Abel (Hrsg.), *Kreativität. XX. Deutscher Kongress für Philosophie, 26.-30. September 2005 in Berlin. Sektionsbeiträge* (Bd. 2, S. 349-360). Berlin.

Graf, A. (2004). *Interkulturelle Kompetenzen im Human-Resource-Management. Empirische Analyse konzeptioneller Grundfragen und der betrieblichen Relevanz*. Wiesbaden: Deutscher Universitäts Verlag.

Graham, J. L. (1985). The Influence of Culture on the Process of Business Negotiations: An Exploratory Study. *Journal of International Business Studies, 16*(1), 81-96.

Graham, J. L. (2001). Culture and Human Resources Management. In *Oxford Handbook of International Business* (S. 503-536): Alan M. Rugman 2001.

Greif, S. (2004a). Führung. In H. Häcker & K.-H. Stapf (Hrsg.), *Dorsch Psychologisches Wörterbuch* (14. Aufl.). Bern: Verlag Hans Huber.

Greif, S. (2004b). Personalbeurteilung. In H. Häcker & K.-H. Stapf (Hrsg.), *Dorsch Psychologisches Wörterbuch* (14. Aufl.). Bern: Verlag Hans Huber.

Greving, B. (2006). Messen und Skalieren von Sachverhalten. In S. Albers, D. Klapper, U. Konradt, A. Walter & J. Wolf (Hrsg.), *Methodik der empirischen Sozialforschung* (S. 73-88). Wiesbaden: Deutscher Universitätsverlag.

Grootings, P. (1994). Von Qualifikation zu Kompetenz: Wovon reden wir eigentlich? In: Kompetenz: Begriff und Fakten. *Europäische Zeitschrift für Berufsbildung, 1*, 5-8.

Gudykunst, W. B., Wiseman, R. L. & Hammer, M. R. (1977). Determinants of the Sojourner's Attitudinal Satisfaction: A Path Model. *Communication Yearbook, 1*, 415-425.

Häcker, H. (2004). Fähigkeit. In H. Häcker & K.-H. Stapf (Hrsg.), *Dorsch Psychologisches Wörterbuch* (14. Aufl.). Bern: Verlag Hans Huber.

Häcker, H., Leutner, D. & Amelang, M. (Hrsg.). (1998). *Standards für pädagogisches und psychologisches Testen. Supplementum 1/1998 der Diagnostica und der Zeitschrift für Differentielle und Diagnostische Psychologie.* Göttingen: Hogrefe & Hans Huber.

Häcker, H. & Stapf, K.-H. (2004). *Dorsch Psychologisches Wörterbuch* (14. Aufl.). Bern: Verlag Hans Huber.

Hammer, M. R. (1984). The Effects of an Intercultural Communication Workshop on Participants' Intercultural Communication Competence. *Communication Quarterly, 32*, 252-262.

Hammer, M. R. (1987). Behavioral Dimensions of Intercultural Effectiveness: A Replication and Extension. *International Journal of Intercultural Relations, 11*(1), 65-88.

Hammer, M. R. (1989). Intercultural Communication Competence. In M. K. Asanté & W. B. Gudykunst (Hrsg.), *Handbook of International and Intercultural Communication* (S. 247-260). Newbury Park, CA: Sage.

Hammer, M. R., Bennett, M. J. & Wiseman, R. L. (2003). Measuring Intercultural Sensitivity: The Intercultural Development Inventory. *International Journal of Intercultural Relations, 27*(4), 421-443.

Hammer, M. R., Gudykunst, W. B. & Wiseman, R. L. (1978). Dimensions of Intercultural Effectiveness: An Exploratory Study. *International Journal of Intercultural Relations, 2*(4), 382-393.

Hareli, S. & Weiner, B. (2002). Social Emotions and Personality Interferences: A Scaffold for New Direction in the Study of Achievement Motivation. *Educational Psychologist, 37*, 183-193.

Hartig, J. & Klieme, E. (2006). Kompetenz und Kompetenzdiagnostik. In K. Schweizer (Hrsg.), *Leistung und Leistungsdiagnostik* (S. 127-143). Berlin, Heidelberg: Springer.

Harvey, M. G. (1989). Repatriation of Corporate Executives: An Empirical Study. *Journal of International Business Studies, 20*, 131-144.

Harvey, P., Martinko, M. J. & Douglas, S. C. (2006). Causal reasoning in dysfunctional leader-member interactions. *Journal of Managerial Psychology, 21*(8), 747-762.

Hatch, M. J. (1993). The Dynamics of Organizational Culture. *Academy of Management Review, 18*(4), 657-693.

Hawes, F. & Kealey, D. J. (1981). An Empirical Study of Canadian Technical Assistance. *International Journal of Intercultural Relations, 5*(3), 239-258.

Hebert, L. & Beamish, P. W. (2002). Cooperative Strategies between Firms: International Joint Ventures. In N. Gannnon & K. Newman (Hrsg.), *The Blackwell Handbook of Cross-Cultural Management* (S. 78-98). Oxford: Blackwell.

Heider, F. (1958). *The Psychology of Interpersonal Relations*. New York: John Wiley & Sons.

Helfrich, H. (2003). Methodologie kulturvergleichender psychologischer Forschung. In A. Thomas (Hrsg.), *Kulturvergleichende Psychologie* (2. Aufl., S. 111-138). Göttingen: Hogrefe.

Helfrich, H. (2006). Kulturvergleichende Psychologie. In K. Pawlik (Hrsg.), *Handbuch Psychologie. Wissenschaft, Anwendung, Berufsfelder* (S. 429-444). Berlin, Heidelberg: Springer.

Herbrand, F. (2000). *Interkulturelle Kompetenz. Wettbewerbsvorteil in einer globalisierenden Wirtschaft*. Bern: Haupt 2000.

Herzog, W. (2003). Im Nebel des Ungefähren: Wenig Plausibilität für eine neue Kompetenz. *Erwägen, Wissen, Ethik, 14*(1), 178-180.

Heuer, H. (2004). Fertigkeit. In H. Häcker & K.-H. Stapf (Hrsg.), *Dorsch Psychologisches Wörterbuch* (14. Aufl.). Bern: Verlag Hans Huber.

Hewstone, M. & Finchham, F. (1996). Attributionstheorie und -forschung: Grundlegende Fragen und Anwendungen. In W. Stroebe, M. Hewstone & G. M. Stephenson (Hrsg.), *Sozialpsychologie. Eine Einführung* (3., erw. u. überarb. Aufl., S. 177-217). Berlin, Heidelberg: Springer.

Hofstede, G. (1980). *Culture's Consequences: International Differences in Work related Values*. Beverly Hills, CA: Sage.

Hofstede, G. (1997). *Lokales Denken, globales Handeln. Kulturen, Zusammenarbeit und Management*. München: C.H. Beck.

Homburg, C. & Giering, A. (1996). Konzeptualisierung und Operationalisierung komplexer Konstrukte. Ein Leitfaden für die Marketingforschung. *Marketing ZFP, 18*(1), 5-24.

Huber, H. D. (2001). Interkontextualität und künstlerische Kompetenz: Eine kritische Auseinandersetzung. In M. Bühner & A. Koch (Hrsg.), *Kunst & Interkontextualität: Materialien zum Symposium schau-vogel-schau*. Köln.

Huntington, S. P. (1996). *Clash of Civilizations and the Remaking of the World Order*. New York: Simon & Schuster.

Jackson, C. L. & LePine, J. A. (2003). Peer Responses to a Team's Weakest Link: A Test and Extension of LePine and Van Dyne's Model. *Journal of Applied Psychology, 88*(3), 459-475.

Jacob, F. (2006). Preparing industrial suppliers for customer integration. *Industrial Marketing Management, 35*, 45-56.

Jahoda, G. (2007). Kulturkonzepte im Wandel. In G. Trommsdorff & H.-J. Konradt (Hrsg.), *Theorien und Methoden der kulturvergleichenden Psychologie (Enzyklopädie der Psychologie: Themenbereich C Theorie und Forschung, Serie VII: Kulturvergleichende Psychologie, Band 1)* (S. 3-24). Göttingen: Hogrefe.

Jentsch, F., Hoeft, R. M., Fiore, S. M. & Bowers, C. A. (2004). "A Frenchman, a German, and an Englishman...":The Impact of Cultural Heterogeneity on Teams. *Advances in Human Performance and Cognitive Engineering Research, 4*, 317-340.

Jones, E. E. & Davis, K. E. (1965). From Acts to Dispositions: The Attribution Process in Person Perception. In L. Berkowitz (Hrsg.), *Advances in Experimental Social Psychology* (Bd. 2, S. 219-266). New York: Academic Press.

Jones, E. E. & Nisbett, R. E. (1972). The Actor and the Observer: Divergent Perceptions of the Causes of Behavior. In E. E. Jones, D. E. Kanouse, H. H. Kelley, R. E. Nisbett, S. Valins & B. Weiner (Hrsg.), *Attribution: Perceiving the causes of Behaviour* (S. 79-94). Morristown, N.J.: General Learning Press.

Jungermann, H. (1995). Personalentscheidungen. In W. Sarges (Hrsg.), *Managementdiagnostik* (S. 811-819). Göttingen: Hogrefe.

Kanning, U. P. (2003). *Diagnostik sozialer Kompetenzen*. Göttingen: Hogrefe.

Kashima, Y. (2000). Culture, Groups, and Coordination Problems. In S. Stumpf & A. Thomas (Hrsg.), *Diversity and Group Effectiveness* (S. 237-251). Lengerich: Pabst.

Kealey, D. J. (1989). A Study of Cross-Cultural Effectiveness: Theoretical Issues, Practical Applications. *International Journal of Intercultural Relations, 13*(3), 387-428.

Keller, E. v. (1982). *Management in fremden Kulturen. Ziele, Ergebnisse und methodische Probleme der kulturvergleichenden Managementforschung*. Bern: Paul Haupt.

Kelley, H. H. (1967). Attribution Theory in Social Psychology. In D. Levine (Hrsg.), *Nebraska symposium on motivation* (Bd. 15, S. 192-238). Lincoln, NE: University of Nebraska Press.

Kelley, H. H. (1973). The Processes of Causal Attribution. *American Psychologist, February*, 107-128.

Kitsantas, A. & Meyers, J. (Artist). (2001). *Studying Abroad: Does it enhance college student cross-cultural awareness?*

Klauer, K. J. (1987). *Kriteriumsorientierte Tests. Lehrbuch der Theorie und Praxis lehrzielorientierten Messens*. Göttingen: Hogrefe.

Kluckhohn, C. (1951). The Study of Culture. In D. Lerner & H. D. Lasswell (Hrsg.), *The Policy Sciences. Recent Developments in Scope and Method*. Stanford: Stanford University Press.

Kluckhohn, F. R. & Strodtbeck, F. L. (1961). *Variations in Value Orientations*. Evanston, IL: Row, Peterson and Company.

Kluwe, R. H. (1995). Wissen. In W. Sarges (Hrsg.), *Managementdiagnostik* (2. Aufl., S. 218-225). Göttingen: Hogrefe.

Knobe, J. & Malle, B. F. (2002). Self and other in the explanation of behavior: 30 years later. *Psychologica belgica, 42*(1-2), 113-130.

Kohls, R. L. & Knight, J. M. (1994). *Developing Intercultural Awareness. A Cross-Cultural Training Handbook* (2. Aufl.). Yarmouth, MA: Intercultural Press.

Krauss, S. J. (1995). Attitudes and the Prediction of Behavior: A Meta-Analysis of the Empirical Literature. *Personality and Social Psychology Bulletin, 21*(1), 58-75.

Krauth, J. (1995). *Testkonstruktion und Testtheorie*. Weinheim: Beltz Psychologie Verlags Union.

Kroeber, A. L. & Kluckhohn, C. (1952). *Culture. A Critical Review of Concepts and Definitions.* New York: Random House.

Krohne, H. W. & Hock, M. (2007). *Psychologische Diagnostik. Grundlagen und Anwendungsfelder.* Stuttgart: Kohlhammer.

Kühlmann, T. M. & Stahl, G. (1998). Diagnose interkultureller Kompetenz: Entwicklung und Evaluierung eines Assessment Centers. In C. I. Barmeyer & J. Bolten (Hrsg.), *Interkulturelle Personalorganisation* (S. 213-224). Berlin: Verlag Wissenschaft und Praxis.

Kuhn, T. S. (1979). *Die Struktur wissenschaftlicher Revolutionen* (2. Aufl.). Frankfurt a.M.: Suhrkamp.

Kutschker, M. & Schmid, S. (2005). *Internationales Management* (4. Aufl.). München: Oldenbourg.

Lane, H. W. & Beamish, P. W. (1990). Cross-Cultural Cooperative Behavior in Joint Ventures in LCDs. *Management International Review (MIR), 30*(Special Issue), 87-102.

Lanier, A. R. (1979). Selecting and Preparing Personnel For Overseas Transfers. *Personnel Journal, March 1979*, 160-163.

Lee, Y.-T. & Seligman, M. E. P. (1997). Are Americans more optimistic than the Chinese? *Personality and Social Psychology bulletin, 23*(1), 32-40.

LePine, J. A. & Van Dyne, L. (2001). Peer Responses to Low Performers: An Attributional Model of Helping in the Context of Groups. *Academy of Management Review, 26*(1), 67-84.

Leyens, J.-P. & Dardenne, B. (1996). Soziale Kognition: Ansätze und Grundbegriffe. In W. Stroebe, M. Hewstone & G. M. Stephenson (Hrsg.), *Sozialpsychologie. Eine Einführung* (3., erw. u. überarb. Aufl., S. 115-141). Berlin, Heidelberg: Springer.

Li, J., Xin, K. & Pillutla, M. (2002). Multi-Cultural Leadership Teams and Organizational Identification in International Joint Ventures. *International Journal of Human Resource Management, 13*(2), 320-337.

Lienert, G. & Raatz, U. (1998). *Testanalyse und Testaufbau* (6. Aufl.). Weinheim: Beltz Psychologie Verlags Union.

Lindner, D. (1999). Bestimmungsfaktoren der "Abbruchbereitschaft" von Auslandsentsandten: Eine theoretische und forschungsprogrammatische Analyse. *Zeitschrift für Personalforschung, 3*, 246-268.

Loenhoff, J. (2003). Interkulturelle Kompetenz zwischen Person und System. *Erwägen, Wissen, Ethik, 14*(1), 192-194.

Loo, R. & Shiomi, K. (1999). A Structural and Cross-Cultural Evaluation of the Inventory of Cross-Cultural Sensitivity. *Journal of Social Behavior and Personality, 14*(2), 267-278.

Lysgaard, S. (1955). Adjustment in a Foreign Society. *International Social Science Bulletin, 7*, 45-51.

Mae, M. (2003). Transkulturalität und interkulturelle Kompetenz. *Erwägen, Wissen, Ethik, 14*(1), 194-196.

Maede, A. W., Watson, A. M. & Kroustalis, C. M. (2007). *Assessing Common Methods Bias in Organizational Research*. Paper presented at the 22nd Annual Meeting of the Society for Industrial and Organizational Psychology, New York.

Majumdar, B., Keystone, J. S. & Cuttress, L. A. (1999). Cultural sensitivity training among foreign medical graduates. *Medical Education, 33*(3), 177-184.

Maletzke, G. (1996). *Interkulturelle Kommunikation*. Opladen: Westdeutscher Verlag.

Mall, R. A. (2003). Interkulturelle Kompetenz jenseits bloßer "Political Correctness". *Erwägen, Wissen, Ethik, 14*(1), 196-198.

Massaro, D. W. & Ferguson, E. L. (1993). Cognitive Style and Perception: The Relationship between Category Width and Speech Perception, Categorization, and Discrimination. *The American Journal of Psychology, 106*(1), 25-49.

Maukisch, H. (1995). Eignungsdiagnostik als prognostische Hilfe bei der Auswahl, Platzierung und Entwicklung von Führungskräften. In W. Sarges (Hrsg.), *Managementdiagnostik* (2. Aufl., S. 46-62). Göttingen: Hogrefe.

Mayrhofer, W., Kühlmann, T. M. & Stahl, G. K. (2005). Internationales Personalmanagement: Anspruch und Wirklichkeit. In G. K. Stahl, W. Mayrhofer & T. M. Kühlmann (Hrsg.), *Internationales Personalmanagement. Neue Aufgaben, neue Lösungen* (S. 1-23). München, Mering: Rainer Hampp.

McArthur, L. A. (1972). The How and What of Why: Some Determinants and Consequences of Causal Attribution. *Journal of Personality and Social Psychology, 22*(2), 171-193.

Mendenhall, M. E., Dunbar, E. & Oddou, G. R. (1987). Expatriate Selection, Training and Career-Pathing: A Review and Critique. *Human Resource Management, 26*(3), 331-345.

Mendenhall, M. E. & Oddou, G. R. (1985). The Dimensions of Expatriate Acculturation: A Review. *Academy of Management Review, 10*(1), 39-47.

Mendenhall, M. E. & Oddou, G. R. (1986). Acculturation Profiles of Expatriate Managers: Implications for Cross-Cultural Training Programs. *Columbia Journal of World Business, 21*(4), 73.79.

Mertens, D. (1974). Schlüsselqualifikationen. *Mitteilungen aus der Arbeitsmarkt- & Berufsforschung, 7*, 36-43.

Meyer, T. (2004). *Interkulturelle Kooperationskompetenz. Eine Fallstudienanalyse interkultureller Interaktionsbeziehungen in internationalen Unternehmenskooperationen*. Frankfurt am Main: Peter Lang.

Mezulis, A. H., Abramson, L. Y., Hyde, J. S. & Hankin, B. L. (2004). Is There a Universal Positivity Bias in Attributions? A Meta-Analytic Review of Individual, Developmental, and Cultural Differences in the Self-Serving Attributional Bias. *Psychological Bulletin, 130*(5), 711-747.

Miller, J. G. (1984). Culture and the Development of Everyday Social Explanation. *Journal of Personality and Social Psychology, 46*(5), 961-978.

Misa, K. F. & Fabricatore, J. M. (1979). Return on Investment of Overseas Personnel. *Financial Executive, 47*, 42-46.

Mischel, W. (1977). The interaction of person and situation. In D. Magnusson & N. S. Endler (Hrsg.), *Personality at the crossroads: Current issues in interactional psychology* (S. 333-352). Hillsdale, N.J.: Erlbaum.

Mitchell, T. R. (1995). Führungstheorien - Attributionstheorie. In A. Kieser, G. Reber & R. Wunderer (Hrsg.), *Handwörterbuch der Führung* (S. 874-861). Stuttgart.

Mittelstraß, J. (Hrsg.). (2004). *Enzyklopädie Philosophie und Wissenschaftstheorie.* Stuttgart, Weimar: J.B. Metzler.

Moghaddam, F. M., Taylor, D. M. & Wright, S. C. (1993). *Social Psychology in Cross-Cultural Perspective.* New York: Freeman.

Moldaschl, M. (2006). Innovationsfähigkeit, Zukunftsfähigkeit, Dynamic Capabilities. In G. Schreyögg & P. Conrad (Hrsg.), *Management von Kompetenz* (S. 1-36). Wiesbaden: Gabler.

Moosbrugger, H. & Höfling, V. (2006). Teststandards. In F. Petermann & M. Eid (Hrsg.), *Handbuch der psychologischen Diagnostik* (S. 407-419). Göttingen: Hogrefe.

Moosmüller, A. (1997). Kommunikationsprobleme in amerikanisch-japanisch-deutschen Teams: Kulturelle Synergie durch interkulturelles Training? *Zeitschrift für Personalforschung, 11*, 282-298.

Müller, S. & Gelbrich, K. (2001). Interkulturelle Kompetenz als neuartige Anforderung an Entsandte: Status quo und Perspektiven der Forschung. *Schmalenbachs Zeitschrift für betriebswirtschaftliche Forschung, 53*(Mai), 246-272.

Mummendey, H. D. (2003). *Die Fragebogenmethode* (4. Aufl.). Göttingen: Hogrefe.

Neubauer, A. & Fink, A. (2006). Differenzielle Psychologie: Leistungsfunktionen. In K. Pawlik (Hrsg.), *Handbuch Psychologie. Wissenschaft, Anwendung, Berufsfelder* (S. 319-353). Berlin, Heidelberg: Springer.

Nicolai, A. & Kieser, A. (2002). Trotz eklatanter Erfolglosigkeit: Die Erfolgsfaktorenforschung weiter auf Erfolgskurs. *Die Betriebswirtschaft, 62*(6), 579-596.

Nishida, H. (1985). Japanese Intercultural Communication Competence and Cross-Cultural Adjustment. *International Journal of Intercultural Relations, 9*, 247-269.

Nunnally, J. C. (1978). *Psychometric theory.* New York [u.a.]: McGraw-Hill.

Offermann, L. R., Schroyer, C. J. & Green, S. K. (1998). Leader Attributions for Subordinate Performance: Consequence for Subsequent Leader Interactive Behaviors and Ratings. *Journal of Applied Social Psychology, 28*(13), 1125-1139.

Osgood, C. (1951). Culture: Its Empirical and Non-Empirical Character. *Southwestern Journal of Anthropology, 7*, 202-214.

Paige, R. M., Jacobs-Cassuto, M., Yershova, Y. A. & DeJaeghere, J. (2003). Assessing intercultural sensitivity: an empirical analysis of the Hammer and Bennett Intercultural Development Inventory. *International Journal of Intercultural Relations, 27*, 467-486.

Peterson, R. S. (2001). On the Use of College Students in Social Science Research: Insights from a Second-Order Meta-Analysis. *Journal of Consumer Research, 28*(3), 450-461.

Peterson, S. E. & Schreiber, J. B. (2006). An Attributional Analysis of Personal and Interpersonal Motivation for Collaborative Projects. *Journal of Educational Psychology, 98*(4), 777-787.

Pettigrew, T. F. (1958). The measurement and correlates of category width as a cognitive variable. *Journal of Personality, 26*(4), 532-544.

Pike, K. (1967). *Language in Relation to a Unified Theory of the Structure of Human Behavior*. The Hague: Mouton & Co. Printers.

Podsakoff, P. M., MacKenzie, S. B., Lee, J.-Y. & Podsakoff, N. P. (2003). Common Method Biases in Behavioral Research: A Critical Review of the Literature and Recommended Remedies. *Journal of Applied Psychology, 88*(5), 879-903.

Podsakoff, P. M. & Organ, D. W. (1986). Self-Reports in Organizational Research: Problems and Prospects. *Journal of Management, 12*(4), 531-544.

Popper, K. R. (2002). *Logik der Forschung*. Tübingen: Mohr Siebeck.

PriceWaterhouseCoopers (Hrsg.). (2006). *Measuring the Value of International Assignments*. London: PriceWaterhouseCoopers.

Ramsay, S., Gallois, C. & Callan, V. J. (1997). Social Rules and Attributions in the Personnel Selection Interview. *Journal of Occupational & Organizational Psychology, 70*(2), 189-203.

Rathje, S. (2006). Interkulturelle Kompetenz—Zustand und Zukunft eines umstrittenen Konzepts. *Zeitschrift für Interkulturellen Fremdsprachenunterricht, 11*(3), 21 S.

Reinecke, R.-D. (2001). Business Driven Intercultural Management. In R.-D. Reinecke & C. Fussinger (Hrsg.), *Interkulturelles Management. Konzeption, Beratung, Training* (1 Aufl., S. 4-19). Wiesbaden: Gabler.

Romhardt, K. (1998). *Die Organisation aus der Wissensperspektive. Möglichkeiten und Grenzen der Intervention*. Wiesbaden: Gabler.

Ross, L. (1977). The Intuitive Psychologist and his Shortcomings: Distortions in the Attribution Process. *Advances in Experimental Social Psychology, 10*, 173-220.

Rost, J. (2004). *Lehrbuch Testtheorie - Testkonstruktion* (2., vollständig überarbeitete und erweiterte. Aufl.). Bern [u.a.]: Hans Huber.

Rost, J. (2006a). Item-Response-Theorie. In F. Petermann & M. Eid (Hrsg.), *Handbuch der psychologischen Diagnostik* (S. 261-274). Göttingen: Hogrefe.

Rost, J. (2006b). Latent-Class-Analyse. In F. Petermann & M. Eid (Hrsg.), *Handbuch der psychologischen Diagnostik* (S. 275-287). Göttingen: Hogrefe.

Rotfeld, H. J. (2003). Convenient Abusive Research. *The Journal of Consumer Affairs, 37*(1), 191-194.

Roth, E. (1977). *Eugen Roth: Sämtliche Werke.* München, Wien.

Ruben, B. D. (1976). Assessing Communication Competency for Intercultural Adaptation. *Group & Organization Studies, 1*(3), 334-354.

Ruben, B. D. (1977). Guidelines for Cross-Cultural Communication Effectiveness. *Group & Organization Studies, 2*(4), 470-479.

Ruben, B. D. (1989). The Study of Cross-Cultural Competence: Traditions and Contemporary Issues. *International Journal of Intercultural Relations, 13,* 229-239.

Ruben, B. D. & Kealey, D. J. (1979). Behavioral Assessment of Communication Competency and the Prediction of Cross-Cultural Adaptation. *International Journal of Intercultural Relations, 3,* 15-47.

Ryle, G. (1969). *Der Begriff des Geistes.* Stuttgart: Reclam.

Sackmann, S. A. (Hrsg.). (1997). *Cultural Complexity in Organizations. Inherent Contrasts and Contradictions.* Thousand Oaks: Sage.

Sackmann, S. A. & Phillips, M. E. (2003). One's many Cultures. A Multiple Cultures Perspective. In N. A. Boyacigiller, R. A. Goodman & M. E. Phillips (Hrsg.), *Crossing Cultures. Insights from Master Teachers* (S. 38-48). London: Routledge.

Salk, J. E. & Brannen, M. Y. (2000). National Culture, Networks, and Individual Influence in a Multinational Management Team. *Academy of Management Journal, 43*(2), 191-202.

Sarges, W. (2002). Competencies statt Anforderungen - nur alter Wein in neuen Schläuchen? In H.-C. Riekhof (Hrsg.), *Strategien der Personalentwicklung* (5. Aufl., S. 285-300). Wiesbaden: Gabler.

Sarges, W. (2006). Management-Diagnostik. In F. Petermann & M. Eid (Hrsg.), *Handbuch der psychologischen Diagnostik* (S. 739-746). Göttingen: Hogrefe.

Schein, E. H. (1992). *Organizational Culture and Leadership* (2. Aufl.). San Fransisco: Jossey-Bass.

Scheitler, C. (2005). *Soziale Kompetenzen als strategischer Erfolgsfaktor für Führungskräfte.* Frankfurt am Main: Peter Lang.

Schermelleh-Engel, K., Kelava, A. & Moosbrugger, H. (2006). Gütekriterien. In F. Petermann & M. Eid (Hrsg.), *Handbuch der psychologischen Diagnostik* (S. 420-433). Göttingen: Hogrefe.

Schmidt, F. L. & Hunter, J. E. (1998). Messbare Personmerkmale: Stabilität, Variabilität und Validität zur Vorhersage zukünftiger Berufsleistung und berufsbezogenen Lernens. In M. Kleinmann & B. Strauß (Hrsg.), *Potentialfeststellung und Personalentwicklung* (S. 15-43). Göttingen: Verlag für angewandte Psychologie.

Schneider, S. C. & Barsoux, J.-L. (2003). *Managing across Cultures.* Essex: Pearson Education.

Scholz, C. (2000). *Personalmanagement* (5. Aufl.). München: Vahlen.

Scholz, C., Messemer, T. & Schröter, M. (1991). Personalpolitik als Instrument zur bewußten Kulturdifferenzierung und Kulturkoexistenz. In r. Marr (Hrsg.), *Euro-Strategisches Personalmanagement* (S. 43-74). München: Mering.

Schuler, H. (1996). *Psychologische Personalauswahl. Einführung in die Berufseignungsdiagnostik.* Göttingen: Verlag für angewandte Psychologie.

Schuler, H. (2006a). Arbeits- und Anforderungsanalyse. In H. Schuler (Hrsg.), *Lehrbuch der Personalpsychologie* (2., überarbeitete und erweiterte Aufl., S. 45-68). Göttingen: Hogrefe.

Schuler, H. (2006b). Berufseignungsdiagnostik. In F. Petermann & M. Eid (Hrsg.), *Handbuch der psychologischen Diagnostik* (S. 717-729). Göttingen: Hogrefe.

Shaffer, M. A., Harrison, D. A. & Gilley, K. M. (1999). Dimensions, Determinants, and Differences in the Expatriate Adjustment Process. *Journal of International Business Studies, 30*(3), 557-581.

Shay, J. & Tracey, J. B. (1997). Expatriate managers. *Cornell Hotel & Restaurant Administration Quarterly, 38*(1), 30-35.

Shiraev, E. & Levy, D. (2004). *Cross-Cultural Psychology* (2. Aufl.). Boston [u.a.]: Pearson Education.

Six, B. (1992). Neuere Entwicklungen und Trends in der Einstellungs-Verhaltens-Forschung. In E. H. Witte (Hrsg.), *Einstellungen und Verhalten. Beiträge des 7. Hamburger Symposiums zur Methodologie der Sozialpsychologie* (32 Aufl.). Braunschweig: Schmidt.

Smith, S. M. & Fabrigar, L. R. (2000). Attitudes. An Overview. In A. K. Kazdin (Hrsg.), *Encyclopaedia of Psychology* (S. 303-305). New York: Oxford University Press.

Solomon, C. M. (1996). Danger below! Spot failing global assignments. *Personnel Journal, 75*(11), 78-84.

Spector, P. E. (2006). Method Variance in Organizational Research. Truth or Urban Legend? *Organizational Research Methods, 9*(2), 221-232.

Spitzberg, B. H. (1989). Issues in the Development of a Theory of Interpersonal Competence in the Intercultural Context. *International Journal of Intercultural Relations, 13*, 241-268.

Spitzberg, B. H. (1997). A Model of Intercultural Communication Competence. In L. A. Samovar & R. E. Porter (Hrsg.), *Intercultural Communication: A Reader* (8. Aufl., S. 379-391). Belmont, CA.

Spitzberg, B. H. & Cupach, W. R. (1984). *Interpersonal Communication Competence.* Beverley Hills.

Stahl, G. (1998). *Internationaler Einsatz von Führungskräften.* München: Oldenbourg.

Stahlberg, D. & Frey, D. (1996). Grundsätze des Einstellungserwerbs und Strategien der Einstellungsänderung. In W. Stroebe, M. Hewstone & G. M. Stephenson (Hrsg.), *Sozialpsychologie. Eine Einführung* (3., erw. u. überarb. Aufl., S. 219-252). Berlin, Heidelberg: Springer.

Stark, O. (2005). *Interkulturelle Kompetenz als Wettbewerbsfaktor international agierender Unternehmen.* Frankfurt am Main: Peter Lang.

Stemmer, N. (1971). A Note on Competence and Performance. *Linguistics, 65*, 83-89.

Stemmer, N. (1983). *The Roots of Knowledge*. Oxford: Basil Blackwell.

Steyer, R. & Eid, M. (2001). *Messen und testen* (2. Aufl.). Berlin, Heidelberg: Springer.

Stiensmeier-Pelster, J. & Heckhausen, H. (2006). Kausalattribution von Verhalten und Leistung. In J. Heckhausen & H. Heckhausen (Hrsg.), *Motivation und Handeln* (3., überarb. u. aktualisierte Aufl., S. 355-392). Berlin: Springer.

Storey, J. (Hrsg.). (2004). *Leadership in organizations. Current issues and key trends*. London [u.a.]: Routledge.

Storms, M. D. (1973). Videotape and the Attribution Process: Reversing Actors' and Observers' Points of View. *Journal of Personality and Social Psychology, 27*(2), 165-175.

Straub, J. (2003). Interkulturelle Kompetenz und transitorische Identität in Übersetzungskulturen: Zu Alexander Thomas' psychologischer Bestimmung einer "Schlüsselqualifikation". *Erwägen, Wissen, Ethik, 14*(1), 207-210.

Swaak, R. A. (1995). Expatriate failures: Too many, too much cost, too little. *Compensation & Benefits Review, 27*(6), 47-55.

Taggar, S. & Neubert, M. (2004). The Impact of Poor Performers on Team Outcomes: An Empirical Examination of Attribution Theory. *Personnel Psychology, 57*(4), 935-968.

Taylor, S. E. & Fiske, S. T. (1975). Point of View and Perceptions of Causality. *Journal of Personality and Social Psychology, 32*(3), 439-445.

Thomas, A. (1991). Psychologische Wirksamkeit von Kulturstandards im interkulturellen Handeln. In A. E. Anhagen & H.-W. Bierhoff (Hrsg.), *Angewandte Sozialpsychologie* (S. 207-225). Weinheim: Beltz Psychologie Verlags Union.

Thomas, A. (1995). Die Vorbereitung von Mitarbeitern für den Auslandseinsatz: Wissenschaftliche Grundlagen. In T. M. Kühlmann (Hrsg.), *Mitarbeiterentsendung ins Ausland* (S. 85 - 118). Göttingen: Verlag für angewandte Psychologie.

Thomas, A. (2002). Interkulturelle Kompetenzen im internationalen Management. In C. M. Schmidt (Hrsg.), *Wirtschaftsalltag und Interkulturalität* (S. 23-39). Wiesbaden: Deutscher Universitäts-Verlag.

Thomas, A. (2003a). Interkulturelle Kompetenz - Grundlagen, Probleme und Konzepte. *Erwägen, Wissen, Ethik, 14*(1), 137-150.

Thomas, A. (2003b). Psychologie interkulturellen Lernens und Handelns. In A. Thomas (Hrsg.), *Kulturvergleichende Psychologie* (2. Aufl., S. 433-485). Göttingen [u.a.]: Hogrefe.

Thomas, A. (2003c). Von der Komplexität interkultureller Erfahrungen und der Kompetenz, mit ihr umzugehen. *Erwägen, Wissen, Ethik, 14*(1), 221-228.

Thomas, A., Hagemann, K. & Stumpf, S. (2003). Training interkultureller Kompetenz. In N. Bergemann & A. L. J. Sourisseaux (Hrsg.), *Interkulturelles Management* (3 Aufl., S. 237-272). Berlin, Heidelberg: Springer.

Thomas, A. & Helfrich, H. (2003). Wahrnehmungspsychologische Aspekte im Kulturvergleich. In A. Thomas (Hrsg.), *Kulturvergleichende Psychologie* (2. Aufl., S. 207-243). Göttingen: Hogrefe.

Thomas, A. & Stumpf, S. (2003). Aspekte interkulturellen Führungsverhaltens. In N. Bergemann & A. L. J. Sourisseaux (Hrsg.), *Interkulturelles Management* (3. Aufl., S. 69-107). Berlin, Heidelberg: Springer.

Triandis, H. C. (1972). *The Analysis of Subjective Culture.* New York: John Wiley.

Triandis, H. C. (1975). Culture Training, Cognitive Complexity and Interpersonal Attitudes. In R. Brislin, S. Bochner & W. J. Lonner (Hrsg.), *Cross-Cultural Perspectives on Learning* (S. 39-77). New York: John Wiley&Sons.

Triandis, H. C. (1977a). *Interpersonal Behavior.* Monterey, CA: Brooks/Coole.

Triandis, H. C. (1977b). Subjective Culture and Interpersonal Relations Across Cultures. In L. Loeb-Adler (Hrsg.), *Issues in Cross-Cultural Research* (S. 418-434). New York: New York Academy of Sciences.

Triandis, H. C. (2001). Individualism and Collectivism: Past, Present and Future. In D. Matsumoto (Hrsg.), *The Handbook of Culture and Psychology* (S. 35-50). New York: Oxford University Press.

Triandis, H. C. (2004). The many Dimensions of Culture. *Academy of Management Executive, 18*(1), 88-93.

Triandis, H. C. (2006). Cultural Aspects of Globalization. *Journal of International Management, 12*(2), 208-217.

Wächter, H. (1992). Vom Personalwesen zum Strategic Human Resource Management. Ein Zustandsbericht anhand der neueren Literatur. *Managementforschung, 2,* 313-340.

Weber, W., Festing, M., Dowling, P. J. & Schuler, R. S. (2001). *Internationales Personalmanagement* (2. Aufl.). Wiesbaden: Gabler.

Weinberg, J. (2001). Weiterbildung, Kompetenzentwicklung und innovatorische Lernkulturen für morgen. In QUEM-Report (Hrsg.), *Schriften zur beruflichen Weiterbildung* (Nr. 68, S. 55-75). Berlin: AG Betriebliche Weiterbildung e.V.

Weiner, B. (1985a). An Attributional Theory of Achievement Motivation and Emotion. *Psychological Review, 92*(4), 548-573.

Weiner, B. (1985b). "Spontaneous" Causal Thinking. *Psychological Bulletin, 97*(1), 74-84.

Weinert, A. B. (1998). *Organisationspsychologie* (4. Aufl.). Weinheim: Beltz Psychologie Verlags Union.

Weinert, F. E. (2001). Concept of Competence: A Conceptual Clarification. In D. S. Rychen & L. H. Salganik (Hrsg.), *Defining and Selecting Key Competencies* (S. 45-65). Seattle: Hogrefe&Huber.

White, R. (1959). Motivation Reconsidered. The Concept of Competence. *Psychological Review, 66*(5), 297-333.

Wierlacher, A. (2003). Das tragfähige zwischen. *Erwägen, Wissen, Ethik, 14*(1), 215-217.

Wilkens, U., Keller, H. & Schmette, M. (2006). Wirkungsbeziehungen zwischen Ebenen individueller und kollektiver Kompetenz. Theoriezugänge und Modellbildung. In G. Schreyögg & P. Conrad (Hrsg.), *Managementforschung, Band 16: Management von Kompetenzen* (S. 121-161). Wiesbaden: Gabler.

Wilson, M. (2005). *Constructing Measures. An Item Response Theory Approach.* Mahwah: Lawrence Erlbaum Associates.

Wirtz, M. & Caspar, F. (2002). *Beurteilerübereinstimmung und Beurteilerreliabilität.* Göttingen: Hogrefe.

Wiseman, R. L. & Abe, H. (1984). Finding and Explaining Differences: A Reply to Gudykunst and Hammer. *International Journal of Intercultural Relations, 8*(1), 11-16.

Wiseman, R. L. & Abe, H. (1986). Cognitive Complexity and Intercultural Effectiveness. Perception in American-Japanese Dyads. In M. L. McLaughlin (Hrsg.), *Communication Yearbook* (S. 611-622).

Wiseman, R. L., Hammer, M. R. & Nishida, H. (1989). Predictors of Intercultural Communication Competence. *International Journal of Intercultural Relations, 13*, 349-370.

Wright, P. M. & Haggerty, J. J. (2005). *Missing Variables in Theories of Strategic Human Resource Management: Time, Cause, and Individuals.* . New York: Centre of Advanced Human Resource Studies (CAHRS), Cornell University.

Yamazaki, Y. & Kayes, D. C. (2004). An Experimental Approach to Cross-Cultural Learning: A Review and Integration of Competencies for Successful Expatriate Adaptation. *Academy of Management Learning & Education, 3*(4), 362-379.

Ybarra, O. & Stephan, W. G. (1999). Attributional Orientations and the Prediction of Behavior: The Attribution-Prediction Bias. *Journal of Personality and Social Psychology, 76*(5), 718-727.

Yousfi, S. (2003). *Multivariate Methoden der Testkonstruktion.* Ruprechts-Karls-Universität Heidelberg, Heidelberg.

Yousfi, S. & Steyer, R. (2006). Klassische Testtheorie. In F. Petermann & M. Eid (Hrsg.), *Handbuch der psychologischen Diagnostik* (S. 288-303). Göttingen: Hogrefe.

Zahra, S. & Elhagresey, G. (1994). Strategic Management of International Joint Ventures. *European Management Journal, 12*(1), 83-93.

Zeutschel, U. & Thomas, A. (2003). Zusammenarbeit in multikulturellen Teams. *Wirtschaftspsychologie Aktuell, 2*, 31-39.

Zülch, M. (2004). "McWorld" oder "Multikulti"? Interkulturelle Kompetenz im Zeitalter der Globalisierung. In G. Vedder (Hrsg.), *Diversity Management und Interkulturalität* (S. 1-86). München, Mering: Rainer Hampp.

Schriftenreihe
Internationale Personal- und Strategieforschung
herausgegeben von Marion Festing und Susanne Royer

Band 1
Marion Festing & Susanne Royer (Eds.)
Current Issues in International Human Resource Management and Strategy Research
ISBN 978-3-86618-239-4, Rainer Hampp Verlag, München, Mering 2008, 212 S., € 24.80
This series on research in international human resource management and strategy is designed to stimulate discussions on current developments in these disciplines. The scope of this series reflects the importance of the fields of strategy and human resource management in the international environment of a globalised world. Both fields have the potential to contribute essentially to the description and explanation of competitive advantage realisation, performance issues and to achieving other corporate goals and objectives. Therefore, these areas need attention in research as well as in practice. This series will focus on the latest research results in this field by integrating original research results from research projects including PhD theses. This volume consists of three parts mapping the field of the series: Part I focuses on the field of strategy in an international context. Competitive advantage realisation in different forms of value net organisations, industry structures and knowledge structures as well as SME issues and strategy in an international context are investigated in this part. Part II provides contributions to the field of International Human Resource Management. They focus on global performance management, expatriate careers and compensation strategies in multinational enterprises. Part III of this volume is dedicated to understanding the context of international business focusing on the institutional context explaining convergence or divergence in personnel management in Europe, the impact of the corporate culture on employee behaviour in multinational firms as well as a multiple environmental perspective related to the situation of single firms in clusters.

Band 2
Martina Maletzky
Kulturelle Anpassung als Prozess interkultureller Strukturierung.
Eine strukturationstheoretische Betrachtung kultureller Anpassungsprozesse deutscher Auslandsentsendeter in Mexiko
ISBN 978-3-86618-448-0 (print), ISBN 978-3-86618-548-7 (e-book),
Rainer Hampp Verlag, München u. Mering 2010, 246 S., € 27.80

Band 3
Barbara Demel
Karrieren von Expatriates und Flexpatriates
Eine qualitative Studie europaweit tätiger ManagerInnen aus Österreich
ISBN 978-3-86618-458-9 (print), ISBN 978-3-86618-558-6 (e-book),
Rainer Hampp Verlag, München u. Mering 2010, 434 S., € 37.80

Band 4
Bernadette Müller
Die Bedeutung von Karrieremanagement im Rahmen der Auslandsentsendung von Führungskräften. Vertragstheoretische Analyse und illustrative Fallstudie der Robert Bosch GmbH
ISBN 978-3-86618-483-1 (print), ISBN 978-3-86618-583-8 (e-book),
Rainer Hampp Verlag, München u. Mering 2010, 266 S., € 27.80

Band 5
Kerry Brown, John Burgess, Marion Festing & Susanne Royer (Eds.)
Value Adding Webs and Clusters.
Concepts and Cases
ISBN 978-3-86618-491-6 (print), ISBN 978-3-86618-591-3 (e-book),
Rainer Hampp Verlag, München u. Mering 2010, 190 S., € 24.80

Band 6
Judith Eidems
Globale Standardisierung und lokale Anpassung im internationalen Personalmanagement. Eine theoretische und empirische Analyse auf Basis der Dynamic Capabilities Perspektive
ISBN 978-3-86618-492-3 (print), ISBN 978-3-86618-592-0 (e-book),
Rainer Hampp Verlag, München u. Mering 2010, 251 S., € 27.80

Band 7
Uwe Stratmann
Der Zusammenhang zwischen Wertschöpfungsorganisation und strategischen Wettbewerbsvorteilen. Eine auf Fallstudien basierende strategische Analyse am Beispiel der europäischen Automobilwirtschaft
ISBN 978-3-86618-493-0 (print), ISBN 978-3-86618-593-7 (e-book),
Rainer Hampp Verlag, München u. Mering 2010, 385 S., € 2.80

Diese Arbeit befasst sich mit der Erklärung strategischer Wettbewerbsvorteile unter besonderer Betrachtung der europäischen Automobilwirtschaft. Im Unterschied zu einer herkömmlichen unternehmenszentrierten strategischen Analyse fokussiert die Untersuchung ganzheitliche Wertschöpfungssysteme. Konkret umfasst die hier angewendete Wertschöpfungsorganisationsanalyse alle Akteure und deren multilaterale Beziehungen, die zur Produktion und Distribution eines bestimmten Produktes beitragen. Ziel der Analyse ist es, die Wirkungszusammenhänge zwischen dem Konstrukt der Wertschöpfungsorganisation und strategischen Wettbewerbsvorteilen zu identifizieren und daraus theoretische und pragmatische Schlussfolgerungen abzuleiten. Diese neue, unternehmensübergreifende Analyseperspektive wird gewählt, da in heutigen Märkten zunehmend ein Kollektiv von spezialisierten Unternehmen über den Erfolg eines Produktes entscheidet. Neben veränderten Marktbedingungen begünstigen neue Informations- und Kommunikationstechniken sowie innovative Produktions- und Distributionsprozesse kooperative Formen der Wertschöpfung. In Folge dessen stehen nicht mehr einzelne Unternehmen sondern vielmehr komplexe Wertschöpfungsorganisationen im Wettbewerb. Auf Grund dieser Entwicklungen werden die Konzeption, Konfiguration und Steuerung eines Wertschöpfungssystems als zentrale Determinanten zur Erzielung und zur nachhaltigen Absicherung von Wettbewerbsvorteilen betrachtet. Dabei entscheidet die Wettbewerbsfähigkeit des gesamten Systems über den ökonomischen Erfolg der einzelnen partizipierenden Wertschöpfungsakteure. Zur Konzeptualisierung strategischer Wettbewerbsvorteile greift die Arbeit auf die Erklärungskonzepte der ökonomisch orientierten Theorien des Strategischen Managements zurück. Deren strategische Effektivitätsüberlegungen werden durch transaktionskostentheoretische Effizienzbetrachtungen komplementiert. Zur empirischen Fundierung des Wertschöpfungsorganisationskonzeptes werden die Wertschöpfungsorganisationen acht bedeutender Automobilfabrikate innerhalb des europäischen Marktes analysiert.

Band 8
Nicolai Herrmann
Regional Energy 2050: A sustainability-oriented strategic backcasting methodology for local utilities
ISBN 978-3-86618-602-6 (print), ISBN 978-3-86618-702-3 (e-book),
Rainer Hampp Verlag, München u. Mering 2011, 327 S., € 29.80

A turnaround in the way we convert and consume energy is the key to successful climate change mitigation. Taking a micro-economic perspective, in order to put the necessary changes into practice corporations in the energy sector need not only have a long-term vision of the developments necessary up to the year 2050. They also have to understand the impacts these developments will have on the firm's competitiveness in short- and medium-term. Does this cause a dilemma? At least this challenge is not addressed in classical strategic management literature. The book at hand shows that sustainable development is about to become a central element of strategic management and corporate decision-making. However, classical trend-based strategy approaches do not address the systemic challenges that arise from the need for sustainable development, especially major emission reductions in the energy sector appropriately. A sustainability-oriented business strategy has to be based on a different understanding of the corporate targets, the strategic decision-making process and the role of the firm within its natural and societal environment. The author shows how corporations can engage in such a target-oriented strategy discussion by using strategic backcasting as a tool to describe their long-term targets and derive necessary measures. These corporate "milestones" need to be prepared and pro-actively realised within a corridor that is formed by external "crossroad" decisions on the different levels of energy and climate policy. A case study clarifies the presented strategic backcasting approach for local utilities. It also highlights the strengths and weaknesses of the method.